廿一世紀香港詩詞

古典詩詞美學的前瞻與透視

鄺龑子
陳子康
陳德錦
著

中華書局

目錄

本書兼重美學與歷史分析，是一個新研究範圍的雙管論述。它的宗旨首在探討今日古典詩詞的內涵、形式及語言美學，重新建立實踐的基本原則，為今後的詩詞寫作導向。如此根本性的藝術課題，無法憑抽象理論處理，必須透過勾勒歷史軌跡開展，再透過分析眼下的作品總結與前瞻。就詩詞的現當代傳承而言，香港的重要性超乎一般想像，蓋自上世紀以來，政治、地理、文化、語音等內外因素，令香港逐漸成為傳承古典詩詞的新核心基地。透視廿一世紀香港詩詞的精神面貌及發展狀況，兼具詩學和歷史價值。

話雖如此，析論和評價當下的詩詞，不管是否為了重訂美學原則和方向，或許即時觸犯禁忌。目前的詩詞評論似乎有一道自我約束的潛規條，即評論的對象須處於安全的時間距離外：或是已作古人，或者至少是高齡（而保證受到褒揚）的前輩；即使是屬於集體對象的討論，亦大多在自我限制之列。若按這道潛規條放諸四海，恐怕大部分中外的當代文學評論都不應存在，或者馬上停止。可是在現實中，由李白到莎士比亞，作品在為人知曉之時就已廣受評論。嘗試衡量仍在眼前開展的事物，固然連帶通觀透視的挑戰，需要額外的慎思警覺和明辨眼力；然而求真問道，豈能預先設定時間和空間限制？

何況論述當代香港詩詞，重心不在個別評價，而在於透過具體實踐的例子，審視傳承的長短得失，探討發展的美學路向。詩詞是中國文學延續了三千年的「少數人大傳統」，今天固然依舊鮮活，卻也愈來愈少後學參與。詩詞要繼續「存在」，只需單一個體的作品；但要作為活傳統傳承以至開展下去，就必須啟動足夠的寫作力量，且讓這股「臨界質量」（critical mass）循着最富

靈活生機的原則、最具創新潛力的方向百花齊放。如今有需要理清當代詩詞寫作的基礎及方向，因為傳統根深柢固，既是豐富的資源，也是緊身的制約，令不少當代古典詩人無法「知行合一」，嚴重之處甚至令部分作品呈現「生題材、死文辭」的內在分裂。如何貫通文言與白話之間的局部語言隔閡，在雅鍊文辭和生活語言的重疊範圍內提煉出新的詩詞語言，同時將「古典」的內在精神和氣韻跟「現代」的內涵和情趣結合，使之開花結果於未來，是當代的詩詞弘揚者需要共同肩負的藝術和文化責任。若需要半個世紀後才可「安全解封」當下古典詩人作為研究對象，詩詞寫作的美學重建豈非要在逆流之中進一步延滯，而今天的有心人豈非會失去五十年啟導後輩的時間？

應該承認，本書面對的另一個技術難題，是鄺龑子的雙重身分：鄺龑子是此項學術研究的領航員，亦是廿一世紀的香港古典詩人中，成長較獨特而成果較豐盛的作者之一。在選取適當的對象探討、體現當代詩歌美學的前提上，本書無法為了迴避形式層面的「利益衝突」而放棄討論，因為學術原應就事論事。經過反覆思量，最終的處理方法是請一位具有詩詞素養的資深「圈外內行人」，撰寫有關鄺龑子的章節。負責撰寫此節的陳德錦，原亦出身於古典文學，其後成為研究現當代中文文學（包括香港文學）的學者，並不接近本地古典詩壇。同時，陳德錦也是本地著名的白話詩人、散文家及小說家，曾屢獲香港、澳門及中國的文學創作獎項，偶爾亦寫古典詩詞；其身分、資歷及鑒賞力等應無疑問。

就開展詩詞未來發展的宏觀責任而言，論述廿一世紀的香港詩詞，還有一點既屬本土、卻不涉及狹隘情懷的特別意義。此處

所指的，主要並非香港的特殊地理和政治環境，讓它成為上世紀眾多南來文人的避亂安身之地。更根本的因素是，香港屬於粵音方言區，而粵音直到今天，仍然保存中古音系之發音和聲調的核心結構，大有客觀基礎活化傳統，弘揚植根於中古音系的詩詞韻律美學。可以說，設若其他因素相同，粵音區（及閩南或其他南方方言區）的古典詩人，在詩詞聲情的掌握方面，應優於以普通話為本的北方詩人。這點音韻事實並不附帶任何優越感，因為與其自喜，不如思考責任。屬於粵音方言區的香港古典詩人應該明白，就詩詞韻律美的傳承工作而言，自身與群體實在責無旁貸。

以上簡介，是本書背後一些基本理念的梗概。析論的主導視線是前瞻性的，因此內容的重心自然落在第五章。香港詩詞一百多年來的發展歷程，本身原是一系列豐富多彩的故事；然而限於人力、篇幅和前瞻性的焦點，書中只能在第二章提供扼要精簡的敘述。即便是對核心探討範圍內提及的香港詩詞作者（見第二章第六節），亦無法作出全面而詳細的論述，既自感無奈與不足，亦希望前輩、同道及讀者諒解。經過往復衡量和斟酌後，為第三、四章的選取和處理設定了基本原則，包括對各種因素的平衡考慮和彈性調節：

1. 以香港詩人於 2000 至 2014 年出版的個人詩詞集為主要析論對象，惟不包括主要寫於上世紀的詩詞集，蓋不屬於見證新世紀香港詩詞的藝術生命及發展的憑據；後者只能納入第二章的簡述。實際取捨的斟酌有時會生出困難，惟盼盡可能達至公正與平衡。至於 2015 年以降出版的詩詞集，僅有書名列於作者簡介中，只能存而不論。

2. 「香港詩人」大體指目前或曾長期居於香港受業或工作、有

一定數量的詩詞出版紀錄者。

3. 檢視的詩詞集包括藏於香港公共圖書館及各大學圖書館獨立編目的詩詞集，不包括未見於香港各大圖書館的私人藏本，或域外圖書館藏本。

4. 納入析論範圍的香港古典詩人具有相當代表性，亦包括不同輩分的作者：七十歲以上的前輩；「不惑」到「耳順」的中堅分子；及具有潛質的年青一代。取捨準則方面，盡可能兼顧藝術成就、美學意義、社會影響、文獻價值（包括寫作積極性）等各種因素。出版量本身並非取捨的主要因素，但若數量明顯不足，亦難以見證詩詞的未來發展。

5. 書中選析的詩篇，大致體現各種因素的考慮：作品本身的素質；內容及風格具個人代表性；能反映當代社會的生活面；能帶出韻律今天面對的課題；能積極融會古今詩思與情韻；能帶出當代詩詞面對的各項美學課題。大宗旨是啟迪將來的詩詞寫作。

6. 由於材料繁多，精力有限，取捨無法周全，缺漏難免。僅計第三、四章論及的作者，已須檢視和過濾二萬多首作品。有少數作者的詩詞集，於書稿完成後方有機會閱覽，其「缺席」雖不影響本書結構，惟日後若有緣再版，仍盼盡可能按理補上個別遺漏。

7. 不同作者及不同出版社，各有其用字習慣，此處一仍其舊，只作本篇內統一，不作全書統一。標點則全書統一處理。

8. 本書的撰寫分工大致如下：
   · 第一、五、六章、前言·凡例、後記，由鄺龑子撰寫；
   · 第二、三（除第三節）、四章由陳子康蒐集及整理資料並

作初步觀察，由酈龑子作最終分析及評論；

- 第三章第三節以及前言、第五章有關酈龑子的論述，由陳德錦撰寫及核對；

- 基本參考資料由陳子康整理、酈龑子核對。

- 全書文字經酈龑子、陳子康、陳德錦校對及斟酌。

當代詩詞的深層美學思考和探討，目前仍處於初步階段，有賴群策群力。本書只能算是踏出遲緩的一步。如履薄冰之際，惟望拋磚引玉，期待各方專家及讀者不吝指正。

2018年春月

第一章

緒論

第一節

詩歌體式的基本觀念

　　詩歌是最耐人尋味、又最令人無助的文學藝術。詩歌是篇幅最小、難度最大的文體，不僅因為它的內涵未必有情節、人物、因果、背景、主題等可以描摹的形態和軌跡可循，也因為詩歌要求的閱讀掌握、語言觸覺以至神思連繫，比起其他文體的要求更精準微妙。不過，縱使發展成熟的詩歌需要高度敏銳的觸覺去體會，詩歌卻又是人類最早發展出來的文學體裁：就連沒有書面文學的民族傳統，在其原始族群的部落儀式中亦曾以原始音樂、舞蹈和節奏性的詩歌相互配合。在古今中外的文學傳統，發展成熟的詩歌都是最凝練的語言藝術、最優美的文學體裁，以及最具個性及神思特徵的主體抒發和外界觀照。

　　按照形式美和音樂美的原則，詩歌可大略分為兩類：「韻律詩」（prosodic verse）和「非韻律詩」（non-prosodic verse）。簡單而言，韻律詩對格律（metre）、詩韻（rhyme）和詩節形式（stanza）有一定規範，但不要求所有元素齊集。[1]當中以格律最重要而複雜，主要涉及詩句的結構、節奏和長度；詩節涉及段落（以至全篇）的結構和長度。非韻律詩的基礎大體是：不規定任何規律模式的形式美及音樂美元素。環顧現當代各國的詩歌，中文的「白話詩」及西方的「自由詩」（free verse）[2]都是非韻律詩，同樣屬於二十世紀的文化和藝術思維

1　韻律〔學〕（prosody）是對寫詩規律（versification）的系統性研究，旨在闡釋格律、詩韻和詩節形式等的構成原則及運用。格律主導詩歌的節奏。

2　《聖經》中的〈詩篇〉及〈所羅門之歌〉，亦屬於一種（以抑揚頓挫及對偶結構

走向「顛覆傳統」、「解除束縛」、「追求自由」等等目標的文學表現。對信奉自由詩體的人來說，韻律規範大概是過時而得不償失的詩律概念——限制「無障礙發揮」的藝術桎梏。

另一方面，對體會箇中微妙的詩人和讀者而言，韻律體現詩歌的另一層精深美感，並成全聲音與情意的配合和迴響。事實上，韻律詩是古今中外詩歌發展成熟的共同體現。彼此互無影響的傳統，不約而同發展出韻律詩，說明即使語言不同，人類自有相通的「語言音樂美」觸覺：韻律正是音樂美的鮮明體現。韻律是規律，是高度凝聚的語音規律美；現實之中，天地萬物都在規律和變化中開展與運行。陰陽更替、花開葉落、氣質聚散等，無不是自然規律；假如四肢、五臟沒有按照生理規律發展及運作，動物就無法充分發揮自然功能。因此，規律並非只是現當代人喜歡衝破的限制或慣性叛逆的枷鎖；它是自然運行的兩大特性之一，既是生命的基礎，也是愛美的體現。詩歌韻律則是規律美的提煉。當然，韻律始終是人工建構，而它的基礎是另一個更根本的人工建構：語音系統。

韻律之於語音系統，部分可以是合理伸延或提煉，部分可以是勉強或機械打造，關係交錯參差。不同傳統各按自身的語言現實和文化、審美取向，開展出不同形態和神韻，而韻律詩的基本共通特徵，是呈現規律性的節奏（rhythm），遠超乎散文所能為。韻律詩節奏的首要因素，就是上面提

為本的）自由詩體，但本質上是格律發展成熟以前的相對寬鬆表達，而並非刻意的「格律顛覆」。歷代的英、美詩人，間或也有自由詩體的創作（例如 Milton、Whitman、Arnold 等等），不過只屬於旁支或實驗性質的寫作方式。至於自由詩體在二十世紀以來大行其道，則源於十九世紀晚期的法國詩人（例如 Rimbaud、Laforgue 等等），為反對法文詩之嚴苛格律而推動的 vers libre 運動。

到的格律；格律指詩歌的音節按一定規律（例如輕重、長短、數量規律）排列、出現或重複，以形成某種節奏模式的寫作。韻律詩可以有格律而無押韻：英文詩就分為「押韻詩」（rhymed verse）和「無韻詩」（blank verse）。押韻詩一般採用多個韻腳，因為英文語音系統的押韻資源有限，需要匯合運用；即使相比印歐語系其他語言（如意大利文、西班牙文、葡萄牙文等）亦覺不足。[3] 英文詩的押韻要到十四世紀晚期才普及，然而兩個世紀內已開始被放棄，例如莎士比亞的戲劇就採用無韻詩，折射出英語語音的押韻限制。[4] 無韻詩無押韻而有格律／節奏，如常見的「抑揚五音步詩格」（iambic pentametre）或「抑揚四音步詩格」（iambic tetrametre）等等；[5] 而無韻詩之仍然被界定為韻律詩，亦可以說明在英文（以至西方）韻律詩的觀念中，格律／節奏比押韻具有更根本的審美意義。

3　例如「英國式／莎士比亞式商籟」（English/ Shakespearean sonnet），十四行中就用上七個韻腳（abab-cdcd-efef-gg）。商籟源於意大利，但「意大利式／彼特拉克式商籟」（Italian/ Petrarchan sonnet）只需用四至五個韻腳（abbaabba-cdcdcd/ cdecde/ cdedce）。這是審美選擇及習慣而非語音需要，因為意大利文的單字大都以元音結尾，尤其是 -o/ -a/ -e 字母（-i 字母結尾很少，-u 字母極少，另有小量雙元音結尾），音素高度集中；意大利商籟避免一韻到底，是不願造成單調的聲音效果。由 Petrarch（1304–1374）到法國詩人 Ronsard（1524–1585）的兩個世紀，歐洲商籟都用意大利式押韻。到十六世紀傳入英國後，商籟的押韻方式出現了變化。究其根本原因，當在英文單字中音節的語音結構：英文多以輔音或輔音組結尾，而輔音的數目（24個）以至跟元音或雙元音（22–23個）的組合變化眾多，導致音節的語音無法集中，押韻困難。例如 "midst" 需押元音 +3 個輔音；"period" 需押雙元音 + 輔音。

4　押韻並非古希臘或拉丁文詩歌的基礎，亦非最早期英語詩（例如八世紀的 *Beowulf*）的結構因素。

5　抑揚五音步詩格的詩例可看 Thomas Gray（1716–1771），"Elegy Written in a Country Churchyard", l. x: "The curfew tolls the knell of parting day"。抑揚四步詩格的節奏則比較健捷，例如 Christopher Marlowe（1564–1593),"The passionate sheepheard to his love", l. xxi: "The shepherds' swains shall dance and sing/ For thy delight each May morning..."「抑揚五步格」被視為最接近英語口語的自然節奏，既具彈性，亦能適應不同層次的話語，自十六世紀中起成為伊莉莎白時代戲劇的標準格律。

漢語特質轉化的韻律潛能

中國詩歌方面，在現代白話詩出現之前，主流從來都是押韻的韻律詩。有論者謂「中國古代詩歌可分為古體詩和格律詩兩類」，[6] 不啻說古體詩並非格律詩；然而兩者皆押韻，句長和節奏自漢代以降亦大致取向相若，反映「非格律詩」的古體詩，仍然屬於韻律詩。詩詞韻律的基本因素，包括句子的長度、節奏、押韻；近體詩和詞的平仄要求及當中容許的變化（例如近體詩的拗救）；律詩的對仗；整篇的長度（是否限定句數、限定多少句等）、結構（例如詞的分段）、彈性的可能（例如詞的變格和字數增刪等）；以及偶然（即容許卻並非常規）的語法和語序彈性（包括倒裝），尤其是建構對仗之時。相對西方語言的詩，中國古典詩的篇幅比較精短凝練（縱然古體詩無長度規範），美學特色是以少總多，剛柔兼備，意在言外，富有餘韻；近體詩中的絕句及律詩尤其如此。結構上，除了《詩經》及配樂的詞外，[7] 古典詩並不分段，沒有詩節的韻律課題：精短的近體絕句及律詩固然無此需要，古體長詩則可透過換韻之便，標示相應的意思或情感轉折和段落區分，靈活彈性。

節奏可以分不同層面去理解。首先就詩句內部而言，古典詩句大體以兩個音節為一個基本節奏單位；近體詩的律句

6　謝桃坊：《詩詞格律教程》（成都：巴蜀書社，2006），頁 204。

7　按照樂譜的配合需要，詞的段落結構可以分為單調、雙調、三疊及四疊（即 1 /
　　2 / 3 / 4 段〔片／闋〕），當中雙調之作最多，四疊只有一例（〈鶯啼序〉，240
　　字）。長度方面，一首詞的總句數以及每句的字數均有規定，不過仍然容許些微的
　　變格，特別是「添字／攤破」及「減字／偷聲」的變體。

尤其如此（詞的節奏單位則變化較大）。再就詩句的一般節奏來看，主要長度為五言句及七言句，前者較短而舒徐，後者較長而跌宕，音節數量同為奇字數，無法等分為二，使節奏保持靈動而不呆板。最後就整篇而言，古典詩自《詩經》以來就是齊言句為主、雜言句為輔的格局；到近體詩主導詩體之後，情況尤其如此。詩句齊言配合字字單音，形成清脆利落的基本節奏，整齊而具彈性，不時見於七言古詩的雜言運用。其他韻律元素亦各有審美功用。押韻（常見為隔句押韻）含有內在迴響的音樂美；韻字既標示一聯的完結，同時透過聲音的迴響連接詩中各聯，提高悅耳共鳴之效。至於近體詩要求的平仄均衡及黏對，更進一步強化節奏感；而律詩中間兩聯的對偶要求，則可增加空間感及建築美。韻律工具不能被濫用：例如排律就是濫用對偶及過分斧鑿的文字雕蟲，早已合理消亡，無待「文學革命」。整體來說，古典詩歌的韻律以近體詩為本，尤其因為詞最初四百年的發展，性質上並非純詩體，而是有幾分從屬於音樂的配樂歌詞，按照樂曲的旋律需要而形成節奏、篇幅、結構、押韻參差錯落的「長短句」別體。

應該體認的是，古典詩歌韻律的基本美學特徵，大都直接或間接跟漢語的語言特徵有關，尤其是孤立與單音。詩詞韻律有內在基礎調節平仄去提升音樂美，因為漢字的語音是單音節而非參差多音節。同樣地，詩詞韻律有條件建構對仗去提升建築美，因為漢字在詞法上維持孤立形態，不受動詞時態、名詞數目等因素影響。因此，平仄與對仗皆能清脆利落地運作，進一步成就清脆利落的詩句節奏，於詩句長度相同的時候尤其突出。加上漢字的方塊及等積形狀，使韻律詩不論在聽覺或視覺上，都進一步走往齊言的方向，直到詞因配合樂歌的需要而令句子長短不齊。很明顯，多音節語言的

單字長短（即音節節數）參差，而多音節單字的固有結構已存在既定的輕重、高低、長短之別，當然無法講求準確的聲調均衡，也無法砌嵌完全勻稱的對仗；何況當中還要兼顧句子的語法要求？

此外，單音節的另一層涵義，是漢字語音的結構相對簡單，不像多音節字由多種元音與輔音的分散結合組成。因此，漢語中韻母同音或近音的字顯得相對集中（這亦是漢語需要運用不同聲調以豐富表意功能而成為聲調語言的原因），有利押韻的運用。譬如說，中國的古體詩可以自由換韻（例如樂府民歌〈戰城南〉的韻腳轉換為「ㄢ a－平 b－ㄢ a－半 c」），亦可以選擇不換韻。上面指出，西洋十四行「商籟」詩的標準規格是運用四至七個韻腳，以便在押韻資源的限制中，盡量保障內容和聲音的豐富性；中國古體詩則時常看見多於二十句的魏晉詩作，隔句用韻、一韻到底地連用十多個韻字。[8] 這可說明就漢詩格律而言，押韻之得心應手，大概已臻「半自然」的地步。所謂「自然」，是本於語言基礎的衍生層面意義，並非指本體意義的自然。總之，西洋詩歌觀念中的 "verse" 不必押韻，漢語詩歌卻理所當然地發展出兩句一韻的主導格局，體現了植根於不同語言的不同韻律觀念。

就學子對古典詩歌韻律的掌握而言，詩句的基本節奏、平仄、押韻等皆可高度內化，最終達到近乎本能直覺的自然格律感。至於對偶，則是漢詩韻律中最人工化的元素（故排

---

8 漢字的單音節性質，導致語音比較集中，令韻目內可選用的字彙較多。簡單說，漢語押韻要求韻腹與韻尾（即兩個音素）相同；韻頭一般不影響押韻。按《廣韻》共收 26194 字；王力等編寫的《古漢語常用字字典》（第四版）則收四千二百餘字。若以此數對比「平水韻」106 韻，簡單取一粗略印象，已可知道古典詩押韻觀念中所謂「窄韻」、「險韻」，放在英文押韻系統中可能會變成「寬韻」。

律注定不能延續下去），無法達至同等程度的內化，只能刻意裝嵌，除非是寬鬆的近對偶。大體來說，在古體詩和詞的韻律中，押韻的審美效應未必處處亞於節奏；然而在近體詩的韻律中，節奏結合了平仄聲調的相互均衡，理應比押韻產生更重要的審美作用。

　　在發展和體現韻律的歷程中，中國古體詩主要是運用節奏和押韻，沒有受到詩句長短、句中平仄及對偶、篇幅長度等因素的必然規範。近體詩則統一了句子長度，並在基本節奏之上注入平仄均衡的格式，而律詩更在結構上（中間兩聯）增添對偶。一言以蔽之，漢語的語言特質非常適合韻律詩的發展，其韻律美（尤其是音樂美及建築美）的潛能比起多音節、押韻資源相對散落的西方語言，更見自然靈活而豐富多姿。現當代的中文詩歌如果選擇完全放棄韻律，就無異於拋棄自身的優勢——獨特固有的語言美及音樂美。

古典韻律詩的前路

眾所周知，上世紀反對詩詞和文言文的立場，大體來自五四時期前後，反對傳統文學內容及文體、語言形式的「文學革命」思潮及運動；「新文學運動」成為「新文化運動」的展現面之一，是聲稱要全盤「打倒孔家店」以及追求自由平等、個性解放、社會進化、科學思想等的一部分。其時不少言論夾雜偏隘失衡之處，蓋矯枉容易偏激，而當時的知識分子大多熱情擁抱西學；面對國家危難的歷史時刻，其迫切心情自可諒解。時至今日，我們應該有足夠的清醒度和透視感去理解，「古典」與「現代」、「進步」、「自由」等觀念，並沒有內在的邏輯牴觸或本質的美學矛盾，反而有可能兼容並包、協同互補地相輔相成，開拓出清新遠大的意境。話雖如此，在二十一世紀的文化和藝術氛圍中，提出重新注重詩詞的理念以及思考韻律的命題，是否有兩分「反潮流」或者「逆向思維」的意味？

其實理念和命題的意義，從來無關短淺潮流，而是涉及兩個相連課題的雙管探索：即非韻律白話詩的境況，和韻律詩詞的審美價值。二十世紀以來，標舉新內容、新形式、新語言的中文詩，始終處於取捨路口的尷尬位置：觀念上，論者多以為「舊詩」已去，「新詩」已來；現實中，古典詩詞仍為少數人傳承，白話詩卻未能開闢康莊大道，帶領風騷。現當代中文文學的學者大都同意，白話詩的成績比不上現代小說和散文。宋代後的小說自有各種白話成分，散文本來就沒有固定格式，而兩者都屬於彈性的散文體；因此現代小說和散文的白話書寫較能得心應手，本是情理內的發展。可是完

全脫離韻律的白話詩，總有兩分躊躇不安的味道：且不論部分白話詩打着「自由」、「解放」的旗號，將狹陋題材和粗淺感覺魚目混珠地冒稱為詩；只說全開放形式的詩，有時像縱橫切割的斷續散文，既缺少跌宕的音樂美和勻稱的建築美，本身又往往好壞難辨，教人困惑而無所適從。

早於白話詩發展的初期，聞一多（1899-1946）已看出徹底否定韻律的錯誤，成為少數探索「新格律詩體」的現代詩人之一（可參看《死水》集各篇）。然而白話文的語法要求，畢竟無法達到文言文的凝練度、節奏感和省略文字的合理性；而聞一多本人的詩歌實驗，亦每被揶揄為削足就履，勉強泡製出生硬的「豆腐乾」詩歌，違反白話語言的自然表達。聞一多以後，更看不見舉足輕重的現代詩人優化他的嘗試；這或屬於理之當然，因為「齊言白話詩」，原是白話文的語言性質及美學邏輯的自相矛盾。高調宣佈推倒「舊」詩以後，取而代之的「新」詩氣象如何？回溯一百年的白話詩歷程，似乎無法不承認白話詩丟棄了韻律美，割斷了某些主題和思想根源，損失了某些意境，整體尚未證明得可償失。

然而現代白話詩的困局，無法轉化為支持古典詩詞回歸詩歌主流的理據；後者單在日常語言層面來看已不可能。白話詩如何能靈動、鮮活地重新注入植根於漢語特性的個別韻律優點，是它需要深思的美學命題；詩詞寫作今天的核心課題，則是衡量自身的審美價值、當代意義和發展方向，包括詩詞韻律的藝術適切性和語言合理性。中國詩歌始為四言（當然也可以提出四言始於二言），到漢代以後逐漸定格為五言及七言。時至今日，早於五、七言詩的四言詩、辭、賦，以及晚於詞的散曲，大體上已失去蓬勃的藝術生命，只有詩詞仍由少數文士開展下去。當中詞受制於音樂旋律而最終與

之割裂，而樂譜不存，令詞譜的韻律留下了幾分無法考究、「知其然而不知其所以然」的「非規律化的規律性」，也因此為刻意「填」詞帶來幾分難以完全內化的機械性質。傳統道德觀念對「詞為小道」的偏見，如今已不必再理會；但填詞的幾分內在機械性有助於從美學上解釋，為何詞即使到北宋大盛之後，仍然無法成為主導的古典詩體。今天部分古典詩人幾乎乾脆不填詞，固可不必，然而詞從屬於音樂，格式限制確多於古體詩和近體詩，影響藝術生命力。

至於詩的韻律方面，應有斟酌和現代化（即合理化）的餘地。近體詩的平仄系統本身帶有彈性空間和一定的「拗救」機制，古體詩更無平仄要求，故此平仄系統可直接傳承。然而今日看來，近體詩的押韻制度卻彈性不足：它並不容許鄰韻相押，而押韻標準又沒有隨着實際語音的歷史變遷調整；今天古典詩人仍恪守的中古詩韻，已經多少脫離現實。下面的章節會往復審視不同輩分詩人的用韻實踐，希望透過實況，探討押韻的改進空間：先按照今音調整詩韻系統以提高準確度（建議有別於上世紀據國語頒佈的《中華新韻》），再探討用韻的融合性和包容性，以提升未來韻律詩的音樂美。第五章會總結階段性思考。

回歸二十年來，香港仍未明顯提升對傳統文化的教育。今天的詩詞傳人持續實踐，既反映有心人的信念和熱誠，同時也體現韻律詩詞本身靈活變化的內在生命力。現代西洋詩鮮有韻律式創作，然而韻律性最鮮明的近體詩，卻是今天中華詩詞寫作的核心體式。這正好說明，由漢語特質開展及提煉出來的古典韻律，並非都是從外面強套於詩的枷鎖，而是有其穿越時空的語言合理性和美學獨特性。文言文可謂「詩性的語言」：相比白話文，它顯得凝練省淨、溫柔敦厚、蘊

藉精微、意在言外，形成獨特而深遠的古典美學。

　　如果韻律詩體可以合情合理地跟自由詩體並存，乃至互相吸取長處，那麼餘下來的美學課題是：如何將古典詩詞全面活化，包括題材、主題、語言、筆觸、意境等各方面，使詩詞帶着鮮活的生命力和親切的感染力，開展未來。身處於全球化的環境，將書寫的題材現代化是自然而然的發展：帝國侵略、文化變革、國際瘟疫、金融危機、恐怖主義等等，都是構成現當代詩人意識的寫作背景。因此題材的現代化，只是詩詞延續藝術生命所必需、卻不能宣稱是充分的條件；題材之外，詩詞的主題同樣需要現代化。譬如說，在瞬息之間已能傳送資訊的衛星時代，今天的詩人豈能合情合理地仿效李白（701-762），替平民抒發分隔燕、秦的憂思遠念，再沿用「當君懷歸日，是妾斷腸時」的口吻（〈春思〉）？同樣地，我們焉能效法杜甫（712-770）的「封建」情懷，書寫「北極朝廷終不改」（〈登樓〉）的忠君意緒？宏觀看今天的文人，仍可懷抱儒士任重道遠的濟世之心，或達至道家飄逸出塵的精神境界，卻要先將之內化於生活實踐，再掌握其藝術表達，方不致落於陳腔濫調，甚至聽來虛假偽裝。當代詩詞的新生命開展，必然兼及內涵提升和形式活化的雙重課題。

　　至於新世代詩詞的語言和美學方向，則需要格外留意弄巧反拙，甚至自障前路的陷阱。詩詞有韻律和文言的門檻高度，因此以才學文字為詩、以深奧雕琢為高，容易成為古典詩道「順理成章」的誤解。設若加上以刻意立異為新，就更易歧途跋涉，誤導來者。或許因為駕馭深奧文言的能手愈見稀少，如今在部分古典詩人身上，反而看見斧鑿堆砌和炫耀學問的傾向。這種習慣和趨勢令人憂慮，因為不僅可能令有心的讀者群敬而遠之，而且更可能誤導後輩。艱澀重滯的詞藻

和生硬離題的典故，都會增加跟日常語言的距離，造成不必要的疏離感，更無法將傳統詩道的精華發揚光大。為詩詞注入鮮活的藝術生命，原屬常理認知內的基本共識；問題在於謀篇下筆時，若只沿用守舊方法書寫現當代題材，恐怕仍不免以舊瓶釀仿舊酒，無法真正將意境帶往未來。「活化傳統」必須知行合一。

由於語言、文化、生活、環境等因素的種種變遷，尤其是過去幾十年來的科技劇變，今日的古典詩詞寫作正處於更新、重整的過渡階段，其調節的需要可能更大於二十世紀，因為上世紀的古典詩人，很多在訓練、思維和情感上仍接近「古人」。新世紀的古典詩人，同時需要往復今古、貫通中外，融合文言與白話的資源，方能真正將古典詩詞發揚光大，領向未來。中華文化的古今詩體，一般被簡稱為「舊詩」與「新詩」。新、舊本身是時間觀念，無可厚非，然而在現當代的思維中，往往連帶着褒貶取捨的含義，有別於古典詩體中「古體詩」與「近體詩」的非高下價值之分。如果稱作「文言詩」與「白話詩」，應為語言描述；若稱作「古典詩」與「現代詩」，或屬美學形容；但所謂「舊詩」與「新詩」，卻容易硬化及延續一種速記式的誤稱。總之，古典詩歌從來以現實為本，以書寫生活思情和生命體會為宗，其基本性質並不過時，只是傳承工作參差不齊而已。假如韻律的音樂美和建築美屬於漢語特質的合理提煉，那麼韻律詩不但可以在邏輯上長存，更可以繼續融會今古，推陳出新，承先啟後。關鍵就在於有志之士與群體持續的藝術實踐了。

百載滄桑：香港古典詩詞發展略述

曾幾何時，香港被長期冠上「文化沙漠」的惡名；連本地人對於「香港有沒有文學」的課題，也顯得不大關心。就連中文學術界亦缺乏具規模的研究和討論，當中只有個別學者或文人默默耕耘。有論者曾在上世紀末，回顧評論界研究香港文學的慘淡情況：

> 香港文學這個名辭，……是近十年來才出現，……八十年代以前，很少人研究……就算在香港以內，一般人都認為香港是文化沙漠，……八十年代以後，我們所見到的香港文學研究，有部分可能是掌故型、泛論或回憶性，甚至通俗化。[1]

自 1970 年代中期起，香港的文學評論者開始對「香港文學」的課題進行比較具體的論述，逐漸累積了零星成果。[2]饒是如此，當時整體的思考動力和層次，仍然未成氣候：

> 其後論者對「香港有沒有文學」這個問題仍有爭論，《八方》文藝叢刊第一輯發表〈香港有沒有文學？（筆談會）〉，……認為香港有文學，只是不受重視而已，胡菊人更以「有為的『棄兒』」比喻香港文學。其後論者對這問題多持肯定態度。[3]

---

1 黃康顯：《香港文學的發展與評價》（香港：秋海棠文化企業，1996），頁 6-7。探討範圍方面，他簡單解釋：「一般來說，所謂文學，應當包括小說、散文、詩歌、戲劇等幾大類。」（頁 7）

2 盧瑋鑾謂香港文學研究的先鋒是香港大學文社主辦的「香港文學四十年文學史學習班」（1975）。其後有港大文社的「香港文壇的展望」講座（1979）；《新晚報》的「香港文學三十年座談會」及「香港文學的出路座談會」（1980）；市政局圖書館的「中文文學週」（1983）；後者為「政府首次推動的香港文學研究活動，也是（首次）由泛泛而論的座談會形式，轉到較具學術意味的會議方式」。見〈十年辛苦不尋常──香港文學研究十年圖略〉，載香港市政局公共圖書館編：《市政局中文文學週十周年誌慶紀念論文集》（香港：市政局公共圖書館，1988），頁 17-19。

3 黃維樑：〈香港絕非文化沙漠〉，《當代文藝》，第 164 期（1982 年 11 月），頁 7-11。另見胡菊人、何達、羅卡等：〈香港有沒有文學？（筆談會）〉，《八方文藝叢刊》，第一輯（1979 年 9 月），頁 30-36；張詠梅：《邊緣與中心──論香港

　　自 1980 年代中期以還，中國內地的大專院校先後開展對香港文學的學術研究，有關香港文學的著作論述亦漸多。[4] 至於香港政府和各大專院校，亦舉辦不同形式的文學研討會，積極開拓香港文學的研究領域。各式各樣的論說闡述，逐漸肯定香港文學的價值。[5]

　　然而，「香港文學」的界定是一個帶有複雜性的課題。[6] 王劍叢曾在其《香港文學史》提出比較籠統的界定：「只要由香港作家用華文進行創作，其作品就是香港文學的作品。」[7] 另一位《香港文學史》的編著者劉登翰提出的定義比較詳細，他認為香港文學包括：

> 　　……發生在香港文壇上所有對香港文學發展具有重大意義的文學現象——文學活動和文學創作。它既包括狹義的「香港」作家的文學活動和創作；也包括廣義的並無「香港」身分的一切來自中國內地、台灣、澳門和

左翼小說中的「香港」》（香港：天地圖書，2003），頁 3。

4　盧瑋鑾指出：「隨着政治經濟認同香港的必要情況，和中國的香港文學研究者隊伍在各大院校茁壯起來，『香港沒有文學』的聲音就隱滅了。」（見〈十年辛苦不尋常〉，頁 17）黃子平認為，內地對香港文學的研究興趣，乃是隨着《中英聯合聲明》簽署以及中港交往日益頻繁而來，「顯現了一種『國家項目』在全面推展時的規模與氣勢」。見〈「香港文學」在內地〉，載香港市政局公共圖書館編：《香港文學節研討會講稿匯編》（香港：市政局公共圖書館，1997），頁 233。

5　政府於 1997 年創辦「香港文學節」，到 2018 年為第十二屆，活動包括專題展覽、研討會、交流會、表演及外展活動等。院校舉辦的研討會有中文大學和藝術發展局的「香港文學國際研討會」（1999）；嶺南大學的「香港文學研究：2004」研討會；香港大學的「1949 年以來的香港文學」研討會（2008）等等。研討會論文集有黃維樑主編：《活潑紛繁的香港文學——一九九九年香港文學國際研討會論文集》，2 冊（香港：中文大學出版社，2000）；楊玉峰主編：《騰飛歲月——1949 年以後的香港文學》（香港：香港大學中文學院「騰飛歲月」編輯委員會，2008）。

6　盧瑋鑾早指出：「這個題目，一度成為本地研究者、作家關心的、而又爭論最多的熱門論題。……直到今天……仍沒定一尊的結論。許多學者也不再糾纏在爭定義的問題裏。」（〈十年辛苦不尋常〉，頁 17）總之，為「香港文學」下定義是一個「剪不斷，理還亂」的課題，至今仍然沒有定論。

7　王劍叢：《香港文學史》（南昌：百花洲文藝出版社，1995），「緒言」，頁 5。

東南亞、歐美等地的外來作家，居住香港期間具有影響
的文學活動和創作。[8]

按照這個觀點，任何在香港以中文書寫的創作及相關活
動，都應納入香港文學的研究範圍。邏輯上矛盾的是，學術
界和評論界對「香港文學」的主流定義，大抵是根據「五四
運動」以後、用白話文為創作語言的新文學為限，主要包括
小說、散文、戲劇和新詩等。至於用文言寫作的古典文學
則一概忽略，彷彿它已完成歷史任務，合該與傳統社會一併
埋葬。本地編寫及出版、多少算是蓋上官方印章的《香港文
學作家傳略》，也沒有糾正這種偏向，既將不少沒有從事文
學創作的評論者收納介紹，也遺漏了眾多寫作古典詩詞的名
家。[9]其實，在新文學茁壯成長的同時，古典文學的創作活力
仍未見蕭條，遑論消失殆盡。[10]

相比用文言媒介寫作的戲曲、散文和小說等，古典詩詞
在香港的發展較具規模。[11]即使在殖民地時期的舊環境，本
地仍然有數以百計的文人，在滄桑往復的變化中寫作詩詞；

8　劉登翰主編：《香港文學史》（香港：香港作家出版社，1997），頁41。作者並解
　　釋：「由於我們敘述的是作為中國文學一部分和作為世界華文〔文〕學一翼的香港
　　文學，因此，所有外國人用外國文字在香港創作和發表的文學作品，將不列入我
　　們敘述的範圍。」嚴格來說，按照創作文字排拒亦不恰當（除非書題指明是《香港
　　華文文學史》），因為香港素來是中英（以至中西）匯聚之地。

9　見劉以鬯主編：《香港文學作家傳略》（香港：市政局公共圖書館，1996）。

10　有關現當代古典詩詞選編集，可參看中國內地和香港分別出版的《中華詩詞年鑒》
　　（北京：中國民間文藝出版社；香港：中華詩詞出版社）；李汝倫編：《當代詩詞》
　　（廣州：花城出版社，1981-85）；劉惠恕編：《中華當代詩詞風賦二百家》（上
　　海：學林出版社，1998）；毛大風、王斯琴編：《近百年詩鈔》（長沙：岳麓書社，
　　1999）；廖一謹：《臺灣古典詩選、詩集、詩社與詩人》（台北：文津，2013）等等。
　　不難理解，此中取捨標準不一，資料尚有缺漏，卻說明詩詞創作活力至今不息。

11　羅孚形容內地自「二十年代……〔以來，〕除了地方戲曲，還站得住的只有舊體詩詞
　　……以新的生命力發揮着更廣泛的作用」；他列舉了毛澤東、胡喬木、聶紺弩等
　　例子。見〈當代舊體詩和文學史——從《追跡香港文學》談起〉，《明報月刊》，
　　1998年9月號，頁97。香港文學與中國文學一脈相承，情況類近；何況香港位處

直到視聽媒體橫流的今天，依舊有不少香港詩人、詩社、群組，以至政府及公營機構等，為古典詩詞延續生命及添注活力。然而目前坊間用作參考材料的香港文學史專著，對新中國成立前的香港文言文學，僅僅作出粗略模糊的描述，而且往往扣上「封建守舊」的帽子加以貶抑；對於其後至新世紀的詩詞創作更是置若罔聞，違反自身對「香港文學」所下的定義。[12]

因此，嘗試梳理香港自開埠至今一百七十多年來的古典文學史料，無疑是切合求真原則、回應論事實情的學術責任。當中詩詞的寫作人數及傳世作品最多，資料相對豐富，比較容易搜集和整理；因此以詩詞作為工作起點，將有助於建構香港古典文學史的脈絡。可幸香港仍然有個別論者從事相關的研究工作，例如方寬烈、陳耀南、黃維樑、鄧昭祺、黃坤堯、鄒穎文、程中山、黃偉豪等，先後發表了若干整理或研究香港詩詞狀況的論文、著作和資料編錄。[13]不過，他們往往緊守着傳統的論述準則，集中研究香港從十九世紀末

邊緣，又屬特殊空間，乃成為眾多文人的暫居之所。王宏志認為，「1949年以來，在台灣全面開放以前，香港是海峽兩岸三地唯一的公共空間，……真的做到『百花爭放，百家爭鳴』的局面」；見《本土香港》（香港：天地圖書，2007），頁62。黃坤堯回顧「戰後香港〔古典〕詩壇一片興旺，……〔加上〕1949年以後逃港者尤多，……詩社更如雨後春筍般湧現」；見〈香港詩詞中的人文景觀〉，《香港詩詞》，2011年第4期（5月），頁91。

12 鄧昭祺謂按王劍叢對香港文學的定義，「香港作家所創作的舊體詩詞，無論它們是否鴛鴦蝴蝶派的作品……是否可與唐詩詞宋媲美，肯定都是香港文學作品，絕對有資格進入《香港文學史》」。見〈論舊體詩在香港文學史應有的地位〉，《文學研究》，2006年4期（12月），頁84。

13 例如方寬烈《香港文壇往事》（香港：香港文學研究社，2010）以散文形式記述香港古典詩人的逸事，偶亦散論詩詞。黃坤堯主編《香港舊體文學論集》（香港：香港中國語文學會，2008），主要論述詩詞。鄒穎文整理香港開埠以來至本世紀初大部分古典詩文的出版資料，編成目錄出版，雖詳略取捨參差，仍為香港古典文學的史料蒐集提供很大便利；見《香港古典詩文集經眼錄》（下稱《經眼錄》）（香港：中華書局，2011）。有關此書的評介見陳子康：〈簡評《香港古典詩文集經眼錄》〉，《人文中國學報》，第25期（2018），頁287–293。

葉至二十世紀中期的詩詞發展狀況，鮮有論析踏入二十一世紀後的香港詩詞發展。[14]

除了恪守傳統韻律和語言、屬於「嚴肅」或「精英」文學的格律詩詞和古體詩作外，香港還有近乎流行文化式的古典詩，包括粵語「方言詩」以及「體近七絕而不囿於格律」的「竹枝詞」。二者的本質原不相同，不過都屬於通俗或半通俗文學，其特點大抵皆為「遣詞淺白，或夾雜粵語，或採用術語，或直譯英語，諧趣傳神，極具地域文化之特色」，[15]具有一定程度的本土藝術和文化意義。然而「方言詩」及「竹枝詞」多少不免參差混雜，其旨趣畢竟有別於審美價值較高的古典詩詞；本書限於篇幅和人力，無法全面兼顧，只能存而不論。

作為經千年、歷清算而始終不衰的抒意文體，古典詩詞的藝術和文化價值已無庸置疑。詩詞能夠獨立於潮流文化和物慾環境之外，直到今天仍具有鮮活的通變性和創造力，詳細因由可以成為別具新意和富有前瞻性的美學討論。最直接印證其生命力的方法，無疑是以二十一世紀的古典詩人及其作品為研究對象，冀能勾勒出本世紀詩詞的發展狀況，並探討古典詩歌未來開展的美學方向。本書的論述以詩為主，因為單就作品數量看，除個別情況的例外，自詞盛於北宋以來

14　以創刊於 2002 年的《文學論衡》為例，至今已出版約三十期，為目前少數刊登香港古典文學研究的本地中文文學術期刊之一。例如第 5 期（2004 年 12 月）的主題為「香港舊體文學研究專輯」，內收程中山〈論潘飛聲《香海集》〉；許子濱〈論劉璣詩〉；鄧昭祺〈「修竹園」詩論〉；鄭滋斌〈陳湛銓《詠史詩》六十首初探〉；黃坤堯〈碩果社簡述〉等，範圍多集中於二次大戰前。

15　程中山編：《香港竹枝詞初編》（香港：匯智出版，2010），前言，頁 2 及書背簡介。有關粵語方言詩的簡述，可參看方寬烈：〈談廣東方言的格律詩〉，《香港文壇往事》，頁 356-374。

仍是詩作遠多於詞作，當中有觀念與格律的原因，留待專章
再論。

香港文學史中的古典文學面貌

目前，坊間以「香港文學」作為論述對象的學術著作為數不少。[16]然而，這些著作只是集中介紹和討論新文學在香港的發展狀況，鮮有論及古典文學；即使有吉光片羽的論述，也大多是公式化地貶抑古典文學的價值，以便凸顯新文學的「進步」地位。再者，當中有不少是以專題形式、就個別題目記錄的香港文學史料，未能呈現香港文學的整體面貌。縱觀已出版的《香港文學史》論述，下列四種的結構和內容比較值得注意：

（一）謝常青：《香港新文學簡史》（廣州：暨南大學出版社，1990）；

（二）王劍叢：《香港文學史》（南昌：百花洲文藝出版社，1995）；

（三）潘亞暾、汪義生：《香港文學史》（廈門：鷺江出版社，1997）；

（四）劉登翰主編：《香港文學史》（香港：香港作家出版社，1997〔繁體字本〕；北京：人民文學出版社，1999〔簡體字本〕）。

四部著作中，第一、二部屬於不同幅度的「斷代文學史」。謝常青的《簡史》以 1853 年 8 月香港首份刊登華文的

16　鄧昭祺在 2006 年的文章指出：「最近十多年，國內和香港都掀起了一股研究香港文學的熱潮，坊間紛紛推出了多種以『香港文學』為名的書；……〔但是〕這十多本著作……的內容都只局限於討論香港的新文學，沒有提及舊體詩詞。」（〈論舊體詩在香港文學史應有的地位〉，頁 85–86）

報刊《遐邇貫珍》作為香港文學的起點，至 1949 年（「戰後香港文學」）為止；[17]王劍叢的論述範圍則以 1949 年為分界線，將香港的文學區分為「前三十年」和「後四十年」兩部分，大抵從「香港文學萌生前的文壇狀況」（1920 年代）至「多元化文學時期（1980 年代）」。[18]相對而言，其餘兩部著作的性質比較接近「文學通史」。[19]

年青學者黃偉豪指出，這四部文學史皆以介紹新文學的發展為主，對古典文學僅「略微旁及」。他按照四部著作記載的史料，歸納當中描寫香港古典文學發展的四段時期：（一）1919 年「五四運動」前；（二）「五四運動」前後至抗戰前夕；（三）八年抗戰時期（1937-1945）；（四）抗戰結束以後。本章的歷史敘述，則取 1911 年為（一）、（二）期的分界線，而將抗戰後的發展分為兩段時期，以便將論述帶進新世紀。從相關資料的對比和整理可見，主流香港文學史對古典文學的材料處理和價值判斷，多顯示偏頗乃至某程度上的無知，尤其是「1945 年後的香港舊體文學，幾乎出現『論述空白』」，故

17　謝常青：《香港新文學簡史》，頁 7、135。作為幾部香港文學史中最早出版、指明聚焦於「新」文學的論述，謝著雖然未提及詩詞，不過第一章首三節：「香港最初的華文刊物」、「封建文化和復古衛道」及「新舊交替的文學現象」，對於抗日戰爭前的香港古典文學概況仍有着墨。

18　王劍叢：《香港文學史》，頁 3、92。

19　潘亞暾、汪義生的《香港文學史》由「香港文學的發軔（1920-1936）」敘至「後過渡期的香港文學（1990-1997）」；第一章首節「香港文學溯源」概述香港由古百越民族原始文化，到開埠初期《遐邇貫珍》、《循環日報》、《小說世界》等在五四運動前出現於香港的文言文學歷史（頁 23-25）。劉登翰主編的《香港文學史》內容頗詳盡；由楊健民撰稿的第一章就「開埠與香港文學的起點」，概述香港自石器時代以來的文化淵源、環境、發展，涵蓋「瑤、畲及越族」到東晉杯渡禪師，又引述中唐時韓愈與劉禹錫以屯門為題賦詩。章節列舉英國殖民香港初期的中、英文報刊資料，包括出版時間和內容大要等等；第二、三節則具體講述當時的舊體文學史（頁 45-58）。因此黃偉豪認為，四部著作中「以劉登翰主編《香港文學史》最足稱道」；見〈香港舊體文學史的建構方法芻議——以饒宗頤的交遊圈為例〉，《文學論衡》，18/19 期（2011 年 6 月），頁 59。

可以多「考證〔古典文學〕作家及其交遊圈，⋯⋯以便蒐集、排比史料」。[20]這對填補香港古典文學史料而言，應是踏實的外緣方法之一。在批評香港文學史偏狹的同時，關注詩詞發展者更應肩負蒐集資料的責任，不應期待白話文學史工作者代勞。至於本章的主要目標，則在宏觀勾勒現當代香港詩詞的發展脈絡，從多方面觀其大略，故亦會另外參考幾位研究香港古典詩詞的學者，如方寬烈、鄧昭祺、黃坤堯、鄒穎文等的論述和成果。本章會按照五段時期分節進行簡述，冀能多少補充眼下的香港文學史論著的敘述空白，嘗試還原比較周全的有關香港詩詞發展的形態和面貌。

20　黃偉豪：〈香港舊體文學史的建構方法芻議〉，頁 61、59。

第二節　**辛亥革命前的香港詩壇**
（1853-1911）

　　自 1840 年鴉片戰爭到 1949 年新中國成立的一百多年間，中國一直處於內憂外患、戰亂頻仍、動盪不安的境況。香港則自 1842 年按照《南京條約》割讓予英國為殖民地後，因其特殊的政治和地理位置，逐漸成為海峽兩岸最包容的寫作和出版之地。從晚清以降，香港乃陸續吸引部分內地文士南來避難或發展，為本地帶來豐富的傳統文學底蘊。[21]

　　早於上世紀五十年代，羅香林就開始從事研究中國文學在香港的延續和發展情況。他將抗日戰爭之前「移植」到香港的中國文學發展狀況，大致分為四個時期：

　　（一）以傳教士的翻譯文學為代表；[22]

　　（二）以報章政論中人如王韜（1828-1897）、胡禮垣（1847-1916）、潘飛聲（1858-1934）、黃世仲（1872-1912）的寫作為代表；

　　（三）以隱逸派人士如陳伯陶（1855-1930）、汪兆鏞（1861-1939）、賴際熙（1865-1937）等的懷古作品為代表；

　　（四）以賴際熙等太史創辦學海書樓，以及香港大學成立中文學院為里程碑。[23]

21　南來作家在香港的「創作免受政治干擾，故可保存中國詩文創作傳統，並有所發展」；見鄒穎文編：《經眼錄》，前言，頁 10。

22　羅香林：《香港與中西文化之交流》（香港：中國學社，1961）指出，香港自 1842 年後「濅為基督教傳佈福音之基地」，包括《聖經》中譯，開啟了中西文化交流之局（頁 181）。劉登翰主編的《香港文學史》提到，香港最早的報刊為英文報《香港公報》，於 1841 年 5 月 1 日創刊（頁 48-49）。

23　羅香林：《香港與中西文化之交流》，頁 181、187、197、207。

前兩段時間屬於本節概述的範圍；後兩段留待下一節討論。
羅氏所指的第二時期人物中，胡禮垣的成績主要在辦報、政
論及支持革命方面；黃世仲主要為政治家及小說家，詩詞
成就不顯，因此本節略而不提，改為將頗具詩名的陳步墀
（1870-1934）納入論述範圍。

　　且按下羅香林「抗戰前四段分期」的框架不論，只循其
所述香港文學最初以宗教翻譯著作為主，同時亦出現中文書
刊。當時教會傳道人出版中文書刊，頗為時人稱道：

　　　　……倫敦會以理雅各博士（Dr. James Legge）之
　　「《六合叢談》」，湛約翰牧師（J. Chalmers）之「《遐
　　邇貫珍》」（雜誌）及「《唐山取寶》」，何福堂牧師之
　　「《兩友相論》」及「《馬太福音註》」等，為最著名。[24]

當中《遐邇貫珍》是「香港出現最早的舊體文學載體」，為
「英國倫敦傳道會所屬英華書院印刷的月刊」，由 1853 年 8 月
刊至 1856 年 6 月；「其中 1854 年 7 月號及 8 月號，刊登一位中
國匿名作者的文言雜記〈瀛海筆記〉和〈瀛海再筆〉」。[25]

　　晚清時期，南來香港避難的文士漸多，其中包括王韜、
潘飛聲、陳步墀、胡禮垣等，為當時中國文學植根於香港的
標誌性人物。前三人皆有詩名於世；胡禮垣亦有詩集傳世，
惟詩詞成就不大顯著。[26] 這是後於傳教士在香港翻譯文學的
加速奠基時期。江蘇王韜可算是近代「避難文人」的先行者，
因為獻計於太平天國而遭清廷以「通賊」的罪名通緝，遂於

24　同上注，頁 185-186。

25　黃偉豪：〈香港舊體文學史的建構方法芻議〉，頁 60。

26　可參看黃坤堯：〈香港詩詞中的人文景觀〉，頁 90。

1863年從上海南逃至香港。[27]他寄居香港期間，靠當編輯、翻譯和寫作等工作為生，初時主要協助英華書院院長理雅各翻譯《中國經典》系列。王韜對香港文壇最大的貢獻，無疑是於1874年創辦了中文報刊《循環日報》，當中並「增幅為莊、諧兩部」：

> 「諧部」即今日之副刊。王韜⋯⋯〔在〕副刊上發表了不少詩詞、散文、各種文藝小說與粵謳。這些文字對促進香港文壇和報界的活躍作用甚大。[28]

黃偉豪亦綜合了上述四部《香港文學史》中有關王韜的資料，作出簡述如下：

> 1874年1月5日創辦《循環日報》。王氏在1874至1884年間，發表大量以文言寫成的政論文章，以至詩歌、散文、小說等舊體文學，尤其是〈香港略論〉，以及《淞隱漫錄》、《遯窟讕言》、《淞濱瑣話》等類似《聊齋》的短篇小說。[29]

以上評論都反映王韜對早期香港文學發展的貢獻，其中尤以副刊的創設，為文學寫作提供發表園地，長期影響無疑遠比個人發表為大，為香港文學的真正起步奠下了重要基礎。[30]不過，王韜畢竟是一個沒有歸屬感的典型「過客」，將香港形容為「叢爾絕島」、「荒域」，乃至「蠻荒」之地。對於被迫滯留在這個避難之所，他既感到十分委屈，無法解脫鬱結，復對內地故鄉的生活產生無盡思憶；因此在他的文學

27　鄒穎文編：《經眼錄》，前言，頁10。

28　忻平：《王韜評傳》（上海：華東師範大學出版社，1990），頁153。

29　黃偉豪：〈香港舊體文學史的建構方法芻議〉，頁60。

30　劉登翰主編：《香港文學史》，頁54。

作品中，談不上對香港有很深厚的情懷。[31] 例如其古典詩作多以「緬懷故國及江南故人為主，寫本地的生活題材比較薄弱」，只是多少反映出香港當年的社會面貌。[32] 不過王韜的詩集《蘅華館詩錄》，倒是保存了許多近代中、日詩人的交往酬唱之作，[33] 成為研究當時香港文化的珍貴材料。

晚於王韜南來香港的文士，包括潘飛聲及陳步墀。潘飛聲家學淵源，而且少負詩名。他曾於 1887 年應邀遠赴德國柏林講學四年，其後於 1894 年來香港，受聘於《華字日報》任主政筆，並將居香港時所寫的詩詞輯入《香海集》。[34] 羅香林介紹其人其事如下：

> 力主變法維新，與康有為、黃遵憲、梁啟超等，互通聲氣。……於辦報外，喜為對花醉酒宴會。……提倡如黃遵憲等一派之解放體詩，後將黃氏等提倡新派詩之言論，編入所著《在山泉詩話》。惜此新派詩運動，在香港當時未發生普遍影響耳。[35]

潘飛聲為廣東名族「海山仙館」後人，時人譽為「香海寓公」，在當時的社會和文壇頗有影響力。他在 1900 年創辦

31　王宏志曾對香港的「南來作家」作出詳細分析，包括王韜在香港的文學活動以及在他身上反映的當時南來文人的複雜心態。詳見王宏志、李小良、陳清橋：《否想香港——歷史‧文化‧未來》（台北：城邦文化事業，1997），頁 30–39；王宏志：《本土香港》，頁 30–75。

32　王晉光：《香港文學鼻祖王韜》（香港：田疇文獻坊，2010），頁 28。例如王韜有九言詩〈寄黃六上舍潘大楊三兩茂才〉：「經營廿年蓄意善招集，蠨蠛繁背開此風光幽，賈胡居奇光怪炫列貨，四重金碧多喜居層樓」，頗能反映當時香港商貿的繁華。見蔣英豪編：《近代詩人詠香江》（北京：中華書局，1997），頁 30。

33　見黃坤堯：〈香港詩詞中的人文景觀〉，頁 94。另見楊健民：「王韜當年除了為報紙寫政論文章外，也在《循環日報》和其他報紙上發表過一些舊體詩詞和小說等，這些文學後來被魯迅說成是『徵曲海之煙花，話松濱之風才』，『所記載以文酒伎樂之事為多』（魯迅：〈致李中〉）……關於這點，王韜自己也說：『余少時好為艷體之詞……』（《艷史叢鈔序》）；劉登翰主編：《香港文學史》，頁 55。

34　鄒穎文編：《經眼錄》，前言，頁 10。

35　羅香林：《香港與中西文化之交流》，頁 190–191。

《實報》，刊登了不少詩詞，本身著作亦豐，有《香海集》、《説劍堂集》、《粵詞雅》等三十多種。[36]《在山泉詩話》則評論清末詩壇人物，為時所重。[37]至於陳步墀，則為雅好詩文的米業商人。1908年廣東水災，他於《實報》刊登〈救命詞〉三十首呼籲賑災，感動人心，詩名鵲起。除了出版八集個人詩詞外，他亦編成《繡詩樓叢書》36種：「這是香港出版第一套叢書，保留大量清末民初的名流墨寶及文化史料，價值鉅大。……各集的序跋題辭唱和中更展現了早期香港詩壇廣泛的交遊網絡。」[38]

當時文人辦報之風日盛，《華字日報》（前身為英文《德臣西報》附屬的中文報紙《近書編錄》）和《循環日報》等中文報紙帶動了「啟迪民智」、「關心政事」之風。[39]後者以「鼓吹新政，解放思想」為要；刊登詩詞、小説等只屬餘事。[40]不過無可否認，王韜的《循環日報》開設了副刊先河，為市民提供接觸文學的園地，更奠定了香港文學發展的基石。稍晚來港的潘飛聲和陳步墀，亦為詩壇舉足輕重之輩，作品數量與成就都不容忽視。

36　此外還有「《飲瓊漿室詞》、《春明詞》、《飲瓊漿室駢文鈔》、《翦淞閣隨筆》等」。分別見程中山：〈歷史與空間：潘飛聲與香港〉，《文匯報》，2006年1月14日，http://paper.wenweipo.com/2006/01/14/ OT0601140001.htm；程中山：〈香江詩話〉，《文匯報》，2006年1月17日，http://paper.wenweipo. com/2006/01/17/ WH0601170001.htm.

37　參看黃坤堯：〈香港詩詞中的人文景觀〉，頁90。

38　同上注。另有余祖明敘述：「百年以來，中原迭經變亂。香江為遷客騷人避地之所，其挖揚風雅有足述者，如繡詩樓主饒平陳步墀子丹，以端木長才，致陶朱偉業。民初在港島別闢賓館，禮招賢士。時則有陳子礪、張漢三、吳玉臣、溫毅夫、賴煥文諸太史，梁杭雪禮部、蕭伯瑤廣文、黃日坡明經，與潘蘭史、劉伯端諸公，冠蓋雲集，一時稱盛。且廣鑄梨棗，成《繡詩樓叢書》三十餘種。」見《近代粵詞蒐逸補編續編》（香港：〔出版社不詳〕，1972），弁言，頁1。

39　劉登翰主編：《香港文學史》，頁50–51。

40　參看黃坤堯：〈香港詩詞中的人文景觀〉，頁90。

第三節 **辛亥革命至抗戰前的香港古典詩壇**
（1911-1937）

　　由晚清時期到辛亥革命前後，香港陸續經歷了數次內地文士南來的移民潮，默化了不同程度的傳統文化影響。根據研究統計（僅以有結集出版者計算），晚清時期來港的詩文作者最少有 13 人；1911 年前後有 47 人；往後的二、三十年代亦有 42 人，共逾百人之數。[41] 辛亥革命前夕，維新思潮與革命思想在粵、港、澳、日以至南洋等地區都相當熾熱。於 1905 年成立的同盟會，在香港活動頻繁，不少有識之士如鄭觀應（1842-1922）、黃伯耀（1861-1939）及黃世仲兄弟等都曾留居香港，紛紛在各種報刊發表政論，並留下詩作。[42]

　　到革命開展後，政權崩散，戰火蔓延，一批以「前清遺老」[43] 自居的翰林及士紳文人紛紛棄官歸里，部分「志懷隱逸，乃移居香港，流連山海，弔古感懷，不覺形之篇什」。[44] 這些「隱逸」文人以堅守中華傳統文化為己任，既然對國家飄搖滿抱悲懷，感時傷事，乃發為詩詞，開展了五四運動前的香港中華文學。當中的代表文士有吳道鎔（1853-1936）、陳伯陶、蘇澤東（1858-1927）、丁仁長（1861-1926）、汪兆鏞、張學華（1863-1951）、何藻翔（1865-1930）、賴際熙、

41　鄒穎文編：《經眼錄》，前言，頁 10。

42　中國的政治和經濟局勢，在辛亥革命推翻清廷後更加劇動盪。鄒穎文描述如下：「隨後十年國民黨派系鬥爭及國共之爭又引發內戰，政局極度不穩，香港屢為國內文士棲身之所，國共兩黨官員亦常避地香港，或於此伺機而作政治部署。革命『四大寇』之一尤列、國民政府陳樹人、胡漢民、曾仲鳴等都曾寓居香港，留有詩歌。」鄒穎文編：《經眼錄》，前言，頁 10、13。

43　鄒穎文編：《經眼錄》，前言，頁 12。

44　羅香林：《香港與中西文化之交流》，頁 197。

江孔殷（1865-1952）等等，當中不少人「皆有才名」。[45] 此外，黎國廉（1874-1950）和劉景堂（1887-1963）早在辛亥革命爆發前已到香港定居，「對促進香港詞壇的發展，貢獻亦大，與潘飛聲、陳步墀可以合稱為早期的香港四大詞人」。[46]

　　至於抗日戰爭前香港之中華文學的另一發展階段，則以太史開設學海書樓講授經籍文學以及香港大學成立中文系為標誌，核心人物為賴際熙。他與桂坫、丁仁長等同為晚清翰林院庶吉士，[47] 來港後先於香港大學任中文講師，後仿清代阮元（1764-1849）在廣州設學海堂講學之意，於 1923 年與俞叔文（1874-1959）、李東海（1889-1965 ?）等創設學海書樓，收藏典籍，並邀請晚清翰林名士蒞臨講學。[48] 香港大學於 1927 年正式成立中文學院，由賴際熙出任院長，開展了講習國學與研究之風。至於一同在學海書樓講學的文人學者，例如區大原（1869-1945）、陳步墀、俞叔文、岑光樾（1876-1960）、溫肅（1878-1939）、鄭水心（1900-1975）、熊潤桐（1903-1974）、曾希穎（1903-1985）、陳本（1906-1996）、吳天任（1916-1992）、何叔惠（1919-2012）等，皆雅好詩文。[49] 此外，同時期的香港詩壇名人還包括梁

45　羅香林：《香港與中西文化之交流》，頁 197、200；鄒穎文編：《經眼錄》，前言，頁 12。

46　黃坤堯：〈香港詩詞中的人文景觀〉，頁 90。

47　羅香林《香港與中西文化之交流》云：「賴際熙先生，字煥文，號荔垞，原籍增城。光緒二十九年（一九零三年）成進士，為翰林院庶吉士，官至國史館總纂。」（頁 201；亦可參看頁 204）

48　黃坤堯：《香港詩詞論稿》（香港：當代文藝出版社，2004），頁 2-3。

49　羅香林：《香港與中西文化之交流》，頁 224。另可參看黃坤堯〈香港詩詞中的人文景觀〉：「賴際熙任香港大學中文講席，為了弘揚國粹，挽救沉溺的人心，乃於1923年與洪興錦、俞叔文、李東海等創設學海書樓，聚衆講學。1927年任香港大學中文學院首任院長，以教授傳統國學經史子集及古文辭學為本，育才甚衆。溫肅忠於清室，奔走南北，除了在學海書樓講學之外，1929-1931年在香港大學任教哲學、文詞兩科，亦負詩名。」（頁 90-91）

慶桂（1856-1931）、梁廣照（1877-1951）、鄧爾雅（1884-1954）、劉景堂等等。[50]

　　然而，上面提及的四部《香港文學史》都沒有對這些詩人名家着墨，往往只是單向、偏頗地強調在五四運動發起之際，本地文學如何被南來文士的不健康勢力封阻，以其「封建思想的舊文學」打壓新文學在香港的萌芽。[51]且看劉登翰主編的《香港文學史》：

> 　　〔他們〕大都寫了一些趣味主義、消遣主義的作品……標榜趣味第一，以描寫男女之情、名人逸士的私生活、社會上的奇聞逸事為主要內容，其中以言情小說為大宗，從而使得當時的舊派文藝期刊成為鴛鴦蝴蝶派的重要園地。……國粹派文人……以賣文為生，多數都是寫一些諧趣狎令的文字，這正好適合了當時一些低級趣味的期刊的需要。《小說旬報》可以說是……〔代表〕，其中有「諧語」、「諧錄」、「諧文」，完全是……消閒文字。僅從一些小說的標題，如《淫伶孽果》、《男娼》、《野雉家雞》、《狎伶鑒》等，便可知其內容。而文字更是浸淫了舊式詩詞的駢四體裁。[52]

文言文學當時良莠不齊，此論當有確實之處，但亦屬選擇性敘述，仍有以偏概全之弊。

　　最早在香港植根的文學，無疑是文言文學。事實上，直至上世紀初的香港中文教育，依然是遵循中國傳統私塾

50　見鄒穎文編：《經眼錄》，前言，頁 13。

51　例如劉登翰主編的《香港文學史》，就振振有辭地指斥：「晚清遺老一進入香港，便構成了香港知識分子階層的一部分，……〔他們〕提出復古，加上香港原有的舊文化勢力，……阻礙了新文化在香港的傳播和發展。」（頁 60）

52　劉登翰主編：《香港文學史》，頁 56–57。

式的教授內容。[53] 若謂二十世紀二、三十年代的香港文學仍然是以「舊派」為主，也符合實情。當時的香港文學，主要為出現於舊派文藝期刊的小說；散文則多見於《循環》、《南華》、《大同》、《華僑》等報紙的副刊，少有通篇文言，多屬文白參半，文字技巧尚嫩，稱為「放腳式」白話文。除了《小說旬報》刊登俗艷小說外，還有不少其他刊物相對雅正，例如《小說世界》、《新小說叢》、《雙聲》、《妙諦小說》、《文學研究錄》、《文學研究社社刊》、《小說星期刊》、《墨花》、《人造一月》等等。[54] 其中《小說世界》和《新小說叢》率先於 1907 年創刊。前者「以發表創作小說為主，多為反帝反清的內容，詩詞亦多鼓吹民族獨立的意識」；後者亦相類，以「變國族、開民智」為宗旨，所刊以「翻譯歐美小說為主，用的是淺白的文言」，另也刊載文言隨筆和詩歌。[55] 可見當時刊登的文言文學，並非全都是「鴛鴦蝴蝶派」；以「諧趣狎令的文字」概括當時的詩詞，誠有扭曲之嫌。其實當時風雲色變，南來文人每憂心國事，吟詠之作豈會止於風花雪月、鴛鴦燕燕？單看陳伯陶、蘇澤東等遺老文士吟詠結集的《宋臺秋唱》，便知其心思梗概。

---

53 四部《香港文學史》提到香港舊學教育，皆引羅孚的憶述。見謝常青：《香港新文學簡史》，頁 10；王劍叢：《香港文學史》，頁 3；潘亞暾、汪義生：《香港文學史》，頁 27；劉登翰主編：《香港文學史》，頁 62。羅孚 1912 年生於香港，八歲入學，向孔子像點燭，行三跪九叩之禮。課本有《人之初》、《三字經》、《天子重賢豪》；作文題目有〈宋臺台遊記〉、〈論賭博之害〉、〈業精於勤說〉。見〈誤闖文壇述憶（一）〉，《香港文學》第 1 期（1985 年 1 月），頁 96-97。黃偉豪〈香港舊體文學史的建構方法芻議〉撮要云：「香港的舊學教育，以經籍為主。課程有《百家姓》、《三字經》、《四字蒙》、《四書》等，作文題目是八股式的『論賭博之害』之類」（頁 60）。

54 黃偉豪：〈香港舊體文學史的建構方法芻議〉，頁 60。

55 阿英（錢杏邨）：《晚清文藝報刊述略》（上海：古典文學出版社，1958），頁 33、35-37。載劉登翰主編：《香港文學史》，頁 60-61。

陳伯陶原為晚清官員，其後南來隱居於九龍城，號「九龍山人」，編纂《東莞縣志》等，又「流連山海，弔古感懷，不覺形之篇什」。[56] 他以追祀宋遺民趙秋曉生日為題，賦詩填詞，唱和者包括吳道鎔、汪兆鏞、張學華、黃佛頤（1886-1946）等 11 人。後陳氏又作〈宋王臺懷古〉詩，寄託遺民憂懷家國、思念故土之思，和者更眾，有黃日坡（1855-1929）、蘇澤東、張其淦（1859-1946）、梁清（1861-1918）、丁仁長、何翽高（1865-1930）、賴際熙、李景康（1889-1960）等前後 35 人。蘇澤東收集眾人有關宋王臺與其他古跡之題詠以及酬唱之什，編成《宋臺秋唱》，[57] 當時廣為人知，亦成為香港有文獻可考的首本詩詞雅集。

自革命推翻末代皇朝後，國事一直紛亂；從 1916 至 1928 年間的軍閥割據到 1927 至 1937 年間的「國共內戰」，香港在二十多年間一直成為內地文人逃難的避風港。這批「隱逸派」文人包括不少本為朝廷棟樑或名流紳士之輩，面對國家政權變天而淪落香港，心情自有沉重悲憂、感時傷事之緒。遇到同病相憐及志同道合之輩，遂結社唱和，吟詠抒懷：

> 香港開埠以來，華洋共處，思想自由，經濟繁榮，

56　羅香林：《香港與中西文化之交流》：「陳伯陶原籍東莞，光緒己卯解元，壬辰進士，殿試一甲第三，授編修，直南書房，出為江寧提學使。」（頁 197）

57　見蘇澤東編：《宋臺秋唱》（東莞：聚德堂叢書本，1977），三卷。卷一為陳伯陶等文士於 1916 年 9 月在宋王臺祭祀宋遺民趙秋曉生辰的詩詞唱和；卷二為陳伯陶及友人的其他唱和；卷三則為陳伯陶的詩詞，均為遺民弔古傷今的篇什。可參看鄒穎文〈從李景康所藏友人翰墨概述其與粵港詩人的交遊〉，注 4；載《香港舊體文學論集》，頁 34。另可參看羅香林：《香港與中西文化之交流》：「香港中國文學之懷古詩篇，遂躋于高峯矣。」（頁 197）黃坤堯：〈香港詩詞中的人文景觀〉：「《宋臺秋唱》一書……家傳戶曉，膾炙人口，而宋王臺幾乎更成了香港人在異族統治下感懷故國的精神象徵，不斷地在香港詩詞中出現。」（頁 90）

吸引各方人物聚居生活，⋯⋯清末民初，大陸政局動盪，很多廣東文人湧入香港，或辦報興學，或避禍隱居，⋯⋯於是聯朋結友，切磋文藝，遣寄客愁，雅集頻密。[58]

現代中國起始二十多年，見證了香港詩社發展的第一個高峰。最早成立的有「海外吟社」（1912）；劉景堂、黎國廉等的「妙高臺雅集」（1913）；勞緯孟、譚荔垣、何冰甫、張雲飛、葉茗孫、潘蕙疇等成立的「潛社」（1916）；「香海吟社」（1916）等。到二十年代有「聯愛詩社」（1921）；鄒靜存、呂伊耕、周竹鄰、楊苦山等成立的「竹林詩社」（1924）；莫鶴鳴、蔡守、何藻翔等的「北山詩社」（1924）；蔡守、鄧爾雅在港活動的「南社」；陳樹人於粵港的「清遊會雅集」（1926）等。三十年代有賴際熙、江孔殷、朱汝珍（1870-1942）、譚荔垣、張秋琴等主持的「正聲吟社」（1931-1932）和「蟾圓社」（1936-1937）；原潛社社員葉茗孫、區少瀚、羅月孫等人於 1932 年重組的「新潛社」；梁廣照、吳肇鍾的「宋社」；及李景康、葉佩瑜的「賓名社」等。當中以「海外吟社」、「潛社」及「正聲吟社」較為著名。[59]

認為香港詩詞的早期發展主要由南來的前清遺老和文

58　程中山：〈開島百年無此會：二十年代香港北山詩社研究〉，《中國文化研究所學報》，第 53 期（2011 年 7 月），頁 279。另可參看何乃文、洪肇平、黃坤堯、劉衛林編：《香港名家近體詩選》（香港：中文大學出版社，2010）：「昔香港開埠未久，而國遭亂離。士庶南來，志不得伸。於是詩社立，吟詠興。社員以近體嗟身世，懷家國；興寄之風，於茲傳響。」（下冊，頁 629）

59　此外，尚有其他在民國初期旅居香港的詩人，如梁慶桂（梁廣照之父）、張虹、葉翰華、韓文舉等都曾結社吟和，活躍詩壇。資料見黃坤堯：〈當代的詩詞傳統〉，載黃坤堯編：《中華文學的現在和未來：兩岸暨港澳文學交流研討會論文集》（香港：鑪峯學會，1994），頁 51；程中山：〈開島百年無此會〉，頁 279-283；鄒穎文編：《經眼錄》，前言，頁 13。另鄒穎文〈從李景康所藏友人翰墨概述其與粵港詩人的交遊〉指出：「香港早期文士除詩歌唱酬外，亦喜為詩鐘，五十年代前較著名的詩鐘社有海外吟社、潛社、正聲吟社及海角鐘聲文會。」（頁 37）

人支撐，大抵屬於主流看法。但亦有論者從早期華文報紙資料，發現「民初香港文學多元發展」，詩壇有不少本地參與者。例如「北山詩社百餘位社友雅集之時，遺老很少和應」，而此社體現香港詩社分合，「……是二十年代香港文壇的一個縮影，其合併潛社、竹林詩社、赤雅社、南社而成立，聲勢浩大，……作品琳瑯滿目。可惜因為省港大罷工，詩社成立不足一年就解散，……其後社友又重組新潛社、南社、正聲吟社，繼續雅集，風氣重現。」[60] 不過，縱使當時名家輩出，結社成群，氣象蓬勃，詩詞在香港文學界的影響力始終有限。部分原因不免源於傳統模式的「精英文化」：詩詞要求的語言水平、韻律掌握、文化素養、審美標準都比較高，因此詩人的數量相對有限，作品亦大多流傳於三五知己間，少有出版公諸同好。何況即使同時刊載於報章雜誌上，詩詞的影響力也不及小說和散文；這非只關乎雅俗之別，而是就文體和內容而論，文言或半文半白的小說和散文相對容易理解，又能以故事情節、人物及較具彈性的內容元素吸引讀者。至於時代、教育和社會的劇變，例如西學漸起、捨舊思新、重商輕文等環境因素，都無助詩詞在香港的長遠發展。

其實，就當時之「文化過渡」境況的開展潛力而言，問題的核心還可能在於其時的詩詞格局，大體屬於晚清餘韻，內容已趨僵化，發展陷入瓶頸。慕容羽軍批評道：

> 古代傳下來的「詩酒風流」就被視為〔「傳統」「古意」〕中最應「延續」的一個重點。然而太多「古文」和「駢驪」趣味，被陳陳相因的「承傳」，「吟詩」和「喫花酒」被當做一件事來辦，漸漸養成了一種「詩是有閑的

天性」觀念，尤其是受到「退隱派」的那一「不求甚解」
的慵懶哲學所引導，詩，便凝結成一種濫調了。[61]

論者以「花酒吟詩」、「慵懶閒趣」、「陳腔濫調」等概括
當時的詩詞，雖然不盡平衡公允，卻反映部分文人的生活習
慣，以及不少時人（特別是年青知識分子）的立場。當時分屬
白話文學與文言文學的作家，似乎多以敵對眼光看待對方。
例如《文學研究錄》的傳統文人，就對新思想、新文學和白
話文反感甚至恐懼，並與當時京滬等地的國粹派互相呼應，
反對新文學在香港發展。這種封閉心態，從它第4期卷首收
錄的各方賀辭可見一斑。

> 文學研究社諸君雅鑑
>   慨聖賢之道衰兮。邪說雌黃。致名教之日消兮。文
> 學不彰。幸貴錄之出世兮。崛起提倡。挽文風之淪落
> 兮。字字激揚。羨聲名之洋溢兮。創自香江。祝一紙之
> 風行兮。寰宇無雙。
>
> 汾江粹報全人敬祝[62]

這種楚辭式的牢騷恰好自我反照：甚麼「聖賢之道衰」、「名
教之日消」、「文風之淪落」，筆調倒像封建道學的情緒反應。
在同一期內，章士釗發表了〈新思潮與調和〉之論：

> 新舊相待者也。捨舊不能言新，若捨舊而言新，則
> 歷史文字一概抹煞，所論新者，必且回復上古原人之狀
> 況而後可。蓋以社會進化之秩序，乃移行，而非超越。

---

61 慕容羽軍：《為文學作證——親歷的香港文學史》（香港：普文社，2005），頁
132–133。

62 羅五洲主編：《文學研究錄》，第4期，1922年1月。載黃仲鳴：《香港三及第文
體流變史》（香港：香港作家協會，2002），頁61。

> 所呈現象，均是新舊雜糅，且以社會全體計之，亦以是
> 雜糅者為最適宜，字曰調和。若空前絕後，有新無舊之
> 社會，不特事實上不可能，而亦理境中所未有也。[63]

主編羅五洲更明言，開辦《文學研究錄》旨在「因文衛道」：
「白話橫行。毀文者風靡。特痛文學之將亡。……文亡而千古
聖賢英哲所以修齊治平之道將與之俱亡。」[64]

　　另一方面，香港第一本新文學雜誌《伴侶》於 1928 年 8
月創刊，稍後則有首個新文學社團「島上社」於 1929 年出版
了純文學雜誌《鐵馬》，不過最終相繼停刊。[65]新文學作者
侶倫（1911-1988）認為，箇中「主要原因是缺少了容許它們
生存的社會環境……〔及〕支持它們同社會環境戰鬥的經濟
條件」。[66]他所說的「社會環境」，大概是指「頑固的封建文化
勢力所維繫的社會環境」，[67]反映當時不少年青知識分子對香
港的傳統文學持有某種負面觀點，將之與封建思想、固步自
封、冥頑不靈等態度掛鉤。然而，即使當時新文學在香港受

63　見《香港三及第文體流變史》，頁 61。

64　同上註；又見《文學研究錄》，第 8 期，1922 年 7 月 15 日。另外可參看黃偉豪：
〈香港舊體文學史的建構方法芻議〉：「(四)香港本土出現新舊文學爭論。1921 年，
香港文學研究社主辦《文學研究錄》。羅五洲任主編，章士釗、章太炎（又名炳
麟，1868-1936）、鄭孝胥、林紓等國粹派紛紛撰稿，其中羅五洲在〈序〉中反對
提倡新文學，章士釗更撰寫〈新思潮與調和〉，堅持復古，從而集結成龐大的舊
學隊伍，對抗新文化運動……；(五)1927 年 2 月魯迅……以廣州中山大學中文系
主任名義，赴港發表兩次演講，題目分別為『無聲的中國』和『老調子已經唱完』，
引起香港當局和舊派文人的恐慌，他們先是『派人索取入場券，收藏起來，使別
人不能去聽；後來又不許將講稿登載，經交涉的結果，是削去和改竄了許多』。是
次演講對舊文化帶來直接衝擊；(六)1935 年胡適（1891-1962）到香港接受香港大
學頒授博士學位，批評本港中學，以至大學教育，讀經守舊、反對白話文。」（頁
60-61）

65　劉登翰主編：《香港文學史》，頁 68-69。

66　侶倫：《向水屋筆語》（香港：三聯書店，1985），頁 20-21。

67　劉登翰主編：《香港文學史》，頁 70。

到傳統文學勢力打壓，[68]也不能全盤否定傳統文學的價值，甚至抹殺它存在的事實。何況白話文學乃大勢所趨；傳統文學亦並非一味打壓。以 1924 年 9 月創刊的《小說星期刊》為例，它發表了支持文言文學的〈四六駢文之概要〉和提倡新文學的文章〈新詩的地位〉，反映兩者開始在香港並行出現。[69]到了三十年代，新文學更有後來居上之勢：「文學的新潮，奔騰澎湃，保守的文學的基礎，已經動搖。」[70]總之，這時期的香港文學，大體處於古典與白話文學對抗、滲透、此消彼長、主次逆轉的變化階段。到 1937 年抗日戰爭開始，內地再有文人大舉南來逃難，為香港文學的發展提供了另一個契機。

68　從舊派文人藏起魯迅演講的入場券，其後更竄改及刪削魯迅的講稿之事，已可見一斑。另外，貝茜憶述當時的「新文學要想從其間不必說佔一個地位，就是透一絲氣也非常的難」。見其〈香港新文壇的演進與展望〉，《香港文學》，13期（1986年 1 月），頁 47。

69　劉登翰主編：《香港文學史》，頁 64。

70　同上注，頁 65。參看盧瑋鑾編：《香港的憂鬱》（香港：華風書局，1983），頁 26–27。

第四節 **抗戰時期的香港古典詩壇**
（1937–1945）

不難理解，二十世紀的香港詩詞發展，一直跟中國內地形勢息息相關。當新文學思潮席捲全國之際，香港詩詞的發展亦不免呈現「風騷不繼」之勢。[71]然而日本侵略不斷，逼得抗日戰爭爆發，卻不意為香港詩詞的發展帶來新的動力。面對兵荒馬亂和國家危難，文學成為凝聚民族團結的力量之一，詩詞亦承擔其精神責任。胡迎建有如下概述：

> 舊體詩在新文學運動之後，一度跌落低谷，逐出文學正宗的地位。但是，自日寇佔領東三省……中國人面臨着國破家亡的危險，更多的詩人起而言志抒情，在長達八年的抗戰期間，無論是創作者人數，還是詩作質量，無不引起大家的矚目。[72]

此浪由國家存亡危難激發的「詩潮」，體現一個值得思考的文學現象及美學課題：在新文學茁壯之際，仍有不少知識分子透過詩詞（尤其是古典詩）傳揚奮勇抗暴、救國保家之情。古典詩體的感染力，甚至令部分曾摒棄詩詞提倡白話文學的作家，亦重新認同詩詞的價值，並紛紛撰寫抗日詩詞。[73]

71　鄭子健：〈港九詩話〉，載黎晉偉主編：《香港百年史》（香港：南中編譯出版社，1948），頁166。

72　胡迎建：〈論抗戰時期的舊體詩〉，《香港舊體文學論集》，頁383。

73　同上注，頁384：「1938年1月教育短波出版社出版《抗戰詩選》，內收有馮玉祥、何香凝、葉聖陶、王統照、馬君武、艾蕪等人新舊體詩共56首，標誌著新舊詩人為共同宣傳抗戰而走到相互寬容的道路上來了。1941年5月在重慶的詩人集會，決定以端陽節為中國詩人節。宣言上簽字的有艾青、王亞平、何其芳、戴望舒等新詩人，也有于右任、汪辟疆、林庚白、田漢等舊體詩人，顯示出新舊詩不分畛畔的動向。」

例如茅盾（1896-1981）在〈大眾化與利用舊形式〉指出：

> 事實是：二十年來舊形式只被新文學作者所否定，還沒有被新文學所否定，更其沒有被大眾所否定。……新文學作者所當引以為懼的，倒是新文學的老停滯在狹小的圈子裏……要完成大眾化，就不能把利用舊形式這一課題……完全不理！[74]

且不論茅盾倒過來擔心新文學，二十年來「停滯於狹小」中；只看他在國家危難之際，由功用曲折肯定詩詞。郭沫若（1892-1978）〈由「有感」說到氣節〉也談到「利用」古詩：

> 朋友們有的勸我不要做舊詩，但我總覺得做舊詩也有做舊詩的好處，問題該在所做出的詩能不能感動人而已。……目前正宜於利用種種舊有的文學形式以推動一般的大眾，我們的著述對象是不應該限於少數文學青年的。[75]

茅盾和郭沫若論新舊，尤其就當時的思潮大勢而言，難免有辯護的意味。無論如何，在「大眾」文化層面值得思考的是：被貶為「過時」的文言「舊詩」，如何在國家存亡之際比白話新文學更能「推動」民心，更具感染和振奮精神的力量？從本質上看，這種「舊」體式之所以特別合乎時宜，首先在於古典詩歌的內在韻律含有一種鏗鏘有序、爽朗剛健、足以盪起英雄氣概的美學潛能（此點詩勝於詞），同時亦易於記憶及吟誦，甚至配樂歌唱。何況文言文比白話文凝練，而凝練就更有力（像「黃沙百戰穿金甲，不破樓蘭終不還」）。詩詞的

74　載洛蝕文編：《抗戰文藝論集》（上海：上海書店，1986），頁 198-199。

75　原載上海《救亡日報》（1937 年 8 月 30 日）；見《郭沫若全集》（北京：人民文學出版社，1992），「文學編」第 18 卷，《羽書集》，頁 156-157。

藝術價值和生命力，固然不應繫於俗世目的或功利作用，然而它的內在審美特質，亦屬於文化精神的某種體現。當然，這絕不代表全體文人全面認同古典詩歌的審美特質。當時的主要考慮是實際效果：茅盾和郭沫若都指出在緊要關頭，文藝活動應以廣泛支撐精神、振奮人心的感應為本。出發點雖在功用層面，卻折射出詩體本身的藝術感染潛力。詩人們在放開「新舊」之際認同詩詞的體式，可以視為肯定其多面價值的清心見證。

反過來看，在振奮大眾的實用前提下，我們亦可指出詩詞當時有幾分「適逢其會」，僅在非常時局才得到作家普遍的「非常抬舉」，並不代表古典的藝術價值重新得到主流認同。[76]例如魯迅（1881-1936）就在〈答徐懋庸並關於抗日統一戰線問題〉的公開信中表示：

> 我贊成一切文學家……在抗日的口號之下統一起來的主張。……不論叫哥哥妹妹，之乎者也，或鴛鴦蝴蝶都無妨。但在文學問題上我們仍可以互相批判。[77]

可見當時不少文人贊同以詩詞強化愛國情懷，乃是作為一種「民族形式」的「國防文學」應急運用。但上引茅盾所提到的一點仍具意義，即「舊形式……還沒有被新文學所否定，更其沒有被大眾所否定」，反映當時知識分子透過詩

76　參看十四院校編寫組：《中國現代文學史》（昆明：雲南人民出版社，1981）：「1939年至1941年間……開展了民族形式問題的爭論，……是三十年代初期文藝大眾化問題討論的繼續和深入。……革命形勢不僅要求文藝……更有效地服務於抗日民族解放戰爭，同時也提供了有利條件。因此，大眾化、民族化問題，便成為文藝界更加關心和急於解決的問題。又由於通俗讀物、舊形式更利於動員群眾，通俗化、舊形式的利用就成為抗戰初期文藝運動的中心課題。」（頁447）

77　魯迅：《魯迅全集》（北京：人民文學出版社，2005），卷六，《且介亭雜文末編》，頁549-550。

詞，發揮團結力量、激勵意志的心靈功用。[78]期間香港亦有關於「民族形式」的討論，只是眾多《香港文學史》很少提及。[79]當時部分詩人以香港為題材，展現出以舊形式寫新事物的思維和手法，但有關資料匱乏，可考者如郭沫若、陶行知（1891-1946）及馬萬祺（1919-2014），嚴格來說都不算是香港詩人。[80]整體來看，內地有關「民族形式」的廣泛討論，未必對香港的古典詩人產生很大影響，但討論所帶出以「舊形式載新內容」的意識和思考，進一步激活了「歌詩合為事而

78　參看胡迎建：〈論抗戰時期的舊體詩〉：「抗戰既然是全民動員，舊體詩便可以在團結各界朋友中發揮著重要作用。詩作者隊伍中，不僅有國共兩黨的政治家，也有軍旅詩人。在學者教授、教師、編輯、書畫家、士紳乃至在新生代大學生中，有一大群詩作者。在邊遠地區乃至海外也有不少詩作者。新文學陣營中，郁達夫、王統照等作家一本初衷，在國難當頭時大量創作舊詩；一度寫新詩的著名作家如朱自清、茅盾、老舍、田漢、胡風等也都寫起了舊體詩。葉聖陶的《篋存集》，是很能說明問題的例子。此集第一輯收其抗戰前的舊體詩僅2首、新詩13首，第二輯收抗戰時的舊體詩六十多首、新詩1首，可見時代環境的變化所至。共禦國侮，成為共識，舊體詩在統一思想、激發鬥志方面，頗能發揮同仇敵愾的作用。它雖不如小說、新詩那麼通俗，受到接受者鑒賞水平的限制，但就作者隊伍的數量來說，卻要超過任何一種文學樣式的參與者。作為高雅的文學形式，在社會各階層中都有讀者群。」（頁384）

79　可參看黃偉豪：〈香港舊體文學史的建構方法芻議〉：「1937年抗戰開始至1945年抗戰結束，屬於『民族形式』論爭，以及內地作家南來過渡的階段，四部文學史記敍較少。只交代：（一）1938年後出現『民族形式』問題的論爭。事緣《大眾日報》副刊『大眾呼聲』發表〈舊形式載新內容的問題〉，提出『民族形式』問題的看法。1939年11月，《大公報・文藝》擬定兩個徵文題目，一是『文藝之民族形式的創造問題』，一是『新文藝外來影響的估價和清算』，這些討論文章大都在1939年12月《大公報・文藝》發表。另外，曹傳美（筆名杜埃，1914-1993）在《文藝陣地》發表舊形式適用問題的相關文章；（二）文協香港分會在1939年3月成立，到1941年11月香港淪陷時結束。期間開展一系列頗具影響的活動，尤其1940年10月6日舉行小說座談會，討論谷斯範（1916-1999）創作的《新水滸》，以及利用舊形式問題。」（頁61）

80　同上注：「若干作家的舊體詩文以香港為題材，當中甚且以舊形式，寫新事物。詩歌方面，如郭沫若（1892-1978）在1937年11月來港，12月3日出席香港文化界的歡迎座談會，寫了五言詩〈詩五首〉；又如陶行知（1891-1946）在1937至1938年間，逗留香港數月，以舊體詩抒發在港所見人、事的感悟，寫成〈為香港中區商販義賣紀念特刊題詩〉、〈書贈「八一三歌詠團」〉、〈敬送趙老太太〉；又如王禮錫（1901-1939）在1939年寫成《香港竹枝詞》，以舊形式，寫新世紀的新感受，創造新意境；又如時在澳門的馬萬祺（1919-〔2014〕）在1941年目睹日寇陷港，寫下七言詩〈悼香港淪陷〉。」另見杜重遠（1898-1944）以文言寫成〈香港所見〉。

作」（白居易〈與元九書〉）的現實精神，為古典詩詞的當代發展和創新重申根本的藝術方向。

　　這段時期對香港詩壇影響最深廣的現實，仍然是國內戰火促使文人南來逃難，為詩壇帶來新的活力。自上海、廣州等地相繼淪陷，內地作家紛紛避居香港，單是有出版古典詩文者便至少有 62 位，包括楊圻（1875-1941）、廖仲愷（1877-1925）、金曾澄（1878-1958）、李蟠（1879-1943）、葉恭綽（1881-1968）、柳亞子（1887-1958）、林庚白（1897-1941）、李洸（1902-1944）等。[81] 此外，亦有不少愛國詩人徵集抗戰詩歌，團結及提升救國力量，例如：

> 　　1941 年春，香港《天文臺報》主筆陳孝威……著文預言日軍將襲擊美軍，並作七律向國內外詩人徵和，……集詩四百餘首，編為《太平洋鼓吹集》刊行。[82]

　　即使到 1941 年 12 月 25 日，香港守軍擋不住日本攻擊而宣佈投降後，部分身在香港的詩人仍沒有放棄寫詩，繼續抒寫憂民振國的作品，甚至潛返內地與同胞共赴國難。[83]

　　詩社方面，香港淪陷期間的文人雅集幾乎完全停頓。在此之前，有一批廣東文人從淪陷的廣州避難抵港，有江孔殷和朱汝珍於 1939 年在孔教學院組「千春社」，以文會友，至

81　鄒穎文編：《經眼錄》，頁 11、13。

82　胡迎建：〈論抗戰時期的舊體詩〉，頁 385；當時唱和者三百餘人。

83　鄒穎文《經眼錄》：「何古愚輯其與友人唱和詩《變風集》時，便借《詩經》……藉唱和懷人，道出其對時局之憂戚。戰時文集亦多違難專輯，冼玉清 1942 年至 1945 年避難國內詩輯曰《流離百詠》、張虹 1943 至 1948 年間自澳門赴國內詩編入《旅途彙稿》，李景康戰時投軍國內詩輯曰《壬丙間旅途詩錄》。」（前言，頁 18）

1941年底香港淪陷被迫結束。[84]關於這段發展，詩社成員盧湘父（1868-1970）憶述當時：

> 　　星房虛昂，則敘會而敲詩鐘。維時如黎季裴、鄭洪年、葉恭綽、李景康、楊鐵夫、葉茗孫等，皆一時名士。而湘父與俞叔文，亦在其列，合計千餘歲，因號曰千春詩社，實亦老人之集團也。可惜日寇陷港，而鐘聲頓歇。[85]

　　可惜有關「千春社」的文獻不多，當時的作品僅散見於個人詩文集；[86]李景康藏有當時包括江孔殷、俞叔文、黎國廉、楊鐵夫、胡伯孝、葉恭綽、黃慈博、朱子範等人的詩詞唱和及書信翰墨等，都與「千春社」雅集有關。在1939至1940年間，千春社社盟又參與了以李景康為中心的杜鵑詩和唱，[87]反映當時眾文士面對國破家亡、戰火連天的悲慟哀戚。不過整體來看，戰亂流離令不少作品散逸，例如楊玉銜以《五厄詞》為殘稿命名，李景康的《雲影樓詩鈔》遺佚，李洸的詩稿僅餘三百多篇，約為原稿數量的十分之一。[88]所以有關這段時期的香港古典詩人和作品資料很少，搜集工作亦很困難。

84　鄒穎文：〈從李景康所藏友人翰墨概述其與粵港詩人的交遊〉，《香港舊體文學論集》，頁36。

85　盧湘父：〈千歲宴十周年紀念大會開會詞〉，載盧湘父、林翼中、陳應編校：《香海千歲宴耆年錄》（香港：香港千歲宴耆年錄編印委員會，1965），頁47；見鄒穎文：〈從李景康所藏友人翰墨概述其與粵港詩人的交遊〉，《香港舊體文學論集》，頁37，注15。

86　鄒穎文編《經眼錄》：「唱和見於江孔殷、黎國廉、楊玉銜、黃詠雩等文集。」（前言，頁13）

87　見鄒穎文編：《李景康先生百壺山館藏故舊書畫函牘》（香港：中文大學出版社，2009），前言，頁13。

88　鄒穎文編：《經眼錄》，前言，頁18。

　　此外，有黃偉伯（1872-1955）、[89]謝焜彝（1877-1958）等於香港淪陷後期短暫籌組了「天風社」（1944-1945），復於 1945 年與伍憲子（1881-1959）、馮漸達（1887-1966）組成「碩果社」，取碩果僅存之意。碩果社應該是香港古典詩歌逾百載歷程中，「〔活躍期〕最悠久〔、〕社員最多的舊詩人集會的詩社」，至 1960 年代末共歷二十多年；社員多為順德籍貫，出版了《碩果社》9 集，總共收錄詩人 73 家，作品質量和數量都相當可觀。[90]在白話文學逐漸成為香港文學主流的環境下，貢獻尤見珍貴。到抗戰勝利，從國共兩黨內戰至 1949 年新中國成立後數十年，南來香港的內地文人愈多，詩社的發展亦達到前所未有的高峰。

89　有關斯人生平及長居香港後的戰時詩作，參看方寬烈：〈一部從未刊行記述香港淪陷時期的詩作〉，《香港文壇往事》，頁 323-340。文中亦記黃偉伯曾於二十年代參加「正風詩社」（頁 324）。

90　參看方寬烈：《香港文壇往事》，頁 325；黃坤堯：〈香港詩詞中的人文景觀〉，頁 91。

第五節　**抗戰結束後的香港古典詩壇**
　　　　（1945-1980）

　　抗日戰爭結束後，香港古典詩壇往後數十年繼續受到國內時局的間歇震盪所推動，發展蓬勃。一眾《香港文學史》卻早已將焦點放在新文學的發展上，極少描述古典文學，或不着邊際地提到郭沫若來香港途中寫過一首〈海上望日出〉，或蜻蜓點水地一筆帶過「若干詩人出版『舊瓶新酒』的舊體詩集」，[91] 卻對眾多南來詩人以及新成立的詩社和出版作品等置若罔聞。就學術公正及準確而言，這樣的文學敘述難免偏狹失真，蓋戰勝外侮後，國共內鬥旋即加劇，不少知識分子憂慮政局不穩而逃難到香港。到國民黨最終敗退台灣，新中國政權於 1949 年建立前後，香港更迎來第三次文人南來的高潮，人數為歷年之冠。他們大部分留港工作定居，其餘從香港轉往其他地方，例如台灣及東南亞等地。[92]

　　這批南來之士每見學識淵博，大多從事教育工作。有詩文集出版的統計共 269 人，如黃希聲（1892-1981）、夏書枚（1892-1984）、伍俶（1897-1966）、李研山（1898-1961）、鄭水心、曾克耑（1900-1975）、丁衍庸（1902-1978）、陳荊鴻（1902-1993）、熊潤桐、曾希穎、何敬群（1903-1994）、王韶生（1903-1998）、黃愷（1903- ？）、羅香林（1905-1978）、涂公遂（1905-1991）、鍾應梅（1906-1985）、王淑陶（1906-1991）、陳本、甄陶（1907-1982）、梁簡能

91　黃偉豪：〈香港舊體文學史的建構方法芻議〉，頁 61。
92　鄒穎文編《經眼錄》：「往台灣者有李璜、易君左、梁寒操、劉太希、張維翰、錢倬、李猷等，部分亦有轉赴東南亞，如趙尊嶽。」（前言，頁 13）

（1907-1991）、黃晚香（1911-？）、翁一鶴（1911-1993）、潘小磐（1914-2001）、陳湛銓（1916-1986）、吳天任、饒宗頤（1917-2018）、關殊鈔（1918-2009）、羅忼烈（1918-2009）、趙大鈍（1918-2016）、蘇文擢（1921-1997）等等。當中不少來香港前已有詩名，部分文士（如陳湛銓）寫作數量驚人。[93]

除了上述各人外，其他詩詞作者還包括廖恩燾（1864-1954）、徐文鏡（1895-1975）、李家煌（1898-1963）、張叔平（1898-1982）、韓穗軒（1902-1992）、余祖明（1903-1990）、李家煒（1904-1975）、蔡德允（1905-2007）、鄭春霆（1906-1990）、梁隱盦（1911-1980）、張紉詩（1912-1972）、傅子餘（1914-1997）、陳汝鏗（1914-2015）、陳凡（陳百庸，1915-1997）、勞天庇（1917-1995）、梁學輝（1918-1984）、高旅（邵元成，1918-1997）、尹家珊（1921-　）、白福臻（1924-2011）、林聖錦（1926-　）、葉玉超（1927-2015）、張振嵩（1928-　）、何幼惠（1931-　）等等。不論個人政治傾向如何，大家都在香港這個「借來的時間、借來的空間」自由抒寫。根據王韶生敘述：

93　同上注：「陳湛銓任教華僑、浸會、嶺南及香港聯合書院，並創辦經緯書院；熊潤桐、梁簡能、蘇文擢、夏書枚等任教經緯書院；熊潤桐、梁簡能、鄭水心、蘇文擢、曾希穎、李研山任教聯合書院；羅香林、羅慷烈、饒宗頤任教於香港大學；王韶生、伍俶、鍾應梅任教崇基學院；夏書枚、曾克耑、何敬群任教新亞書院；吳天任、翁一鶴、潘小磐、關殊鈔、趙大鈍、何乃文、洪肇平等任教樹仁學院；王淑陶、甄陶、陳本、何敬群、涂公遂等任教珠海書院。」（前言，頁14，注6）此外，黃希聲1949至1951年居港，任教珠海書院（頁194-195）；黃愷1951年來港，任教華僑及粵海大學（頁202-203）。有關丁衍庸和黃晚香的生平，見黃偉豪：〈香港舊體文學史的建構方法芻議〉，頁66、71。部分詩人遷居香港前已享詩名，作品豐富，如陳荊鴻有《蘊廬詩草》、《蘊廬文草》、《獨漉堂詩箋》等；陳湛銓有《修竹園近年詩》、《修竹園近詩》、《修竹園近詩二集》、《修竹園近詩三集》等；曾克耑有《涵負樓詩》、《頌橘廬詩存》、《頌橘廬叢稿》、《頌橘廬近詩》等。見鄒穎文編：《經眼錄》，頁160-161、162-165、180-183。

　　一九四九年前後，中國內地〔知〕識分子……大量
移居香港。彼等定居後，一方面緣於文人結習難忘，他
方面亦緣於時代之呼喚，使此地之文藝風氣，日趨濃
厚。二十年來（一九四九──一九六九）中國詩詞在香港
發展過程殊令人驚奇，其結社之多，陣容之大，書刊之
眾，傳授之廣，影響之深，較……〔前〕實有過之而無
不及。[94]

回溯起來，詩詞的現代藝術生命竟然在一個過渡性質的邊緣
地方得以延續，猶似透過移植完成血脈保存和孕育，直至新
世紀的古典詩人，準備好肩負下一階段的傳承責任。

　　這段時期除了詩人眾多外，「此起彼落」的詩社、詞社及
出版亦如雨後春筍，百花齊放。根據統計，香港自開埠以來
「曾有大小詩社逾 125 個，其中過百活躍於戰後」：[95]

　　文人避地香港時，喜結社唱酬，感物吟志。新舊雅
集……或伸延自國內，或創於香江，……有於粵港澳三
地徵集藝文，郵筒傳遞詩聯，各適其適，規模各異。[96]

這些詩社的成立年份較易查核，但實際活躍期則較難確定，
若活動休止亦未必正式公佈；因此除個別情況外，本節的
簡述只會標明成立年份資料。戰後詩社當中，比較著名的
除前文提及的「千春社」、「碩果社」外，還包括「業餘文社」
（1946-1950）；張維翰組的「海角鐘聲」（1950，社員包括
易君左、鄭水心及李景康）；「健社」（1951）；陳漢山、吳
國俊等組的「嶺梅詩社」（1951）；吳天任、鄭水心與學生組

94　王韶生：《懷冰室文學論集》（香港：志文出版社，1985），頁 334。

95　鄒穎文編：《經眼錄》，前言，頁 13。

96　鄒穎文編：《李景康先生百壺山館藏舊書畫函牘》，前言，頁 13。

的「青社」（1952）；陳璇珍、張叔儔、鄭春霆組的「風社」
（1954-1969）；古哲、潘學增等組的「春秋詩社」（1957-
1976）；「披荊文會」（1958）；馮鴻翥、楊舜文等組的「瀹社」
（1959）；「旅港清遊會」；涂公遂、余少颿組的「南薰詩社」
（1977-1979）；「錦山文社」（1972-1991）；傅靜庵組的「鴻社」
（1973-1980）；潘新安（1923-　）、李鴻烈（1936-　）等的
「隔田七子雅集」（1977）等。[97]詞社方面，則有劉景堂、廖恩
燾組的「堅社」（1950-1955）；「海聲詞社」（1963-1984）；
饒宗頤、夏書枚組的「芳洲社」（1967）；「歲寒詞社」（1969）；
以及何敏公組的「乙卯詞社」（1975）等等。[98]

此外，有其他以詩詞結集、凝聚詩人交流的刊物，包
括《變風集》（何古愚〔1897-1981〕輯，1950）、《雞鳴集》
（1951）、《現代詩鈔》二卷（李景康編，1955）、《現代詩選》
第一集（1956）；另有郭亦園（1902-1979）和蔣醉六等組成
「香港詩壇」，輯錄《網珠集》（1964）、《網珠續集》（1969）
等等。[99]這些刊物網羅範圍甚廣：除了本地、澳門及台灣外，
還遠及：

> ⋯⋯菲、越、泰、北婆、星馬、印尼諸邦，以至
> 英、美、墨、加各地華人，頗有古詩人採風之義，在抒
> 發時代的悲情之外，回望故國河山，同時也兼帶文明重
> 建的積極意義了。⋯⋯總計可得三、四百人左右，不過
> 其中有些不是香港的本地作家⋯⋯[100]

97　此外，尚有陳璇珍組成的「微社」（約成立於六十或七十年代），惟未能確定屬於
　　詩社抑或詞社。見鄒穎文編：《經眼錄》，前言，頁13；黃坤堯：〈香港詩詞中
　　的人文景觀〉，頁91。另見王韶生：《懷冰室文學論集》，頁335-336。

98　王韶生：《懷冰室文學論集》，頁335-336。

99　鄒穎文編：《經眼錄》，前言，頁15。

100　黃坤堯：〈香港詩詞中的人文景觀〉，頁91。

由此可見，香港詩詞在 1949 年後的發展，並不局限於本土範圍，而是包含與境外的交流。自 1950 年代陸續南來的學者文人，或各有不同政見及背景，但都受惠於香港的文化及地理環境的特殊性和包容性，享有比中國內地和台灣更大的寫作、交往、酬唱及出版自由。無怪上世紀後半段的幾十年間，香港和台灣的古典詩界時有往還。[101] 數十載現代「翰林」的功力累積，成就了香港詩詞的發展，在當代全球中文文學的版圖上自有其獨特意義。

---

101 同上注：「台灣詩人來港者多，詩集中亦多見摹寫香港的詩詞作品，反映社會民風及詩壇交往，計有溥儒（1896–1963），梁寒操（1899–1975）、劉太希（1899–1989），涂公遂（1905–1991）、高明（1909–1992）、李猷（1914–1996）、汪中（1926–2010）、陳新雄（1935–　 ）諸家。劉太希、涂公遂二家居港日久，甚至具有香港詩人的身分，亦足以反映香港詩壇的文化采光。」（頁 92）

第六節 **步入二十一世紀的香港古典詩壇**
（1980-2014）

　　踏入 1980 年代後，香港詩詞的整體發展漸由絢爛歸於平淡。原因之一是青黃不接：中流砥柱的名家風雲不再，能獨當一面的青壯傳承者卻日漸減少。二十一世紀的前輩文士曾發出慨嘆：「八十年代後，能詩者漸少。余與乃文……欲數十名詩人，甚難湊足此數。」[102]此語雖然屬個人印象，未必反映全部狀況，卻未嘗不反映現實的整體趨向。我們無疑可以指出餘風的延續：例如梁簡能、潘小磐、潘新安等 1974 年組成「愉社」，維持到 1998 年方止；蘇文擢於中文大學與學生組成「鳴社」（1987）；梁興連等亦主持「新界詩曲社」等。[103]蘇文擢詩名甚著，陳耀南形容他「華夏情懷最濃烈真摯、藝術修養最深醇、作品數量相當多、而寫作年代也相當長」。[104]蘇氏貫徹中國詩人匡正國家、關心民情的胸懷，作品題材廣泛，緊貼時事，在堅持傳統詩歌美學的同時，亦見時代的新鮮氣息。例如七古詩〈天安門歌〉（1976）紀念四五運動並抨擊四人幫；〈小移民〉（1987）敘寫當時逃港兒童的坎坷遭遇；〈金明池・移民潮〉（1989）痛心當時「港台大陸爭以移民外洋為樂」；〈英籍吟〉四首七律詩（1990）慨嘆香港人瘋狂輪候申請英國護照等，[105]都教人感到切身。某程度上，蘇

---

102 洪肇平：〈贈劉衛林〉詩序，載劉衛林：《致遠軒吟草》（香港：藏用樓出版社，2010），頁 83。

103 黃維樑編：《中華文學的現在和未來：兩岸暨港澳文學交流研討會論文集》（香港：鑪峯學會，1994），頁 53。

104 陳耀南：〈香海蒼宮懷國步，漢唐舊體繪新情——香港大專教師文言詩作的華夏情懷〉，載黃維樑主編：《活潑紛繁的香港文學》，上冊，頁 145。

105 見《遙加室詩文集》（香港：自刊，1979），頁 183-185；《遙加室叢稿》（香港：自刊，1987），頁 81；《遙加室遺稿》（香港：鳴社，1998），頁 58、101-102。

文擢詩中的「當代性」新元素，可以折射出今天古典詩詞的美學出路。

二十世紀九十年代以來，詩人將作品結集出版的做法開始普遍，而流通量增加，讓較多讀者有機會接觸和了解當代香港詩詞，並有助保存香港詩詞的資料，以作研究之用。樂觀的論者認為「本土作家嶄露頭角，而內地新移民也正在不斷地填補新血，相互融合，泯除狹隘的地域觀念，立足本土，深入社會，發揮香港精神，展現時代風貌」。[106]就二十世紀晚期以來的本土「時代風貌」而言，讀者若能從出版物了解個同詩人的寫作時間，就不難發現香港古典詩壇的老、中、青三代並行，各自書寫或透視本地社會的形神風貌，豐富了香港詩詞的發展；詳細情況在下面分章介紹。大體而言，二十一世紀的香港詩詞作者，以在大專界教授及研究詩詞的「學者詩人」[107]為重心；他們在教研之餘從事寫作，並鼓勵或組織後輩傳承中華詩藝，部分致力於研究及發掘香港詩詞的歷史與價值。此外，亦有人編輯詩詞合集，使詩家的心血得以流傳，也為香港的古典文學史留下見證。

踏入二十一世紀初，仍有不少前輩古典詩人依舊努力耕耘，例如常秀峰（1915-2010）、曾敏之（1918-2015）、趙大鈍、馮兆銘（1920-　）、麥友雲、吳文英（1921-　）、何竹平（1921-2004）、潘新安、王齊樂（1924-　）、方寬烈（1925-2013）、金達凱（1925-　）、方富永（1925-　）、慕容羽軍（1927-2013）、周南（1927-　）、陳一豫

---

106 黃坤堯：〈香港詩詞中的人文景觀〉，頁92。

107 廣義的「學者詩人」（scholar-poet）可指進行各種嚴肅研究而兼寫詩詞的知識分子，不分學歷；狹義上則專指在大專教授、進行學術研究而兼寫詩詞的學者。為章節分類方便，本書始用狹義。

（1927- ）、鄭存耀（1931- ）、何乃文（1933- ）、酈士
元（1933- ）、林峰（1934- ）、彭永滔（1934- ）、關
應良（1934-2017）、陸惠祥（1935- ）、李鴻烈、林奮儀
（1936- ）、酈健行（1937- ）、吳順忠（1937- ）、潘兆
賢（1938- ）、施子青（1939- ）、鄧偉賢（1939-2013）、
蒲沛球、李遠芳（1940- ）、孫述寰（1940- ）、陳耀南
（1941- ）、黃兆漢（1941- ）、韋金滿（1944-2015）等等。
這些資深作者和學者或繼續撰寫評點，出版著作，編選詩集；
或提攜後學，賦序推介，為香港古典詩歌的發展貢獻良多。[108]

　　與此同時，出生於抗戰時期後的詩人，逐漸成為香
港古典詩壇的中堅分子，當中包括林健雄、許昭華、丘勝
明（1945- ）、何文匯（1946- ）、洪肇平（1946- ）、
李國明（1946-2016）、陳文岩（1947- ）、陳瑞麒
（1949- ）、陳少華（1949- ）、黃坤堯（1950- ）、許連
進（1950- ）、羅國生（1951- ）、蔡瑞義（1951- ）、
秦不染、莫雲漢（1954- ）、詹杭倫（1954- ）、宋麗
娟（1954- ）、林翼勳、招祥麒（1956- ）、草雪（何松
愛，1957- ）、陳澤謀、周小鳳、老瑞松（1958- ）、劉
衛林（1958- ）、酈龑子（1958- ）、陳志清、郭偉廷、
鄒穎文、楊永漢（1959- ）、林律光（1960- ）、莊如
發、蔡麗雙（1961- ）、何祥榮、朱少璋（1965- ）、董
就雄、伍穎麟、梁偉民、黃偉豪（1981- ）、余劍龍、張志
豪（1984- ）、嚴偉、黃啟深等等，其中不少正處於寫作的

---

108 例如曾敏之出版個人集《望雲樓詩詞》（香港：香港作家出版社，1998），後又出
　　版點評現當代中國文人之古典詩作的《望雲樓詩話》（香港：香港文藝出版社，
　　2010）。方寬烈出版個人詩集《連漪詩詞》（香港：文壇出版社，2000），後又編
　　成《二十世紀詞鈔》（香港：香港東西文化事業公司，2010），為香港詞壇記錄重
　　要一筆。潘新安與程中山合編《愉社詩詞輯錄》（香港：匯智出版，2011），整理
　　「愉社」二十多年間的作品資料，為香港古典文學的發展提供寶貴資料。

活躍期。他們的風格和水平雖不免參差，但縱觀整體取向而言，作品大多具有更厚實的本土氣息和時代脈搏，部分更隨着全球化的氛圍及生活歷練，具備比古人寬廣的國際視野。

二十一世紀的香港古典詩社發展依然持續，尚有不少有心人致力於雅集及出版，但整體而言已無復上世紀的盛況。與此同時，隨着「學者詩人」主導古典詩壇，可以看見新式詩社於詩友相聚、風花雪月的傳統模式以外，發展出以大學為本、教育為旨的詩社。它們具有比較明顯的傳承風雅的教育理念，如鄺健行、韋金滿在浸會大學成立的「璞社」（2002-　　）；董就雄、張為群在城市大學組織的「新松詩社」（2005-　　）；程中山在中文大學籌建的「未圓社」（2009-　　）等。此類詩社的性質大體接近非正式支持的學院組織，亦出版社員作品合集（多為詩作），多少反映本世紀香港詩詞的發展面貌；社員多為大學生及四十歲以下的年青人。較新成立、別具特色的有鄺龑子與陳德錦及嶺南大學畢業生組成的「南溟詩社」（2016-　　），旨在融通古典與白話，對象是大學範圍外的公眾，不分年齡或背景。

在日常語言改變、教育內容轉向、物質文化衝擊、電子媒體泛濫等等因素的影響下，傳統文化及文言語辭難免讓人覺得隨日疏遠。在這樣的環境中，古典詩詞的寫作動力及發展，自然有賴各方推動——由公共機構到個別團體的協力。當中最具實質意義的支持，當數香港藝術發展局自 2000 年起資助詩詞出版之舉，反映當局對傳承這門傳統藝術的認同和肯定。[109] 推動文學固然首先要求優良的創作，然而作品須

---

109 鄺龑子憶述 2000 年首次獲出版資助時，申請指引尚未列有「詩詞／韻文」，其後增添了此項；加上獨立出版之作，香港詩詞集的出版遂漸多，包括遺稿結集、舊作整編、千禧年後近作等。

要出版和發行，方能開展其藝術和文化效用，留下記錄啟迪後輩。詩詞並非刺激感官或補償心理需要的消費文字，是沒有商業銷售潛力的藝術，縱使書籍出版所需的資金，遠低於表演藝術或藝術展覽項目所需。藝術發展局的出版資助，體現了公共政策對文化傳統的實質支持，既是保存和推廣香港古典文學的重要助力，亦對傳承詩詞的有心人士產生鼓舞的作用。

另外，自 1990 年代至今，政府和學界都定期舉辦詩詞創作的公開比賽，例如區域市政局（如今已改由公共圖書館）每年舉辦的「全港詩詞創作比賽」（1991–　）。學界亦積極舉辦不同的公開比賽，協助推動風雅傳統，像「全港學界律詩創作比賽」、「穗港澳大學生詩詞大賽」、「粵港澳台大學生詩詞大賽」、「中華大學生詩詞大賽」、「中華大學生研究生詩詞大賽」等，[110] 皆旨在鼓勵年青人延續中華詩詞的傳統。浸會大學則自 2004 年起，定期舉辦「有風傳雅韻——獅子山古典詩歌朗誦會」，邀請本地古典詩人朗誦自己的詩詞，間或亦有大學生及中學生參與朗誦前人或時人的作品，亦具傳承意義。

至於傳統詩社方面，新世紀的詩社同時趨向電子化發展。大多數詩社都在互聯網上設立平台發表和討論作品，讓社員的交流更便捷。以有出版紀錄的詩社為例，有潘少孟、李健忠等組織的「博文詩社」（2001–　）；于枝鼎（1915–

---

110 「全港學界律詩創作比賽」由新市鎮文化教育協會舉辦。「穗港澳大學生詩詞大賽」由香港中文大學、澳門大學及廣州中山大學的中文系於 2006 年首辦，翌年加入台南成功大學中文系，改稱「粵港澳台大學生詩詞大賽」，2011 年在此基礎上舉辦首屆「中華大學生詩詞大賽」。到 2012 年，則有中山大學中文系承辦、新會機電中專及岡州詩社協辦的「中華大學生研究生詩詞大賽」。

2007）、許連進等主持的「長青詩社」（2002-　）；何乃文主持的「癸未會」（2003-　）；唐大進、林峰、陳智等主持的「香港詩詞學會」（2008-　）等，成員均不乏居於內地和海外的人士。詩刊方面，有 1983 年由傅靜庵等創辦的《嶺雅》，為目前香港少數定期的古典詩刊之一；《磚玉集》，從 1992 到 2008 年共有十六輯；另還有《溯蘭》（2005-2010）、《香江藝林》（2011-　），皆刊登古典詩文；白話詩刊《圓桌》和《詩網絡》亦刊登小量詩詞。[111] 順帶一提，個別本地大學的中文系或相關中心不時出版詩文集，收錄師生若干詩詞作品，雖數量有限，多少可以視作二十一世紀香港詩詞寫作的印記。有關公共機構、詩社、詩刊等對香港詩詞發展的具體貢獻，下面第四章第三節將作進一步探討和闡述。

踏入新世紀，更多學者亦對《香港文學史》著作遺棄古典詩詞提出異議。他們對這個被忽視的範圍進行局部研究，發表論文，冀能還給現當代詩詞一個文學史意義的公道，讓被遺忘的文學資料重見天日。目前的研究集中於二十世紀，因此仍然大有開拓的空間。當然，面向未來最重要的因素，無疑是不斷創作的香港古典詩人；他們當中不少正值筆力剛健的壯實或銳進之年，以持續的實踐成果，見證和擴展詩詞的藝術和文化生命。

從二十世紀中葉蓬勃發展，經 1980 年代稍退、1990 年代迴轉而到新世紀的今天，香港詩詞似乎逐漸踏出一條足以

111《圓桌》詩刊自 2003 年 8 月創刊以來，差不多每期都有專欄介紹古典詩詞，例如「秦時明月」、「曉風殘月」（第 1 至 4 期）、「細草微風岸」（第 5 至 9 期）、「舊時月色」（第 10 至 15 期）、「詩舊體」（第 16 至 23 期）等等；而《詩網絡》自 2002 年 2 月創刊，由第 22 期（2005 年 8 月）到最後出版的第 30 期（2006 年 12 月），都加插了「詩古幽情」一欄介紹詩詞作品。

開展下去的道路。與此同時，在全球化的影響下，社會變化急速，環球資訊爆炸，科技日新月異；種種生活和文化的衝擊，都驅散詩詞寫作的心神。有論者認為「近期香港詩詞逐漸從傳統中淡出，表現特有的新世紀、新事物、新思維、新觀念，似在探索出路」，[112] 這種轉向反映於作品的題材乃至語言方面的轉變，如「飛機」、「電郵」、「電影」、「回歸」、「奧運」、「恐怖襲擊」等等，有時直接納入詩句之中。當然，從吸納到融合，中間還有美學提煉和提升的課題，因為詩詞是意境、氣韻、趣味，是精神、情感、思想的獨特體驗和表達，遠超乎個別新題材和語辭的注入。

因此，所謂「從傳統中淡出」的觀點，可以從不同角度去理解。一方面，今天的古典詩人不可能像千百年前的詩人，對傳統文化的各方面有同樣深切、全面的經歷和觸覺；今人也不可能有古人駕馭文言運秀的同等功力。這種意義的「淡出傳統」，可謂理之必然。另一方面，如今交通及資訊發達，詩人不但可以一日千里、五湖四海地遊歷山水，更能透過各種網絡吸收天下以至外太空的知識；可以說，今人的足跡眼界、思想感情都比古人有更闊大、獨立和開放的空間，能去蕪存菁地提煉和領會傳統的精神氣韻。如此又不必從傳統中淡出，反而更能廣之以倍數的體驗時空。今人未必勝古人，亦未必不如古人；今人走的是源自古人而屬於今人的路。今天的世界，無疑提供前所未有的思情領域。

假如我們同意詩詞藝術的最高境，當如劉熙載《藝概》讚蘇軾那樣「無意不可入，無事不可言」，[113] 那麼當代

---

112 黃坤堯：〈香港詩詞中的人文景觀〉，頁 92。

113 〔清〕劉熙載：《藝概注稿》（北京：中華書局，2009），〈詞曲概〉，頁 497。

的新鮮事物、語辭、課題等皆有可能入詩；要突破前人的框架，另出機杼，理念上並不難。然而引入新事物、語辭和課題時，究竟如何把握「舊瓶新酒」的法門？要避免僵固地仿唐效宋，同時又不致「現代化」至走火入魔，自然是基本的原則。換句話說，當代古典詩歌應顯示出本身的時代氣息，亦應做到以現今詩情融合古典神韻。至於道路實際應該如何開展，便是新世紀的古典詩人要共同探索和實踐的責任了。

2.6.1　結　語

　　從殖民地開埠到回歸中國之後，香港一百多年來，先後見證了古典文學（尤其是詩詞）和現當代白話文學的起伏、轉折和發展軌跡。到了二十世紀後半期，二者已是並行不悖，各自開花結果，也各自面對挑戰和困境。時至今日，現當代中國文學史和香港文學史仍有待治理的頑疾，大概是一種蔽思障目的偏頭痛。為何現當代中文文學變成白話文學的等號，令古典文學的價值受到歧視，甚至使其存在遭到學術蒸發？鄧昭祺拈出胡適：

> 　　為了……破舊立新……矯枉過正……在當時是無可厚非的。可是，直至今天，還有不少人仍然受到這種論調影響，覺得傳統詩詞在當代已經不合時宜，……「越來越成為一種個人的（或小圈子內）的自娛與自遣」，因此「面臨不被承認的危機」。[114]

　　將現當代中文文學自我截肢為白話文學，目前仍是本位範圍之學術批評的定調，當代的情況尤見偏執。內地現當代

114　鄧昭祺：〈論舊體詩在香港文學史應有的地位〉，頁 85；文中引錢理群：〈論現代新詩與現代舊體詩的關係〉，《詩探索》，1999年第 2期，頁 99。

中文文學的學者，曾就應否將民初至今的詩詞編入現當代文學史的課題進行討論，結果幾乎一面倒認為無此必要。當中的基本論點只有兩個：一是認為在現當代文學史介紹詩詞是「走回頭路」，妨礙白話文學的發展；二是認為現當代詩詞的地位不及白話文學，將兩者並置不合適。[115] 作為中文文學的一部分，香港文學亦「理所當然」地屈從於這種定調下，反映於四部由內地學者或團隊編寫的香港文學史。

封閉偏狹的學術態度，本非客觀持平、就事論事之方，何況是邏輯障蔽和曲學武斷？五四新文化運動，為現當代中文文學帶來了根本性的轉變，令白話文學成為寫作的主流，因此現當代文學史的論述有所偏重，原屬意料中事，可謂情理之勢所趨。只是「現當代」本身是時間觀念，而詩詞鮮活至今，「但現代文學史著作大都不載新文學以外的材料，間或涉及也僅作對立面處理。這個『現代』實仍以性質論，還算是『文體性質』」。[116] 這點觀察無異指出，將兩個不同範疇的觀念混為一談，不僅違反學術精神，更犯下雙面謬誤。

且透過一個實例思考文學上所謂「現代」和「當代」的觀念。香港在 1950 年代曾有兩本詩刊，分別為《現代詩鈔》（1955）和《現代詩選》（1956）。它們不約而同地以「現代

115 見鄧昭祺：〈論舊體詩在香港文學史應有的地位〉，頁 87–88。文中引唐弢：〈中國現代文學史的編寫問題〉，《唐弢文集；第 9 卷》（北京：社會科學文獻出版社，1995）：「專章談舊體詩，那不是現代文學史的任務。……在『五四』精神哺育下成長起來的人，現在怎能又回過頭去提倡寫舊體詩？不應該走回頭路。」（頁 379–380）又引王富仁：〈當前中國現代文學研究中的若干問題〉，《中國現代文學研究叢刊》，1996 年第 2 期：「在現當代，仍然有很多舊體詩詞的創作，作為個人的研究活動……本無不可，但我不同意把它們寫入中國現代文學史，不同意給它們與現代白話文學同等的文學地位。」（頁 76）

116 黃繼持：〈化故為新——「香港現代文學與中國古典關係」漫談〉，載香港市政局公共圖書館編：《市政局中文文學週十周年誌慶紀念論文集》（香港：市政局公共圖書館，1988），頁 38。

詩」為名，所收錄的作品卻是古典詩歌。如此選擇名稱應非偶然，殊有別於現當代絕大部分人自動假設「現代詩」即指白話詩的觀念，箇中實含蘊着貫通今古的深意：

> 白話詩，逐漸取得現代文學上正統的地位，而傳統詩詞則逐漸淡出，以至遭人刻意遺忘，甚至宣判死亡。但香港詩人仍然鍥而不捨的為舊體詩詞爭取「現代」的身分，保護傳統文化，……〔現代詩指〕由民國肇建至五十年代的今人〔古典〕詩歌。[117]

宣稱固然不能保證事實；這兩部詩刊能否真正稱得上「現代」，還得細看當中的寫作實踐。但它們的名稱最少可以說明，「現代」或「當代」是時間的概念，而「現代古典詩」或「當代古典詩」的稱謂並沒有內在矛盾，可以駁斥香港文學史對現當代香港古典文學的輕蔑。其實，「古典」是文學和美學的觀念，雖源於卻不繫於時間遠近；現當代香港文學史若摒棄古典文學，唯一避免邏輯詬病的方法，是明言所論述的僅是「香港白話文學史」。

此外，就根本因素和實務因素兩個層面，鄧昭祺亦指出現當代讀者在語言習慣上的改變，以及詩詞集出版銷售的客觀弱勢，說明現當代古典詩詞不被重視的原因：

> 第二、傳統文學作品一般較新文學作品難懂。……它們受歡迎的程度，……對一般讀者所起的影響力……往往不及用白話詩文。於是，大部分研究香港現當代文學的學者，就索性對舊體詩詞採取敬而遠之、避而不談的態度。

---

117 黃坤堯：〈香港詩詞中的人文景觀〉，頁 95。

第三、傳統文學的作家……大都喜歡以古樸精致的線裝或仿線裝形式印刷三幾百本，贈送給親朋好友或者同道中人，……因此，舊體詩文集的流傳，萬萬不及印數動輒過千而在坊間書店公開發售的新文學作品。[118]

詩的語言本來就有別於日常語言，詩詞更是以文言為本，又講求精練蘊藉的美學，今天相比白話詩文當然很難「流行」。然而語言的暢達或艱澀，畢竟決定於作者的筆桿而非受制於文體。例如陶淵明和謝靈運同樣是晉、宋間詩人，謝詩的文字濃艷晦澀，堆砌生硬，而陶詩卻清新真摯，意境自然，故能流傳千載，至今仍受喜愛。又例如李白的〈靜夜思〉，更是傳誦千古，言簡意賅，文字淺白而韻味深長。文言與白話是部分相通的文辭，因此就美學和語言來看，今天的詩詞語言自應以清雅暢達為主要方向。反過來說，現當代文學自喬哀思（James Joyce, 1882-1941）等以來就有不少以顛覆文字操作為能的作家，華文作家中亦有部分仿效，便宜了大造文章的學術評論者，卻大大苦了讀者，包括文化和藝術素養很高的讀者。作品的文字縱然是白話，但若過分刻意，甚至本末倒置地濫用「實驗」技巧於敘事、修辭、建築、虛構文本上，是否不朽的藝術大道？與其作無謂的「古今之爭」，倒不如直面現實，保持公正和開放的態度：白話文學無疑是今天和明日的中文文學主流，但同時當今詩詞，亦至少有部分是鮮活的文學事實，其存在及價值均無法蔑視。

至於詩詞結集的出版量相對較少，亦是理之必然。時至今日，古典詩人數目已不多，詩詞（打油詩除外）僅是小眾的「嚴肅文學」，讀者的理解和支持相對有限；詩詞集的流傳，

---

118 鄧昭祺：〈論舊體詩在香港文學史應有的地位〉，頁 87。

自然無法與暢銷的消費式文字（像工業式生產的愛情小説）同
日而語。加上舊日前輩寫詩多為陶冶性情或朋友酬唱，並未
考慮公開作品傳世，詩集多屬傳閱於知己之間的非賣品。然
而仍有數以百計的香港古典詩文集，收藏於本地各大學及公
共圖書館；而近二十年來出版遠較以往便利，成本下降，新
世紀以來更得到藝術發展局資助，讓詩詞的出版數量較以往
豐富。[119] 這些資料一直存在，卻被刻意圈出香港文學史的考
據和記載之外。

　　事實上，香港一直有小部分作家自得其樂，從事古典文
學特別是詩詞寫作的傳承，或出版個人作品，或教授學生，
結社酬唱，培育後代，皆屬香港文學史範圍的藝術實踐。早
於 1980 年代，黃維樑已就現當代學術界對新詩與古典詩的態
度，開展議論：

　　　　絕大部分的中國現代文學史，提也不提五四以來的
　　舊體詩詞；有人講香港文學，完全忽略舊體詩詞，以為
　　它的風騷早已完了盡了，這也是偏見。[120]

他肯定「今人寫作的舊詩，在目前，在今後，仍有它的一席
位」，指出白話古典各有優點，同樣有存在的空間與價值。[121]
另一方面，也有行動先於宣言、相信事實勝於雄辯的詩人，

---

119 例如鄒穎文編的《經眼錄》，便整理了「香港開埠以來〔到 2010 年為限〕共 514
　　位作者所撰 808 種詩文集」的出版紀錄。（前言，頁 9）
120 黃維樑：《香港文學初探》（香港：華漢文化事業公司，1985），頁 39。
121 黃維樑：〈論詩的新和舊〉，載《怎樣讀新詩》（香港：學津書店，2002），頁
　　30-33。他在另文中亦指出：「新詩用現代口語，『富時代感』，較容易『做到形式
　　與內容配合』；然而，胡適斥舊詩三個『決不能』是『偏激、錯誤的説法』；另一方
　　面，『舊詩形式整齊、音韻鏗鏘、對仗工巧，……便於記誦。』見〈資于故實，
　　酌於新聲——以蘇文擢作品為例論舊體詩的新生命〉，《東海中文學報》，2008
　　年 7 月，頁 43。

透過不斷實踐去驗證觀念，說明歸根結柢，「詩歌的『新』或『舊』，在神而不在貌」：

> 所謂「新詩」與「舊詩」，原是誤導的形容術語，因為它涉及的並非時間或者形式的課題，而是具有文化特色的「古典」和「現代」兩種不同方向的語言美學。[122]

當然，如何「透過更新」使「古典詩歌下延百世」，是複雜而多面的課題，不能單憑口號，只能持續以實踐成果「證道」。因此課題暫且存而不論，留待下面各章進一步論證。

事實畢竟無法被恆久掩蓋。二十世紀九十年代以還，似乎有愈來愈多中港學者和作家，對號稱「香港文學史」的敘述和研究罔顧古典詩詞的偏謬，提出嚴正的異議：

> 無論是香港文學或中國文學裏，當代人的舊體詩詞都……是客觀的存在，也起着實際的作用，這些作用而且很大，是不可能被忽視的。……整個中國文學史，無論海峽此岸或彼岸，都是這樣〔忽視它〕。總該有人出來，改變這樣的現狀。（羅孚）[123]
>
> 歷代詩人以歷久彌新的體裁和語言，詠唱香江，情繫祖國……以文言為「死文學」這種偏頗狹隘、魯莽武斷的講法，早已經不起事實的考驗；而能讀能懂、喜寫喜作的人數多寡，並不就是衡量文學價值的標準；……文學藝術在乎選材與運筆，文學生命寄託於情性與時世。（陳耀南）[124]

---

122 分別見鄺龑子：《春花集》（香港：天地圖書，2002），「前言」，頁 10–11；《瀟湘月》（香港：匯智出版，2011），「前言」，頁 vii–viii。

123 羅孚：〈當代舊體詩和文學史——從《追跡香港文學》談起〉，頁 97。

124 陳耀南亦指出，香港自中唐起已是古典詩的題材：「從大文豪韓愈經過屯門所作的〈贈別元十八協律〉開始，到文天祥的〈過零丁洋〉，屈大均的〈盧亭詩〉，到魏

　　一部完整客觀的中國現代文學史，不但擁有佔據
主流地位的白話文學，而且也擁有不容忽視的文言文
學……〔應該使兩者〕對立互補、共同耦會，……並一
同關心舊民族文學的現代化重建，豐富舊中國文學的藝
術積累。（王泉根）[125]

　　既然我們評價一位作家，尚且要將他的作品全盤考
慮，那麼我們撰寫香港文學史……〔卻〕排斥舊體詩
詞，……同樣失於偏頗，……一本以「香港文學史」為
名的書，應該是白話與文言相提並論，新詩與舊詩共冶
一爐。（鄧昭祺）[126]

　　舊體詩文……自有承傳體系，亦是香港文學文化的
一種重要表現。……「香港文學」如果缺去了這種能顯
示文化傳統在當代承傳遞嬗的文學紀錄，其結構就不能
完整。（陳國球）[127]

　　一部完整的香港文學史，理應對新舊文學，兼容並
包。（黃偉豪）[128]

　　文學的價值繫於作品的「選材」、「運筆」、「情性」與
「時世」，而並非取決於語言體裁與創作人數多寡：這本來應
該屬常理認知，使當代文學史論的偏頗行為，邏輯上更難理
解。其實，文言詩詞之可以更新生命，本質上是因為文言文
的核心表意部分貫通今古，融入了當代的語言，可以從中重
新提煉出來，因此並非如拉丁文那樣（除了延續於天主教廷
中）已屬死文字。無怪詩詞一直是香港文學的鮮活部分；遇
有僵固浮靡之作，關乎個人不善。上引學者肯定現當代詩詞

　　　源的〈香港島，觀海市歌〉，歷代詩人以歷久彌新的體裁和語言，詠唱香江，情
　　　繫祖國，可謂史不絕書；此亦有助說明古典詩詞在香港文學中的存在價值。見
　　　〈香海蠻宮懷國步〉，頁 151–152。

125　王泉根：〈是「現代文學史」還是「現代白話文學史」〉，《比較文學報》，四川大
　　　學，1995 年 9 月版。轉引自陳耀南：〈香海蠻宮懷國步〉，頁 139。

126　鄧昭祺：〈論舊體詩在香港文學史應有的地位〉，頁 81。

127　陳國球：《香港的抒情史》（香港：中文大學出版社，2016），頁 26。

128　黃偉豪：〈香港舊體文學史的建構方法芻議〉，頁 59。

的價值，對香港文學及其史述都有積極的藝術及文化意義。

目前，全面研究香港詩詞最大的困難在於資料搜集。由於主流研究慣性忽視，加上相關文本史料隨着年月流逝而愈益散逸難存，令香港文學的全貌始終存在缺漏。[129]直到今天，仍有不少詩詞作者和作品有待鉤沉；礙於篇幅及時間，本書未能詳細介紹。至於宗教性詩作方面，香港有部分道教及佛門中人雅好詩詞，如道濟佛（又號餐霞室主）著《餐霞室詩稿》，屬扶乩詩；[130]香港德教紫靖閣編有《紫靖詩鈔》等。[131]僧人方面，如釋月溪（1878-1965）、釋龜伏（1885- ？）和釋騰光（1913-2001）等皆有詩集傳世。[132]另有晚清民初林大魁著有《青山禪院大觀》詩文集，紀遊香港佛教勝地青山禪院，夾以修佛感悟的抒發，宗教意識濃厚。[133]這些亦是香港詩詞的一部分，鮮為人知，多少具搜集保存的價值。

搜集、整理和鑽研百多年的香港詩詞，需要大量資源和人手。本章僅能就有限材料，勾勒出香港詩詞發展的梗概，並將重心和焦點放在二十一世紀。環顧千禧年後香港出版的詩詞，或許能素描出它的發展趨勢，探討古典詩歌立足當下、面對未來的藝術路向。

---

129 鄒穎文在《經眼錄》指出：「隨着南來文士相繼下世，老成凋謝，風流雲散，在香港治詩古文辭、究心舊學者，又愈見稀少，有關撰述不多，故香港文學發展之整全面貌，世亦無從得見，實令人惋惜。」（前言，頁20）

130 黃坤堯：《香港詩詞論稿》，頁64-84。

131 吳慕瑜：《紫靖詩鈔》（香港：香港德教紫靖閣叢書流通處，2002）。

132 鄒穎文編：《經眼錄》，頁273-274、296-299。

133 林大魁：《青山禪院大觀》（香港：〔出版社不詳〕，1927）。

廿一世紀香港古典詩人論略（一）

第一節　學者詩人之一：鄺健行、韋金滿、詹杭倫、劉衛林、朱少璋、董就雄

　　第二章的概述提到，二十一世紀的香港詩詞寫作，以在大專界教授及研究詩詞的「學者詩人」為核心動力。當中有一個具凝聚力的群體，即以浸會大學為本的「璞社」導師，可以作為介紹學者詩人的起點。有關「璞社」的性質及活動介紹，可參看第四章第三節。目下首先介紹這群學院詩人的寫作實踐。他們的領導者為浸會大學中文系退休教授鄺健行，成員包括校內不同教學單位的退休及現任老師，以及跟該校中文系或鄺健行各有淵源的同道及後進。他們的關係比較密切，除了定期舉行詩課按題寫作外，平日亦有酬唱之作往還。本節介紹幾位已出版個人詩詞集的詩社導師，嘗試勾勒他們的寫作風貌。

　　下面首先列出幾位詩社導師於本世紀出版的詩集，以及集內作品連體例的基本統計數字。導師共 6 人，出版數量總計約 2000 首（幾乎沒有詞作），實際寫作量當不只此數：

詩人	出版作品／年份	五絕	五律	七絕	七律	其他[1]	詞	總數
鄺健行	《光希晚拾稿》2009	5	41	41	29	30	0	146
韋金滿	《希真詩存》2006	9	22	160	71	63[2]	0	325
詹杭倫	《天祐詩賦集》2011	12	27	56	71	26	11	203[3]
劉衛林	《致遠軒吟草》2010	50	44	222	100	22	9	447

1　涵蓋五、七言近體律、絕以外的詩體或聯句，如五、七言排律；聲詩、雜言；四言、六言詩等。

2　詩目記錄戊篇至辛篇共 64 首，惟〈香港即事〉（戊篇「五言古體詩」，頁 141）已出現於丙篇「五言律句」（頁 106），故此部分應為 63 首。

3　集中亦包括 22 首屬於他人的作品，不在此數之內。

朱少璋	《琴影樓詩》2008	18	24	121	103	32	0	298
	《燈前説劍》2009	0	0	79	2	0	0	81
董就雄	《聽車廬詩草》2008	27	26	63	62	45	0	223
	《聽車廬詩艸二集》2011	20	50	71	90	23	0	254
總數		141	234	813	528	241	20	1977

3.1.1　鄺健行

　　鄺健行（1937-　），廣東台山人，生於香港。新亞書院畢業，雅典大學博士，古典文學教授。自 1972 年起先後任教於中文大學、浸會大學及新亞研究所等。[4]有學術專著及希臘古籍翻譯多種。[5]於 2009 年出版了第一本個人古典詩文集《光希晚拾稿》（下稱《光希》），內分甲、乙兩編。甲編收錄「大學時期」（14）、「教學時期」（37）和「退休後」（95）古典詩作共 146 首，[6]乙編收文賦 16 篇，沒有收錄詞作。另有作品散見於其他結集（多為璞社出版的結集），如《荊山玉屑》系列、《韓城集》、《劍氣集》、《問疾酬唱集》上、下卷等。[7]

　　詩人曾在《光希》自序（頁 iii-iv）中，感慨自己為學術出版壓力所迫，影響寫作的心力和靈感：

4　見何乃文、洪肇平、黃坤堯、劉衛林編：《香港名家近體詩選》（修訂版），（香港：中文大學出版社，2010），下冊，頁 585。

5　詩人簡介以個人詩集所載為本，並以最近出版的作品為準。此外，亦參考鄒穎文編：《經眼錄》內所載的作者資料。

6　目錄言「詩一百四十九首」；見鄺健行：《光希晚拾稿》（香港：匯智出版，2009），頁 v。按集中包括五律〈戲贈鄺健行先生三首〉（頁 33），故應為 146 首。

7　除《荊山玉屑》一至六編由出版社公開刊行外，其餘為璞社印行的唱和選刊。據社員張志滄整理〈璞社作品總目提要〉指出，璞社選刊共十三種，體裁涵蓋古近體詩歌，沒有詞作；見朱少璋：《天衣集──璞社序跋存錄》（香港：匯智出版，2011），頁 78-93。可參看第四章介紹璞社部分。

　　學界方重學術論著而輕文字創作，則亦隨風氣上下
浮沈，……間或一二酬詠，每誦慊然；由是益甘拘束自
困，……〔今〕年已遲暮，神思衰竭日甚；即惕懼不率
易下筆，而及乎篇成，聲多澀啞而光嫌黯晦，終亦無可
如何。

這段心跡剖白，許是前輩學者立於詩道高處的自謙之語。不
過當代學術環境偏重「科研」出版，壓力日增而損害均衡的
人文發展，無疑屬於實情。作者對於己詩「澀啞」、「黯晦」
的感慨，固然屬於謙詞；就美學標準而論則指向詩作應該
具有的神采和韻調，使聲、色、情融合成意境。除了詩歌以
外，鄺健行亦兼擅駢賦；大概是構思及技巧類近之故，習慣
寫作駢賦的古典詩人往往比較偏好律體，雖然律詩寫作比絕
句費時費力。以鄺健行為例，他的五言、七言律詩數量多於
絕句，佔全部作品接近半數；其博士弟子詹杭倫亦有這種傾
向。部分原因應該是「駢文講求聲調平仄諧適和句調長短對
稱，……有駢文訓練的人對其他長短句式的韻文，像賦或祭
文之類，也比較容易上手」（《光希》，頁 58）；而律詩除了
近體詩的基本平仄和押韻要求外，還講求精細的對仗，與駢
賦的整體性質相近。

　　情感方面，鄺健行年青時的作品多藉郊遊和自然景物抒
發感興，卻染有一脈蒼老的愁緒；其紀遊詩和寫物詩少有青
春樂趣，反而近乎愁雲慘霧。以〈梅窩紀遊〉為例：

　　　　天地含冥晦，觸目翻百憂。
　　　　暗濤掀海動，壓溪竹霧愁。
　　　　陰谷凝靜綠，紅冷春心休。
　　　　崔巍峰巒隱，頹雲重不流。

撥煙屢驚石，險仄啼猿猴。
俯視但茫茫，無處辨神州。
何當滌蒼穹，羲和莫可求。
孤鳥傍歸棹，啾啾無所投。

（《光希》，頁2）

古體詩沒有規範性的平仄、押韻和對仗要求，亦沒有句長和
篇幅的必然限制，韻律上比較自由，創作時可發揮的彈性比
近體詩大。這首詩的首四句即連續出現「冥晦」、「百憂」、
「暗濤」、「霧愁」等詞語，構成大地深鎖、心底湧動的內外
氛圍，呈現出滿腔愁緒。詩人的視角隨步轉移，感覺始終是
「陰冷隱頹」，「壓」得「春心〔也〕休」。一連串自然景物，
都予人一份前途「驚險茫茫」的迷惘及忐忑，情景相成，文
辭典雅。這首詩明明是實景紀遊，讀來卻隱然有兩分像郭璞
（276-324）〈遊仙詩〉中俯視人間的味道：「手頓羲和轡，……
東海猶蹄涔，……遐邈冥茫中，俯視令人哀」（十九首其九），
不知是否當年學藝的痕跡。〈冬日郊遊〉寫「出門聊解憂，
風悲南郊道。凜風西北至，玄冥閉蒼昊」，亦令人想起《詩‧
邶風‧泉水》「駕言出遊，以寫我憂」；〈古詩十九首〉中「白
楊多悲風，蕭蕭愁殺人」、「凜凜歲云暮，螻蛄夕鳴悲」、「孟
冬寒氣至，北風何慘栗」（其十五、十六、十七）等的味道。
參較鄺健行同期的其他詩作，[8]情感亦大體不離「悲憂」、「驚
苦」、「寂寞」的情調。[9]

8　例如〈悲秋風〉（古體）：「……老桂顛狂散古香，紅墜翩聯山空寂。挽斷柔絲春
　　莫住，二十男兒心驚苦……」；〈樹〉：「層蓋承飛星，沈沈天日翳。秋冬來寂寞，
　　刷風紛飄墜。」《光希》，頁6-7。

9　例如這段時期有〈後十二載重遊梅窩〉五言古詩，應是呼應〈梅窩紀遊〉：「原畴
　　偃故綠，遠嶺氳氳紫。晴光浮薄霄，春暖撲桃李。我來竟寂寞，空記舊蘭芷。日
　　月躍景馳，奄忽歷一紀。踐塗任險夷，迴身避潭水。水清愈惘然，恐非盛容止。
　　少年多慷慨，壯懷殊未已。」《光希》，頁10。

鄺健行教學時期的 37 首作品，大多是公幹外訪或旅遊有感而成的紀遊詩，其餘則是送別學生和友人的送贈詩。[10] 且看憑印象和想像寫下的紀遊詩〈擬訪樓蘭未果二首〉：

> 樓蘭荒沒剩浮圖，沙磧千年失路途。
> 遙想古人征戰地，黃塵影裏兩軍呼。（其一）
> 蒸薰暑氣漫群山，絕滅生機舉目間。
> 我敬大唐盔甲士，鳴鞭慷慨出陽關。（其二）
>
> （《光希》，頁 16）

兩首絕句同樣是從寫景開始，繼而轉入抒意。由描繪古城今日人跡罕至、滿目荒涼之象，詩人自實而向虛，遙想大唐盛世之時將士出關遠征西域，與敵軍交戰時漫天沙塵的壯氣。詩作借景抒意，弔懷古戰場的英魂，情景的虛實轉折暢順而「慷慨」。一般懷古紀遊詩（或〈詠懷古跡〉）多傾向透過描寫景物，抒發歲月無情流逝、世代盛衰交替、事如滄海桑田、人如滄海一粟等等或類似的感慨，因為這些都是憑弔遺跡時自然觸動的感應。這兩首詩卻逆向而寫，因為情感抒發的重心不在「荒沒剩浮圖」和「千年失路途」，而在於結尾的「黃塵兩軍呼」和「鳴鞭出陽關」；也就是說，古跡雖沒而氣魄猶在，雖蒿萊而氣壯。

鄺健行退休後的作品，在詩體和內容上都比較靈動活潑；除了酬唱、送贈和紀遊等主題外，也涉及生活感興和社會時事。例如〈罷飲希臘咖啡近三周年二首〉其一：

10　可參看〈絕句三首贈新亞中文系應屆畢業同學〉、〈離筵古意賦贈葛教授伉儷離港北返時九七年十二月〉、〈鳴東弟赴美國加州柏克萊大學遊學半載直書中懷賦別〉、〈贈梁超然毛水清胡大浚教授二首〉、〈梁羽生先生來校訪問三首〉等篇。《光希》，頁 11、14、18、23。

濃香西海解牢愁，四十年來斟不休。

慢煮銅壺湯始熱，旋調小勺粉微浮。

更番指日長相寵，到底分襟莫與儔。

肺病少陵同罷飲，予懷渺渺倏三秋。

（《光希》，頁40）

詩人早年負笈希臘，離鄉愁緒、學業壓力和生活辛酸，凝聚成積壓心頭、揮之不去的「牢愁」。「濃香西海」既點明希臘咖啡的主題，同時也喚起點滴心間的生活回憶。「慢煮銅壺」描繪慢條斯理烹煮咖啡的具體情境，情調遠勝如今一切以快捷為主（包括電熱水壺）的「速食文化」。詩篇的文字典雅而不艱澀，散發出雅致閒調，卻也蘊含着幾分無可奈何的意味。濃香的感受教人留戀，不過為健康所需，最終仍要罷飲。作者的咖啡情懷未必由濃歸淡，然而四十年也好，三秋也好，嗜好都已成過去，沉澱成平淡的生活，渺渺的餘音。

鄺健行的詩作，偶然亦涉及本地及海外社會時事，例如〈香港回歸五周年三首〉、〈南亞海嘯三首〉、〈丁亥雪災〉等（《光希》，頁 24、41、61）。其中有關〈南亞海嘯〉的組詩，嘆惜 2004 年印度洋發生大地震，繼而引發海嘯，造成雙重毀滅及多國大災難：

至宰仁疑薄，高臨問罪愆。

浮層移地表，分野誤星躔。

海動濤掀立，災生物不全。

鯨鼉拋擲死，黎庶漫呼天。（其一）

瞬時成葬窟，二十三萬人。

氣暖生無苦，時閒祀有神。

天堂嘉五國，沙岸接游賓。

凶嘯椰林外，何為上帝嘆。（其二）

滄溟轉懌夷，樹杪萬懸屍。

土震西東斷，民餘瘝痺悲。

匐行爭飲滴，哽泣喚親兒。

夜半疑幢影，歸魂上下陂。（其三）

（《光希》，頁 41）

三首詩的內容各有重心，同時互有聯繫。其一點出災難的原因（第三、五句）及整體禍害（第六至八句），關懷範圍不止於人間世，也包括「鯨鼉拋擲死」、「災生物不全」的海陸萬物。其二深化為人道主義的感應，悲嘆海陸一併化為數十萬人的大「葬窟」，痛惜「沙岸氣暖」、原本為自然造物眷顧的「嘉國」，竟然於「瞬時」之間遭受蒼天如此「問罪愆」。作者反覆表達對造物者的不解和不滿，像「至宰仁疑薄」、「何為上帝嘆」。其三進一步拉近鏡頭，更細緻描繪天災後滿目瘡痍的情景：「樹杪萬懸屍」絕非尋常情境，顯出海浪衝擊的暴力；而劫後餘生的「匐行爭飲滴，哽泣喚親兒」，更令讀者哀傷。詩人沒有親歷災禍，卻以同理心表達同情，寫得深摯感人。整體來看，這組詩從遠到近、從大到小，描寫筆法細緻，文字功力深厚，語辭典雅具體。組詩的視線和焦點維持在人道情懷的範圍內；此時此刻，作者已無法思考「天地不仁」之道，或者坦然接受自然化運自生自毀的矛盾循環。

　　第一章曾提及，詩歌是最具音樂美的文體，而在中國古典詩歌的韻律中，最早而最恆常的元素是押韻。因此，今日古典詩詞寫作所面對的美學議題之一，是如何按照合情合理的標準押韻，以盡量表達這種音樂美——即聽覺上的愉悅感。一個世紀以來，中國以源於北方方言的普通話為「國語」，而按照普通話發音，亦已有《中華新韻》的編製，方

便現當代古典詩人作押韻之用。作為現代散文寫作的語言規範藍本，普通話相當理想，但其音韻和聲調的豐富程度則比不少南方語音遜色，例如發音中沒有 /-p/、/-t/、/-k/（即入聲）和 /-m/ 的尾音，聲調抑揚亦比較簡單。就詩歌的聲音美學而言，普通話的語音和聲調條件無法晉升為當今詩詞的標準。目前大部分古典詩人沿用的押韻系統，是源於陸法言（約 562- ？）一千多年前制訂的《切韻》（601）、其後經過改良的「中古音」韻系統（所謂「平水韻」）；這個押韻系統隨着語音自然變遷，今天跟不同方言的語音都有不同程度的差別。設若全然遵從中古音分韻，實際上往往造成不押韻（如上半十三元韻的「園」、「煩」、「言」、「魂」、「門」、「存」等字）；若然按照今音押韻，則隨時可能違反中古韻的規條（例如「東」、「中」與「冬」、「鐘」如今完全押韻，在中古韻部中卻分屬上平「一東」和「二冬」韻）。

就聲音美學的全盤現實衡量，今天的古典詩人在押韻方面的取捨，可能需要考慮至少三個語音系統的因素，即「中古音」、母語方言語音、已成現當代「國語」的普通話音，並加以平衡及改良。我們可以繼續接受中古音分韻的人工系統（包括從今天語音實情來看的不合理之處）；或按照本身的方言語音及普通話音押韻，因為今天的詩詞無疑是供今天的讀者閱讀。短期內最接近理想的情況，應該是作品所選用的韻字能在三個系統中皆相合（除非系統內已不存在相關語音，如上述的 /-p/、/-t/、/-k/、/-m/）；然而説到底，寫詩不能因音損意，勉強遷就而顛倒本末。目前「平水韻」仍然是古典詩寫作的基本押韻標準，而相對其他現代方言語音，粵音的音韻系統比較接近中古音韻系統（並非指實際發音），因此以粵音為母語語音的香港古典詩人寫詩詞，若能做到今音實際上押韻，同時又達到中古音的押韻要求，已算近乎理想，且

在現實情況中並不特別困難（尤其是相較西方語言的押韻資源而言）。進一步說，如果詩作以普通話發音亦能押韻，無疑是錦上添花。

總之，本書各章節所引的詩例都反覆帶出，現當代詩詞寫作必然涉及押韻和節奏音樂美的課題；讀者如果將詩例朗讀，應可在琢磨中領會箇中道理和分別。這是一個關乎中國古典詩歌音樂感的結構性美學課題，討論的層面超乎個人。以剛才討論過的〈南亞海嘯〉為例，其三的韻腳「屍」、「悲」、「兒」、「陂」，按「平水韻」部屬上平聲「四支」韻，但就現今粵音和普通話發音則有不同程度的聲音差異。粵音方面，四個字的發音（用常見的《商務新詞典》注音，下同）分別注為 /si1/、/bei1/、/ji4/、/bei1/，分屬 /-i/ 和 /-ei/ 兩個韻母。若用普通話發音，分別注為 /shī/、/bēi/、/ér/、/bēi/，更分屬 /-i/、/-ei/ 和 /-er/ 三個韻母；兩種發音皆無法達到完全押韻時那份鏗鏘、悅耳的音樂美感。這種落差無涉個人造詣，而是當今的古典詩人須要共同斟酌的詩歌韻律議題，下面各章節會繼續探討。

對於寫詩，鄺健行有自己的理念堅持；一首〈自寫〉大致可概括他晚年的寫作心境：

紙上雲山不論真，披衣研墨起斯人。
空明一室清如水，自寫深心自寫神。

（《光希》，頁46）

這首深入淺出的短詩，不妨可視作個人詩學宣言。此處的「真」當指形似，跟末句的「神」與「深心」相對而言，即指出詩歌文字不必處處囿於感官經驗，反而應該書寫心靈深

處、精神遠處的精華神髓（這卻不等如可在詩中隨意捏造背景事實或違反自然規律）。在作者經年的抒意體驗中，寫詩也是修心的過程；內心若未能臻「空明」，意境就無法達至清遠。所謂空明，大概源於《莊子·人間世》所說「唯道集虛，虛者心齋……虛室生白」之理。只有修為漸深，性靈一片空明，乃至墨如清水，方能直探本心，化妙藝而入神。在古代，這是知易行難的道理；時至今日，已是知不易而行更難的智慧。人性不純，在環境誘惑愈物質化、功利壓力愈多元化的百面網羅中，古典詩詞啟發俗世，甚至為它理解的空間，恐怕更小於其他主流文學以至流行文學。這當然無礙寫作本身的藝術和精神空間。

事實上，當代古典詩歌的文化價值和藝術發展，完全與市場銷售無關，但取決於它體現的真、善、美，能否連接現今生命脈搏，甚至成為荒漠中的綠洲，感動和啟迪人心。這個根本性的核心課題，直接關係到詩詞（以至其他古典韻文體）的藝術生命，也直指詩詞傳承弘揚的美學方向；下面第五章會詳細探討。此處暫且引鄺健行在〈論詩絕句四首——履川師昔誨以詩宜真宜新，中心藏之〉論及的寫詩心得，作為前輩詩人的見證：

> 縱橫彩筆啟靈臺，詩料尋常生面開。
> 莫道今詞難入雅，諸君誰是出群才。（其四）
>
> （《光希》，頁 32）

作者強調的是「新醅斟出散濃馨」、「要憑健筆寫時新」（其二、其三）的「新」，包括內容和語言上的新意和新味。酒瓶無新舊，濃馨只在酒，品質高者自成佳釀。所謂寫「時新」，亦等於解開以為須要上追唐宋，方能凸顯古典詩歌韻味的理

念枷鎖。經驗、情感、思想、體會和文字都有鮮活的生命，變化多端，只要取捨及表達得宜，當代物事（包括科技）和詞彙自可拈來入詩。在他看來，時代氣息和古典美感可以兼備於當代的古典詩詞。

鄺健行年青時負笈海外，其後回港擔任教職，礙於教務繁重和學術研究要求，自感創作實踐不足；退休後則作品較多。就本書討論的當世香港古典詩人而言，他跟方富永、何乃文、林峰、潘兆賢等當屬前輩詩人。成就得失無法按單軌量度：相比個人寫作出版，他更投入對後輩詩人的指點和栽培，不但本職講授古典詩文，更成立了璞社，主持多年，教導學子寫作。就這方面而言，他對新世紀香港古典詩歌的發展，無疑貢獻良多。

3.1.2　韋金滿

韋金滿（1944-2015？），中文大學文學士，新亞研究所文學博士。曾任浸會大學中國語言文學系副教授，2005年退休。著有詩詞集《懷燕廬吟草》（1978）、《懷燕廬吟草增訂版》（1982）、《懷燕廬吟草癸亥續集》（1984）及詩集《希真詩存》（2006）（《希真》）等。[11]

韋金滿記述自己「少好詞章文藝，嘗從先師曾履川先生學詩，何敬群先生學詞曲」。（《希真》自序，頁11）他與鄺健行同任教浸會大學，順理成章成為璞社導師。於新世紀出

11　據鄒穎文編：《經眼錄》的記錄，韋金滿在1978至1984年間出版的《懷燕廬吟草》、增訂版和續集均有收錄詩詞，分別有「23詩、45詞」；「40詩、66詞」；「76詩、25詞」，見頁92–95。如前所述，限於人力及篇幅，本書並不論述出版於2000年以前的詩集。至於《希真》則並無收錄詞作，因此本節所討論的皆為詩作。

版的《希真》，說明詩集「收錄了八十年代至二千年詩，按詩體編次，甲乙丙丁等八篇，庚編（五言聲詩）及辛編（七言聲詩）所錄詩均注明每字聲調。多與陳新雄、羅尚及璞社中人唱和，詩題亦多涉浸會大學人事」。（自序，頁 12）集內共325 首詩，當中與台灣陳新雄唱和最多，[12] 字裏行間常見與友結伴之樂及懷念之情。先看〈喜聞伯元兄重過香江〉：

> 別時深憶聚時情，暖暖停雲欣再賡。
> 準擬清宵重秉燭，西樓醉看月明明。
>
> （《希真》，頁 98）

詩的開始即點出二人友誼的延續，僅在期待相聚之中亦已心生暖意。後兩句急不及待地設想一個清宵月明的雅致晚上，友人到訪後一起秉燭夜話，舉杯酣醉，暢談心事。「停雲」自然是取陶淵明（365-427）同題詩的序中謂「停雲，思親友」之意；下半首的構思則更接近李商隱（813-858）〈夜雨寄北〉中「何當共剪西窗燭，卻話巴山夜雨時」的情調。

　　這首詩最值得思考之處，是「秉燭」的意象。李白（701-762）在〈春夜宴從弟桃花園序〉中亦云：「古人秉燭夜遊，良有以也。」時空轉到今日的香港，詩作所帶出的美學課題是：如果在家中暢聚，作者是否打算關掉電燈，手執蠟燭，以提高相聚的古雅氣氛？若然則「秉燭」將屬實錄；若否則或適宜改用切合實情的意象，相信更能引起讀者共鳴。雖然「秉燭」可以視為比喻，但它的本意畢竟是「握持蠟燭」以

12　集中的主題明顯屬於寄贈陳新雄或與其唱和之作者共 30 首。陳新雄（1934-2012），字伯元，台灣師範大學畢業，後入讀國文研究所，專治聲韻、訓詁等學。執教台灣上庠，於 1982 年來港任浸會學院中文系訪問教授。詩詞有《香江煙雨集》及《伯元吟草》等。見《經眼錄》，頁 166。

照明，似乎仍可按理斟酌（即如今情侶在家「燭光晚餐」，亦未必會「秉燭」）。這並非吹毛求疵或有欠尊重的疑問，而是美學原則和寫作習慣的反思：時至今日，古典詩詞是否聚首仍需云「秉燭」，道別要直往「灞陵」？我們又回到「莫道今詞難入雅」的詩學課題，需要今日的古典詩人共同及反覆思考。

下面再看相類內容的另一首詩作，題目為〈喜聞伯元將重臨香江〉：

> 曩昔君來宏絕學，心為莫逆結良儔。
> 新詩舊調頻酬唱，曲水名山共訪求。
> 銀礦灣旁邀月影，龍珠島上醉金甌。
> 無邊樂事長追憶，且待重臨解我憂。

（《希真》，頁128）

「莫逆」二字再次表達韋、陳之間的深厚情誼。詩人憶述因陳伯元來港宏學而得結友緣，在中間兩聯敘寫聚首之時詩歌唱和、遊山玩水、賞月共飲等「無邊樂事」。如今期待好友重臨，固然令人興奮，而在「長追憶」過去之樂的同時，末句亦包含「且待重臨解我憂」的情懷，透露出複雜的意緒。人生中共樂容易分憂難，詩人對朋友的盼望，無疑已超越一般社交之作。因此，名為「酬唱」之篇亦不能一概而論，當須看情感的真摯度。

縱觀韋金滿的詩作，也有比較閒淡平和的一面，例如〈述志〉及〈村居〉：

> 硯枯筆鈍懶長吟，世態人情歷漸深。

> 聞道五湖風浪少，何當泛楫滌煩襟。
>
> （《希真》，頁 87）

> 晨起園前坐，扶疏綠正肥。
>
> 風輕鶯語滑，雨細曙光微。
>
> 有客嘗新茗，無才甘息機。
>
> 愛閒吟亦懶，遑計是和非。
>
> （《希真》，頁 104）

所謂「五湖風浪少，……泛楫滌煩襟」或「風輕鶯語滑，……
無才甘息機」，是詩人的心理形貌中「希真」近道的一脈，總
結為「遑計是和非」。從引用范蠡（前五世紀在世）和《莊子‧
天地》的典故，以至化用李清照（1084-1155 ？）〈如夢令〉
詞及白居易（772-846）〈琵琶行〉詩的語辭，韋金滿的運思
和下筆都顯得「輕滑」而不見阻力，反映感思已經過內化。[13]
再看另一首〈香港茶樓早藝〉，殊非捕捉本地茶樓特色之
旨，而是借題發揮，品茗抒懷：

> 茶味甘於酒味多，侵晨品茗養沖和。
>
> 一壺花乳浮還馥，兩腋春風吟復歌。
>
> 莫惜人生常蹇蹇，深知世事總磨磨。
>
> 忘憂樂道延年壽，且效盧仝自在過。
>
> （《希真》，頁 131）

香港的茶樓頗富地方特色（舊日俚語將茶盅及點心概括為「一
盅兩件」），是尋常百姓與親友喝茶用膳、聊天交誼之所。這
首詩的着眼點卻是從「品茗養沖和」的精神效應出發，特別是

13　《國語‧越語下》記范蠡扶助越王後，「乘輕舟以浮於五湖」；《莊子‧天地》中
　　有機械、機事、機心之誡；〈如夢令〉寫到疏雨後「應是綠肥紅瘦」；〈琵琶行〉
　　中有「閒關鶯語花底滑」句。

身在「人生常蹇蹇，世事總磨磨」的困擾中，以茶作為比酒更佳的「解憂」之具。作者最後表示欲效唐代愛茶成癖的詩人盧仝（約 771-835），達到「忘憂樂道延年壽」之旨。詩作從「茶味甘」的感官層面連繫到「忘憂樂道」的精神層面，以平和的心態面對世事人生之不如意，哲思聯想開展暢順。詩題似乎並不完全切合內容，卻是無關宏旨。

轉看涉及家人的詩，亦可見韋金滿的情感一般表現得比較含蓄。如〈聖誕有懷妻兒〉：

> 佳音處處耳邊傳，火樹銀花耀眼前。
> 去歲香江共歡度，蓬萊今夕歎孤眠。

（《希真》，頁 91）

首兩句描寫節日「佳音處處」、色彩耀目的熱鬧氣氛，借景反襯出後兩句抒發的今非昔比之情。詩人沒有直言自己的落寞，反而把情感重心放在身處於「蓬萊」的親人，在佳節之際歎息孤眠，讓思念之情顯得更深邃。又例如〈中元節悼雙親七律聲詩一首〉：

> 秋穹暗暗秋雲淡，寒月依依寒颿侵。
> 十載陰陽分隔恨，今宵兒女憶思深。
> 素盤果獻燭輕點，黃土錢燒酒細斟。
> 聞得冥關將啟放，虔虔長把蓼莪吟。

（《希真》，頁 178）

詩作先用天象的色彩和氣候的感覺渲染淒涼氣氛，進而抒發懷念父母的思情；次聯描繪祭拜雙親的細節，具體可感。末句「蓼莪」自然是用《詩・小雅・蓼莪》中「哀哀父母，生我

勞瘁。……欲報之德，昊天罔極」的典故。學詩者可以留意，此篇或會由地理因素衍生出潛在的美學課題：中元節為陰曆七月十五，即公曆約八月中到九月初之間，在香港屬盛夏時節，即在北京亦未進入「寒颸」的季節氣氛。也就是說，作者雙親若然葬於極北或極高之地，首兩句的環境渲染便是適當實錄；設若是葬而祭於南方，則首聯重複強調的「秋」、「寒」只能作為心境的比喻去理解。順便補充，設想另一作者敘寫於暑夏中滿頭大汗拜祭父母，相信亦能寫出孝子之心。如上例所說，提出這點美學探討絕非不尊重悼念的情懷，而是反覆思考詩詞的美學原則和寫作習慣。最富藝術感染力的抒情基礎始終是真實；真實小是誠摯的最佳保證。

相比其他悼念親友之作，韋金滿十多首悼念兒子的詩作，從數量到語調都顯得更深刻沉痛。詩人對亡兒驟然逝世的悲傷無法自已，且看〈辛酉暮秋悼兒詩三首並序〉：

> 亡兒維駒，……自幼病患哮喘，十年以來，屢延名醫診治亦徒然，……日前寒流夜襲，弱體難支，舊病劇作……夭折於吾懷中，……唯強忍悲辛賦七絕詩三首……
>
> 小樓昨夜起寒風，弱子夭亡懷抱中。
> 淚眼驚呼渾不應，唔哋心碎有誰同。（其一）
> 舐犢深情難再溫，中腸斷絕哭聲吞。
> 愛兒知我長相憶，夜夜相依在夢魂。（其二）
> 是緣是債兩難明，誰識宵宵念子情。
> 人去小樓歡意少，任教冷月照秋城。（其三）
>
> （《希真》，頁47）

組詩由敘事而抒情。從其一的「小樓」到其三的「小樓」，場

景依舊而腸斷人非，因此其一的「寒風」是現實的天氣，其三的「冷月」卻是詩人的心況。其一自外而內，從「弱子夭亡」、「淚眼驚呼」到「嗒然心碎」，悲痛如漩渦般愈轉愈深。其二嘗試過渡至比較理性的思緒；作者自知必須強壓悲痛，「哭聲吞」而面對現實。然而深切之哀始終無法釋懷，因此後兩句癡想亡兒體貼自己「長相憶」，每夜到其夢中相依，正好反映相反方向的懷念。這番既幻且真的情景，更凸顯了白頭人送黑頭人的淒涼。其三的首句「是緣是債兩難明」，是從內心深處逼出來的哀怨和困惑，流露出思戀難捨與冤屈難平的交織往復，最後與滿腔悲痛，都無可奈何地一併「任教冷月照秋城」。全組詩沒有精雕細琢的詞藻或者勉力鋪排的典故，只有平凡簡樸的用語，深切哀慟，為真摯感人的血淚之歌。

韋金滿這組悼兒詩的感染力，再次見證中國古典詩的基本美學。古典詩向來以抒情言志為本；〈毛詩序〉說的「在心為志，發言為詩，情動於中而形於言」，正撮要了從上承《尚書‧堯典》、《莊子‧漁父》到下開《典論‧論文》、《文賦》、《文心雕龍‧情采》、《詩品‧序》，乃至〈與元九書〉、〈答莊充書〉、〈答謝民師書〉等等的古典詩美學傳統，即強調真情實意、氣韻自然的傳統。這跟西洋文學（包括詩歌）更重想像構思，並不以「真」為要旨的美學取向相比，輕重本末有別。真摯本身固然不足以保證藝術優秀，但真摯無疑是中國古典詩歌在觀念和實踐上的美學基石，即使在二十一世紀依然是不易之理。

從寫作過程、作品性質到閱讀感應，個人抒情的「對極」之一可能是社會諷諭詩，大略可以理解為自然流露與有意刻畫、言情感染與論理說服的取向分別。中國古代士人一向

有社會承擔的情懷，自《詩經》以來便有用詩歌反映現實不善、諷諭統治者的傳統。今日的詩歌（不論文言或白話）已很難發揮上下諷諭的作用，因為嚴肅文學不斷被其他文字及視像媒介壓縮空間，也因為現今的社會氛圍與古代民風大異，已由民主意識、自由言論等現代思維的基本原則，激化為唯我獨尊以至暴力壓迫的鬥爭心態。「溫柔敦厚」的諷諭方式，在社會行為的潮流中可謂不合時宜。不過，這種情況無礙詩歌反映社會現實的藝術意義。事實上，一種文體要證明自身的恆久生命力，最直截了當而具說服力的方法就是將時代氣息「有機」地灌注其中，展現自然通變的更新發展。只要體認到「真情實意」為中華詩歌之本，則詩人將身處時空的人情物事化為寫作元素，就會成為理之所趨的藝術展現。在韋金滿的詩中，間或能看見眼下中國和香港的某些社會現實。

　　整體而言，韋金滿的詩作中帶有明顯現代氣息或地方色彩的作品不算很多；主題明顯的大概有〈北京學運有感二首〉、〈香港回歸五周年煙花匯演〉及〈香港即事〉等幾首。先看寫作年份較早的〈北京學運有感二首〉，背景是 1989 年發生的「天安門事件」：[14]

> 昔日鳴禽自在鳴，劇憐此際了無聲。
> 紛紛政局誰堪料，萬緒纏心久不平。（其一）
> 斑斑碧血滿京門，鎮壓凶凶痛斷魂。
> 民主自由安復得，仰天長問總無言。（其二）
>
> 　　　　　　　　　　（《希真》，頁 94）

14　1989 年 4 月 15 日，有學生和民眾在天安門廣場發起抗議運動，歷時五十日，引發全國性示威遊行。政府隨後宣佈戒嚴，最終派遣軍隊清場。隨着民眾死傷及部分人士流亡海外，運動亦結束。

其一的首聯以「昔日鳴禽自在鳴」借喻新中國成立後，曾提倡言論開放自由的社會氣氛，標舉「百花齊放，百家爭鳴」的方針；作者以此方針比對北京學運之後的「此際了無聲」。所謂「紛紛政局誰堪料」，不僅指向內地的局面，因為數年之間，東西德復合，蘇聯解體，種種本難想像的事情相繼開展於眼前，整個世界顯得雲譎波詭，而香港回歸也隨日漸近，令身在彈丸之地的詩人亦憂心難安。「萬緒纏心」大概是壓縮式寫法，可以勾起對複雜境況的多面聯想，因為由悼念胡耀邦到引發學潮、絕食、戒嚴以及民眾於廣場屯駐抗議等，群情漸趨洶湧的消息不斷。詩人「久不平」的憂心，到其二已化作對「鎮壓凶凶痛斷魂」的慘號。不論政治立場如何，生命傷亡總是人道悲劇。作者慨嘆當時中國社會開放無期，剩下無語問蒼天的傷感。兩首詩作互相呼應，語言直白，用現代詞語如「政局」、「民主」、「自由」配合「斑斑碧血滿京門」的古雅文句，能以現代思情和言語糅合古典韻味。

再看兩首有關香港時事的詩作。二十一世紀的香港經歷波折重重，轉折起伏；自 1997 年主權回歸後，從政治到經濟、民生等，社會上都經歷巨大的衝擊。大學教授雖非首當其衝者，然而身在環境之中，亦不免有感而發。先看〈香港回歸五周年煙花匯演〉：

> 百年悲割讓，五載慶回歸。
> 萬眾海邊聚，千花天上飛。
> 歡聲雷震震，逸興馬騑騑。
> 好景時時有，妖氛日日稀。

> （《希真》，頁 101）

首聯以香港百多年前割予大英帝國之「悲」，對比眼下回歸祖

國之「慶」。次聯對仗中互相呼應的「聚」與「飛」，既點出群眾和煙火的動態，勾勒出煙花匯演的熱鬧場景，亦隱喻眾心凝聚、眾志騰飛之意。翻思殖民地時期的屈辱，詩中洋溢着喜悅之情：「悲割讓」、「慶回歸」、「萬眾聚」、「千花飛」等，不僅表達個人感受，也反映詩人眼中的集體情懷。單從文本上看，「妖氛」並無實指，諷刺目標未明。可以肯定的是，抒情之際的民族情懷，大於潛在的政治情緒。「割讓」、「回歸」在香港歷史中有特殊意義，彰顯詩作的時代性。

同樣將具有特殊含義的詞彙嵌入文本的詩作，還有政治題材的〈香港即事〉：

> 頗羨自由人，遽尋嶺上春。
> 廿三成酷法，千萬化殃民。
> 空怨生何恃，長憂孰可申。
> 陰霾信將散，拭目看揚塵。
>
> （《希真》，頁 106）[15]

此處的「即事」，指香港特區政府為憲法第二十三條立法之舉，由憲制責任生出政治風波。[16] 不消説，這首詩並非借景抒情，而是就本土的政治事件表達看法。開端即表明個人對自由的嚮往，並將自由與立法對立起來。所謂「酷法」、「殃民」，是極端而一面倒的言辭，語調有些類似黨爭的情緒反應，因而失去透視距離及藝術平衡。將「廿三」這個具有非常特定含義的符號入詩，一方面可增添本土特色，但亦可能削

15　按：《希真》頁 141 誤將這首〈香港即事〉重複載錄。

16　2002 至 2003 年間，政府欲就香港境內有關國家安全的憲法條文立法，即《中華人民共和國香港特別行政區基本法》第二十三條。部分人恐損人身及言論自由，激起社會迴響，立法最終擱置。

弱對非本土讀者的感染力。何況過分激烈的言辭，也許只能令政治立場相若的小眾產生共鳴，因為對多數讀者而言，「千萬化殃民」的論説多少有誇張之嫌，或會產生閱讀反效果。值得一提的倒是這首詩的結尾寄語，因為面對怨懟憂慮的積極信念和正面態度，更容易轉化成藝術感染力。

以上幾首政治題材的詩作，融入了富有時代意義的內容和文辭，展現出鮮明的時代氣息。同時亦可留意，藝術書寫並非政治宣傳，既不必過分咬牙切齒，更不能言過其實，造成感染力和説服力的自我折扣。尤其是相比有更大共通性、共鳴性的社會及文化課題，政治課題往往較狹窄，層次也較低，因為真正觸動千古蒼生的，是物質生存的安居樂業，以及心靈生活的價值定向。作者的政治詩不如其悼兒及贈友諸作深切感人，美學原因不難理解：後者的情感比較淳樸，較少雜質，更接近生命的核心，更容易引起共鳴。政治立場並非藝術實踐和討論的重點；古典詩詞更要留意的，是藝術胸襟和氣度。此外，聚焦公共課題的書寫也涉及「第一身」與「第三身」書寫的美學課題，留待第五章細論。

順便一提的是，韋金滿的詩作偶然亦帶出當今詩詞沿用中古韻押韻的課題。例如〈喜聞伯元兄重過香江〉的「情／賡／明」、〈北京學運有感〉其二的「門／魂／言」（現今粵音中三個主元音皆不同）、〈香港回歸五周年煙花匯演〉的「歸／飛／騑／稀」、〈香港即事〉的「人／春／民／申／塵」等（現今普通話音中涉及兩個主元音，聽覺上更可能是三個），皆合乎平水韻，但在今天的粵音和普通話發音中，都可聽見不同程度的參差，下面論及其他古典詩人時，會繼續引用實例重溫，此刻不作注音逐一贅述。這類普遍性觀察無關個人評價，作用在於點出當今詩詞面對的聲音美學課題，

隨處可見而無處不在，需要集思廣益。遣詞方面，作者好以
疊字入詩，範圍不限於要求對仗的兩聯，律詩中更不時可見
兩組或以上疊字（例如上引〈煙花匯演〉即連用四組），有時
未必完全貼切或自然，卻也有其方便之處。

　　整體來看，韋金滿的詩作大部分屬於酬唱詩和紀遊詩；
流露深刻情懷的篇什，集中於寄懷伯元及悼念亡兒兩個主
題。作者書寫現代生活體驗、社會政經時事的作品不算多，
亦沒有刻意將今事今語融入古典詩歌，不過有關作品的藝
術效果，仍帶有一定的時代感。他與鄺健行同樣教學上庠多
年，勤於提點後學，在教育和創作上傳承古典詩歌傳統。

3.1.3　詹杭倫

　　詹杭倫（1954-　　），四川榮縣人，生於杭州。浸會大學
哲學博士，曾任教於國內、台灣、澳門及香港各地大學，現
職馬來西亞南方大學中文系教授兼系主任。研究領域包括中
國詩詞學、辭賦學、文藝理論、海外漢學等。創作有《天祐
詩賦集》（2011）（《天祐》）。[17]

　　根據其詩賦集所記載，詹杭倫在大學時代便開始寫作詩
詞，但自謂「格律不太嚴謹，且隨寫隨丟」（《天祐》自序，
頁 11-12）。壯歲後南來香港，隨鄺健行修讀博士學位課程，
在浸會大學成為璞社導師之一，常與其他導師唱和，也有不
少每月詩課之作。[18] 每乘會議外遊之便寫作紀遊詩，夾以感

17　詹杭倫：《天祐詩賦集》（香港：科華圖書，2011）。
18　詩課題目包括〈飲水〉、〈璞社網頁〉、〈築巢〉、〈看雲〉等；見《天祐》，頁
　　263-264、268-269、272、275-276。

懷抒志，與同行詩友的酬唱作品亦不少。集內詩詞編年排列，從 1984 年至 2010 年共收錄 203 首詩詞，按自序主要內容有三：「其一，誌感。記下生活變遷給人的強烈衝擊和心靈感受。其二，記遊。記下所見所聞所感。其三，社交。唱和、贈別、重逢、紅白喜事等等，都用得着詩歌。」（《天祐》自序，頁 8-9）

可以留意，作者在詩賦集的序言中，清楚論述自己寫作古典詩歌的審美標準：

> 其一，格律要合。舊體律詩的格律主要體現在平仄、押韻和對仗等方面，……包括入聲字。我也不贊成用新詩韻，……在對仗上，也主張堅持詞性相對，詞組結構相對。……不合格律的當代作品，可以自稱為新作，但不入律的詩不得稱為律詩。
>
> 其二，內容要新。……描寫當代人的生活，表達當代人的感情。如果……人地時事都出自唐宋，詞語、典故、意境都來自唐人，那麼，即使……置於唐宋人集中可以亂真，……也只是製造了一件假古董。……應當只是「用舊瓶裝新酒」，……即使是詠史懷古之作，也是站在當代人的立場觀點上來觀照……有古為今用的意義。
>
> 其三，典雅暢達。……典雅與通俗本是一對矛盾，……過於典雅則既不適合抒發當代人的情感，也不適合當代大多數讀者的閱讀水準。……「典雅暢達」……既能夠「化雅為俗」，也能夠「化俗為雅」；既可讓一般讀者一讀便略知大意，也可供專業學者細細推敲字面背後的文化底蘊。

（《天祐》自序，頁 10-11）

上面三點見解，清楚闡述詹杭倫的寫作理念。「格律要合」固

然是詩詞寫作的基本要求；希望兼合「典雅暢達」相信亦是大部分詩人概念上認同的風格方向。他最強調的一點是「內容要新」：仿唐效宋的寫作模式，最終只會製造假古董；當代的古典詩應該「用舊瓶裝新酒」，呈現當代人的生活情感，寫出「古為今用的意義」。以〈電郵〉為例：

> 世紀新科技，滔滔信息流。
> 四維天地哭，一網鬼神愁。
> 尺素書無紙，千鍾粟有收。
> 癡情對電腦，秋水沁雙眸。
>
> （《天祐》，頁300）

此詩開宗明義，勾勒電子郵件的功能與特色。電郵的廣泛應用，使人不易從「音書隔斷」再榨出詩意。電郵之成為隨時往還的無紙「書信」，甚至可作支薪通知，皆凸顯網絡世界訊息川流滔滔、無遠弗屆的威力。「尺素書」、「千鍾粟」的典故不算艱澀，[19] 而以「科技」、「電腦」入詩亦見暢達，可見部分當今語辭可與古典詩歌相容；頷聯的修辭誇張則有點莫名其妙。尾聯作出含蓄幽默的嘲諷，諷刺時人朝夕與電腦為伍，眼睛過分疲勞而流淚。末句「秋水沁雙眸」超乎此類辭句的慣性含義，卻屬寫實之筆，配合上句「癡情對電腦」的修辭矛盾與價值顛覆（癡對電腦多於愛侶），嘲諷本末倒置的自役，教人會心微笑。

詹杭倫的詩作大體較少涉及社會時事的題材，反而更多取材於生活中的點滴體驗，以今人的視角和語言抒寫個人感

19　「尺素」指小幅絹帛；古人多作寫信或文章之用。「千鍾」指優厚俸祿；宋真宗〈勸學詩〉：「富家不用買良田，書中自有千鍾粟。」

應，具有現代的生活氣息。例如〈南丫島紀遊〉：

> 海天一色南丫島，故地重遊榕樹灣。
> 心與群鷗齊上下，身如一棹自蹁躚。
> 阿婆人老豆花嫩，排檔酒香海味鮮。
> 林下頓生問舍願，香江世外結鄰緣。

（《天祐》，頁 252–253）

詩的開始直接點題，展現出心曠神怡的景色，抒寫自身如鷗如棹，適意暢快於天地之間。「阿婆人老豆花嫩」有點語帶輕佻，俗多於雅（用作者本人的標準説），但形象具體真實；下句透過嗅覺（酒香）和味覺（海味鮮），將視角（排檔）的特色概括出來，語言淺白。最後抒發欲辭繁囂、回歸平淡的心願，「世外」之語稍覺誇張，但亦大體呼應上半首的景物情致。此詩有幾處拗律，大部分不必補救，但第六句應補「孤平」，以保持作者所云「格律要合」的音調悦耳。押韻方面亦稍欠整齊：上平十五刪韻的「灣」混入了下平一先韻，而幾個韻字即用今天發音，亦不完全押韻（普通話 /-ān/、/-iān/、/-uān/；粵音 /-an1/、/-in1/、/-yn4/）。

　　酬唱的動力往往出於外緣需要多於內緣感發。相比抒意的詩篇，詹杭倫的酬唱之作亦摻雜社交禮數需要，內容和語言上較類近。且看〈拜謝鄺老師賜詩兼呈董、朱二詩友〉：

> 程門立雪昔留香，今率三英戰藝堂。
> 喜達北方佳盛地，快活南國唱酬郎。
> 好辭絕妙連綿賦，美酒清涼努力觴。
> 欲得心聲傳雅意，何妨思苦髮如霜。

（《天祐》，頁 254）

「程門立雪」是敬師的標準典故，同時用作對比今昔：以楊時和游酢惟恐打擾程頤冥坐，佇立不動至積疊尺雪的「靜」，對比鄺健行帶同「三英」出席研討會的「動」。後六句是直賦式敘述，一片好辭美酒，自暢樂於眼前，倒不必蘊含甚麼高遠意境或幽深旨趣。再看另一首〈題南相鎬教授老子八十一頌〉，是作者到韓國出席學術研討會的社交詩：

> 江原才子哲思多，讀罷老聃吟浩歌。
> 絕句洋洋裁百首，珠璣字字耀新羅。
>
> （《天佑》，頁 173）

這是典型的酬唱之作，恭維頌語明顯；是否完全言堪副實，在酬唱語境中或許無關宏旨。

　　順帶一提〈拜謝鄺老師〉第四句的拗律。「活」字原為入聲，因中原音「入派三聲」的語音變遷，在現今普通話中已屬陽平聲；詹杭倫或因以普通話為母語，結果不意誤用。撇開作者是否有「格律不太嚴謹」的問題，這多少反映以普通話為母語的古典詩人，今天若要恪守中古韻寫詩填詞，難免要面對的額外挑戰。就詩歌音樂美的實情來說，局面有點兩難：用普通話語音寫作比較切合今天情理，然而普通話的語音和聲調系統（就詩詞韻律而言）都頗覺不足，如「陽平」並非平聲，而是由中漸上的音高軌跡；聲調中更缺乏整個入聲類的 /-p/、/-t/、/-k/；尾音又缺 /-m/ 音素。故普通話語音區的詩人，若沿用中古音韻寫作，不免短於本能的音韻和聲調直覺；何況中古音已是「死系統」，無法透過今天的活方言完全掌握。如今以粵音（嚴格說應為廣州音）為母語的古典詩人，較能理解中古音韻系統的韻律美（其次為操閩南音者）。如何在詩詞中發揮和內化文字的音樂感，是嚴肅的課題。

詹杭倫的詩歌文字風格有一點比較明顯：他特別喜歡用疊字。縱觀全集，運用疊字的詩作有六十九首，佔總數多於三分之一，尤其常見於律詩要求對仗的頷、頸二聯。如此高比例的疊字運用，既有助於建築工整的文字效果，有時亦不免予人求其方便的感覺。[20] 作者本為研究律賦的專家，工於駢賦技巧，或許強化了他特別喜用疊字的運辭習慣。

詹杭倫先後轉折於兩岸四地之間讀書、教學及參加學術研討，因此寫下了不少紀遊詩，多以組詩形式書寫，並在作品後附記一則，講述靈感啟動過程及所記的風土人情（《天祐》自序，頁7）。例子包括〈鞏縣、洛陽紀遊六絕〉、〈臺灣之旅詩鈔〉四組及〈草原行紀遊組詩〉等共十九組詩，當中題材多元，語言大體淺白，而且嘗試用現今的視角寫作，不乏生動的篇章。以組詩〈新疆紀遊絕句十二首〉為例，當中自然離不開〈天池〉、〈高昌古城〉、〈坎兒井〉等名勝古跡，但亦有書寫當代事物的題材，如〈石油鑽井隊〉：

> 茫茫大漠布營盤，鑽塔揚威戈壁灘。
> 掘進六千傳喜訊，油龍擒得出深淵。

（《天祐》，頁108）

詩歌以攝影式手法描寫在大漠採掘石油的情況，語言樸實而直接。「鑽塔」、「六千」、「油龍」等都是形容工程的詞語，融入詩中並不突兀，屬於以現代語言結合古典詩歌的例子。

20　其他例子有〈內蒙古原遊和健行師韻〉頷聯：「瑟瑟昭君墓，威威大汗庭」；〈北投地熱谷〉：「汩汩滔滔玉女盆，氤氳馥鬱滿山騰。溫溫泉水濯吾足，天道從來善養生」（一句兩疊字、三韻混集而首韻錯用 /-n/ 尾音）；〈龍環葡韻〉頷聯：「規規整整翻新毅，覓覓尋尋訪舊踪」（一聯四疊字）；〈消失的榕樹〉頷聯：「莘莘學子溫書地，對對靈禽築巢心」（「巢」字並詩中末句「天道有晴也有陰」〔應改第三／五字為平聲〕俱拗）。分別見《天祐》，頁 111、140、233 及 289–290。

作者依舊是按普通話的語音本能選韻：「淵」屬下平一先韻，混入了上平十四寒韻。

再以〈澳門新咏組詩〉七首為例，源於 2008 年到澳門大學任教之便，如〈大潭山〉：

> 雄居氹仔大潭山，管領風光南海灣。
> 高樹標標招鳳至，深潭瀝瀝引龍還。
> 登峰品味四方景，信步逍遙半日閑。
> 盛世浮華何足羨，身親山水笑開顏。
>
> （《大祐》，頁 231）

首句以「雄居氹仔」營造大潭山的「挺拔」氣勢，既屬於相對之語，或亦稍有誇張之嫌。大潭山是氹仔地勢的最高點所在，海拔卻只有約 160 米，[21] 未必高於山下的娛樂城樓群；倒是以地名入詩，效果直接而暢達。對仗二聯繼續渲染之舉：「招鳳」、「引龍」、「深潭」、「登峰」等，讓人以為身登五嶽，更似乎進入超自然境地；味道倒有幾分仿效「遊仙詩」。不過，全詩依次寫景、敘事、抒意，秩序井然。尾聯的「盛世浮華」既可形容山下實景，亦可指喻障蔽精神的凡塵俗世，襯托出「身親山水」的意趣。詩的後記提到山行碰到一對夫婦，互道早晨，否則末三字會費解，蓋當時的思情應為內蘊而非外露。撇開渲染誇張，整首詩仍見氣氛閒適、語言暢順，若能「豪華落盡見真淳」，相信藝術效果會更佳。

在〈澳門新咏組詩〉中，另有一首〈黑沙踏浪〉，頗具

21　作者在詩後的「背景資料」提到「大潭山的高峰，海拔一千六百零一米」（頁 233），應為手誤。

切近的時事和生活意義：

> 颱風肆虐黑沙灘，殘破風光不忍看。
> 大樹齊腰遭截斷，女神連底被移盤。
> 五星酒店貂裘厚，一岸護堤布裌單。
> 欲借夸娥仙子力，海灘重現舊時觀。
>
> （《天祐》，頁239-240）

作者在颱風過後與友人遊黑沙海灘，目睹現場頹垣敗瓦、一片凌亂，即時即景，由直賦其事而白描寫景，內容簡單，語言直接。大樹截斷、神像移盤，讓人想像颱風的破壞力。「五星酒店」是以現當代詞語入詩的又一例，屬於現今都市人的視角和表達，沒有仿古意味；以酒店內被舖如貂裘之厚反襯一岸護堤如布裌之薄，既誇張亦有趣。第六句的「堤」字屬「孤平」，全篇則重複「風」、「灘」二字，尚可琢磨。尾聯想到神話典故表達心願，願借為愚公移山的大力神夸娥氏，方可令海灘「重現舊觀」，總結了颱風毀物之災。

　　詹杭倫認為古典詩的書寫有三個需要：成人、記憶和研究。[22]這表示他在大學教授詩賦，閒來寫古典詩，既是個人興趣，更是當行本色。設若按照這些「需要」綜合衡量，就無怪當代古典詩人的領航員大都是教學上庠的學者。回顧他在集中序言闡述的當代古典詩創作要求，即「內容要新」、「格律要合」、「典雅暢達」，詹杭倫作為普通話語音區的古典詩

22　記憶和研究的需要較易理解，茲不贅述。此處僅就「成人」之義引原文說明：「其一，成人的需要。孔子說：『興于詩，立于禮，成于樂。』詩具有感發人的情志的功能，經常讀詩寫詩，可以培養人的情商和智商，可以讓我們以審美的心胸處世待物，詩意地棲居在這個既有香花和芳草，也有荊棘和沼澤的世界上。」《天祐》，自序，頁6-7。

實踐者，相對未能貫徹的反而是較易的一項：切合格律。他那些表現今人生活和觸覺的詩作，包括眼前之事，讀來切近可感。他的詩作大部分是紀遊詩，寫景部分多傾向於攝影式的直賦白描手法，整體而言近於觀察多於抒情。至於社交酬唱之作，動力與作用清晰，形於言而未必情動於中，大體不屬於「清新內容」的範圍與旨趣，不必深究。

3.1.4　劉衛林

劉衛林（1958-　），字植之，廣東東莞人。中文大學文學士及哲學碩士，香港大學哲學博士，現任教於香港城巿大學及新亞研究所，講授詩詞及中國哲學等科目。長期致力推動傳統文化及古典文學創作，為璞社前輩詩友。所撰詩詞、散文及詩話等分見於香港及內地詩刊與網頁，又曾參與合編《香港名家近體詩選》。已出版的詩詞集有《致遠軒吟草》（下稱《致遠》），按照編年分類，自 2001 至 2009 年，包括 438 首詩及 9 首詞。[23]

劉衛林在《致遠》的〈後記〉中自述：

> 回睇廿八載所賦，其間或讀書有得，效前脩之雅詠；或登臨勝蹟，悲人事之代謝；或師友酬唱，樂傾蓋之相知；或幽居寫懷，迻林下之高趣；或感激時事，傷世道之凌夷。其所賦詠縱不一，而皆出於述志寓懷之作。

（《致遠》，頁 144）

23　集中亦收入 2001 年以前作品，包括 1982–1996 及 1997–2000 兩段時期，各錄取二十多首詩。見劉衛林：《致遠軒吟草》（香港：藏用樓出版社，2010）。

觀詩人集中作品，以「師友酬唱」和「登臨勝蹟」之作佔大多數。[24]「師友酬唱」方面，劉衛林頗多與詩壇、學術界的前輩好友共聚賦詩；[25] 其奉和前輩之作固然顯得謙恭典雅，與友儕唱和亦見一派斯文溫厚。此處先引〈奉和志清教授再感杏壇事瑤章〉一例：

> 世變原知事事新，淪亡風雅孰能親。
> 虛心承教今無幾，薪火如何託後人。

（《致遠》，頁 115）

詩後附有陳志清原作：「陽烏過處事無新，社稷沉淪例任親。英武神龍暉日月，何曾不信進讒人。」顯而易見，原詩指斥自古以來，社會上用人唯親的風氣以及聽信進讒的劣習。和詩則一句一和，內容呼應緊密而不必相同，雖然對「淪亡風雅」亦有感慨，語調卻沒有原詩那麼尖銳，顯得比較溫雅敦厚。這首詩雖然形式上是典型的酬唱之作（包括次原韻），卻含有思考社會現象的內涵，超出一般酬唱詩環繞人際交誼或「場合書寫」的層次。

再看劉衛林另一首次韻酬唱詩〈次韻奉和肇平先生甲申年元旦詩兼呈乃文先生〉：

> 繁花好鳥共芳辰，細雨東風物候新。

---

24 例如〈紀桂林古代文論盛會〉、〈暨南大學中國古代文論比較研討會呈與會諸君子〉、〈南京大學宋代文學研討會後晚宴〉、〈奉送鄧小軍教授北旋二首〉、〈賀新松詩集付梓〉等等。分別見《致遠》，頁 13、41、69、84、131。

25 如〈次韻敬和文匯師與肇平先生元宵寄懷唱和之什〉、〈文匯師賜示謹次韻敬和〉、〈次韻奉和肇平教授邀約市樓茶聚詩兼呈乃文教授癸未年卅〉、〈丙戌元旦懷肇平教授及乃文教授次韻東坡會客有美堂詩〉、〈己丑春日欣接肇平先生賜詩謹次韻奉和〉；見《致遠》，頁 29、43、74、105、138。

淑氣滿城欣啟泰，晴光竟日慶開春。

嘉時又見凌雲筆，深願相從潁水濱。

且待市樓重接席，疏狂容我脫陶巾。

（《致遠》，頁 75）

從形式到內容，這首詩才是典型的酬唱之作。其成因非常清楚：詩題和所附原作都說明，[26]它是應新歲「元旦」、應原作而「報佳辰」的性質，並全步原韻。原作云「花鳥報佳辰」，和作是「花鳥共芳辰」，前半首其餘意象亦類近。這不必是刻意模仿，而是特定場合、特定情調的文字（新歲報佳音）限制思維，容易造成大同小異的傾向。此詩的下半異於原作，因為詩人是原作者的後輩，故此添上禮節性的恭敬之語。假如單看一、兩篇，書寫滿城欣喜、天澤自然之象，當然沒有不合情理之處。這裏只是提醒年青的學詩者，「場合書寫」若然成為主導習慣，所獲得的熟練技巧反而有機會在不知不覺中，影響獨立神思和自由發揮。酬唱往往是「且待市樓重接席」的社交模式，是文士之間相聚飲食、賦詩聯誼、「相濡以沫」的群組「催產」動力。劉詩與原作皆見（中古）韻律諧協，語言典雅，見證練筆之功。

再看一首他人和的原作〈唐代文學研討會席上作呈與會酬唱諸彥壬午暮春於重慶〉：

渝州盛會又相逢，壯思豪懷逸興同。

26　自注：洪肇平原作：「門前花鳥報佳辰，俯仰歌吟萬象新。喜雨芳洲思潤物，侵雲高閣已回春。天開地闢饒詩境，雷動風行到海濱。明日邀朋分韻腳，旗亭題壁岸儒巾。」

萬丈詩情唯欠酒，依然筆下見英風。

（《致遠》，頁 44）[27]

這首詩的場合性可能更淺層：它並非送贈多年交誼的師友，而是在會議期間「呈與會酬唱諸彥」的泛泛之作。由此大概可知，所謂「盛會」、「壯思豪懷逸興」、「萬丈詩情」、「筆下英風」等，未必違心，卻不免有誇張之嫌，屬於公式化的客套話（何況詩情亦不待酒）。應該重申，此處的觀察不在個人評價，而在指出酬唱之習的藝術長短，希望有助後學思考。

除了與前輩師友酬唱賦詩，劉衛林似乎對蘇軾（1037–1101）的作品情有獨鍾。《致遠》集中有若干感懷東坡或和其韻的詩作，[28] 顯例之一是〈書東坡次韻參寥句後〉：

莫道鹽車勝月題，崑崙玄圃瞬朝隮。
何須世上尋伯樂，一尾追風輕萬蹄。

（《致遠》，頁 15）[29]

這首絕句大致重複了蘇軾的原作，只是稍微作出改動。第二句原封不動，其餘三句則改動了五個字：「抹」易作「輕」；「回看……無」易作「何須……尋」；「卻道」易作「莫道」，其意皆在提升灑脫語辭的層次。作者更將首尾兩句易位，把經過

27　自注：景春兄會上賜和：「皖南方別又重逢，渝上放歌意氣同。攜手憑欄觀夜景，飄飄衣袖任江風。」按：「攜手」應為「虛喻」而非實寫，然亦非表達情誼所必需。

28　例子包括有〈癸未發歲幽居寫懷次韻東坡元旦月出郊之作〉、〈題東坡次韻柳子玉過陳絕糧詩後二首〉、〈次韻東坡夜坐詩〉、〈次韻東坡過密州詩乙酉歲暮〉、〈次韻東坡同柳子玉遊鶴林招隱醉篩〉等；當中的技術共同點為「次韻」。分別見《致遠》，頁 55、59、95、103、142。

29　選錄自 1997 至 2000 年間存稿。自注：蘇軾〈次韻參寥師寄秦太虛三絕句時秦君舉進士不得〉：「一尾追風抹萬蹄，崑崙玄圃瞬朝隮。回看世上無伯樂，卻道鹽車勝月題。」按：此首為其二。

重煉的灑脫語辭放在總結性位置，以增加韻在言外的效果。
改動後的詩篇，可以看見精神取向希望更上一層樓，努力走
向曠達的境界，其手法大體類近黃庭堅（1045-1105）所標榜
的「奪胎換骨」。蘇軾的原作為組詩，此處只擷取一首，大概
是將勸勉他人（秦觀）之語轉向自己，嘗試精神超越。劉衛林
心內或有懷才不遇之思，乃點改東坡詩自解，合乎抒情言志
之旨。初學詩人要留意的是，偶作「奪胎換骨」練習可以提升
技巧，卻不宜成為寫作習慣，因為「修改藍本」的短處在於使
自身的思情和表達受到前人限制，往往點鐵未成金，已落入
因循綴茸之臼，不易超越自困的藩籬。像此詩的典故，除伯
樂外皆已抽象遙遠，今日應該如何使之鮮活？

　　在「登臨勝蹟」與紀遊相關的題材上，劉衛林的詩作多見
古意盎然，語言典重練達，運用典故或溶化前人詩詞的語句
入內，格局穩妥懇摯。例如〈雨中憶金陵乙酉仲春〉：

> 又聽蕭蕭疏雨聲，穿林打葉苦關情。
> 徐行傘底江南夢，凝睇樓頭建業城。
> 歲月催人天未老，山河入座眼先明。
> 東風更約垂楊外，煙水秦淮盃復傾。
>
> 　　　　　　　　　　　（《致遠》，頁96）[30]

詩人心中和筆下的金陵，是煙雨迷濛、古色古香的傳統江南
風光，同時勾起不少詩句迴響。除了蘇軾的「莫聽穿林打葉

30　這首詩的序記載：「壬午〔2002〕孟秋赴南京大學宋代文學研討會，因得與王晉光、
　　黃坤堯、周益忠諸教授同遊金陵。除攜手夜遊秦淮，訪王謝故里外；又於雨中登
　　閱江樓，品茗高樓之上，披襟望遠，共眺滾滾長江與石城遺址。其時朝夕煙雨，
　　故當地置一傘隨行。今午忽雨，辦公室內檢一傘外出用膳，撐開之際，見堅穩
　　異乎本地所有，始悟乃曩日自南京將歸者。雨中徐行，憶往日遊金陵舊事，是以
　　命筆有賦。」

聲，何妨吟嘯且徐行」（〈定風波〉詞）較明顯外，還有陸游（1125-1210）的「晚窗又聽蕭蕭雨」（〈秋雨〉）、晁補之（1053-1110）的「耳邊愁聽雨蕭蕭」（〈浣溪沙〉詞）、晏幾道（約 1030- 約 1106）的「臥聽疏雨梧桐」（〈清平樂〉詞）、陸龜蒙（？-約 881）的「酒香偏入夢，花落又關情」（〈又酬襲美次韻〉）、杜牧（803-852）的「煙籠寒水月籠沙」（〈泊秦淮〉）等等，都折射出意境和文辭的吸收、重整與重現。詩人結伴登樓，眼看煙雨中的河山、東風和垂柳依舊，只是時移世易，「天未老」而「歲月催人」，如今的「煙水秦淮」已非六朝古都建業城的光景，惟有付諸「握盃復傾」的感慨。

由登臨勝蹟悠然生出「逝者如斯」的慨嘆，是歷代詩人墨客的歷史感應。何況金陵象徵的不僅是朝代的運化興亡，更是人間的榮華聚散，聯想的情懷及神思似乎特別深濃。像李白〈登金陵鳳凰台〉：「吳宮花草埋幽徑，晉代衣冠成古丘」、〈金陵三首〉（其三）：「古殿吳花草，深宮晉綺羅，並隨人事滅，東逝與滄波」；劉禹錫（772-842）〈金陵懷古〉：「興廢由人事，山川空地形」、〈西塞山懷古〉：「人世幾回傷往事，山形依舊枕寒流」；杜牧〈題宣州開元寺水閣〉：「六朝文物草連空，天淡雲閒今古同，鳥去鳥來山色裏，人歌人哭水聲中」；王珪（1019-1085）〈金陵懷古〉：「懷鄉訪古事悠悠，獨上江城滿目秋。……故國凄涼誰與問，人心無復更風流」等等名作，皆跌宕千古。當中杜牧寫到「六朝文物」、「人歌人哭」、「鳥去鳥來」及「天淡雲閒」，在四句之內勾勒出四重存在的層次，以半超越俗世的自然透視去觀照歷史，尤見挺拔出塵。誠如劉衛林所說，今天詠史懷古，應如何「下採時義……閎中肆外而不泥於古」（《致遠》，頁 7），超越「煙水秦淮建業城」的範圍？

　　至於當代社會（包括政治）題材的篇什，劉衛林整體寫得不多；自古以來的例子說明，此類題材不容易寫出詩意。他間或有批評時政、關懷社會之作，如〈癸未香江即事〉：

> 當途多壯志，誰復念生民。
> 滅赤俱無策，開源獨減薪。
> 納言非異己，問責盡相親。
> 豈乏艱難日，應知患不均。
>
> （《致遠》，頁 57）

詩篇雖然以直賦為主，但語言精練明快，批評政客浮淺乏才、私心廢公等弊端亦見切要，頗收諷刺之效：所謂「壯志」，應是指空言無實的誇誇其談。另可注意，詩中採納當今社會運用的語辭，例如「滅赤」為減滅財政赤字的略語，「問責」是近代政制中 "accountability" 制度的標準翻譯，在香港則屬殖民地年代所無、特區政府成立後方始出現的制度。兩個現今社會用語，分別跟傳統的文言用語「開源」（雖然減薪似更屬「節流」）、「納言」構成妥貼的對仗，對後學有示範作用。再看〈乃文教授賜示悼謝婉雯醫生詩謹次韻奉和〉：

> 肉食嘆謀短，誰言問責深。
> 扶危唯志士，捨己見仁心。
> 青史他年載，英靈何處尋。
> 捐生真可敬，高義值千金。
>
> （《致遠》，頁 62）[31]

31　自注引原詩：「基督徒無忝，聞之感動深。挺身沙士地，救死聖賢心。叔世真須勵，高風豈易尋？待呼千里草，遺像鑄黃金。」「千里草」隱「董」；SARS 即 Severe Acute Respiratory Syndrome。

香港於 2003 年爆發「嚴重急性呼吸道症候群」的大規模疫症（即「沙士」，SARS 之音譯）。市民身陷疫症蔓延的災禍環境數個月，在持續的恐慌氣氛中過活；好些前線醫護人員為拯救病人不幸犧牲，謝婉雯醫生即為一例。原詩是典型的頌讚詩，因「感動深」而動筆，效果則因隔着距離書寫，比較單向單面。劉詩首聯即取《左傳·莊公十年》「肉食者鄙，未能遠謀」的典故，深嘆名義上問責的官員「肉食謀短」，高薪厚祿而應變遲緩，增加了被困籠中的醫護人員晝夜與疫病搏鬥的危險。繼而稱讚謝醫生為救人捐軀的高尚情操，雖仍屬於歌頌範圍，但表達多層次的意緒，比原作的意思深刻。

就詩歌能否感動讀者的根本美學課題而言，要將此類歌頌式詩篇寫活，首要法門在於融入詩人的感思和情志，讓共鳴感融合題材及其伸延出來的主題，從而將「祭壇供奉」式的第三身外緣書寫，化為同情共感、精神相通的「半第一身」內緣書寫。試想源於悲劇感的歌頌之作，當然含有真誠的敬仰，但敬仰本身不足以保證能跨越外緣書寫的界限。從內或從外書寫的藝術分野，早已見於杜甫同樣以諸葛亮（181-234）為主題的〈詠懷古跡〉五首其五和〈蜀相〉：前者從「諸葛大名垂宇宙」到「志決身殲軍務勞」的歌頌，始終限於祭奠式景仰；後者從起始的「丞相祠堂何處尋」，即顯示出詩人深摯的性靈搖盪，直貫至結尾的「長使英雄淚滿襟」。無怪兩首詩的藝術感染力，不可同日而語。同一個詩人用同一種題材寫出兩首高下立見的詩作，再次證明古典詩歌的美學精要：不論起點的角度是第一身或第三身，感人的詩歌必然繫於內心本質和藝術運筆的深情與至誠。

另外，《致遠》亦有關於流行文化之作，如〈電影「我家有一隻河東獅」看罷有感〉：

佳人才士盡猖狂，好色貪杯是季常。

柳氏專橫淪黑道，東坡油滑喪天良。

時流共說丰姿艷，薄俗誰傳俠骨香。

厚誣前賢供一笑，逸居無教總荒唐。

（《致遠》，頁63）

這首詩大概屬於即事的半遊戲之作，諷刺電影為迎合潮流口味和刺激低俗感官，將蘇軾、陳季常與柳月娥等人刻意扭曲醜化。其實此詩有一定典型意義，或可進一步「借題發揮」，點出不少當今本土電影的通病；尾聯（尤其是尾句）應是畫龍點睛的最佳位置。總之，這類題材適合作幽默諷刺的文化批評，如能開展更深廣的幅度，藝術和社會意義當更上一層。

說到底，古今詩人最可靠的寫作靈感，當源於親身的生活體驗，透過文字表達內心的真情實意。抒寫符合自己時代的生活事物，情意應較易發揮最貼切的說服力和感染力。因此當代古典詩人既上承先賢的藝業，亦必須突破古人的價值和視野、題材和語調框架，寫出富有時代氣息的作品，方能壯大古典詩歌的生命。就其日常抒意的詩篇來看，劉衛林觀察細膩、情感真摯、氣度溫和，應該無需仿古綴舊或堆疊典故。且看一首〈有感〉：

絕世風流得幾人，卞和抱玉漫悲辛。

趙州遠出迎禪客，潘岳甘來拜路塵。

時勢共憐休迕俗，斯文已墜競趨新。

如何忍把雙眉畫，辜負金鍼老此身。

（《致遠》，頁50）

詩前的序語記下作品的由來：「大學師生諮議會上，諸生暢

論眾師教學優劣得失。會後草於教學樓辦公室同人與諸生調笑喧鬧聲中。」詩篇用語典雅，不過典故有幾分疏離隔閡：卞和、趙州、潘岳都見證「學人之詩」；除了少數學院讀者外，多數讀者恐怕會覺得遙遠。至於化用秦韜玉（九世紀末在世）〈貧女〉詩的「誰愛風流高格調，共憐時世儉梳妝。敢將十指誇鍼巧，不把雙眉鬥畫長」等句的部分文辭及語意，原詩本就言淺意切，且有時空的共通性，故劉詩之語是否視為化用都無所謂。惟有畫眉之典或無需借用，因為原詩貫徹透過貧女「自傷」，故此畫眉用得貼切；作者則用本身的男性聲音抒懷，無需借用畫眉自況。

其實很多時候，用典未必有助情感自然抒發；直抒胸臆往往更適宜。試看〈山居秋夜〉：

> 山居夜岑寂，起坐聽秋聲。
> 萬壑松風動，一林疏影橫。
> 對燈思舊侶，撫劍感平生。
> 何必獨憔悴，幽懷羈世情。
>
> （《致遠》，頁2）

全詩沒有僻字或澀典，正是「不着心源傍古人」的見證。首二聯寫景細膩，勾勒出秋夜孤寂的氛圍；主體的動靜與環境融為一體，情景交融。後半轉為抒意，尾聯則自我開解，隱然有看破我執之旨。作品貫徹詩人情致溫和、語言古雅的寫作風格，有含蓄蘊藉之長；以詩論詩，古意盎然。正因如此，詩中又帶出詩學課題供身居當世香港的詩人（尤其是後學者）斟酌。詩歌的意境往往是半寫半造，不必處處拘泥於「寫實」；問題的核心或在於：「實」者（官能感覺到的物質）應該寫實，「虛」者（精神流動的非物質範圍）則可循心而運，隨

神而造，只要不違自然規律即無不可。以此詩為例，按照常理衡量，「撫劍」問題不大：這倒並非因為古人的詩中不時有「撫劍」抒意的豪邁（例如陶淵明〈擬古九首〉其八的「少年壯且厲，撫劍獨行遊」或李白〈扶風豪士歌〉的「撫長劍，一揚眉，清水白石何離離」），而是因為當今詩人的家中亦可掛劍或藏劍，而劍有大小，甚至可以從抽屜取出「撫」之。[32] 其實，「劍」可以指向內心，用作精神的喻依或象徵（例如「劍膽琴心」），而此劍屬「虛」，是否手「撫」倒無所謂。詩題容易教人想起王維（約692-761）的〈山居秋暝〉，但王維的別業位於地廣人稀的終南山，我們則可以合理地問：居於熱帶、地小人多、高樓密集的香港，是否真有讓人聽見「萬壑松風動」的「山居」環境？李白〈聽蜀僧濬彈琴〉有「為我一揮手，如聽萬壑松」的描寫，也只是「如聽」。如果寫境的部分有誇張之嫌，是否造境的感染力亦會受影響？對於造境與寫境的涵義，以至兩者之間的關係和互動，第五章會再進行論析。總之，以上討論的宗旨不在評價個人，而在探討言志抒情詩學的原則。意境自有神思運秀，卻並不繫於模仿或虛構；此習不覺一成，反而容易有損詩道。提出美學思考的課題，亦屬與賢者共勉之意。

前輩作者洪肇平曾有〈贈劉衛林〉詩，肯定劉衛林的詩才，其序言中認為：

> 香港……自八十年代後，能詩者漸少。……欲數十名詩人，甚難湊足此數，不勝感觸。今竟於後起之中，

32　「撫劍」是具體動作，因此設若詩人居家無劍可撫，則不宜養成虛構的習慣，或隨意挪用古人言語，跌入「仿古誘惑」；不撫劍同樣可以「感平生」。後學詩人應謹記，因循襲用的捷徑可能會阻隔觸覺，妨礙切身體驗，造成言過其實、姿態過於實際之弊，最終損害藝術成長。

得誦劉君之詩，當推為作手而無媿。

（《致遠》，頁83）

其實香港自上世紀八十年代，到新世紀的今天，出版過詩詞集的古典詩人亦有一定數目；然而真正「能詩者」的確不多。劉衛林近十數年間筆耕不輟，寫作漸豐，同時教學上庠及參與詩社，對本地古典詩壇及培養後學作出不少貢獻。整體來說，他的作品溫淳典雅，是一位下筆勤懇、懷抱古意的詩人。正因如此，其詩作較少注入現今社會的事物和語言。這只是就相對程度的觀察或「溫馨提示」，願見詩人進一步提高寫作的前瞻性，更上一層樓。

3.1.5 朱少璋

朱少璋（1965- ），廣東開平人。香港大學哲學碩士，浸會大學哲學博士，現任浸會大學語文中心高級講師。國際南社學會、廣東南社學會、香港作家協會會員，「璞社」導師，為詩詞及散文作家。至今已出版古典詩集《平仄詩草》及新世紀的《琴影樓詩》（《琴影》）、《燈前說劍：任劍輝劇藝八十詠》（《燈前》）。[33]《琴影》主要收錄本世紀詩作共298首，七絕、七律分別佔四成及三成半，沒有詞作。上卷的題材環繞日常生活、詠物紀事及贈友唱和；下卷119首全為酬唱之作。全書以酬唱詩最多，詠物抒懷詩次之，紀遊詩最少。至於《燈前》的81首詩，專為紀念已故粵劇名伶任劍輝而撰寫，宜作獨立論述。

33　鄒穎文編：《經眼錄》，頁18–19。按：此節只討論朱少璋在本世紀出版的詩詞集：《琴影樓詩》（香港：匯智出版，2008）；《燈前說劍：任劍輝劇藝八十詠》（香港：匯智出版，2009）。

朱少璋常與璞社師友酬唱，如〈問疾酬唱得詩廿一首〉、〈三春酬唱得詩廿五首〉、〈相戲酬唱得詩九首〉及〈蘭亭酬唱得詩十四首〉等，題材多元。本來和詩不必和韻；《唐詩三百首》有王維及岑參（約715-770）的〈和賈舍人早朝大明宮之作〉，和原意而不指定和韻，但跟原作及杜甫一首未被收錄的和詩一樣，雍容而無深意。基本原因很簡單：原作與和詩皆受到歌頌華貴、莊嚴的題材所限，而和詩的本能傾向是「和」得規規矩矩，即依賴「二手靈感」，藝術層次往往落於第二乘，非關個人造詣。至於和韻詩，大概始自中唐白居易及元稹（779-831），此後成為文人社交及磨練詩藝的活動之一。如前所述，酬唱詩多屬奉和原作，發揮相對受到限制，容易將注意力放在文字雕琢及安排上。

作者的和作未有將原詩一併列出，因此讀到「答和某某」的詩篇時，未必能完全理解所表達的語境；意境方面有時亦跡近文字遊戲。試看〈招邀酬唱得詩八首〉其五：

> 秋盡江南草未凋，音書人事兩無聊。
> 黃花零落思明日，白石風流記此朝。
> 嘉客感懷茶當酒，狂生抱負劍猶簫。
> 十三樓下詩名在，輸與揚州廿四橋。　答楊兄

（《琴影》，頁87）

大略而言，此篇屬於綴集性質的「嵌揚州」詩，拼湊前人詩意和文辭而成，首句更全然搬用杜牧詩句。它有些類似如今所說的「二次創作」或「衍生創作」；且看下面詩句：

> 青山隱隱水迢迢，秋盡江南草未凋。

二十四橋明月夜，玉人何處教吹簫？

（杜牧〈寄揚州韓綽判官〉）

臥龍躍馬終黃土，人事音書漫寂寥。

（杜甫〈閣夜〉）

相逢不用忙歸去，明日黃花蝶也悲。

（蘇軾〈九日次韻王鞏〉）

杜郎俊賞，算而今、重到須驚。

縱豆蔻詞工，青樓夢好，難賦深情。

二十四橋仍在，波心蕩、冷月無聲。

念橋邊紅藥，年年知為誰生？

（姜夔〈揚州慢〉〔淮左名都〕）

阮亭合是揚州守，杜牧風流數後生。

廿四橋邊添酒社，十三樓下說詩名。

（孔尚任〈揚州〉）

十三樓是宋代杭州名勝；蘇軾〈南歌子‧錢塘端午〉寫到「遊人都上十三樓，不羨竹西歌吹、古揚州」。拼湊詩作借用眾多前人的語辭，卻特別拈出姜夔一人，或許因「白石」方便與「黃花」對仗，又或許因「黃花」、「零落」、「風流」等語皆見於白石詞（〈石湖仙〉的「為黃花、閑吟秀句」、〈憶王孫〉的「零落江南不自由」、〈鷓鴣天〉的「京洛風流絕代人」）。不論〈答楊兄〉背後的因緣為何（篇後沒有附注），「白石」、「十三樓」、「廿四橋」等典故，或能在有限的往昔意義範圍中泛起幾分歷史感應，連繫着個別主體的緬懷想像；然而在二十一世紀的現實中，已很難盪起具深長意義的迴響，遑論盪起具普遍性的共鳴。詩詞美學要留意的另一基礎課題，正是主觀意義與感染力量之間的落差。其實〈答楊兄〉嵌得相當典雅，文字亦見暢順，只是意境似有還無。就詩詞的藝術

生命及未來發展而言，今日的詩人必需跨越技巧和語言的層面思考：作品如何寫出鮮活貼切的生活感和生命感？

朱少璋的詩作主要繫於璞社的交誼，除一般酬唱篇什外，亦有即事的抒發，例如：

> 蒙師點撥替參詳，勉力中元詩數章。
> 仲則能存金石韻，靈均頗近蕙蘭香。
> 何心做句追秦漢，無意聯章認宋唐。
> 一事吟成忘未得，青燈如豆月如霜。
>
> （《琹影》，頁 17）

這首〈接酈老師誦材並示手教謬讚之詞少璋惶恐〉，源於璞社「中元節（七律）」詩課題目，[34] 感謝導師酈健行指點。頷聯並舉千載相隔而際遇相連的屈原與清黃景仁；二者皆抒寫懷才不遇、寂寞淒愴、悲憤鬱悶的情懷，或許在作者心中盪起共鳴。「金石韻」和「蕙蘭香」是內心目標；避免「追秦漢」、「認宋唐」的模仿則屬自勉自警。設若隱然以屈、黃自況，作者或許亦有幾分自我肯定的傲氣：雖身處於當代俗世中，藝術實踐亦不隨波逐流。

朱少璋詩亦有抒寫今人今事，較多關乎現代生活事物，亦包括時人紀詠及小量中外時事議論，整體傾向攝影式敘述和描寫，個人情感較少抒發。且看時事題材的〈韓日關係〉：

> 壬辰禍肇事悠悠，假道征明一夢休。

34　朱少璋編：《荊山玉屑・續篇》（香港：匯智出版，2006），頁 8。

赤日旗空懸赤日，韓民切齒說韓仇。

（《琴影》，頁 52）

此為〈韓城竹枝詞十二首〉其十一，以絕句論外國史，提到晚明日本侵犯朝鮮以窺中國的「萬曆朝鮮之役」（1592-1598，又稱「壬辰倭亂」），說明韓日關係錯綜複雜，國仇家恨早有前因，非止二十世紀侵佔欺凌。組詩內尚有〈韓國漢字〉、〈韓俗違四〉、〈韓服侍女〉、〈食味辛辣〉等環繞韓國風俗及文化的篇什（《琴影》，頁 50-52），時見趣味，別具一格。至於有關本土時事的作品，例子有以下的〈一年又盡又聞施政報告聊書八句為記〉：

怨怒何須變雅陳，八年憂患溯前因。
大愚若智唯傾國，苛政如狼可啖人。
入魏幾回歌碩鼠，勘詩無句到烝民。
課兒只課桃源記，早認漁舟說避秦。

（《琴影》，頁 27）

此作上承「美刺」傳統，抒發對香港回歸後之政局的「怨怒」。首句即宣示破口直罵之旨，對政府製造「八年憂患」頗有咬牙切齒之恨，見於頷聯的「苛政如狼」及反用成語的「大愚若智」。頸聯以《詩經》作品〈魏風・碩鼠〉和《大雅・烝民》作典故，正反兩面地延續諷刺語調。〈碩鼠〉本諷刺上位者對百姓苛徵暴斂，靠剝削不勞而獲；〈烝民〉頌揚西周賢臣仲山甫。「無句到烝民」跟「大愚若智」一樣，透過顛倒之法正語反用，凸顯不滿。最後引陶潛〈桃花源記〉「賢者避秦」之說，抒發安居樂業的願望，亦呼應〈碩鼠〉中「適彼樂土」之句。詩的前半直接諷刺，容易理解；後半仍是「變雅陳」，回到一貫用典的風格。可以留意，典故的比喻首在

貼切：香港回歸後的政情雖有爭議，總不似殘暴虐民的秦朝；本地固然貧富懸殊，但「無食我黍」的「碩鼠」主要象徵政府重斂剝削，不切合香港的低稅制度。無論是抒情、言志或議論，辭過其理，反弱其理；故此上半首的直論反而比較暢達。在篇幅有限的絕句或律詩中，精簡直述的概括和議論亦屬正常，可以視為理性言志；維持議論的準確性和合理性，應該是藝術說服力和感染力的基礎。

聲音美學方面，此詩用的上平十一真韻，再次帶出當代古典詩人應否按中古韻部押韻的課題。如今粵音中「秦」/cœn4/ 與「陳」/cɐn4/、「因」/jɛn1/、「人」/jɐn4/、「民」/mɐn4/ 不同韻；普通話音則「陳」/chén/、「人」/rén/ 協；「因」/yīn/、「民」/mín/、「秦」/qín/ 另協（上一小節引的劉衛林同韻詩〈次韻奉和肇平先生〉、〈癸未香江即事〉，普通話音更涉及 /chūn/「春」、/jun/「均」）。如何押韻以達至最佳的音樂美效果，還有待達成共識。

轉看紀詠時人之作，語言亦多見典雅雕琢，或會淡化時代氣息及聯想。試看〈悼羅文〉：

> 一曲乘風去，歌殘金縷篇。
> 江南花落盡，難遇李龜年。
>
> （《琴影》，頁 3）

首兩句概括流行歌星羅文逝世後，遺下名曲和艷麗舞衣。後半借用杜甫〈江南逢李龜年〉的典故及文辭，即杜甫於安史亂後重遇流落的名歌者一事，感慨難再遇同樣造詣之人。其實李龜年並無廣泛或深刻的文化意義，造詣及風格如何亦不得而知，今天已無法盪起多少迴響；詩作若能抓住人物特徵

（如羅文艷於女性的衣裝及「音韻學」式的準確咬字），或更貼
切和傳神。形容及比喻既然跟人物沒有特徵性的關連，用於
其他男歌星亦無不可。何況李龜年的生命軌跡不同於羅文，
典故亦未必貼切。總之，典故運用是需要慎思明辨和適度收
放的詩學課題，並非必需的工具，今日寫古典詩尤其如此。
且看〈中秋憶陳毓祥蹈海殉難〉的餘韻和啟示：

> 明月照天涯，江河逝若斯。
> 釣台千尺浪，何處辨華夷。
>
> 　　　　　　（《琴影》，頁 8）

釣魚台列島主權的長期爭議涉及中國、台灣和日本；陳毓祥
為「保衛釣魚台」人士，在某次行動中罹難。首兩句透過自然
景象感嘆光陰流逝。「千尺浪」可解作主權爭議的風浪，最後
以懸海孤島本無國界的自然事實，反照出「華夷」的理據紛爭
不易分辨。另一層「出世式」的解讀是：自然地理並非人間國
度擁有。此詩造語精練，意象清新，寓意深遠，從本位開展
出立體內涵。雙重觀照亦使主角的身分變得模糊：他最終是
烈士，還是自擾的庸人？

　　朱少璋有關現代生活的詩作長於細膩描寫，觀察入微，
詞藻華麗。且看〈漱口〉：

> 吹香猶搗麝，嚼蕊玉池冰。
> 吞吐中泠水，曉寒齒上凝。
>
> 　　　　　　（《琴影》，頁 48）

漱口是日常行為，化作華美修辭，教人聯想嬌態，有詠物詩
的意味。全詩純屬描寫，煉字典雅，展現雕刻功力，而非

生活情趣；此類「以文字為詩」之作較少深層感興。〈動畫〉
亦然：

> 彩筆現音容，銀屏映幻蹤。
> 畫蛇多著足，破壁每尋龍。
> 變相緣空色，施朱辨淡濃。
> 華嚴彈指頃，帝網萬千重。
>
> （《琴影》，頁 49）

此作文字濃麗，雕飾辛勤而迂迴費解，需要四項自注，堆砌
於古典詩的體式中意義有限，不再贅論。倒是冷眼觀察的
〈茶樓〉，雖用誇張之辭以達嘲笑之效，卻相對生動活潑：

> 茶品諒非優，強名大酒樓。
> 門前呼姓字，桌上疊盤甌。
> 列隊竟連巷，遺鞭幾斷流。
> 爭先忘甲乙，只為稻粱謀。
>
> （《琴影》，頁 39）

這首詩諷刺某家舊式茶樓的生態。先是茶質不優，名不副
實；知客直呼姓字，反映顧客多為熟客，入座不必按序，配
合盤甌疊桌的凌亂格局。「列隊連巷」和「遺鞭斷流」是誇張，
此處卻讀來合題，強調客似雲來而秩序不清，造成爭先恐後
的亂象。此作寫出群客為飽口舌的眾生相，諷刺諸人殊無雅
致，滑稽生動；「稻粱謀」又是陋態雅言。往日人口較少，一
般亦較守禮，情景應是熱鬧多於混亂；據此聯想，諷刺又添
一層。此詩捕捉都市一態，教人會心微笑。

　　至於《燈前》，是一冊別出心裁的絕句組詩，紀念香港

粵劇名伶任劍輝（1913–1989）。序云：

> 把任姐（任劍輝）的劇藝特點記錄下來。採用古典詩作為載體，主要是因為古典詩與粵劇的古典氣息相近，又易誦易記，而且⋯⋯〔是新〕嘗試。
>
> （《燈前》，頁3）

組詩按內容編為三部分，紀詠這位女文武生的成就（第2至22首）；曾飾演的著名角色（第23至59首）；粵劇的當行特色（第60至80首）；加上首尾兩首七律引介和總結。例如從〈生平〉開始，寫其〈學藝〉、〈掌正印〉、〈結台緣〉、〈仙鳳鳴〉、〈逝世〉，成〈一代藝人〉等。[35]任氏來港發展之時，正值上世紀動盪之秋，故紀詠亦涉及時代背景，如〈香江〉：

> 紅羊劫盡太平年，日落城頭樂管絃。
> 別有深思台上語，女媧煉石補青天。
>
> （《燈前》，頁14）

作者以「紅羊劫」的典故喻三年多的淪陷日治時期，「日落城頭」的雙關語喻日本戰敗，寓意暢達而語言典雅。相比散文體傳記，絕句組詩點睛而半畫龍，獨立相呼，詳略互動。

以角色作紀詠，重心有時會由演員轉到角色本身，語言則趨古。如〈周世顯駙馬〉：

> 劫到明亡豈有家，殉情殉國義堪嘉。

35　分別見《燈前》，頁6、7、12、16、18、24、33。詩作多附自注，此處一般不作引述。

> 因緣倘悟前生債，七世夫妻帝女花。[36]
>
> （《燈前》，頁 36）

此作概括明末皇家鴛鴦的悲劇結局，無關任氏的曲藝，但有
助介紹其演藝範圍。集中不少篇什都有類似情況，[37] 漸近一
般意義的詠史懷古詩，雖偏離焦點，卻另辟題材。此詩語言
平白而典雅，同類作品則整體傾向濃麗修飾，符合作者一貫
典重、雕琢的風格。第三部分主要論述粵劇表演藝術，如
〈唱腔清越〉、〈文戲武做〉、〈鑼邊花〉等（《燈前》，頁
92-116），概括唱做念打、舞台變化、樂師配樂、戲台服飾
等各方面。作者於稱頌任氏之際，間或插進明快的諷刺，例
如〈排場〉就提到她曾參演粵語電影《金鐧怒碎銀安殿》：

> 別妻綁子演排場，金鐧銀安有主張。
> 卻笑梨園新弟子，江湖未涉本先忘。[38]
>
> （《燈前》，頁 106）

作者將戲名和戲內排場嵌入詩句內，末句則語帶雙關，嘲諷
後學忘記基本功（熟曉排場）、忽視前人劇本的流弊，亦襯托
出先輩嚴謹學藝的風範，具有切近而普遍的時代意義。

　　整體來看，朱少璋的詩風顯得精磨細刻，華美典重，長

36　自注：「民間傳說金童玉女因思情慾被貶紅塵歷七世因緣苦難，世顯與長平即為第
　　七世因緣。」按：任氏飾演的粵劇角色，多由唐滌生自唐宋元明的傳奇、話本、
　　小說等故事改編而成。

37　類近例子還包括〈李益君虞〉、〈柳夢梅〉、〈裴禹舜卿〉等；參看《燈前》，頁
　　38、40、42。

38　自注：「前人學戲須熟曉《江湖十八本》等排場，任氏尤嫻於此道，蓋傳統中涵養
　　所得。今人學戲幾乎不諳排場，演出已成歌舞劇，毫無粵劇排場味道。末句『本』
　　字不無雙關之意。」

於描物敘事，擅用麗辭典故。他較喜歡寫七律，而七律正是繁富的建築。他自謂「何心做句追秦漢，無意聯章認宋唐」，但既然善於經營文字，就踏上了精研前人的雕琢藻辭之路。這是不少當代古典（尤其是學院）詩人面對的共同課題。他在《琴影》的〈後記〉（頁 105-106）指出：

> 不同的詩體可以並存，詩人可以兼寫新體與舊體；……把創作古典詩說成是「骸骨的迷戀」、「復活」或「招魂」，在概念上本來就不對，因為古典詩從來就沒有死過。

朱少璋亦寫白話散文，正是能兼容今古的好例子。在其〈三春酬唱得詩廿五〉最後一首〈與璞社詩友共勉〉中後四句，他用自己的實踐重申當代古典詩歌寫作的價值：

> 自有情深能入句，漫從火盡話傳薪。
> 溫柔詩教憑君續，莫作詞場袖手人。
>
> （《琴影》，頁 67）

詩句道出了他獻力上庠和詩社、培養後學的懷抱與心路。不管個人藝術風格如何，當代古典詩人的共同責任是傳承與弘揚：怎樣知行合一地結合「古典神韻」與「現代詩情」。

3.1.6　董就雄

董就雄，廣東南海人。中文大學文學士，香港大學哲學博士，現職珠海學院中文系副教授。璞社較年青的導師之一；任教城市大學中國文化中心時，與同事組「新松詩社」（2005-　）。至今已出版的詩集有《聽車廬詩草》（《聽車》）

及《聽車廬詩艸二集》（《二集》）。[39] 前者收 1999 至 2005 年
共 223 首詩，按體裁分類及年月順序；後者輯 2002 至 2010
年共 254 首詩，只按年月順序；並無詞作。另編有《荊山玉
屑‧三編》、《新松詩集》（合編）。詩體以七言絕、律較多，
《二集》律詩佔總數逾半。主題多元，除唱和寄贈、紀遊山
水、感傷抒懷外，亦諷刺時弊及反映生活，貼近現今社會。
又好駢文，風格傾向亦多見錘煉。

　　董就雄在《二集》自序中直言，現今古典詩人時常自我
限制於古人的語調和情感：

> 或以為詞忌追新，句必尚三唐之舊；情當慕古，調
> 惟循曩作之高。偏好挑燈，常云按劍。……故余惟過時
> 之務免，獨當世之勤趨。海嘯金融，染缸抒慨；環球暖
> 化，北極興憂。試繆鼉之新詞，泯題糕之昔諱。……
>
> （《二集》，頁 17）

他批評當世古典詩人守陳為要，以古為美，不知與時並進，
推陳出新。然而勸人活化古典詩的呼籲，卻依賴斧鑿雕刻的
駢文，到引文的末段愈見迂迴艱澀。這多少反映傳統國學傳
承者的身分感和心理負擔：駕馭言辭亦是獲前輩認同的因素
之一。駢文練習能提升修飾文字的功力，作為文體卻已成過
去；正如律詩未來可包括對仗，但排律亦屬過去式。無論如
何，董就雄有不少作品跟現今生活息息相關；涉及中外時事
之作包括〈丁亥雪災〉、〈悲南亞海嘯歌〉、〈懷沙士死難

39　董就雄：《聽車廬詩草》（香港：匯智出版，2008）；《聽車廬詩艸二集》（香港：
　　天地圖書，2011）。

者〉、〈四川地震書懷八首〉、〈全球暖化〉等篇章。[40]

此處且以〈零四年台灣大選賦詠三首〉其一〈陳水扁〉作為例子,庶幾觀其大略:

> 總統工謀略,晏嬰恐汗顏。
> 選前稱禹甸,選後獨台灣。
> 三矢平邊患,七擒歸怒蠻。
> 今番超古彥,巧計定江山。
>
> (《聽車》,頁 33)

此作以四個典故諷刺陳水扁用苦肉計連任總統。他在選舉前夕與副手無端遭槍擊卻僅負皮外傷,乃得反敗為勝,惹來自導自演博取同情之譏。首聯謂其機關算盡,猶過聰慧機敏的晏子。「禹甸」指大禹開墾之地(《詩‧小雅‧信南山》),後引伸為中國,諷刺政客原稱志在中華民國,選後卻謀劃台灣獨立。頸聯嵌進薛仁貴三矢平亂及諸葛亮七擒孟獲的事跡,帶出尾聯反諷當代政客的「智勇」青出於藍。八句四典屬重型密集的迂迴堆疊,未必貼切,且除七擒孟獲外,若無注釋恐怕陳水扁本人亦至死難解。其實諷刺多以清晰為本,故美學課題是:如此時代性題材,可否不用遠典而刺得更鮮活、直接、有力?如今教育內容更多元化,更疏遠文言文;詩詞若多用不必要的僻字澀典,閱讀就會重重阻隔,處處障礙,損耗韻趣和感染力。正因作者多寫當世課題,努力可嘉,其表達更應超越傳統才人詩和學人詩的格局。如何「知行合一」,讓詩詞開展未來生命,是當代古典詩人的共同使命。

---

40 分別見《聽車》,頁 15、21、44;《二集》,頁 106–108、138,另外又有〈米高積遜離世七首〉,頁 143–145。

董就雄面對現代事物，書寫的感應當然不限於反映時弊，亦有讚揚積極精神之作。明顯的例子之一，是〈香港車手黃蘊瑤負傷奪亞運自行車場地記分賽銀牌有賦〉：

> 場地記分趨寂寥，夢圓亞運在今朝。
> 不虞一夕驚輪蹴，勢負長年汗雨饒。
> 重上征途突圍勇，渾忘傷痛輾身嬌。
> 銀光有勝金輝處，鐵血香江女楚翹。
>
> （《二集》，頁187）

此作不涉典故，語言直接，描寫具體，「場地記分」和「亞運」皆當代詞語，用作陳事清晰實在。中段四句的「驚」、「負」、「突」、「輾」諸語，將車手臨陣負傷的驚懼、多年練習的辛酸及堅忍不屈的精神，有力地展現出來。「銀光有勝金輝處」說得好：獎牌的對比明白貼切，指出奮鬥重於結果，精神重於成敗。詩作歌頌不屈不棄的精神，效果穩妥。

作者另有詠物詩及紀遊詩。前者的題材多屬生活常見，如〈簡報（Powerpoint）〉、〈電郵〉等。[41] 在吟詠現代物象之際，詩作亦批評時弊，如〈觀舞五首〉其一〈嘻哈舞〉：

> 電流機械化身來。旋腳撐空手拍臺。
> 學子趨風餐寢廢，自憐自醉只堪哀。
>
> （《聽車》，頁87）

嘻哈舞（hip-hop）是街舞的籠統稱呼，按不同動作節奏可分

41　分別見《聽車》，頁37；《二集》，頁187（〈諾貝爾文學獎〉亦可詠，見頁186）。

為「電流」、「機械」、「霹靂」、「雷鬼」等。[42]詩的開首即概括嘻哈舞的特色，次句具體描寫其標誌動作，卻沒有傳遞美感，措辭取捨顯示本人不大欣賞這種美式街舞。他既為人師，眼看學子為跳街舞廢寢忘餐，嘆惜他們「自憐自醉」，折射出年代之間以至古典文化與流行文化之間的差異。

即使是關於飲食瑣事的作品，也能反映當代課題，非只描物。如〈清蒸海上鮮〉：

> 滑嫩眸邊肉，清甜背脊梁。
> 箸揮偏忐忑，石綠雪卡藏。
>
> （《聽車》，頁79）

以「眸邊肉」對「背脊梁」借代蒸魚，對仗工整，形象鮮明。後句筆鋒一轉，寫到作者面對美食，偏偏下筷猶豫，引出末句交代疑慮：「（孔雀）石綠」、「雪卡（毒素）」為有害人體的化學物質，被工業非法排放入海，致令進食海產亦有致癌風險，反映無良圖利之禍。此詩內容貼近現實，諷刺清晰而帶蘊藉。另有一首類近的〈白灼時蔬〉，異曲同工：

> 世間食肉難，菜是健康餐。
> 翠葉翻騰灼，猶驚藥有殘。
>
> （《聽車》，頁80）

詠蔬菜同樣可諷刺「工業食物」之弊。蔬菜比肉食多產而健康，原屬美事；「翻騰」隱然透出享用的喜悅。然而「猶驚」卻擋住這份喜悅，也替翠葉的鮮美形象添上殘餘農藥的陰

42　可參看維基百科條目「嘻哈」有關「街舞」的介紹。

影。此詩同樣語言直白，描寫精練，暢順貼切。兩首五絕雖短，但結構嚴謹，寓諷刺於詠物，又無澀阻之語，可見詩人能以凝練的手法和簡潔的語言，勾勒出物象精要。

　　董就雄的紀遊詩題材以香港為主，亦包括中國和韓國等地，如〈青馬大橋吟〉、〈韓一館用膳有記〉、〈未圓湖〉、〈黃鶴樓〉等。[43] 此處僅以〈浸大善衡校園漫步〉為例：

> 校園無茂樹，信步覓蟬聲。
> 樓眾參天起，雲灰觸緒縈。
> 獅山遮遠目，木葉撼危旌。
> 惆悵孤身客，前途嘆不明。
>
> （《二集》，頁39）

前六句抒寫校園景物，卻並非客觀描寫，而是「以我觀物」。孤高之蟬（參看李商隱〈蟬〉詩）無茂樹可寄，似暗喻作者自覺當時無佳處棲身。心要刻意「覓蟬聲」，更見孤身落寞，可知此詩從起始便借景抒發寂寞愁緒。高樓令他感到低落，灰雲（非青雲）更觸動灰暗的情緒。「遠目」和「危旌」的遠近造景受到一「遮」一「撼」，令人看不清前景，穩不住志向；「獅山」和「木葉」，此刻變成生命障礙的象徵。此六句的意象描寫已具豐富的聯想潛能，體現詩人對前途患得患失的心緒；尾聯如能寫得蘊藉一點，意境可能更佳。

　　作者感興抒懷之作較少，以述懷、贈友和家人為主。述懷之作有〈感遇〉、〈有感〉、〈自慚〉等，[44] 多為感慨工作

43　《聽車》，頁29、55；《二集》，頁39、86。

44　《聽車》，頁46、53；《二集》，頁45。

環境。贈友之作有〈勸和〉、〈贈友〉、〈知己〉等。[45]家人方面則有〈內子離職有作〉、〈新婚有作五首〉等。[46]此處引〈迎小兒初誕三首〉其二：

> 之子方臨世，眸開顧四鄰。
> 瑳瑳時巧笑，躍躍任天真。
> 似劍烏絲密，垂珠兩耳均。
> 呱聲動遠想，憶我幼年頻。
>
> （《二集》，頁 182）

詩人喜獲麟兒，描寫初生嬰孩各種可愛的稚氣神態，準確細膩：從張目四顧，顯出對世界充滿好奇，到瑳瑳巧笑，躍躍而動，呱呱聲動，都流露出嬰孩純真的生命力，同時顯示父親對愛子的憐惜。不論是一瞬間的印象（頸聯），還是時間運移中的情態（頷聯），都寫得有聲有色。中間兩聯若能互調，情態的層次開展和聯想的邏輯連接似乎會更順暢。

董就雄教學上庠，對於現今香港的高等教育界感觸良多。試看〈執教有感〉：

> 杏壇難駐近深知，學子工商厭賦詩。
> 未解斯文遭墜久，又嫌銀浪得歸遲。
> 調聲每失陰陽入，靚面何分長幼師。
> 況復旬週猶十節，倦還只許戴星時。
>
> （《二集》，頁 66）

45　《二集》，頁 44、45、47。
46　《聽車》，頁 38；《二集》，頁 84–85。

這首詩抒發三重感嘆：一是批評學生輕文重商，二是期盼學生不恥下問，三是慨嘆自身工作困難。一句「又嫌銀浪得歸遲」，諷刺年青人急功近利，不解斯文，亦連繫到他教授詩詞的挫敗感；詩中慨嘆學生「未解斯文」，不懂格律，並希望他們謙虛下問。「旬週猶十節」未知是否指十天一節課，致令每個學期只有十節課，更難保證教學效果，亦令自己更感吃力。無論如何，最後一句慨嘆工作艱辛，每至入夜方能歸家。這三重感嘆既批評學子心態，並抒發教學期望，同時自身抒懷，反映教學現實，有一定的典型性。

至於集中的酬唱贈詩數量亦不少，大多是與璞社師友及業師周錫䪖唱和，作品包括〈為酈師健行榮休作〉、〈敬謝朱少璋老師賜和偶坐一首用前韻〉、〈和穎麟兄遊山頂作〉、〈問疾呈劉衛林老師〉等等。[47]此處以詠〈璞社諸師並序〉其二〈韋金滿老師〉為例：

> 代代高儒代代奇，祖賢兩相耀門楣。
> 言隨安石白雲概，書目仲將清氣姿。
> 渡畔橫舟今有主，花間雅集本多期。
> 如何擲地聲詩句，三月音沉繫我思。

（《二集》，頁56）

首六句各以歷代韋姓的名士為典，[48]如第四、五、六句稱頌韋金滿詩書兼工，承先人之文采風骨；末聯才稍見抒懷，表達思念。第五、六句的韋應物及韋莊較易猜，其他典故要看注釋。語言雕琢典麗，文氣不算流暢，而且稱頌亦涉誇張之

47　《聽車》，頁32、39；《二集》，頁65、41。

48　詳見作者自注，《二集》，頁56–57。

辭。詩詞以自然情意為本，不必弄巧過甚。此組詩詠八位璞社老師，皆見不同程度的斧鑿刻鏤，是典型的學人之作。這是古典詩歌另一個恆久的美學課題：過多斧鑿和典故會令內容艱澀，氣韻窒礙，情感疏離。

璞社的「同門師兄」朱少璋曾稱讚董就雄的詩作「馴雅」、「精巧工穩」、「蘊藉流麗」，以「新詞入舊體，……清新可喜；匠心如此，可謂巧矣」。（《聽車》序三，頁 vii）自然與精工，某程度上是相對的觀念：例如南朝鮑照（414-466），就曾說過相比顏延之（384-433）的詩「鋪錦列繡，亦雕繢滿眼」，謝靈運（385-433）的詩作竟「如初發芙蓉，自然可愛」（《南史‧顏延之傳》）。然而後世把謝詩歸結於精工斧鑿一類，早已是不爭的公論，不必贅述。朱少璋的詩亦好雕琢，有如此評價，無疑切合本人的美學品味。董就雄的整體風格濃艷典重，但亦見努力納入當代的思維及文辭元素，絕非一味以雕飾辭藻典故為務。他從金融風暴、南亞海嘯寫到兩岸大事，說明能在題材和語言上，積極將現今生活的事物融入古典詩歌；這點理念和實踐誠然值得肯定。至於尚有融會貫通的餘地，當看「又日新」的修煉。

就個人而言，風格是自由選擇，自可百花齊放；何況文章千古事，得失寸心知。但就詩詞的未來生命來說，新世紀的弘揚者應該有責任釐清發展的大方向。古人的知識框架比較集中（以「國家」為本），跟澀詞僻典的美學距離較今天小；時至今日，部分傳統文化的內涵已僵死，因此詩詞的語言更需要清新自然，鮮活開放。現今古典詩人面對的最大美學課題，無疑是探究如何將傳統詩藝去蕪存菁，充分展現

今天的生命和氣息。[49]掙脫仿製古董的枷鎖，實現「新思新詞入舊體」，正是新世紀古典詩歌發展的大路向。

3.1.7　小結

璞社的六位學者詩人，無疑構成一個嚴謹、有心、有力的核心群體。他們各自創作，也見證了新舊交替，至今已帶領社員出版六冊詩課合集。律詩佔去六位作者的詩詞出版總量的四成份額；單從這點數據來看，已從側面折射出他們嚴謹的思維和態度。他們的寫作風格可能相互影響，明顯不好從事填詞。在某種意義上，他們亦象徵了香港古典詩壇三代的承傳轉化。就本世紀的情況而言，鄺健行和韋金滿可位列輩分最高的詩人；劉衛林和詹杭倫在年紀和創作實踐上屬於中堅分子的前輩。他們的作品範圍包括社會時事的課題，大部分則環繞個人生活感受抒懷。至於年紀稍輕者如朱少璋和董就雄，反映現代生活各方面的篇什亦相對較多。詹杭倫和董就雄更在詩集的序言中，各自申述現代古典詩歌需要「合時而作」的觀點。這多少能顯示，新世紀的香港古典詩人，比以往更積極實踐古典詩歌的現代化。在保存傳統韻律和美學的同時，他們嘗試將寫作更貼近今日的社會生活，從國際大事寫到生活瑣事，致力使內涵和表達方式更多元活潑。

與此同時，璞社的導師群體亦屬於比較典型的學院派作者；特別是對比第四章的非學院詩人，他們的風格多帶有學

49　璞社詩課每強調切合現代生活，承載當代內涵，題目包括：第 1 冊的〈香港回歸五周年〉、〈睇戲〉；續編的〈南亞海嘯〉；三編的〈天星碼頭〉和〈纖體〉等。詳見朱少璋：《荊山玉屑》（香港：匯智出版，2004），頁 15–18、50–56；朱少璋編：《荊山玉屑·續編》（香港：匯智出版，2006），頁 68–75；董就雄編：《荊山玉屑·三編》（香港：匯智出版，2006），頁 35–41、141–145。

人詩和才人詩的味道。這方面的指向,屬於傳統多於開創。在韻律詩中融合現當代詩情、古典神韻和清新文辭,無疑是古典詩歌未來發展的大方向。寫作的方向與道理清晰,並不代表當今詩人要一味催促自己刻意表現「當代感」;只要有真情實意和文化修養,詩歌內涵和表達之融合今古,應該是「自然進化」的成長。宏觀上的自然進化不等於微觀上不用費力磨合:本節引述過的詩作中,不乏溶鑄現代詞語入詩之作,但多半只發揮其本位的字面意思,如「奧運」、「場地記分」、「五星酒店」等等,聯想潛能不算很大。因此融入現代語辭入詩,還需考慮如何將語言提煉、轉化到高含蘊量和聯想性的地步。若只簡單將現代漢語,甚至外語如英語、拉丁語等(見第四、五章)直接放入古典詩歌體式內,恐怕會變成「為革新而革新」,弄巧反拙而得不償失。所謂「當代古典詩詞語言」,並非個人所能鑄造;它是透過表達個別意境的嘗試、探索、提煉、認受,點滴累積而成的。

第二節　**學者詩人之二：何乃文、黃坤堯、林翼勳、陳志清、何祥榮**

　　上一節簡介的學者詩人群體，並不構成緊密的「詩派」。但他們之間有某種互動性，可以提供一個方便的討論起點。不消説，香港還有其他執教上庠的學者詩人，在不同崗位上各自耕耘及發揮培育後輩的傳承作用。以下將按照既定的討論界限，介紹部分作者。

3.2.1　何乃文

　　何乃文（1933-　　），廣東順德人，1951年起居於香港。經緯書院畢業，並從遊於陳湛銓、陳本及曾克耑等。曾先後任教於中學、中文大學校外進修學院及樹仁學院，2003年與國學班同學組織「癸未會」，教授古典詩文。著有《窩山集》（下稱《窩山》），[50] 編年收錄了1948至2009年間逾半個世紀寫下的553首詩作，當中沒有詞作。此外，又曾與洪肇平、何文匯出版唱和詩小集《香港詩情》，集內載有何乃文詩12首，全為七言律句。

　　從主題看何乃文的詩作，以酬唱、悼懷、為師友題畫之作最多，佔作品數量近八成。酬唱交往的對象多為香港古典詩壇及文壇名家，例如曾克耑、陳斠庵、陳湛銓、蘇文擢等前輩或師長，以及梁啟明、洪肇平、劉衛林等同輩或後學。設若想追蹤文人的交遊圈，從而窺看香港古典詩壇的人脈網

50　見鄒穎文編：《經眼錄》，頁56-57；何乃文等編：《香港名家近體詩選》，上冊，頁62。

絡和階段性發展，這些文字有一定的本地文學史價值。不過從藝術上看，酬唱篇什並非作者最特色或最感人的作品，在此存而不論。除酬唱寄贈外，何乃文尚有部分涉及政治、時事、親人、師友和生活感受之作，雖藝術效果參差，卻能顯示主體的聲音和性格。整體而言，以抒寫個人際遇及家庭生活的詩作較感人。

讀何乃文的詩作最顯而易見的，是中歲以前鮮明的「國民黨正統」立場。詩集中從 1948 至 1966 年之作以及其後部分篇什如〈題張樹青先生詩存〉、〈黎世寬弟新婚賦贈〉、〈經國先生當選中華民國第七任總統紀慶〉、〈恭悼蔣總統經國先生殂逝〉（1979-1988，《窩山》，頁 150、160、166、173）等等，到逾「知天命」之歲仍以「民國」紀年；其他作品則以農曆紀年。他少年時代經歷內地政權易幟，飄泊居港，每思朝代變天，心中悲鬱，憤然成篇：

〈國慶〉

年年當此際，插幟最高層。
天日無今古，心肝辨愛憎。
乘秋須一怒，拭眼見中興。
重作收京詠，思追杜少陵。

〈美國總統出賣中華民國憤而成書〉

送舊迎新慣敗盟，一朝從賊亦常情。
何曾彼美殊神女，休信侏儒是晏嬰。
赤縣黃圖當盡復，青天白日本長明。
梅花聲裏爭輸幣，民氣高張未用驚。

（《窩山》，頁 138、146）

　　嚴格來説，這些文字並非「家國之感」，而是政黨情緒。何乃文的政治詩作不算多，壯年至中年所作皆可看見「插幟心肝，長辨愛憎」的激烈情感，縱使他理性上必然清楚，所謂「中興收京詠」，只屬自慰的情緒發洩，連願望也談不上，因為實現的或然率近乎零。作者的反共意緒更伸延至國際的層面：當美國承認大陸政權及「一個中國」與台灣斷交，作者即痛斥花旗政客「一朝從賊」「慣敗盟」，以「神女」（應暗指妓女）「送舊迎新」、「侏儒」等比喻破口撻伐，同時高聲呼號「盡復」、「長明」、「未驚」等等，語氣既強硬尖刻，又感力竭聲嘶。縱觀此類文字，多見筆下殺敵之憬、咬牙切齒之語（如「慣」、「怒」、「憎」、「賊」），[51]藝術上似無法自制，既偏離敦厚蘊藉、留有餘味、發人深思的詩詞美學原則，同時自囿於狹隘的黨爭情緒。何乃文的表達造詣當然不止於此，只是黨爭意氣向來是政治情懷中的較低層次，每容易導致堵耳障目，怒火攻心，方令詩作降為「黨派鬥爭韻文」。道理上，黨派立場不應成為藝術創作的問題，只要不違反根本性的美學原則即可。如果能保持冷靜公平，則論述政黨得失縱或有尖刻之處，仍可不失本身的藝術氣度和説服力。何況真正的政治書寫，焦點總應放在蒼生苦難上：改朝換代，豈能重於安民濟世之思？或可記住，作者在香港雖無語言隔閡，但個人發展並不順利（見下面述志諸作），也許認為是政權更替把他迫成「天涯淪落人」，將個人挫折感混合原有政見，從而激化了政黨情緒，亦未可知。

51　亦可參看〈論詩柬洪肇平據云近有倡言為詩應摒絕家國之感者可嘆也〉（1975）、〈甲戌雙十節〉（1995）、〈不寐有作〉（1996）等，取態及語調皆如出一轍；見《窩山》，頁 128、188、203。此外，另可參看〈聞范園焱架機來歸〉（1977），將中國空軍飛行員駕戰機往台灣形容為衝出「鬼域」；〈戊午重九〉（1978）中又謂「殺賊收京」。分別見《窩山》，頁 138、144。

何乃文亦有小量關於社會時事課題的詩作，一般描寫具體，批判清晰，如以下例子：

〈敬悼謝婉雯醫生〉

基督徒無忝，聞之感動深。

挺身沙士地，救死聖賢心。

叔世真須勵，高風豈易尋。

亟呼千里草，遺像鑄黃金。

〈人海行〉

人海鋪天復蓋地，十四年前思六四。

切身今反廿三條，百萬上街何足異。

保安局長處泰然，冥頑禍首臍將燃。

嗟哉助紂兩校長，教統局與民建聯。

擇惡固執姦邪多，包圍立會又如何。

誰云五十年不變，七百萬人拘網羅。

(《窩山》，頁 231)

第一首詩悼念非典型肺炎（俗稱「沙士」）肆虐香港期間，為抗疫犧牲的謝醫生，屬於比較常見的旁觀者寫法。當中涉及的美學課題，已見前節 3.1.4 小節有關劉衛林詩的論述，即帶點疏離的祭壇敬頌與移情代入寫法的分別；前者限於從外述說（tell），後者則有可能兼具從內展示（show）之效。至於〈人海行〉，則敘寫香港特區政府欲為國家安全法第二十三條立法，激起數十萬市民遊行抗議一事。這首詩固然可以代表部分香港人的心聲，卻更清楚見證其寫作動力來自一貫的反共情緒，反映於激烈（「擇惡固執姦邪」）、極端（「臍將燃」）及誇張（「七百萬」）的言辭，以致令本來含有局部真實的藝術表達，有些自我折扣。

除了關乎政治及時事的課題外，何乃文亦有若干貼近生活、反映世情之作。試看下例：

〈丁巳除夕分韻得明字〉

宵深醉眼尚分明，除夕長篇竟不成。

雖已閉門難覓句，生憎對戶打牌聲。

〈何耀光先生屬作警世詩二十首〉其十二〈戒吸毒〉

吸毒傷身豈待言，何殊萬劫落黃泉。

既知惡習休輕染，寄語青年戒試煙。

（《窩山》，頁 139、179–180）

〈分韻〉詩書寫深宵的煩躁心情，因「對戶打牌聲」影響運思寫作，無法效法前人（宋陳師道）「閉門覓句」，內容淺白實在，富有生活感。至於一組〈警世詩〉，針對不同題旨勸誡世人修己以敬，如「理得心自安」（其二〈知足〉）、「無道人之短」（其七〈慎言〉）、「巴蛇詎可思吞象」（其十九〈戒貪〉），以及此處的「吸毒傷身豈待言」等。此組詩的內容有幾分類似〈莫生氣〉、〈不氣歌〉、〈寬心謠〉等歌謠，不過絕句體篇幅短小，語辭精練，節奏明快，讀來不會令人生厭。這組詩可以視為「韻文教化」之作，反映作者關心世道。

何乃文較少着墨個人際遇，但某些作品大致顯示，他於 1950 年代初由內地到香港，讀書謀生，幾經辛酸。這是當時不少國內知識分子在香港的共同經歷，見於以下例子：

〈書憤三首〉其二

貧賤他鄉事足哀，憑誰送炭雪中來。

如今最憶唐人句，十扣柴扉九不開。

〈自題畢業照片〉

面骨崚嶒頷有鬚，褻衣端稱腐儒無。

挫鍼劂口神俱瘁，挾筴亡羊計已粗。

貧裏光陰還此日，鏡中形狀詫今吾。

無知兒女應相問，若個貼將學士圖。

（《窩山》，頁 116–117、125）

作者自述的「貧賤他鄉事足哀，……十扣柴扉九不開」（另可
參看其三「囊空衣敝骨崚嶒，飄泊何殊苦行僧」）以及「面骨
崚嶒頷有鬚」、「挫鍼劂口神俱瘁，挾筴亡羊計已粗」等句，
具體勾勒出他在香港的艱辛生活；一句「憑誰送炭雪中來」，
更道盡千古的人情冷暖。[52] 即使任教於中學亦不獲續約，使
他無法安身立命：「顧我居夷彈古調，與人爭席歡空拳」（〈質
廬翁蒞港次張樹青先生韻〉，《窩山》，頁 143）。無怪他有
時會自嘲為「腐儒」（或「迂儒」），折射出一個傳統知識分子
身在「他鄉」的困惑：在殖民地「居夷彈古調」的憤慨和感傷。
以上所引的並非泛泛的「懷才不遇」之詞，而是實際具體的經
歷，語調雖苦澀而不自憐。生活掙扎比政見貼身，此處卻無
咬牙切齒，反而寫得深刻感人，透出堅韌的生命力。

　　何乃文的詩集比較少看見對家人的抒寫，不過有五首紀
念亡妻的詩作，寫得情感真摯，更特別附上跋文交待前事，
反映作者對這些詩篇分外重視。以下是部分作品：

52　作者憶述與妻兒的患難歲月提到，1959年「營鞋料業，婚後不二年，遇無良者欠
　　債不還。結束所業，躬身操作，所得僅堪一己糊口。……家累益重。……至民國
　　五十三年甲辰歲轉任中學教席後，始衣食粗具。然猶時於月杪向友人假貸一二十
　　金也」。見《窩山》，頁 163。

〈示內二首〉（惜先室不及見矣）

荊布相從廿四年，書生事業只詩篇。

從頭信誓甘偕老，天若有知當見憐。（其一）

追思疇昔太無情，竟缺詩篇贈與卿。

今日藥爐烟火畔，更無佳句敵陰鏗。（其二）

〈舉家遊海洋公園觀海豚白鴿奏技〉

免費遊斯地，平生第一遭。

進場難諱老，懸纜忽憑高。

稍會魚鳶樂，應添膽氣豪。

幼孫才歲半，行走似逋逃。

（《窩山》，頁 162、190）

對於亡妻「荊布相從廿四年」，作者既感且愧；他自認「書生事業只詩篇」，卻「竟缺詩篇贈與卿」，落得雙重歉疚，如今無法補償，惟剩下「追思疇昔太無情」。本來這兩首詩直抒胸臆，心聲切近，不意寫到末句之時，伴侶的懷抱卻被學人的身分取代，弄出一個不大切合情境的二手典故「陰鏗」（如杜甫〈與李十二白同尋范十隱居〉謂「李侯有佳句，往往似陰鏗」），無端將抒意「藝術化」，效果上反而疏離了情感，有點可惜。作者另有〈悼亡詩三章〉（《窩山》，頁 162-163），亦見情感真摯。至於紀詠首次與家人到海洋公園遊玩，寫到自己「懸纜忽憑高，稍會魚鳶樂」，又欣賞歲半的孫兒跑跳的情景，均覺具體生動，既有「老添膽氣豪」之興，亦流露出平淡實在的天倫之樂。「平生第一遭」不勞而獲「免費」遊樂，對一個百事艱辛、飽歷風霜而年逾花甲的人來說，或許更添複雜的感慨。

何乃文最終在樹仁學院安身立命，其職任大概比較接

近個人的興趣及才能。他教學多年，累積了不少寄贈學生之作，既殷勤勸學，亦不時表達對香港專上學界的感慨：

〈題贈樹仁中文系畢業同學二首〉

較量資格信無聊，年少才高亦莫驕。

為學如山還未盡，要收汗馬向雲霄。（其一）

四年君等讀何書，自古治平責在儒。

稷契許身非浪語，詩文故訓只區區。（其二）

〈研究〉

研究為名賤授書，大專教育可欷歔。

論文字數拘多寡，世有韓歐定絕裾。

（《窩山》，頁 185、235）

「較量資格信無聊」或不免帶有兩分「夫子自道」的憤慨，卻無疑是切實的勉勵和道理。何乃文自感在「俚語兼邪說」的環境中「狂瀾奮獨支」（〈題畢業生冊〉，《窩山》，頁 132），慨嘆傳統文化不受重視。作為老師，他對學生循循叮嚀，寄予厚望，情真語切。[53] 他堅持中國士人的教育理念，不但提醒學生「才高莫驕」、「為學如山」，更指出儒生「治平稷契」的匡濟責任，重申《論語》「修己安人」之訓。〈研究〉在四句內對當今大專教育發射兩點控訴，清脆直接，精練有力。首先批評當局以「研究為名賤授書」，只重量化的「研究」成果，忽視教育後代，無異扭曲價值，顛倒本末輕重。繼而諷刺現今學術寫作的「標準」，動輒要求撰寫萬言論文，指出文章大家韓愈和歐陽修設若在世，亦會「絕裾而去」。

---

53 亦可參看〈畢業生題酒後漫書〉（1979）、〈題樹仁學院文史系畢業同學錄〉（1990）、〈題贈樹仁中文系畢業同學〉（1992）、〈贈黃昊弟〉（2003）諸篇；《窩山》，頁 147、175、180、233。

音韻格律方面，有論者認為何乃文的「五七言律絕詩，皆聲律和暢，句中必避孤平。對仗工而用韻穩，字字妥貼」（《窩山・鄧序》，頁 24-25）。上一節曾幾番指出，就今天的實際語音而言，語音的歷史變遷令大部分當代詩詞，多少呈現出「古韻今讀」時不能完全諧協的情況。例如上文引述的〈國慶〉押下平十蒸韻，當中選用了「層」、「憎」、「興」、「陵」四個韻字；然而在今天的母語發音（粵音）和普通話音中，前二字和後二字已不全押韻（「層 / 憎」的粵音韻母為 /-eŋ/，普通話音韻母為 /-eng/；「興 / 陵」則分別為〔粵〕/-iŋ/ 及〔普〕/-ing/）。又例如〈戒吸毒〉押下平一先韻，但按照今天的粵音，「泉」（韻母 /-yn/）與「言」（首句用鄰韻上平十三元韻）、「煙」/-in/ 同樣不押韻。還有像〈自題畢業照片〉押上平七虞韻，可是在「鬚」、「無」、「粗」、「吾」、「圖」五個韻字中，「吾」的粵音韻母 /-ŋ/ 與其他四個字的韻母 /-ou/ 不同韻；若用普通話發音則「鬚」的韻母 /-ü/ 與其餘四字 /-u/ 不合韻。這種情況絕不涉及錯誤，按照中古音韻押韻亦是目前的標準做法。然而如今運用中古韻，實際上未達完全音樂諧美的情況，則是今天要面對的客觀事實。如何處理部分中古韻在今天的母語方音和普通話發音中不完全押韻的現實，是擺在當代古典詩人面前的韻律美學課題，下面第五章再詳細探討。

何乃文是一位勤勉而值得尊重的前輩古典詩人。他能在艱難中刻苦堅持，在崎嶇中走出配合自己才情的路，為創作注入堅實的生命力。吟箋賦筆是作者社交生活的一部分，故其詩集中以酬唱之作最多，個人性靈的抒寫及國家社稷的感懷較少。至於其黨派立場，則始終愛憎鮮明、激烈固執，誠如陳卓評曰：「不趨時尚，不改立場。」（《窩山》，頁 300）這點個人選擇本來無可評論，可惜委屈了藝術思情和表達；設若能超越黨派範圍之限，多升上蒼生之思與國家運命的層

面，作者的詩歌成就應該更大。何乃文經常勸勉學生晚輩，苦口婆心；對亡妻的思念則真摯誠懇。他的作品較少堆砌澀典，語言風格大體淺近清晰，友人評為：「不喜用奇字，善化俗為雅，變故作新，平和深遠。」（《窩山·張序》，頁26-27）他後期在樹仁任職，既讓個人安身立命，亦成全了傳承詩詞的薪火貢獻，豈非善緣？

3.2.2　黃坤堯

黃坤堯（1950-　），廣東中山人，生於澳門。台灣師範大學畢業，中文大學哲學博士。曾任教於中文大學中國語言及文學系，已退休；現職能仁專上學院中文系教授。有詩詞集《清懷詩詞稿》、《沙田集》、《清懷詞薹和蘇樂府》、《清懷三薹》（下稱《三薹》）等；[54]其中《三薹》收錄自1995年起，十年間積存的551首詩及30首詞。書中自序云：

> ……出入兩岸四地之間，周遊澳紐星馬之域。……短訊傳詩，望洋問道。人事倥傯，甘苦備嘗。議論政教得失，……歷覽四時物色，……此外杯酒相歡，世途可憫。讀書明理，感事懷人。……
>
> （頁2）

根據作者自述，集中的內容包括酬唱、紀遊、時事、感事懷人等等。[55]當中以「杯酒相歡」和「出入周遊」類篇什最

54　見鄒穎文編：《經眼錄》，頁196-197。按照既定的討論範圍，本文只集中討論《清懷三薹》（台北：學海出版社，2005）。

55　亦可結合主題，例如詠物懷人有〈楊徵祥、黃聖旻寄陶杯〉、〈沈秉和寄茶賦謝〉、〈桂花呈于枝鼎〉，頁51、99、143；紀遊酬友有〈濠江宵夜贈李汝倫及熊東遨、周燕婷仇儷〉、〈北江泛舟奉和駱雁秋二首〉、〈新加坡賦歸贈徐持慶〉，頁24、53、105；寄友論事有〈春歸雜詩和樹衡、幸福三首〉、〈鑪峰雅聚寄郭俊沂二首〉、〈奉和陳一豫端午感懷〉，頁121、122、126。

多，其次是「政教得失」和「感事懷人」；詠物感賦較少。

　　黃坤堯教學上庠，又活躍於兩岸古典詩壇，「杯酒相歡」的酬唱甚多，包括與愉社詩人潘新安、李鴻烈、洪肇平、文幸福，台灣學者陳新雄等飯聚之作。例如以下兩首：

〈和鴻烈見懷之什並呈雨盦夫子、伯元夫子暨國明、樹衡、幸福諸兄〉

已悟人間有限身，江湖樗散絕貪瞋。

漢唐有夢風雲烈，臺港高情詩酒頻。

紅磡稻香新釀熟，桃源鄉客古人鄰。

雨盦命駕山川沸，明月菩提浣俗塵。[56]

〈過百里風行贈張治淼〉

百里風行酌一缸，珍饈美食譽濠江。

華筵解味滋新味，顧曲翻腔倚豔腔。

席上海誇名士筆，壁間輪轉法書幢。

劉常讜論關天下，欬唾珠輝月映窗。

　　　　　　　　　　　　　　（《三蕉》，頁 69、136）

　　兩首詩都提到酒釀美食，顯出當代文士「詩酒風流」的格局，只是濾去了往日的「花」。查閱黃坤堯的詩詞集，內裏篇章時常看得見像「酒」、「詩酒」、「醇醪」、「飲」、「酌」、「釀」等語辭，亦常讀到飲宴酣暢的情境，不限於酬唱寄贈之題，足見愛好「杯酒相歡」。從〈和鴻烈〉的自注得知，作者嵌名字於造句，雖無深意，亦見巧思。如前所述，與同道聚會、詩酒吟詠、風月寄情的酬唱傳統由來已久，大致屬於娛人及

56　自注：「李鴻烈號漢唐遺民，李國明號桃源鄉人，陳樹衡住紅磡灣，近期同人多飲於紅磡稻香海鮮酒家，火鍋紅酒，議論風生。……雨盦師將來港，山川有待，故末句及之。」

自娛的交誼性質和本位書寫，既不必蘊含大義，亦不必用最嚴肅的藝術標準或情理衡量；因為長期熱鬧的交際「俗塵」，應該不是孕育「江湖樗散」、「桃源鄉客」、「明月菩提」之精神超越的理想環境。否則古今中外的修士，何須有「靜為躁君」（《老子》26章）、「結廬在人境，而無車馬喧」（陶潛〈飲酒詩〉其五）之說，培養出「淡泊以明志，寧靜以致遠」（濃縮自諸葛亮〈誡子書〉）的心境、「萬物靜觀皆自得」（程顥〈秋日偶成〉）的神思？酬唱文字多少帶幾分粉飾風雲、「誇論高情」的文人習氣；「已悟人間有限身」的醒覺不難變成「及時行樂」的生活態度。酬唱詩往往是「詩酒頻」傾的「名士筆」，讀者亦可以此視之；實際判斷看意境而定。

　　轉看作者有關「出入周遊」的詩篇。他的筆下多紀敘中國內地、台灣和澳門的景物，較少描寫香港；海外主要紀敘澳洲、新西蘭、韓國、馬來西亞等地。可看下面例子：

> 〈羅托魯阿 Rotorua〉
>
> 瓦卡地熱幻煙霞，泡沫泥漿滾燙窪。
> 間歇泉溫噴十丈，琉璜飄蕩滿人家。
>
> 〈媽祖巡安〉
>
> 媽祖巡安到海隅，挑幡儺戲奮前驅。
> 湄州大甲分靈駕，三體金身樂舞趨。
>
> 　　　　　　　　　（《三藁》，頁 6-7、145）

整體而言，作者的工筆細膩，擅於描畫景物，較少抒意。例如此處引的第一首詩描寫新西蘭羅托魯阿的地熱奇觀，「泥漿滾燙」、「溫泉噴射」、「琉璜飄蕩」等皆勾勒得具體可感；另有〈雅靈頓礁〉，亦描寫得繽紛瑰麗（《三藁》，頁

108）。至於記敘媽祖巡安的熱鬧節慶，刻畫澳門風情，亦見本土生活氣息；不過一般來說，此等涉及神靈儀式的場面比較特定，即使附上注解亦不太容易準確設想，反不如羅托魯阿的自然景象容易想像和重現。

在黃坤堯的紀遊詩中，有不少是描寫中國的名川古跡之作，例如下面的詩篇：

〈飛霞山觀日出〉

曉起彤雲望太陽，松峰亭上月流霜。

沙洲漫捲瀟瀟雨，荷樹微聞淡淡香。

解道陰晴多反覆，有時人事更荒唐。

飛霞織綠山房迴，縹緲煙嵐換戲場。

〈秦淮河〉

夜訪夫子廟，來尋王謝居。

烏衣迷古巷，桃扇認芳廬。

鬧市橋邊宅，燈船月上初。

秦淮張豔色，花氣曳仙裙。

（《三薰》，頁 54、110-111）

此類詩篇依然是偏重敘述描寫，致力具體刻畫；語言風格方面則少用澀語僻典。〈飛霞山〉的頸聯本來由自然現象伸延到生命思情，不過尾聯又回到距離外的描寫，沒有進一步開展出人文意境（末句似有若無，若回歸到自然角度則無需用「戲」字）。〈秦淮河〉的仿古痕跡比較明顯。秦淮河區在六朝金粉的年代究竟如何風雅，如今固然無法盡知；但廿一世紀之交的南京秦淮河區，大體仍屬於重建中過渡階段的旅遊點：商鋪參差，光飾雜亂，遊客喧囂，衛生不彰，整體發

展未周，難尋皇朝時代的風雅姿態，遑論「仙裾」之氣（2018年的秦淮河區則有待親臨欣賞）。作者當年的書寫，或有幾分發思古之幽情的味道。若能將此幽情融合更真實的時代面貌，當可更有力地見證今日詩詞的藝術和文化價值。

至於作者描寫現代城市面貌之作，雖然仍以刻畫景物為主，但比較富有時代氣息：

〈過赤嵌樓〉

赤嵌城樓幾度過，鴻圖難復歲蹉跎。
江山自是無常主，藍綠紅黃換畫多。

〈耒陽塞車〉

長街百里接車龍，南北耒陽修路慵。
賴有小劉超技術，左穿右插自從容。

（《三薰》，頁 88、37）

此處寫台南赤嵌樓所見所感，從歷史變遷油然生出對台灣「藍綠」政權更迭不斷的感慨。至於記敘湖南耒陽塞車的瑣事，雖屬小題，卻有一份實在的即事感。兩首詩的語言都有混而未合的味道：「換畫」是香港粵語俚語，「小劉超技術」的通俗亦非必要，與前後的語氣不盡協調，當可有更佳選擇。古典詩固然可以適當納入俗語，此處二例則仍可琢磨。

事實上，類似或倍甚於〈耒陽塞車〉的俚俗風格，每見於作者的「政教得失」之作。這些作品評論時事時弊，帶有當代或本土色彩，常以組詩形式表達。此處只看兩組：

〈庚辰感事四首〉

　　惡形惡相乞人憎，血肉長城不可憑。

　　國際舞台開眼界，和平選舉選賢能。（其一）

　　武嚇文攻樣樣齊，幾枚飛彈小東西。

　　聖人自有懷柔術，民主民權樂品題。（其二）

〈美國選戰三首〉

　　子宮抽搐可生無，搶閘伸頭小布殊。

　　民主女神陰道窄，不如剖腹誕雙雛。（其一）

　　美人陣痛驚難產，天下為公致太平。

　　占得群龍無首吉，千禧世紀試啼聲。（其二）

（《三薰》，頁 47–48、70–71）

　　作者此類議論之作，一般較多選擇香港和台灣的題材，亦有
涉及國際時聞，內容帶有鮮明立場和時代屬性。運用俗語、
口語等，理念上或可加強生活感，實際藝術效果則看情況而
定，未必等同淺白親近；若能達至融合與平衡則佳，否則有
可能沖淡甚至沖走詩意。當代古典詩詞的另一個美學課題，
正是如何透過素雅提煉，將淺白語言升至更高層次的表意潛
能，以配合古典詩凝練而富餘韻的美學本質。〈庚辰感事〉
評述台灣政局的「惡形惡相乞人憎」和「幾枚飛彈小東西」，
還有其四的「何必等人轟下臺」（頁 47）、〈三二六大遊行二
首〉其一的「總統上街大怪胎，自行矮化不應該」（頁 151）、
〈香港近事寄幸福〉的「稻香還有一文雞」（頁 83）、〈回歸
雜詠六首〉其二的「風流折墮倚孤松」（頁 127）等，都是混
雜俗語和口語的句子，部分近乎流行文化式的打油俚語或街
巷謠辭，由通俗而漸近粗俗，在疏淺的表達中沒有足夠藝術
效果補償。至於〈美國選戰三首〉更令人咋舌；只看其一大
肆描寫女性生殖器官，譁眾而無法取寵，讓人既不解意象的

貼切或比喻的需要，更不見性器官的詩意何在。這並非道德
批評的守舊「道學」課題，而是藝術上不明所以。任何藝術的
後來者，都需要真正掌握「創新」、「時代」、「解放」等理念
的實踐含義。

當然，如此極端的韻文「大怪胎」非常罕見。作者另有比
較平穩典雅的「政教得失」之作：

〈採桑子・鍾庭耀指控特首民意調查受壓〉

春光漫逐年光逝，不似前時。
舊夢難追。幾點寒冰泛酒卮。
民心亦逐春心渺，無語斜暉。
杜漸防微。忍見覆巢傾鳥飛。

〈前調・香港大學校長鄭耀宗涉嫌干預學術自由〉

稜稜風骨思前輩，北大清華。
沾溉千家。睥睨王侯七寶車。
百年基業風兼雨，蟻蛭喧嘩。
樑棟傾斜。一夕寒流遍地花。

（《三薰》，頁 158）

這兩首詞的題材是一體兩面，涉及本地高等教育界的當代政
治角力，比較本位化。作者反而將此題材寫得文縐縐，典故
及成語俱用，修辭精美而意象迂迴，頗見雕飾斧鑿。

最後可以簡介一下黃坤堯的詩篇中「感事懷人」的一面。
此類篇什主要是個人抒懷或寄念摯親師友，數量少於「杯酒
相歡」、「出入周遊」及「政教得失」之作，卻較多流露生活經
歷中「甘苦備嘗」的感受，得聽個人聲音。試看以下例子：

〈中年〉

中年風雨劇銷魂，幾日惶惶射血冤。

琴斷已無知己賞，稿成惟待雅音存。

塞塗直道憐溫尉，奉旨填詞效柳屯。

為有哀歌聲未歇，更須精采戰黃昏。

（《三藳》，頁 25–26）

〈採桑子・贈內〉

廿年高照團欒月，碧海冰輪。

芳靄湘雲。酒暖茶濃一室春。

有緣牽手沙田住，湖海閒民。

好夢常新。帷幌燈深白首人。

（《三藳》，頁 159）

《三藳》五百多首詩詞，只有少數書寫自己，不足以全面反映作者的人生觀和生命實踐。〈中年〉似乎不僅是抒發一般懷才不遇、知音難覓的悲傷：「風雨銷魂」、「已無知己」、「哀聲未歇」等，固然表達生活上的挫折和煎熬；但有關「溫尉」（溫庭筠）和「柳屯」（柳永）際遇坎坷的典故，以至「惶惶血冤」的沉重語辭，卻直指向學術仕途上的打擊和冤屈感。按照文本線索及工作背景，這首詩或許折射出其職任中某種迫人的壓力，而大學環境對學者的最大壓力來源，無疑是鄺健行、何乃文分別提到的研究出版量化要求，其嚴酷之處甚至可以直接影響生計。從外在軌跡而言，作者畢竟於中文大學退休，其際遇大概總不會像何乃文那樣困難；這或許亦是為何後者的際遇之嘆，讀來更深刻實在的底層原因。無論如何，〈中年〉抒發了黃坤堯心內連串沉鬱和憤慨，到末尾則嘗試自解，說服自己「更須精采戰黃昏」。至於贈內之作，頗見情意濃郁，語言清美，筆觸細膩：「碧海」、「冰輪」、「湘雲」

皆覺描寫優雅；「酒暖茶濃」、「帷幌燈深」、「牽手沙田」寫家常生活則切近實在，於平淡中見真摯。另有〈浮生二首〉其二，更將妻子寫成古典美人的模型（頁 72）。[57]

　　詩作的音樂效果方面，此處仍會簡單點出某些押韻的實況，希望讀者能多透過例子反覆琢磨。〈贈張治焱〉的韻字「缸」、「江」、「腔」、「幢」、「窗」屬中古韻的上平三江韻，若用今天的粵語發音，「窗」的韻腹（主元音）/-œ-/ 與其餘四字的韻腹 /-ɔ-/ 並不相同；在普通話發音中，「江」、「腔」的韻腹 /-a-/ 受到韻頭介音 /-i-/ 的影響，與另外三個韻字的韻母（/-ang/、/-uang/）亦不完全相協。另一例子為〈中年〉，韻字「魂」、「冤」、「存」、「屯」、「昏」屬於上平十三元韻，然而在今天的粵音中，「魂」、「昏」（韻母 /-ɐn/）跟「冤」、「存」、「屯」（韻母 /-yn/）已不押韻；若轉用普通話語音，「冤」又與其餘四字不押（韻母分別為 /-uan/ 與 /-u[e]n/，即韻頭與韻腹皆不同）。〈採桑子〉亦帶出同樣課題：韻母的粵音為 /-œn/ 與 /-ɐn/ 之別，普通話音更產生 /-u[e]n/、/-ün/、/-in/、/-ɐn/ 的四方分別，在此不再贅述。如前所說，中古音的韻有部分不再押韻，是語音歷史變遷的必然，跟個人造詣無關，卻是當代詩詞早晚需要面對及解決的共同美學課題。如果平水韻被視為「折衷南北」的人工押韻系統，繼續共同承認，當代古典詩人仍需思考如何平衡平水韻、母語方言及共同「國語」（普通話）之間的語音差異，從而達至最接近理想的詩歌音樂美感，蓋押韻呼應前後，貫通全篇，可在詩篇內成就聲音的迴響與共鳴──雖然寫詩最終以意境為依歸，不能因聲害意。

57　亦可參看〈攜手〉及〈一笑〉；《三薰》，頁 8、26。

黃坤堯多年來推廣古典詩詞，參與雅集，擔任評判等工作，努力耕耘。縱觀其詩作，手法多樣，技巧老練，文字嫻熟，不作俚語之時風格較典雅，語言稍雕琢，但澀典不多。除了少數「感事懷人」的作品外，作者多傾向細緻的客觀刻畫。他在〈雅集．停雲社課〉云：「詩壇寂寞凋零甚，現代情懷困濁流。⋯⋯廿一換紀新姿彩，山河有路闖驊騮。」（《三藁》，頁41）按照此說，古典詩詞今日的「寂寞」不僅由於曲高和寡，也因為詩人往往「困濁流」。濁流固然是外在的生活環境和物質文明，然而對詩詞的未來發展更根本的因素，是作者自身行止、思維、表達的習性，有可能構成自我重複的無形藩籬。黃坤堯曾在《二藁》序言中標舉「詩詞繼作，意境維新」，強調當今詩詞應體現二十一世紀的「現代情懷」和「新姿彩」，闖出開闊的寫作道路。他本人也有不少書寫現代生活、流露時代氣息之作，尤其見於有關「政教得失」的篇什。作者的語言時而傾向俚俗粗糙，時而恪守典雅濃重，反映尚未調和的詩學理念和實踐，以致反覆張弛之間，仍有待真正達到平衡。當代古典詩人的共同挑戰，正是將現代課題、語言和意象，融合古典的美學傳統。

3.2.3　林翼勳

林翼勳，號揖梅齋，廣東澄海人。1977年畢業於中文大學，後獲珠海學院文學博士。曾任樹仁大學高級講師。[58]本世紀出版的詩集包括《揖梅齋詩稿》（下稱《揖梅》）、《揖梅齋詩稿二集》（下稱《二集》）、《揖梅齋詩稿三集》（下稱《三集》）和《松月集》。四集合計共約2300首詩，當中沒有

58　鄒穎文編：《經眼錄》，頁78–79。

詞作。首集作品按詩體編次，包括絕句、律詩和古體。[59]

　　根據其自述，作者「少好文學，長尤嗜詩。……廣涉有宋詩家，益體坡詩運思之妙，且無事不可入咏。雖然，又豈易達至其境哉！亦唯多賦吟以為操練耳」（《揖梅》自序，頁4）。他的詩作素材來自生活經驗，以寄贈親友學生及紀遊最多，也有不少記詠時事見聞，流露其現代氣息的生活情趣。可惜的是，他的韻句讀來往往拗逆，短於鏗鏘悅耳的暢順節奏感；這是探究其原因之前已感受到的聽覺現實。從出版數量看，作者無疑非常殷勤「賦吟」，卻不知何故，不大「操練」近體詩格律的基本要求。下面將按內容分類簡述。

　　先看林翼勳寄懷賦贈方面的詩作。此類篇什的對象包括妻兒、朋友、同事及學生等，內容多覺敦厚得體，語言亦見穩妥莊重。先看寫給妻子的幾首組詩：

　　　　〈旅次懷內四首〉

　　　　　遊天台石梁懷內（其一）

　　　溪水迂迴腸，山巒更互綿。

　　　勞思在遠道，孰為代遞箋。

　　　　　旅次對相片懷內（其二）

　　　含情相視笑，況是久違離。

　　　夜夜望滿月，月盈人損虧。

59　林翼勳亦曾印有數冊沒有公開發行的詩集：「往者嘗以《古都行》、《夏日蟬鳴初集》、《夏日蟬鳴續集》、《揖梅齋詩稿》為名，但由拙荊手釘綫裝冊子，分贈師友而已。」見《揖梅齋詩稿》（香港：中港語文教育學會，2007），自序，頁4。其後由本地駿程顧問有限公司分別出版《揖梅齋詩稿二集》、《揖梅齋詩稿三集》及《松月集》；《松月集》未及納入本節的評介。

晨五時許車入粵停站仰首見鉤月伴星欣喜之餘咏此（其三）

多情星月迎吾回，將見久違綠萼梅。

且待從頭說旅趣，歡然來盡暢酣杯。

禮物遺失感咏（其四）

待饋禮物失焉尋，況復囊中欲盡金。

量大夫人重顧我，世間始信有知音。

（《二集》，頁54–55）

這組詩抒發旅遊期間，對妻子的思念和一個小意外衍生出來
的感激：從身在天台山寫起，到旅途中睹物思人，歸程時期
待再聚，最後以回家驚覺遺失禮物後，感激妻子體諒作結。
四首詩的內容具連貫性而段落分明，情感暢達，從平常瑣事
中流露親厚之情。與此同時，這組詩亦令人生出幾點疑惑。
首先是「夜夜」望滿月：即使「滿月」連前後的「近滿月」日子
可以作三數天理解，「夜夜」的時間含義（長時間每夜）仍然
有誇張之嫌。其二中自注此句方指出「月圓人瘦」，但其三的
詩題即跳到「鉤月」，又提到夜車侵晨停站，則作者或許參加
了為期約兩周的特長浙江旅遊「巴士團」或「火車團」；兩度
強調「久違」，反而生出言過其實之疑。「勞思在遠道」直取
自〈古詩十九首〉其六「所思在遠道」句，只改添具強調性
質的「勞」字，連同對照片「含情」及「星月多情」，讀來有點
感情泛濫，若能更含蓄蘊藉，反而留有餘味。對於妻子此次
體諒而說「始」信有知音，是否代表前此未覺她是知音？有
了個別的誇張實證以及多處「為文造情」的疑惑，則連「人損
虧」的宣稱恐怕亦不免掛上問號。中年人並非不能有年少熱
戀「一日三秋」的情懷語調，但寫來切實則讀來切實，更能保
證作品的藝術感染力。設若此處有誇張成分，或許是由於作
者希望表達深情的熱切，動機不難理解。總之，抒情詩始終

應以踏實寫真為基本美學原則。韻律方面，四首詩內包括有三平調、拗字、失對、孤平、錯韻等合共近十處，包括三處一句犯兩項者；三平調有連用三個低平音者，更不悅耳。節奏感方面，有五言聯內中間連用七個仄聲；五言句全用仄聲；七言句內用六個平聲；七言句內連用五個平聲；五言對句連用四個無法救拗的仄聲等，並不悅耳，有時像散文多於詩。不消說，寫詩並非格律填充，若有內容需要，偶然偏離亦無傷大雅，更不能因音害意；可是格律和節奏弄得如此凌亂，實在比較罕見，亦令讀者疑惑。

轉看幾首寫給兒子、學生和教友的詩作：

〈賀沛緯兒大學畢業〉

沛靈鷹上騰，緯世待群英。
畢力攻難色，業精任縱橫。

〈寄綸兒詩〉

沛然正氣宜養全，綸釣引魚此心專。
無懼雪峰寒萬疊，雙鷹豐翮起高騫。

〈返港留別教會友兄〉

楓邦不覺兩年居，歲月悠閒豈沌虛。
敬老真能敬若父，得人願勉得如魚。
蒙恩團契足榮主，捨己楷模屢起予。
別後弟兄或相憶，但看心曲數行書。

(《揖梅》，頁 113、251)

〈贈別會計系諸生〉

樂育英才得盡心，芝蘭一室兒女親。
悵深中道忽離別，轉益多師日更新。

(《三集》，頁 61)

贈別學生的詩表達作者由師近父的盼望，勉勵他們「轉益多師」，努力成材。寫給兒子的詩則添上激勵與讚賞，提醒他們「宜養正氣」，「畢力攻難」，「縱橫緯世」，更以雄鷹飛越雪峰之喻作鼓勵。由於兩首詩分別嵌入「沛緯畢業」、「沛綸無雙」作為既定的主導脈絡，思維有點自我牽制：像名字的「綸」引出「釣魚」的靜態意象，卻突然轉到雄猛的飛鷹，兩者在沒有準備或過渡下構成不大協調的「混合隱喻」（mixed metaphor）。作者不時以《聖經》典故入詩，並自加詳注，如「鷹上騰」出自〈以賽亞書〉，「得人如魚」出自〈馬太福音〉等（《揖梅》，頁113、251）。有時甚至一律八句中句句用典，再加上自注，頗覺說教累贅（如〈奉賀青牧十六週年慶〉，《二集》，頁203）。一般性的辭語（如「悵深」、「離別」等）已意在言表；過分叮嚀反而覺得畫蛇添足。技術上，所引四首詩仍然屢見拗字、孤平、失對、錯韻等近十處，包括一句之內犯三項者。此處最明顯的基本錯誤，大概是共鳴尾音 /-m、-n、ŋ/ 的混淆：〈贈別會計系諸生〉中為 /-m、-n/，上引〈遊天台石梁懷內〉則為 /-ŋ、-n/。詩詞韻律本身包含彈性，但既然選擇以近體詩的格式書寫，則不應該作古體詩寫；並無特別作用的違拗處自應改正。格律並非聖典，設若全然不願遵從，大可以寫白話詩或淺近文言的白話詩。總之，勤寫格律詩而不尊重格律，構成自我矛盾，尤其因為格律雖屬人工建構，當中卻蘊含凝練而合乎語言特質、音韻邏輯的節奏元素，成就近體詩的獨特韻律美。

林翼勳的詩集中，常見紀遊中外名勝之作。他遊覽中國山水，固然化見聞感受為詩；即移居加拿大期間，亦紀詠了不少美加風土人情。《三集》的紀遊詩最多，多為組詩，[60]並

60　例如有〈終南山遊十七首〉、〈登華山十六首〉、〈峨眉山三首〉、〈美加遊途次

且按地理分類編次，例如「陝西、山西」、「四川」、「加國」、「世博」、「三峽」、「江浙」等。此處僅能簡單看一組〈廬山遊〉十一首的其中幾首：

　　　錦綉谷 (其一)

　　谷底異香驚僧夢，磴道引橋接御碑。

　　峭壁摩崖石刻滿，千秋唯誦廬山詩。

　　　御碑亭 (其五)

　　烟雨一亭松萬壑，仙人乘鹿此升天。

　　預言道中雄猜主，御製豐碑立嶺巔。

　　　天橋 (其六)

　　兩崖拱峙石凌空，傳說金龍曾作橋。

　　莫信英雄逐鹿事，蓬萊仙境堪逍遙。

　　　　　　　　　　　　　（《二集》，頁 210-213）

作者的山水紀遊詩大多擅長典麗細緻的描繪，〈廬山遊〉的寫法則不同：它匯聚了較多文化知識，在風光勾勒中加入較厚重的景物、文學、歷史和傳說典故。但假如這些已沒有現實意義，繁複的典故反而會限制個性和意境的開展，以致眼界和語言容易停留在過去。像其六及其五提到的「蓬萊」及「仙人乘鹿」，如今已難有藝術或文化共鳴。此類山水紀遊詩多着重描寫，抒情比較單一（大體為閒適寫意）。基本格律失誤仍多，不再贅述。

　　相比之下，林翼勳某些紀遊現代都市之作倒顯得內容實在、語言穩妥而想像描寫合理：

即事八首〉和〈雨中遊西湖四首〉等；分別見《三集》，頁 155-159、165-169、182、210-212、275。

〈乘日本子彈快車過隧道有詠〉

百丈鐵蛇山洞吞，陰寒晦暗不停奔。

洞穿光映群峰碧，疑是騰空駕綠雲。

（《揖梅》，頁62）

以「百丈鐵蛇」喻子彈火車，能帶出現代事物的氣派；敘述火車穿過山洞後的沿途風光，具體踏實。詩作寫景敘事多於深刻體會，但切近的現代氣息勝於泥古的山水詩。詩按今天粵音押韻（普通話音不全押），雖混合中古上平十三元及十二文韻，實際效果反無不妥。

　　林翼勳的創作靈感，絕大部分來自生活見聞和體驗，筆下有不少關心當代社會及世態時弊之作，包括香港、國家和世界各地事件。譬如說，由〈康泰團遊菲遭槍手挾持死八人〉到〈抗議強行推國教絕食有賦〉（《三集》，頁56-57、116-117）的時事，都可以成為敘事詩的題材，大致寫得具體實在而略覺累贅。此處可選看三首比較短的時事詩：

〈九一一當日目睹螢幕播映飛機撞毀紐約世貿中心南北塔〉

飛機箭射穿雙台，心駭地標瞬目摧。

灰雨菌雲神鬼泣，葬身萬計是英才。

〈咏《結石寶寶之家》召集人趙連海〉

奶毒嬰兒已足悲，討賠斥貪份當為。

科刑起烘鬧事犯，人世豈真無是非。

（《二集》，頁203、205）

〈咏八十後〉

初生犢有虎獅威，蕩決欲將巖巇摧。

遷拆菜園民毀宅，策營高鐵官耗財。

騰昇火箭嘆樓價，改革政經讖死胎。

仇富覷權已見兆，隆冬過應响春雷。

（《三集》，頁 94）

〈九一一〉刻畫紐約高樓被撞崩塌的瞬間；「灰雨菌雲」凝練寫出雙塔吐出菌帽般的煙霧，激散漫天如雨的灰塵。〈咏趙連海〉涉及受毒奶粉所害患上腎結石的兒童，直賦一個父親為爭取公義下獄的冤案，抨擊當時內地司法不彰，違反社會正義。〈咏八十後〉記詠 2009 年香港政府推行高速鐵路的香港段計劃，引起各界爭論一事。作者讚反高鐵的「八十後」青年為具有「虎獅威」的初生之犢，並慨嘆香港樓價高升，諷刺政府無力改革偏向地產財閥的發展政策，語言直接尖刻。格律如常粗疏不理或顧此失彼：嘗試對仗而勉力不周並扭曲平仄；除三平調、孤平和失對、失黏的拗字外，更在〈咏八十後〉弄出「四平調」（次句）及 3-4（首、末句）的突兀節奏。作者並非沒有詩意，可惜實踐上往往自亂格局。時事性詩歌另一點可留意的，是作品能否從本事開展出透視感應和普遍意義；例如〈咏趙連海〉末句「人世豈真無是非」，就能從特定事例帶出合情合理的普遍性疑問和呼喚。

　　流露現代氣息的詩歌，當然不限於諷刺時弊；詠懷生活點滴題材的篇什，同樣能散發濃厚的時代感，而且往往更生動有趣，親切可感，容易盪起共鳴。此處可看兩個例子：

〈學倉頡輸入法即事兩首〉（其一）

斬頭截腳任從之，魂魄歸時豈認知。

自此斯文餘韻歇，方框斜箭出新規。

〈飯燒焦即事〉

飯成焦炭亦欣然，和粥肉湯倍味鮮。

弟子饌來大嚼罷，沖茶試餅雙黃蓮。

（《揖梅》，頁 123、140）

倉頡打字輸入法將漢字拆解、編碼及重組，形容為「斬頭截腳」、「魂魄歸時」，細緻俏皮。燒飯成焦而化為粥湯大嚼，更屬平民情韻，顯示出日常的活潑觸覺，在樸素的語言中流露真實的閒情趣味。但第三句七字六仄聲，讀來卻像散文，加上次句孤平、末句三平腳等，整體仍有待提煉聲音美感。

此外，集中亦有部分作品屬於抒發「有懷無題之恍惚」的篇什，[61]例如下面的例子：

〈晨坐〉

地曠鳥聲碎，屋疏草木多。

煙炊裊復斷，嶺遠望欲無。

亭閣下閒步，樓牆上碧蘿。

解衣無拘束，嵐氣噓清和。

〈聞蟬〉

眼前落盡花，春去莫傷嗟。

高樹欣成蔭，蟬聲催果瓜。

（《二集》，頁 85、110）

此類抒發淡逸或閒愁的篇什，語言顯得比較素雅，描寫各種風景物象，流露出飄渺恬靜、怡然自得或微帶悵惘寂寥的詩意。〈晨坐〉勾勒郊野空曠、人煙稀疏的景象，帶出恬淡清和的環境；〈聞蟬〉則描繪高樹成蔭、蟬鳴果熟的春去夏來圖，

---

61 《二集》自序有言：「昔人為詩，每援詩騷之比興以抒幽微隱約之思，是集間有『香草美人』之寄託，或『有懷無題』之恍惚，容有堪咀味者存，讀者意會可也。」（頁 4）

饒有趣味，亦有言外意蘊。這類作品讀來比較輕盈，但仍困於格律失誤（試看〈晨坐〉三誤平仄，頸聯字對而意拗）。

縱觀林翼勳的詩歌題材，涵蓋日常瑣事、社會政治、環境保育等各種當代生活議題，庶幾可謂「事事留心」；這亦是不少當代香港古典詩人的寫作特色。就其抒懷的作品而言，雖間或有過分誇張及刻意之語，大體仍覺情感平實真摯。其中寄贈奉和（此處不論）及紀遊山水之作最多，結構和內容變化不大。反而在書寫生活趣事之際，往往能夠融入個性，流露恬淡清和的氣息。至於社會時事詩則敘寫細緻，語言平實，或表達社會良心立場，或反映本土政治色彩。有時語調過分熱切，會令諷刺和批判太激烈直露，削弱藝術韻味。

寫作語言方面，大致顯得平白雅練，但亦多挪用典故，包括《聖經》內容，藝術效果參差。作者常加入大量注釋，有時無關宏旨地引經據典或長篇大論（如某篇七言古詩有二十八頁長的注釋三十二個，見《揖梅》頁 314-341）。他真正要下苦功的，始終是韻律的掌握。詩詞是有特殊音樂美的非必需意趣；選擇格律詩而罔顧格律，是自我矛盾，自損所愛。如能將固有的篇什琢磨修繕，應該更有藝術傳承價值。

3.2.4　**陳志清**

陳志清，字鑒塘，廣東南海人。暨南大學方言學哲學博士，曾任教珠海學院及理工大學中國語言教學中心。[62] 有《鑒塘詩草》（下稱《鑒塘》），主要收錄 2000 前後至 2008 年詩，

62　鄒穎文編：《經眼錄》，頁 148-149；陳志清：《南音粵謳的詞律曲韻》（香港：香港文學報社，1999），書頁載作者小傳。

按年編次共 547 首，其中律詩佔三分之二，尤以七律幾乎佔全集一半；[63] 沒有詞作。

《鑒塘》的〈後記〉中，道出作者的寫作動力以及對寫詩的基本態度：

> 余為詩初以自娛，後亦自娛。蓋詩乃自家事，記生活之點滴。平時所思所感，或朝暉夕照，花開月闕；親情友愛，山招水喚，均足以搖盪情性者，恐剎那之間，感興盡失，遂發而為詩，亦自覺便捷。
>
> （《鑒塘》，頁 168）

可以留意，作者的首選格式為近體律詩，而律詩要求無法完全內化的對仗結構，並非特別「便捷」的體裁，有別於絕句講求靈感湊泊、自然靈動的美學；七律無疑又比五律更刻意。連最精於律詩的杜甫，也不免「新詩改罷自長吟」；「為人性癖耽佳句」（〈解悶十二首〉其七、〈江上值水如海勢聊短述〉），可以理解為律詩相對緩慢成形的寫照。陳志清的寫作既然偏向律詩，創作脾氣上應該指向注重文字推敲的習慣；此處先看文本，再下結論。

就創作動力而言，陳志清從事「自娛」的「自家事」，故作品以日常生活感應為主，書寫吟詠的題材包括紀遊詠物、親情友愛、感時傷世等範圍。當中以紀遊與詠物詩最多，前者常用組詩形式，配合名勝見聞逐一描繪，從本國到外國都有。內容以寫景為主，記述古跡的語言頗有古風味道，能細緻刻畫出眼前的地貌及情境特色。試看下面例子：

63　按詩體分類，計有五絕 9 首、七絕 141 首、五律 111 首、七律 254 首、其他各體 32 首，共 547 首作品。見陳志清：《鑒塘詩草》（香港：藏用樓，2009）。

〈聖地雅哥海灘〉

花旗頂上渺蒼天，西浪沙淘東向連。

眼底烏藍棕色目，映來鷗舞海無邊。

〈湘南遊十八首〉其九〈九嶷山舜帝陵二〉（十二文）

化成天下啓人文，知有柔情哭聖君。

白骨莽然埋裔土，青山迄自繞卿雲。

即來仰教九韶樂，未及拜行三沐薰。

深感蒼梧斑竹憾，洞庭曾往祭湘裙。

〈鄂中行十一首〉其五〈訪桃花洞〉

洗筆池邊問阿郎，笑而不語示來方。

掀階蘿蔓蟲先躍，掛樹仙桃鳥未嚐。

堪摘盈囊聊果腹，閒歸盡興況傾腸。

人間天地何寥廓，銀杏山頭仰昊蒼。

（《鑒塘》，頁 24、101、139）

前者頗能勾勒出異地景物的宏觀形態，縱使岸邊觀海有別於
身處大洋中的視野，未必談得上很深刻的「無邊」感受。回到
「眼底烏藍棕色目」，由己目而及人目，帶出花旗的多種族社
會，再「映來鷗舞海無邊」，配上紅白藍旗，有一種五彩繽紛
的鮮明感和生命氣息。第二首則是典型的學人詩：「卿雲」、
「九韶」、「蒼梧」、「斑竹」、「湘裙」等抒發懷古思情，卻皆
為源自古籍的傳說典故，如今已很難感發有機而普遍的藝術
共鳴。作為高尚無私、修己安人的傳說聖王，堯舜固然可以
發揮當代的象徵意義，卻無待眾多迂迴邊際的典故。〈訪桃
花洞〉雖然亦用「仙桃」妝點兩分古意，但全篇直接描述，顯
得比較實在而切近。作者經常遊歷中國山水，[64] 聚焦書寫佳

---

64 作者經常往還深圳，旅遊亦多往中國內地，見於〈濟南仲夏夜遊泉城廣場〉、〈悵
遊千佛山〉、〈武夷山遊十八首〉、〈藥洲行二十七韻〉、〈江南遊十八首〉、

景古跡（尤其是用律詩）時，風格多偏向凝重古雅。

　　詠物方面，作品一貫發揮其捕捉物象形態、刻畫細緻生動的特色。例如以下例子：

〈水仙〉

銀臺出水綠中芽，歲晚年年候發華。

悵鎖深軒愁霧冷，願隨幽夢逐雲斜。

休譏玉質偏如蒜，只是春陽未到家。

待等飛仙披縞素，一泓清淺舞琵琶。

〈蜆兩首〉

肉質賽蝤蠐，韜身涸海泥。

豈圖爭勝鷸，亦作釜中虀。（其一）

辨蹤良有方，偶吐識潛藏。

沽價雖微薄，席珍堪佐觴。（其二）

（《鑒塘》，頁 54、26–27）

　　〈水仙〉描繪歲晚尚待開花的水仙形態，以「玉質」、「飛仙」、「縞素」等形容它的姿色，以「鎖深軒」、「隨幽夢」等想像其心思，將此花比作清新脫俗的麗人，用詞典雅暢順。詠蜆兩首則精練刻畫出此物的形態；不過將其肉質比作天牛的幼蟲，除了令人想起《詩·衛風·碩人》的典故外，是否透過親身體驗得知？這是詠物作比喻時需要留意的地方。兩首詩隱然開展出某種感悟，雖無明白顯示，亦非系統之思，但具有啟發性，比詠水仙之作增添意蘊上的深度。

〈陝豫行十二首〉、〈過鵬城三首〉、〈遊五台山四首〉等。此外亦有遊覽美、加之作，包括〈題黃石公園熱噴泉中禿松〉、〈黃石鬼樹林〉、〈飛溫城〉、〈丙戌遊溫哥華雜感〉等。分別見《鑒塘》，頁 37、47–50、66、99–103、104–106、143–144、154–155；頁 24–25、65。

　　相對其紀遊與詠物之作偏向描寫，內涵往往較本位化，陳志清的吟詠性情之作雖只記敘生活中的平常點滴，卻能多幾分性情流露，不乏溫馨幽默之處。且看以下例子：

〈疊和陳慶輝春日雜詠十首〉（其二）

竹肉和調滿室香，廉腔充實勝膏粱。
豐年無改平常樣，春服微舒入市場。

〈追憶〉

猶憶當年夜復關，人如蛇繞數重彎。
交樓月瀉聊追望，九鐵龍蟠特載還。
契闊多時添白髮，征塵一夜損朱顏。
難堪旋返寒霜凜，強出寮房又上班。

〈周末早課上班途中〉

公車坐上層，道狹宛如繩。
周末兒休假，清晨景是朋。
雲天灰朗滅，山氣白寒增。
釋駕舒心目，高窗寄意憑。

〈失禮〉

音從背聽幾難辨，言暢經論覺可親。
藍目果然非漢裔，朱熹皇矣益功臣。
近庠疑是中山子，詢籍方知德國人。
同輩俱為黃帝後，真成失禮問嘉賓。

（《鑒塘》，頁 16–17、110、163、84）[65]

　　詩人以暢達寫實的筆調，將生活留下的印象、感受和懷

65　〈失禮〉自注：「二十日於廣州中山大學西門學而優書店見一德國青年，與同伴侃侃談論詩經朱熹集傳，同伴竟恭聆如弟子，古人曰禮失而求諸野，豈若是哉。」

思娓娓道來，真摯細膩。例如與家人春節團年，吃的只是普通餃子，生活與平常無異，然而從「竹肉和調滿室香，廉腔充實勝膏粱」等踏實的句子，已能感受到平凡樸素的家庭幸福。隨心而運之作往往最清新自然，例如回憶昔日的甘苦點滴，深夜排隊過關、乘坐九廣鐵路回家、從鴨寮街上班（見自注）等，反映舊日香港基層的生活。字裏行間蓄蘊着對過去的感慨和懷念，情感複雜而深刻，富有時代共鳴。後面兩首詩亦具有生活氣息。作者雖然周末要上早課，但「景是朋」而「舒心目」，讓他安坐公車中欣賞窗外的氣象和景色，心情自在舒適。〈失禮〉記敘德國青年談經論典、中國學生反不如外國人的「失禮」趣事，既感「胡人」鑽研國學的熱誠與刻苦，亦慨嘆現今中國學生的國學水平下降，帶出嚴肅的省思。

除了抒發生活靈感及個人情懷，陳志清也有不少關心香港社會的詩歌，另有若干記述中國和國際之作。且看下例：

〈單親婦不領公援街頭賣藝演奏梁祝被逐有感〉

海濱誰奏小提琴，少婦臨颸調徵音。
飛舞落花雙彩蝶，鼓揚流水一青禽。
嗟來丹鳳捐公粟，哺育黃毛費善心。
塞納風光難得見，江河水合這邊吟。

〈丁亥七一回歸日寄望江〉

可攜湘女慶回歸，每歲重臨蜑雨霏。
一自虎門更赤縣，始今蛇口貫青衣。
香城幾度風雷變，獅嶺尋常日月暉。
又是煙花江上舞，他年觀看莫相違。

〈風暴〉

> 一夕鯨鯢化鶴蟲，甕深水淺困英雄。
> 金融海嘯兇如虎，銀主樓盤慘過熊。
> 坐苦愁城昆仲債，吹寒槐夢齒唇風。
> 東江難匯西江水，澤竭魚荒問白宮。

〈即事〉

> 滄溟新雨瑞雲蒸，漢月穿林怵惡鷹。
> 義寡休論秦巨帝，樓高應引足先登。
> 孟婆去女貪泉飲，趙盾迷陽董筆懲。
> 欲隱東山私物阜，扁舟能載水難憑。

（《鑒塘》，頁 34、95、163、161-162）[66]

若要撮要這幾首詩的整體藝術效果，可能會想起「參差」：作品之間的參差，一首中句子之間的參差。例如〈單親婦〉記敘街頭賣藝者被逐代感不平，立意甚佳，但「飛舞落花」二句（包括「彩蝶」、「青禽」的精美對偶及可能隱藏的典故）雖可視作形容所演奏的情境，感覺畢竟是為文多於情，跟第五、第八句一樣，描繪不免有些籠統泛寫的迂迴隔閡感。何況街頭賣藝多半是落魄淒涼之事，以「風光」言之亦未必切合氣氛。作者批評香港政府對待街頭表演不如外國寬容，不無道理，雖然兩地的人口密度與環境條件皆不盡相同。全詩主題明確，立意與效果、理念與實踐之間的貫徹度與一致性，可以進一步斟酌。

至於其餘三首，均可看見大量的文字精思巧構，例如「虎門—赤縣」與「蛇口—青衣」的雙管地名對，「金融海嘯」

〈即事〉自注：「時海協會長陳雲林訪台，台前總統陳水扁正牽涉貪污鞫案。海協會副會長張銘清日前被台南綠色群眾推倒在地。」

與「銀主樓盤」的術語對，以及將陳水扁的名字嵌入〈即事〉中（「陳」化為「東山」及「阜」）。作者的時事之作一般比較本位化：例如〈風暴〉提到「白宮」，卻沒有盪開更深廣的內涵，譬如透過古體詩或組詩點出花旗的管治、金融及民生方式。因此，某些篇什（尤其是建築性質較明顯的律詩）有時會給人較刻意而費力的感覺，在文字的打造（尤其是對仗）中留下「部分」與「整體」不完全融合的痕跡：例如〈即事〉中一堆絕非必要而造成隔閡的學人典故，如何在運筆和閱讀上得稱「便捷」？轉看〈風暴〉，寫法以跟水有關的意象為本（尤以「江」、「水」均重複），按此則「虎」字若改為「鱷」，既更切合「海嘯」的大環境比喻，亦更切合金融術語中的兇猛形象比喻，即以「大鱷」專指運用鉅款從事炒賣、狙擊行動的霸道式專業金融投機者。另外，此詩亦混合典雅辭句與通俗口語（「慘過熊」），藝術效果並不一致。當然，對文字工作者個人而言，文字的組合本身或許已是滿足的「自娛」，不必要求每首詩的內容都能與讀者分享。但若就古典詩歌的神髓、其生命力的開展及美學傳承的精要而言，寫作始終仍然是以內涵、情意、氣度等為主，以適當的文辭為載體。

可以順帶一提的是，作者有時會以外語譯詞入詩。假如所譯之詞是用歸化意譯法，通常比較容易與詩歌自身的語言融合；若然採用音譯，藝術效果一般會比較疏離，既缺少足夠的聯想空間，並需加注說明，且很難完全避免「水混油」的感覺。可看下面例子：

〈咖啡〉

七澤天霓缺汝顏，煮黃噴鼻暖人間。

杯深浮影花梨色，窗滿落霞秋葉山。

麻草連雲搖幻象，鴛鴦濃味醒冥頑。

含情對坐凝相呷，卡柏仙奴非等閒。

〈燭影搖紅〉

良宴芳辰行樂時，衣香儷影會瑤池。

杏腮微染維司克，燕袂輕翻華爾茲。

彩幻燈搖迷醉眼，歌輕鶯囀曳腰辭。

此情雖好難長久，曲散音容兩不知。

（《鑒塘》，頁 10、28-29）

〈咖啡〉從原材料的顏色入題，寫到情侶約會的對飲情境亦無妨，特別是「鴛鴦」既是港式飲料之一，又可以用作形容情侶。「麻草搖幻」令人聯想到吸食大麻的迷幻反應，其用意應在對比咖啡之能夠「醒冥頑」。至於尾聯忽然以「卡柏仙奴非等閒」收結，似乎看不見有機的藝術效果，「仙」的音譯也欠準確。〈燭影搖紅〉中的「維司克」，自注謂「洋酒名」，未知是否指"Whisky"（威士忌）。無論如何，未被「歸化」的音譯名不免顯得疏離，用於語言較純粹的古典詩尤甚；此處還不如意大利泡沫咖啡"Cappuccino"的音譯普及，而且有別於慣用的中文譯詞，頗覺僵硬。譯詞之選或因平仄所需，只能說跟「華爾茲」構成工整的對仗結構。總之，以翻譯詞入古典詩，原則上或可以協助描寫現代社會的新事物，但必須精確恰當，否則容易造成硬砌生字的效果，反而窒礙詩意。

整體而言，陳志清的詩篇擅長細膩描寫，語言風格兼具古今元素。他的作品側重敘述和描繪，反而抒情的主體性不太鮮明；律詩每見文字雕飾（七律尤甚），有時堆積典故，閱讀起來妨礙「便捷」。至於作者的酬唱贈友篇什，內容的靈活變化不大，此處只能從略。他教學上庠多年，甚少書寫教學感想以及寄贈學棣，或可視為其寫作紀錄的「明顯缺席」。

作為當代的古典詩人，陳志清沒有特別標舉要用古典詩體書寫當代題材；他只是透過詩詞抒發個人體驗的當代詩情，聊以「自娛」。他有精雕細刻的文字功力，但撇開詞藻繁華，始終以其平易淺白、細訴生活的閒情之作，更能表達真摯的情感，流露出簡樸的趣味。

3.2.5　何祥榮

何祥榮，生於香港，畢業於樹仁學院，獲北京大學文學博士，現任樹仁大學中文系教授。有詩詞集《逐雲軒詩詞鈔》、《懷蓀室詩詞集》（《懷蓀》）及《逐雲軒詩詞二集》（《逐雲》）。[67]《懷蓀》收錄 1987 至 2003 年 226 首詩及 22 首詞；《逐雲》則收錄 2003 至 2004 年 155 首詩及 9 首詞，按年編次，當中有 65 首詩及 3 首詞與《懷蓀》重疊。兩集合計共316 首詩及 28 首詞，逾半為七律，詞則多見長調，以紀遊、感事及懷人寄友的題材為主。

何祥榮的詩作以紀遊篇什最多，除了香港景物外，亦有不少描寫澳門及北京的地標景觀，相信與他曾到當地求學有關。詠寫香港景物方面，除了一般名勝如〈望夫石〉、〈海洋公園〉、〈蘭桂坊〉、〈珍寶海鮮舫〉、〈荷里活道〉、〈赤鱲角國際機場〉等以外，[68]亦書寫一些社區面貌和自然風光，帶出有別於國際都會形象的本地味道。試看下面例子：

67　鄒穎文編：《經眼錄》，頁 62–63。按：《逐雲軒詩詞鈔》（晉州：天馬圖書，2002）遍尋不獲，故此節的評介只能根據《懷蓀室詩詞集》（香港：匯智出版，2003）及《逐雲軒詩詞二集》（北京：中國廣播電視出版社，2004）進行。

68　《懷蓀》，頁 20、79、101；《逐雲》，頁 10、46、48。

〈重過動植物公園〉

再陟香園路，行行舊夢隨。

故山添甲第，春鳥戀寒枝。

徑印兒時跡，霜侵父鬢絲。

往來花代謝，細雨望雲思。

（《懷蓀》，頁23）

〈登狗嶺涌觀景亭〉

拾級登亭茂木靈，幾回滄海記曾經。

萬山群島嵐中隱，大小鴉洲雲外青。

清氣蒼茫連石鼓，幽情無限寄伶仃。

逍遙醉立蓬萊地，世外潮音不盡聽。

（《逐雲》，頁86）

以上描寫的並非世界知名勝景，而是具有本土意趣的地方。詩人漫步於市區和郊野林岸，步入繁華邊緣的寧靜一角或繁華以外的自然風光，尋幽訪勝。他的寫作手法工穩而踏實：從東邊的西貢到西邊的石壁，不同的海陸地名都納入筆下，並往往連繫於對仗之中。作者描寫景物生動細緻，遣辭嚴謹，偶然未盡去斧鑿痕跡（如「蒼茫」對「無限」，「兒時跡」的 2–1 對「父鬢絲」的 1–2 結構），整體卻沒有呆滯之弊。第一首由重遊舊地而觸景生情，憶起往昔父子天倫。末句「細雨望雲思」，情感真摯含蓄，留下裊裊懷思。相對之下，〈登狗嶺涌〉中宣示「幽情無限」、「逍遙醉立」，尤其是添上「蓬萊地」之稱，稍覺費力顯露。

作者的紀遊詩通常予人遠離塵囂、恬淡閒適的感覺，又往往流露出懷古憶昔的滄桑感與沉鬱感。他喜歡探索香港的歷史軌跡，不時遊覽古跡和參觀博物館，透過詩歌刻畫本土

不同的歷史、地理及文化面貌，為歲月留聲，發思古之幽
情。且看下面的例子：

〈海防博物館〉

獨立蒼茫弔水師，高瞻遠海緬懷時。
魚雷凜烈排倭寇，草壘崢嶸攘狄夷。
鯉峽恍聆轟火炮，箕灣猶見斷魂旗。
可憐六百年間事，碉堡蕭蕭照曙曦。

（《懷蓀》，頁99-100）

〈宋皇臺懷古〉

剩水殘山感舊深，龍城海澨故宮尋。
荒臺亙古留王氣，翠柏如今結綠林。
杜宇聲啼先帝恨，蒲葵枝記老臣心。
可憐宋室蒙塵事，空待騷人醉夢吟。

（《逐雲》，頁21）

跟他的紀遊詩一樣，作者的詠史懷古詩亦展現踏實工整的風
格。「魚雷凜烈」、「草壘崢嶸」的炮台舊貌，讓人覺得確切
實在；「荒臺帝恨」、「翠柏臣心」的「宋室蒙塵」，反映傳統
儒士的歷史情懷。然而就宋皇當時狼狽落難的歷史情況，以
及二十一世紀市區一隅的地理位置而言，遺址是否真的能
「亙古留王氣」，而皇權朝代的「王氣」又究竟價值為何？這
些都是今天詠史懷古時，需要越過古人的地方。此外，何祥
榮研究駢賦，創作亦偏好言辭工整、對仗勻稱的律體，而對
仗總是較刻意及人工的文字建構，很多時未必完全配合內容
和節奏的表達。例如「鯉峽」與「箕灣」的名字，需要乖巧的
共同裁剪以符合平仄及對仗；對仗是本於漢語性質的藝術特
色，美學潛能無疑多於短處，卻並非盡善盡美的建構。

何祥榮尚有很多關於本地歷史的詩作，如〈香港文化博物館〉、〈上水廖萬石堂〉、〈烏蛟騰抗日烈士紀念碑〉、〈北潭涌上窰民俗文物館〉、〈曾大屋〉、〈香港懲教博物館〉等，[69] 反映持續的歷史書寫構思及多角度的努力。且看元朗〈屏山文物徑五首〉其中兩首：

〈聚星樓〉(其一)

光射斗垣風水生，星樓擋煞佑功名。
青磚依舊臨河立，六百年間幾落英。

〈鄧氏宗祠〉(其三)

屋角鰲魚出石灣，麒麟飛舞佑屏山。
砂岩甬道思尊貴，畫棟雕梁照玉顏。

(《逐雲》，頁 76-77)

作者細緻地描繪香港的歷史與遺跡，並結合詩序和自注 (此略)，讓讀者多少了解本地鄉間的往昔和發展。此類詠史懷古之作大多比較客觀，部分抒發滄海桑田、歲月無情的唏噓感慨，整體效果是真實勝於情韻。這自然涉及詠史懷古詩中主觀與客觀如何配合、互動的美學課題，源於詩人的性情、才志、胸襟、氣度等等，留待第五章進一步探討。

至於有關香港以外的紀遊詩，主要以內地與澳門為題材，大部分收錄於《懷蓁》內。它們一般以組詩形式書寫，如〈江南紀遊十一首〉、〈回鄉雜詩六首〉和〈桂林遊草十首〉等。[70] 作者曾到澳門及北京求學，因此對這兩處的描寫比較多，例如〈天安門城樓〉、〈紫禁城〉、〈景山公園〉、

69　分別見《懷蓁》，頁 61、97、98、119、124；《逐雲》，頁 108。
70　《懷蓁》，頁 15–18、27–29、55–58。

〈北大未明湖〉、〈頤和園〉、〈澳門東亞大學遠眺〉、〈澳門冬感二首〉、〈澳門紀遊十首〉等。[71]他擅長直賦白描，紀遊之作側重寫景，刻畫具體細膩，用語古雅精緻，有些近乎「賦體物」的寫法，情感幅度較小，主體性格不算特別鮮明。當然，「鮮明」的審美衡量非止一端。譬如說，何祥榮有不少詩作貼近國際時事與社會災變，表達知識分子的入世關懷，並流露出人間顧念，具有鮮明的時代氣息。例如〈感事〉：

> 累代相仇未斷絲，隼鷹螭虎欲何之。
> 艨艟橫海兵戈合，鐵翼盤空炮仗夷。
> 濟世何堪烽火劫，長籌無救稻粱危。
> 中秋過後驚烏起，煙靖潮平待幾時。
>
> （《懷蓁》，頁60）

這是一首感嘆戰爭的詩，抒發憂懷戰事、渴望清平的情感，描寫略帶一種理性的典麗和迂迴（如「隼鷹螭虎」之喻），但亦盪起某程度的共鳴感。修辭上，在典雅中以「艨艟」（古代戰船）指當代戰艦炮船，又以「鐵翼」形容戰機，可以看見嘗試連接今古的文字巧思。

作者針對個別時事所抒寫的感事詩，時代氣息往往顯得更鮮明和濃厚，如以下例子：

> 〈美國九一一事件〉
> 煙滅灰飛浩劫空，摩霄廣廈瞬途窮。
> 銅牆委地千鈞墜，烈焰干雲四野濛。
> 人世幾回逢厄閏，天涯何處沐春風。

71　《懷蓁》，頁 36、37、38、40、31、32、82–86。

哀鴻嗷嗷如相問，塵路從來蝶夢中。

（《懷蓀》，頁 59）

〈九一一〉上半的描述，可見證何祥榮的寫作長處：「銅牆委地」、「烈焰干雲」等，將恐怖襲擊的震撼場面展現出來。次聯的敘寫尤其具體實在，勝於後三句泛泛的邊際之思（特別是尾聯的設問）。此外還有更費心力的製作，例如一組〈非典型肺炎紀事十六首〉：

（三月廿九日）（其二）

幪面輕紗障疾風，疫潮泛濫氣如虹。
黌宮休學嗟來晚，邪毒早潛嬉鬧中。
瘴癘橫流誰可挽，閨闈淒寂夢成空。
迷城告急驚烏起，百業蕭條恨未窮。

（四月九日）（其七）

溟濛煙雨濕鵑聲，抗疫銷炎夢未成。
醫護堪憐兼短缺，旌旗紛倒怨長征。
牛頭角裏風雲湧，戚爾斯前草木驚。
彌月春陰凝不散，羲和何苦杳天清。[72]

（《逐雲》，頁 25、27）

　　跟〈九一一〉相類，〈非典型肺炎〉同樣敘寫本世紀的災難事故。整體來說，由修飾的語言到細緻的描述，都看得出詩人致力於有關時事的創作。此組詩的形式按時序書寫，卻並非採用性靈點睛、不必畫龍的絕句體，反而採用講求雕

72　跟其七的「羲和」一樣，其八及其九末句均用上古神話人物作典故，分別是「傷情尚待女媧來」及「精衛同來恨海填」；見《逐雲》，頁 28。全組詩亦見於《懷蓀》，頁 108–115。

琢的律詩，兩個月內鋪敘了十六首近似半週記式的「功課」，無疑是刻意奮力的「詩史」之作。正因如此，個別地方反而呈現旁觀紀事者勉強湊合的痕跡。譬如說，其二的「氣如虹」和「幪面輕紗」把「疫潮泛濫」以及全民配戴口罩的境況浪漫化；「礜宮」一聯的對仗略欠工整；「闤闠」（街市）「夢成空」的配搭亦不大貼切。至於其七的「旌旗倒」、「風雲湧」、「草木驚」及「羲和」的典故，亦有堆文「造詩」的味道。這正如另一首〈亞洲禽流感〉（《逐雲》，頁 79），將被殺的雞稱作鳳凰，在凝重之中不忘雕琢。[73] 整體而言，這組詩的藝術效果參差，反映隨心抒意與刻意營造、靈感湊泊與理性建構的分別，也帶出人工與自然的美學課題。藝術是人為之事，但才盾的玄妙卻如陶淵明的外祖父孟嘉所說：在於「漸近自然」。

　　除了紀述時事要聞外，何祥榮也有若干詠懷人物之作，頗具時代特色。如以下例子：

〈李小龍逝世三十周年感賦〉

一代英魂武藝痴，卅年猶記凜雄姿。

掛挪叱咤風雲變，飛踢連環山岳移。

雙節棍飄鋤盜跖，截拳道猛折蠻夷。

洋洋國術驚寰宇，有法無為百世思。

（《逐雲》，頁 51）

〈輓羅文〉

風雨同途曲韻紛，英年鶴駕寄秋墳。

紅塵路斷憑誰問，藝海星沉不忍聞。

絕唱驚天悟生死，浮生過客嘆悲欣。

73　見頸聯：「水鶩逢殃刀刃白，鳳凰歷劫血光紅。」

> 香江名句傳千古，裊裊餘音遏暮雲。
>
> （《懷蓀》，頁87）

這兩首七律分別概括武打明星李小龍及歌星羅文的成就，描述細緻，並將有關人物的關鍵字眼融入詩句，如前者的「雙節棍」和「截拳道」，後者的名曲〈獅子山下〉末句歌詞用語。能夠把握描述對象的某些生平特點，無疑反映「體物」的功夫。然而他們畢竟是商業渲染及流行文化的本位人物，文化價值上無法升上永垂不朽的層次；即使是李小龍，其武術修為固然足以折服很多人，但大眾對他的印象，始終是透過誇大其能的電影所得。因此，詩中把雙節棍的陽剛快速形容為太極般的「飄」柔，固然不符合事實；將娛樂明星的武藝說成令「風雲變」、「山岳移」，將流行歌星的歌藝形容為「絕唱驚天……傳千古」，甚至猶如「悟生死」的智慧哲者，[74]形成不必要的言過其實，屬於西方修辭學中所謂"verbal bombast"。頌讚的說服力在於分寸合度而非頌讚狂熱度，即仍是回到真實的美學原則。

何祥榮雖教學上庠多年，但反映師生情懷的作品不顯。且錄一首餞別畢業生的詞作：

〈永遇樂‧尖沙咀翠園酒家風雨夜餞別九七級畢業生〉

海澨離筵，狂飇淒雨，今夕何夕。

兀傲鐘樓，華燈熠耀，怨彼關山笛。

嘉餚旨酒，傾葵舊侶，細訴別情無極。

暗銷凝，思量風韻，一時豪傑誰識。

74　另可參看〈輓梅艷芳〉，同樣將其歌藝誇張為「回天地……留絕響」；《逐雲》，頁71。

> 名園俊賞，因緣和合，荏苒韶光歷歷。
>
> 錦繡駢花，蔥蘢詩葉，重把前塵見。
>
> 雁魚青鳥，音書欲寄，悵望年年消息。
>
> 空相對，歡聲笑語，幾時再得。

（《懷蓀》，頁54）

這仍然是以賦入詞的華麗風格；用文本來說，依然是「華燈熠耀」、「錦繡駢花，蔥蘢詩葉」多於「別情無極」。很多新世紀的傳統詩人，仍有待擺脫語言雕琢先於抒情言志的舊習。

　　整體來說，何祥榮的詩風半實檏重、嚴謹工整、精雕細琢。作者是研究駢賦的學者，詩作以七律為主，屬於情性之內的選擇。他喜歡在文字上用力，但較少採用典故，反而更倚賴自身的描述功夫，雖見雕飾，卻少艱澀，語言典雅精練。作為當代古典詩人，他似乎有甘願擔當「詩史」之志，積極採納當代社會題材書寫，作品別具一格。這對新世紀的詩詞發展而言，無疑是適當的實踐。至於詩歌的情感方面，他在〈自序〉指出，創作以「真情實意」為要：

> 　　余之為詩也，首重其情真而事實。必也情非動於中而不發，事不經於己而莫吟。……率皆情有觸於當時，意盡興於世事。……嘆人生，紀時事。感於物，發乎情。

（《懷蓀》，頁13）

作為最凝練的抒情文學，古典詩歌若無「真情實意」，自不可能感動他人。何祥榮的觀點，仍然是自古一脈相承的「言志抒情」觀念。藝術實踐上，詩人的運思與運筆始終受到其自然才性和既定目標導引，而從其篇什可見，何祥榮的才性比

較理性，創作目標則為寫真記實，容易形成一種觀察描述長於抒情寫意的格局。無論是寫景、紀事或懷人之作，他都傾向鋪敘描寫；其個人生活或感情抒寫之作並不多，即使是記敘師生之間的互動，亦是以細緻描述為主，彷彿總隔着一段距離書寫。這或許是駢賦專家的另一面藝術脾氣。

　　王國維（1877-1927）曾經說過：「詩人對宇宙人生，須入乎其內，又須出乎其外。」（《人間詞話》第60條）不消說，世上從來不存在完全或完美的藝術家，而詩人的才情和實踐，總有某種主導性取向，無法一切完備。因此，提出評論性的觀察，根本意義不在於批評個人，而在於提出一些詩學原則以供參詳思考；如此亦近乎透過「勉勵賢者」去啟示未來的詩人。清楚理解本末終始，詩藝就能反本還源到生命的共同本源和理想：圓融靈活的太極之道。

第三節

學者詩人之三：鄺龑子

　　鄺龑子（1958-　），生於澳門，長於香港。香港大學及牛津大學研究院英文及比較文學專業；耶魯大學中國古典文學哲學博士。曾在美國執教大學，現職嶺南大學中文系教授，又任翻譯系教授多年；曾獲「大學教育資助委員會優異教學獎」。他是學貫中西的學者詩人、散文家及翻譯家，[75]有詩詞集《水雲詩草》、《春花集》、《秋月集》、《默絃詩草》、《夏木集》、《婉雯詩草》、《曉嵐詩草》、《冬青集》、《九思林》、《小千界》、《伯仲之間》、《十二霞峰》、《一日三秋》、《七雙河》、《淡影乾坤》、《莫愁湖畔》、《清風嶺》、《瀟湘月》、《東山零雨》、《翠韻芊芊》、《滄海浪迹》、《千里晨芳》、《雲溪蝶舞》及《白鶴清江》等 2400 首作品。當中約九成為近體及古體詩，其餘為詞作；詩體包括五言、七言、雜言、四言、六言及長短句。另著有散文集《烟雨閒燈》、《隔岸留痕》、《師生之間》等。亦寫英文散文。

　　縱觀當代香港（以至大中華領域）的古典詩詞，會發現鄺龑子是個無法歸類的人物。回顧歷代文學的發展歷程，偶爾會出現個別獨立於時代的例外型作者，例如莊子、司馬遷、陶淵明、李白、杜牧、蘇軾等。他們當然也受到時代啟發和環境影響，然而在其寫作生命中，卻開展出獨特的精神氣象

75　見鄺龑子：《白鶴清江》（香港：匯智出版，2016），書頁內作者簡介；其詩詞出版始自 2000 年。按：此集及《雲溪蝶舞》（2016）均不在討論範圍；另詩人亦寫英文散文，惟尚未結集出版。

和鮮明的個人風格，最終成為大家，同時讓人很難仿效。鄺
龑子跟古代的獨特詩人和文士不同的是，他們身處於歷史變
化中相對穩定和統一的華夏文化環境裏，鄺龑子則放眼世
界，又曾寄身海外多年，其求學、歷練和感悟的範圍從「五
湖四海」擴展到「三洋五洲」。以中國文化為根本的宇宙襟
懷，徜徉於比古代時空更深厚宏富的靈感泉源，也讓他成為
當世古典詩詞界出版最豐盛的詩人之一。考慮到作品特質和
數量的雙重因素，此處獨立分節討論鄺龑子的詩詞，應對詩
詞的未來發展有觀照作用。在具體分析作品之前，或許可以
點出一些「環境事實」的佐證，作為藝術理解的基本線索。

　　首先，鄺龑子的成長歷程特殊，雖承詩詞「基因」（其父
兄皆擅詩詞，見《水雲詩草》前言，頁1），卻並非受業於中
文系，而是出身西學，負笈英美，足遍五洲，回歸中國古典
文學和哲學。他寄身海外十多年後回歸香港，如今除研究古
典詩詞外，兼治比較詩學、文學及思想史。這份學貫中西、
遊心天下的通才修養，孕育出不囿於傳統而跨越現當代的眼
界和胸襟，避免了當代古典詩人的修辭習性，即每以重量文
辭典故為宗的書寫格局。第二，他是個幾乎完全獨立的詩人
文士；相比其他本地學者詩人，鄺龑子沒有正式師承，也沒
有前輩詩人從旁提攜扶掖，並不屬於「圈中名家」。[76]這種情
況亦跟第三個因素有關：其人不酒不煙，不交際應酬，全無
傳統「詩酒風流」的慣性和習氣；二千多首作品竟無涉及飲酒
之句。[77]難怪他沒有參加社交雅集或聯誼活動，反而安身立
命於淡泊明志、寧靜致遠之中，「無懼凋零非傲世」（《秋月

76　例如何乃文、洪肇平、黃坤堯、劉衛林合編的《香港名家近體詩選》（香港：中文
　　大學出版社，2007），就沒有收錄鄺龑子的詩詞。書中的〈凡例〉說明以2003年
　　底為收錄年限，而詩人當時已出版三百多首作品，並獲好評。
77　鄺龑子抒寫與學生或摯友聚首之時，偶爾會提及「杯盤」，皆指茶杯而非酒杯。

集‧修木》)地自學實踐，開拓出活化傳統的詩藝大道。第四，他的篇什可謂「詩無虛發」，沒有公式應酬或堆砌浮泛的篇什；即使有極少數源於社交場合的詩作，亦能注入真意，抒寫心聲，是其風格的特點之一。第五，詩人除了鍾愛詩詞外，亦從事白話和英文散文寫作，間接培養出靈活多變、有容乃大的風度。第六點（或許屬於關鍵處）涉及精神氣質和心靈修養：鄺龑子的詩詞和散文，處處顯現詩人與哲者、傳統與現代的融合：內容切近而思情深摯，志意嚴肅而韻調幽默，風格靈動而文字清美，懷抱博大而意境高遠。下面會透過實例説明，這些藝術特色都源於入世而出世、堅定而飄逸的生命觀，以全具浮淡泊的胸懷和睿智空靈的氣象。

　　由背景、身分、才性、態度等因素孕育出來的藝術獨特性，一直反映於論者對鄺龑子的藝術評價，包括中國、台灣、香港的學者和詩人。例如前輩學者詩人葉嘉瑩，就讚許鄺龑子「天賦清才獨愛詩」、「自寫胸中佳趣妙，更從語默見高風」；吳宏一亦欣賞他「性靈書卷貴雙全，秋月春花豈等閒」（俱見《默絃詩草》錄）；莫礪鋒説他的詩詞「不但辭句典雅，而且意境空靈⋯⋯是滾滾紅塵中的一貼清涼劑」。（《十二霞峰》序）已故文壇前輩方寬烈認為鄺龑子詩中的人生觀和哲理有時「已進入化境」（《七雙河》附藝術發展局獨立評介）；韋奈深感《千里晨芳》「珍貴，它貴在一個『真』字，貴在讀後讓你心靜」，讓論者「似識其人純樸無華，豁達開朗」（藝發局獨立評介）。陳湛頤説鄺龑子的作品「風格獨特、韻深而味長」，有「閒淡的意趣，是作者思想觀念和藝術素養的結合」，又見「另一番恢宏磅礴的氣勢」（《淡影乾坤》附藝發局獨立評介）；鄭鏡明引作者「文章啟天地，袖履感春秋」句，概括《瀟湘月》的篇什（是書附藝發局獨立評介）。其他論者亦有稱鄺龑子的詩詞「流露一份士人風骨」，「詞意

宜古宜今，在古典韻味中又不感隔膜，所寫世情看法，引人共鳴，所詠城市風景人情，真實生動」（潘金英）；或者讚許其「見識之廣、襟懷之闊、學養之深，……還每詠近事，賦予詩詞新的生命力，可謂功德無量。」（彭智文，俱見《九思林》附藝發局獨立評介）本節作者於數年前評論鄺龑子的散文時，亦曾指出其詩詞的「數量質量之和，在當代的香港古典詩人中堪稱獨步」（《烟雨閒燈》序）。

如果將上述看法進而結合對鄺龑子之散文的評論，就可以了解詩人的個性和感情，滲透到不同文體的作品中，呈現多樣而一致的氣韻。例如古松評論作者第一本散文集《烟雨閒燈》時，就深受「作品中深刻的哲理」、「流暢自然的文筆」以及「對事物、對人的深厚感情」所感動，認為「作者的哲思真誠地源於內心感受，從而使情思的抒發與形象的塑造結合在一起」，而在閱讀過程中受到文章「閒逸的傲氣」、「灑脫逍遙的境界」和「昂揚向上的勃勃生氣」感染，使自己在「享受」「舒恬」中，「對作者有一份想認識的衝動」（藝發局獨立評介）。彭智文評價另一本散文集《隔岸留痕》亦意見相近，認為作者：

> 足履所至，下筆之處，流水行雲，或因事而生情，或回憶以前而興感，自然流露，情通曉暢，蘊蓄睿智與幽默，堪稱「學者散文」之典範。（藝發局獨立評介）

不同論者及論點的閱讀觀感説明，詩人在不同文體的實踐，保持着表裏一致的精神面貌。這些評價匯合起來應該具代表性，反映眾多論者對鄺龑子的作品有一份不約而同的共識。

上面提到，鄺龑子的詩詞沒有應酬及唱和詩。酬唱之作

大多屬於社交場合或聯誼催產的製作，頗有磨練文字的補益
效用，卻難免為動因所限，潛在某種浮淺和程式化的缺點。
鄺龑子對詩詞寫作的態度，或可以形容為「述而不作」：所述
的是開展自生活經驗的具體感受、思考和夢想，由個人、家
國而及人間、宇宙，乃至逍遙無待的境界，一任思情自然。
詩人為任教詩詞、比較文學及思想的大學教授，既從事教學
和學術研究，又透過詩詞散文抒寫生活意趣和胸懷，並鼓勵
和啟導學生創作，領導社區教育。或許是這份藝術魄力、哲
思精神和教育熱誠，結合詩人之心與士人之志，推動他在十
多年間寫下眾多燦爛的篇章，而當中「一以貫之」的，是真誠
的生活實踐和寫作態度。

　　回看葉嘉瑩謂鄺龑子「自寫胸中佳趣妙」，應該化自北
宋陳師道對陶淵明的評價：「淵明不為詩，寫其胸中之妙爾」
（《後山詩話》）。葉嘉瑩似乎認為，鄺龑子同樣「不為詩」，
而是運用詩詞的方式，自然抒寫日常生活內化的「佳趣妙」。
韋奈的閱讀拈出「真樸」的感應，見證作者詩詞的精神感染
力。所謂自然真樸，並不表示文不妝點，而是指詩人抒發的
靈感但隨真情實意流動，不會為文造情。事實上，鄺龑子早
在第一本詩詞集《水雲詩草》的前言中已明確表示：「抒情詩
歌是發自心靈而訴諸心靈的，真樸自然仍然是最可靠的寫作
憑藉。」[78]寫於十二年後的〈岸邊觀景寄母二首〉其二，反
映「平居清真」的初心不改：

　　　　詩歌本屬平居事，詞客當非世外人。

78　鄺龑子：《水雲詩草》（香港：天地圖書，2000），前言，頁2。如此寫作態度亦
　　貫徹不在分析範圍的《雲溪蝶舞》及《白鶴清江》（2016）；本書定下統一時限，
　　不論2015年及以後出版的詩集。

指上興亡紛擾夢，山川草木意清真。

（《東山零雨》，頁 21）

詩人曾幾番表示，詩詞寫作的靈魂是真情實意，亦惟有真情感發的作品才足以合乎自然，觸動人心。下面扼要介紹酈襲子詩詞的藝術特色，並衡量它是否體現「知行合一」。

3.3.1　「無意不可入，無事不可言」[79]的抒寫內涵

酈襲子的經歷和體驗縱橫五洲，形成領域遼闊的詩詞題材，涵蓋個人懷抱、親友學生、社會家國、科技物質、歷史文明、價值觀念、自然宇宙等。先看幾首抒情言志之作：

〈曉讀偶題〉

月落雲飄伴曉清，書香詩韻似仙瀛。

陰陽起伏成昏旦，功業奔馳惑性情。

半榻輕風搖早夢，一天細雨潤春英。

平生不愛金衣帶，更怕銀燈照俗名。

（《默絃詩草》，頁 82）

〈題《隔岸留痕》散文小集〉

四海曾吹雪，觀星枕石根。

清歌迷碧霧，飄雨步黃昏。

隔岸終非岸，留痕豈是痕。

親情恩與義，動亦散心魂。

（《千里晨芳》，頁 81）

79　借劉熙載形容蘇東坡語；見《藝概》卷 4〈詞曲概〉。

〈菩薩蠻〉·烟中窗畔

飛花亂絮飄飄舉，浮生本是雲烟旅。

風過樹成簫，扁舟江上搖。

一杯清水暖，兩盞書燈伴。

翰墨自交音，輕歌焉待琴。

（《小千界》，頁103）

〈鷓鴣天〉

陣雨迷濛散草香，花開花謝換衣裳。

閒看雁入秋烟遠，坐對雲移日影長。

晴不永，晦無常，青山依舊伴斜陽。

澄空素月輕風過，又送浮生一夕涼。

（《水雲詩草》，頁122）

冷靜的讀者大都明白，言志抒情文字未必跟作者的精神和性
靈完全相符。就酈覲子的出版總量而言，應該有足夠的內外
證據，進行可靠的文本互證和合理的文字演繹。這幾首詩詞
橫跨二十多年，[80]將它們並置閱讀，可以看出前後一致的懷
抱：詩人歡悅於「澄空素月」、「輕風細雨」、「清水書燈」、
「吹雪枕石」的自然飄逸，而並非「金帶銀燈」的富貴謀劃。
意境中有「青山斜陽」的常與靜，也有「雁入秋烟」的變與動；
有「無岸無痕」的飄逸出塵，也有「親情恩義」的深切牽繫。
他大概是越過「功業奔馳惑性情」的塵世障礙後，在「飛花亂
絮」、「月落雲飄」的天運中，體味出「浮生本是雲烟旅」的道
理。以〈菩薩蠻〉為例，首兩句蘊含透視世情的飄逸，其後
兩句是天籟中的逍遙。「風」是上片的中心自然意象和情景動
力，使花飛絮飄，樹葉成簫，雲烟過眼，舟逐江搖，也教主

80　《水雲詩草》各篇詩詞寫於1997年之前，經詢問作者，得知〈鷓鴣天〉約寫於
　　1990年；《千里晨芳》各篇詩詞則寫於2012年。

體「物之感人」的領會來得自然。下片由室外轉到室內，輕描淡寫日常生活：清水能暖，源於生命熱誠；書燈為伴，隱世而不孤獨；兩句的整體情調是清朗淡泊，素靜而充滿活力。末兩句輕輕帶出「無所待」的生命之歌：翰墨交音，靈動活潑，反映透悟自樂的意趣和心境。

上面幾首作品的意境，或許不難讓讀者聯想到諸葛亮的「淡泊以明志，寧靜以致遠」（〈誡子書〉）；陶潛的「久在樊籠裏，復得返自然」（〈歸園田居〉其一）、「但識琴中趣，何勞弦上聲」（《晉書·隱逸傳》本傳引《蓮社高賢傳》）；以及蘇軾的「事如春夢了無痕」（〈正月二十日與潘郭二生出郊尋春〉）、「一蓑烟雨任平生……也無風雨也無晴」（〈定風波〉詞）等句子。鄺龑子的詩篇沒有讓人覺得模仿先賢，卻有一種接通今古的生命意趣和體會。特別是〈鷓鴣天〉，結尾之處讓人想起蘇軾同調詞作的末句：「又得浮生一日涼」。然而細看之下，兩者在胸懷相近中原是各抒己意。蘇軾詞的自然節奏相對熱鬧輕快（首兩句七個意象），鄺龑子詞的自然節奏相對舒徐淡靜（首兩句四個意象）。蘇軾寫到自己「杖藜徐步」，人在畫圖中的形象比較明顯；鄺龑子則素描「閒看」、「坐對」，整體比較恬靜，帶有隱入畫圖中的意味。無怪蘇軾在末句寫到自己「得」涼，其重心在於人處自然中的悠閒適意。鄺龑子在末句則用「送」，其主體及主語是澄空中素月下的「輕風」，着眼點在自然而不在自我。這正配合「晴不永，晦無常」的視覺觀察和心靈體會，在融和的景象中寫出自然之道的真與美，本身亦神合於自然的寧靜。這首詞意境飄逸高遠，文字行雲流水，未料寫於三十二歲身在異鄉之際；當時詩人改修中國古典文學才數年，足見固有精神如此。

從以上的「出世」神韻，轉到幾首眷念親友之作，即見鄺

龔子的語調變為深情：

〈憶母親舊事八首〉（其六）

縫紉烹調樣樣鮮，裝修工藝亦精妍。

無師自學皆通慧，力可開山志問天。

（《七雙河》，頁 63）

〈記母親餽贈業師年貨〉

浮生立世本精勤，尚憶當年拾破薪。[81]

克己常懷千念厚，悲天總記萬家貧。

荊榛滿地人間淚，母子同心命裏親。

願得紅塵添暖意，匡扶一度一重因。

（《滄海浪迹》，頁 29）

〈西江月〉・慶母親八十壽辰

八十縱橫舒步，飄零順逆難侵。

四方六合轉晴陰，五味調和烹飪。

七海一生恩業，九還百鍊精金。

三千苦困化慈音，二世清芬嘉蔭。

（《滄海浪迹》，頁 108）

〈過墓地憶父〉

天滅歸鴻地絕人，殘陽凝血沒陰雲。

寒鐘苦叩空山雨，遶過萋萋碧草墳。

（《水雲詩草》，頁 99）

〈先君舊衣〉

永夕淒風起，絨衣暖薄身。

81　自注：「一九五零年代，母親與先父及兄姊居於澳門，家境窮困。曾於建築地盤人
　　去樓空之際，撿拾木條回家充當柴枝。」此詩亦備有題解：「母親之業師為六十多
　　年前之內地中學教師，如今獨居香港，生活清苦。母親乃定期預備菜餚贈金親往
　　探望，聊報昔日恩義。」

先君長繫念，舊物更思真。

多少飢寒戶，孤單苦難人。

民生嘆憂患，一飯已堪珍。

（《伯仲之間》，頁 73）

〈草寄六兄〉

莊老笑窮通，是非過眼空。

千般冷暖後，何事不能容？

（《水雲詩草》，頁 102）

〈題清姊生辰二首〉（其二）

多少偏勞豈自憐，早知塵事散輕烟。

人間過眼滄桑換，空際埋痕日月遷。

征鳥浮雲風送遠，飛花落葉雨添鮮。

閒身款意清真調，一縷冰魂一夢弦。

（《東山零雨》，頁 55）

　　中國文化素來以孝道親情為倫理之本，但縱觀古今中外大詩人之作，以父母為題材的詩篇並不多。這是否因為父母屬於「倫理」的角色和恩情，文字書寫未必很富「詩意」？無論如何，鄺龑子對親情的抒寫，可以算作難得的例外。他的詩詞中有不少寄懷雙親和手足之作，尤其是對母親的眷念：二十四冊詩詞中都有寄母的篇章。這可能由於詩人從小就在清寒的生活中當上母親的家務助理（見〈惜物・外物〉，《烟雨閒燈》，頁 63–72），種下了「母子同心早並肩，艱難舉步倍精堅」的親切（〈夢中省母成詩覺來忘卻因口占二絕〉其二，《婉雯詩草》，頁 69）。詩人對母親的抒懷誠摯感人，因為當中不只蘊含深厚的親情，更包括本於行事與為人的尊敬。他寫到母親二十多歲已撫育八名子女，對「縫紉」、「烹調」、「裝修」、「工藝」等家務手活「無師自學皆通慧」，兼且

經歷「半生營役豈傷憐，覆育齊家意未偏」（〈憶母親舊事八
首〉其七），沒有讓艱辛侵蝕意志和酸化生命。他敬重母親
「克己常懷千念厚，悲天總記萬家貧」，從含辛茹苦的經歷提
煉出善心和情義。詩人從來沒有標舉母親近乎「完美」，然而
母親的德性、才慧、意志、經歷、勇氣、努力，都成為啟迪
和堅定自己修身的貼心模範。單看一句「力可開山志問天」，
紙上筆下都充滿情感和精神力量，因為母親的生命意義不僅
是慈母，而且是無名的賢者。[82]此外亦可以留意，鄺龑子抒
寫母親的語調並非必恭必敬的拘謹：親切的天倫之情有時會
融入猶如摯友的自由和幽默感，靈巧真摯，沒有隨着年紀改
變。例如在〈西江月‧慶母親八十壽辰〉詞中，詩人巧妙流
暢地將數字「一」至「十」以至「零」、「百」、「千」嵌入作品[83]
為母親祝壽，於感謝母恩的同時，更顯示活潑的親情和深刻
的了解，以至母親本身的心性和氣度。

　　至於詩人對父親的抒寫，除了一首〈獻父詩〉（《水雲詩
草》，頁58）外，都是回溯和回憶的思情。整體而言，鄺龑
子的詩詞散發透悟世情的達觀飄逸，沒有誇張自憐之語，只
有超乎自身生命的感受時才偶然見悲涼的情調。〈過墓地憶
父〉即是一例：「殘陽」、「凝血」、「陰雲」、「寒鐘」的意象，
連上「天滅」、「地絕」、「苦叩」、「沒」等語辭，猶似將整個
情感世界封鎖得毫無出路，把詩人壓得無法呼吸，體現出思

82　亦可參看《水雲詩草》，〈前言〉：「母親數十年來忘己盡職，百折不撓，靈心
　　慧思，逢難自解，即使不論慈母深恩，也令人五體投地。能夠茹苦含辛而慷慨待
　　人，事過物非而赤心常在，人生亦不過如此。」（頁6）

83　可參看《曉嵐詩草》頁107，〈西江月‧生活隨筆‧獻母親〉詞，亦將「零」、「半」
　　到「九」嵌入詞中：「二八莫愁嬌女，幾曾九轉三彎。孤身一夕背親顏，七月飄零
　　斷雁。……」

念亡父的沉痛哀傷。[84]寫於多年後的〈先君舊衣〉，由寒冷中身穿的故物勾起思念，對先父之情深刻依舊，卻沒有停留在個人悲哀的層面；詩作反而從一件暖衣的感覺開展出關心及同情，惦念世間捱飢抵冷的孤苦百姓，體現出更深厚廣闊的內涵。這種意境，正是詩人的美學中所說的「大」。〈草寄六兄〉的意境則是「廣」而「高」，因為此處互勉的意念不僅是一般意義的「有容乃大」，更是融合冷暖、看透是非、超越窮通的道家精神。由兄弟之情轉為循道之勉，深化了生命因緣的內涵和藝術抒寫的境界。事實上，詩人早就將父兄視為詩道上的個人先導：

> 〈二千自題〉
>
> 先父傷秋詠，兄詩語帶顛。
>
> 生涯雙落寞，曲調兩纏綿。
>
> 愚子承家事，清心付素箋。
>
> 耕耘經十載，翠韻感芊芊。
>
> 　　　　　　　　（《翠韻芊芊，頁91》）

鄺龑子於十多年間完成二千首詩詞，此篇是個人題記，當時的心緒或有點「詩是吾家事」的意味。不過詩人的心念可能比古人更單純，因為時至今日，古典詩歌寫作的成就再高，也無法帶來世俗榮名。今天傳承的詩詞「家事」，既有「父子因緣詩永續」的家庭意義（〈岸邊又憶先父〉其三，《淡影乾坤》，頁 87），亦是個人意趣以外的藝術與文化弘揚。

　　上引〈草寄六兄〉一詩，還可以折射出詩人的成長過

84　參看寫於 2007 年的〈岸邊又憶先父三首〉（《淡影乾坤》，頁 85-87），可知作者思父仍帶哀傷。

程，因為詩作技術上並不完美：次句犯上孤平；第三句屬於不必救的拗句；「容」屬於鄰韻。有意思的是，詩人於十年後出版的散文集《烟雨閒燈》，曾引此詩而將之修改為「莊老笑窮通，是非烟雨空。千番冰炭後，何事不能融？」（頁7），將技術問題全數處理。此外，第三冊詩詞《秋月集》（2002）中亦有〈台北暮色・寄友人〉詩，所用的韻字（峰／中／容）同樣將「東、冬」合韻，雖然押韻按照今音完全正確，仍然反映從西學起步的詩人，在出版詩詞的初期，仍未完成「技術修煉」的階段。

以上幾首引文，足以反映一個藝術特點。鄺龑于的詩詞大多從切身生活及身旁的具體題材出發，卻很少停留在本位抒發的狹小層面，反而多能開展具有共通性的思情內涵，盪起讀者共鳴。像〈題清姊生辰〉其二抒寫的，並非淺層的祝賀之辭，而是將一個深刻了解的知音的辛勞經歷和感慨，以及其堅毅積極、閒適幽微的意緒，隨心自然地匯聚於生命的透視中。這正如詩人在〈記清姊畢業典禮三首〉中（《小千界》，頁3-4），於恭賀親人中年在公開大學完成護理學士課程之際，升上「黑袍藍帶映清容，半世安人總為公」的社會層面觀照，同時替凡人道出「浮生慣感滄桑事，夢到圓時夢亦空」的哲思和感受。兩首詩都是本於深入認識、「從內透外」的寫法，亦是其心靈和藝術感染力之所在。

源自教學生活和師生互動而勉贈學生的作品，是鄺龑子的詩詞另一可觀的部分，也反映他的生活重心及價值實踐所在。一般學者詩人的酬唱之作較多，鄺龑子的詩詞則以日常勉勵學生為抒寫靈感，反映詩人在「授業」以外，更盡心於「解惑」和「傳道」的責任。大略而言，這些教學生活之作的對象包括一起上課的群體、畢業後與他保持聯絡的群組，以

及長期追隨為弟子、小友的個別學生。限於篇幅，下面只能各舉一例稍加介紹：

〈聞思勉文學史課諸生〉

流水行雲潔淨身，高風皓月不沾塵。
閒觀廣宇三千象，喜見同窗百廿人。
格物凝思生敏慧，虛心問學向清真。
詩書闡道承天命，修己安民乃近仁。

（《千里晨芳》，頁 87）

〈夏日與詩選詞選課舊生晚聚〉

暖飯粗茶勝大觀，今宵又得享杯盤。
三年幾見翻新夢，一載重逢續舊歡。
總記清心存意氣，原知俗世競衣冠。
飛花落葉人間事，不改江流天地寬。

（《滄海浪迹》，頁 79）

〈倩影攜剩飯共享隨想〉

……一夕攜餔至，中餐剩半鮮。
分甘同餕味，總為物堪憐。
豈缺尊師禮？修身踐道先。
歸真無長幼，友信種心田。……
但願兒曹輩，安人更自持。
蒼生為己任，天地作心思。……
詩亦何須貴，卮言不待功。
浮生難盡述，宇宙更無窮。……

（《淡影乾坤》，頁 22-26）

第一首是寄語一百二十人的大課學生。屬於文化傳統核心價值的「承天闡道」與「修己安人」，皆見於這首詩作；或

許在詩人的心目中，傳承聖賢文化的中文系學子，其生命重
心應有別於攻讀政治或金融會計的學生。這首詩對全體學生
有全方位的勉勵，包括求學（凝思虛心）、道德（潔淨清真）、
胸襟（閒觀廣宇）、責任（修己安民）、藝術（流水行雲）、精
神（高風皓月）乃至命運（闡道承天）的層面。詩的內容語重
心長，文思一氣呵成，沒有牽強説教，反映勉人亦屬早已
內化的自勉，所抒寫的是個人的生命信念和生活實踐，故此
藝術效果是分享而非教訓。第二首寫給幾個畢業後維持情誼
和聯繫的學生；前四句的抒情味道比第一首濃，反映師生之
間的關係比較親近。詩人不期望學生飛黃騰達，汲汲投身
於「俗世競衣冠」，反而勉勵他們在生命中保守「清心存意
氣」。若能修身養志而淡泊名利，自然可以看透「花飛葉落」
的黃粱夢幻，精神亦能近江水之流、天地之寬。這首詩的勉
勵對象，已從學校踏進營生階段和名利環境；詩中反映已完
成本科「授業」職責的「教授」，繼續擔任「解惑」和「傳道」
之師。

　　不過，就師生題材來説，最獨特而最能反映詩人才性
的，應該是第三首詩。它寫給一個精神上追隨詩人求學問道
的「偶得蘭芝弟」，抒寫的細節已超越社交禮儀，上升到莫逆
相知的層次。試想一般意義的學生，如何會有膽量給老師帶
上半份剩餐，同時肯定對方不會見怪？學生必然早已了解，
老師是個樸素惜物、不拘長幼、不計小節的踐道之身，方能
如詩中所述，以這般「無禮」的方式「分甘同餕味，總為物堪
憐」，在相互的「友信」中選擇「修身踐道先」。原來同一個弟
子，也曾在另一次碰見「師父」埋首工作之時，自行悄悄到食
堂為他購買午餐：「賢生過陋室，滿眼紙箋攤。默步趨鄰肆，
柔心遞暖餐。」（〈書室埋首記倩影贈午飯〉其一，《瀟湘
月》，頁 68）詩中得見師徒同道，相知相惜，娓娓道來，令

人神往。〈攜剩飯〉詩長 520 字，當中由一件小事聯想到先輩往昔艱難、母輩刻苦堅毅，更想到香港的歷史發展、今日嬌兒之不懂珍惜、眼前弟子的心性氣質，開展為願後輩「安人更自持，蒼生為己任，天地作心思」。這首詩既是寫給弟子，亦將殷切的心念寄予後輩；它再次說明，詩人在乎的並非「寫詩」，而是分享生命中的關懷和寄望、信念和感悟。

3.3.2　透視社會與歷史的時代詩作：蒼生天下之心

以上可見，鄺龑子的詩詞深摯清新，沒有程式生產或陳腔濫調，因模仿前人而落得「協助製造恐龍標本」（《七雙河》，前言，頁 xiii）。生活當需要鮮活，而既然詩歌源於生活，他的作品除體現古典詩情外，還深具「現代」共鳴感。單周堯短評《一日三秋》指出：「題材、形制均富變化，內容亦具時代氣息，足證傳統詩詞與現代生活實可相容。」（頁 101）潘金英評論《九思林》，亦認為作品富現代意義，且長於反映社會及政治現實：「詩人又善於把今昔社會歷史連繫反思，引人自省，值得細讀。」（頁 109）鄺龑子的詩詞固然不迴避政治題材，卻沒有糾纏於立場爭鬥的狹隘漩渦，而是從更根本或超政治的層面觀照政治。他的詩詞不涉意氣爭拗、黨派是非或利益爭逐，而是抒發經匡之道、內省之心與蒼生之念。[85] 先看近乎脫口寫成的「白話詩」〈早餐〉：

> 日日素麵包，偶然覺味淡。
>
> 愧思千萬人，餓死不能喊。
>
> （《水雲詩草》，頁 17）

85　例如在〈感七一遊行〉三首中，詩人並沒有站在固定的派別立場，而是說「為政當兼仁智勇，枝枝葉葉感鄉情」、「且放私懷公義見，虛襟耳目自聰明」（其二、其三；《九思林》，頁 2–3）。

這首簡短的古體詩，應該是作者寫於海外求學之時、生活清淡刻苦之際。詩的語言非常樸素，令人聯想起初唐詩僧王梵志（？－約670）那種「梵志翻著襪」的古代白話詩；分別是〈早餐〉立意宏大，因為酈龑子所寫的並非「乍可刺你眼，不可隱我腳」的個人自適，而是由合乎人情的舌上反應，想到世間飢餓致死的萬千窮人，以及伴隨着士人責任感的內心歉疚。這種入世情懷在其作品中多處可見，例如〈冬日晨步花墟〉，就記述詩人在市區街頭：

> ……道中逢老嫗，四體並推車。
> 身上寬衣破，污巾耑目遮。
> 拾荒求一飯，高第競驕奢。
> 那識蒼生苦，飢寒歲月賒。
> 營生千古役，育子到興邦。……
> 代代勞心力，生來只待亡。……
> 幽蘭依手暖，再謝賣花翁。
> 囑我勤看護，惜花如惜農。……

（《瀟湘月》，頁 31–36）

老嫗需「四體並推車」，因為力氣薄弱；要「污巾耳目遮」，因為冬曉天寒；文字讀來教人心酸。這不但是「朱門酒肉臭，路有凍死骨」（杜甫〈自京赴奉先縣詠懷五百字〉）的社會批評，更是民生艱苦的千古悲歌。這首古體詩比杜甫的詩長四十字，或許因為脫離了忠君頌主的傳統思想限制，詩中對黎庶的關懷顯得更單純，自身亦領受黎庶對於惜物惜生的提醒。詩篇上承樂府精神而不囿於社會詩範圍，悲涼動人卻不沉溺哀傷，反而聯想靈動，轉出對人性、文明、逐物、情感的透視，結尾升上「六合隨收放，真如在五中」的高度。

　　入世匡扶的士人之心，清楚見於鄺龑子有關社會面對考驗或危機之時的詩作。自回歸以來，香港市民最熟悉的社會課題之一，可能是〈非典型肺炎詩九首〉的題材：

> 〈輓謝婉雯醫生三首〉[86]
>
> 窗前熒幕偶逢君，不記陰陽異域分。
> 但感英魂風裏現，一聲斷雁過江雲。（其一）
> 朝昏搏疾早忘身，自古行醫濟世人。
> 玉樹凋零緣底事，蒼天蕩蕩果存仁？（其二）
> 才德雙全萬里親，春暉百代孕蘭薰。
> 相知何必曾相聚，素淚清箋謝婉雯。（其三）
>
> （《婉雯詩草》，頁 18-20）

「非典型肺炎」是香港近幾十年來最嚴重的疫情，不少本地詩人都寫過相關課題的作品。鄺龑子詩的獨特之處，在於從「第三身」的起點寫出近乎「第一身」的感受。詩人從電視新聞中得悉為病人治療的年青醫者不幸犧牲，惋惜生命被糟蹋，盪起深切的悲劇感；「一聲斷雁過江雲」，猶似蒼茫天地也感到一份悲哀。他對生命中的「忘身濟世」者表示尊敬，同時也對命運的定奪感到困惑：「玉樹凋零緣底事，蒼天蕩蕩果存仁？」但不管個別命運是否合乎「善有善報」的天理，他仍然肯定修己安人的精神：「才德雙全」超越時空限制，可成萬里之親，堪孕百代蘭薰。能夠如此感同身受，只因為「情知天下本同根」；詩人也懷抱同樣的匡世精神，乃以素淚清箋代酒，拜謝眼前短暫呈現的清婉雯彩：「無怨無尤獻薄身，情知天下本同根。人間但許拋私念，隻手堪栽萬世恩。」

86　序云：「〔二零零三年〕五月十三日，於電視中得悉屯門醫院謝婉雯醫生，因治療非典型肺炎病人而染疾殉職。三十五載塵緣，永謝人世，遺下一道清婉雯彩，惹人追思。」

（〈海邊再悼謝婉雯醫生三首〉其三，《婉雯詩草》，頁 23）
一句發自心底的「相知何必曾相聚」，比白居易〈琵琶行〉中
的「相逢何必曾相識」懷抱更大、意境更高，因為感慨的重心
並不在於個人際遇和命運，而在於士人生命中「任重而道遠」
的「修己安人」理想。只有悲天憫人的關懷，才能對身外的悲
哀感同身受，超越「同情的旁觀者」由外象出發的書寫。這組
詩從裏面寫出來，更從傷感化出對醫者之德、士人之志、仁
者之道的重新肯定，深化藝術和精神感染力。[87]

資訊科技、太空探測等等一日十里的發展，大大擴闊了
知識的視野。因此放眼世界、關心社會的現當代詩人，在抒
寫社會題材上可以比古人有更豐富的觀察和體會。鄺龑子多
以絕句組詩的靈活模式抒寫「七一遊行」、「非典型肺炎」、
「禽流感」、「恐怖襲擊」、「世貿會議騷動」等本地及國際議
題。這種模式兼具絕句情感聚焦、語言凝練之長，以及複合
體中各自發揮的獨立性與相互配合的共鳴感，從而達到多角
度、多層次透視主題的藝術效果。此類作品無法逐一介紹，
但其基本特點是語言精練準確、描述具體概括、形象鮮明傳
神、探理深刻而立意高遠，各按題材及運思配合。且以〈禽
流感再虐各國三首〉為例：

> 病毒生存本附禽，交孳變異競相侵。
> 一朝四散穿疆域，幻影隨形萬國尋。（其一）
> 複製遷移混主賓，室中巧計奪基因。
> 天工各有天工序，物類新時禍更新。（其二）
> 無為豈得向峰巔，但許文明順自然。

87　另有悼念及讚揚其他醫護人員在疫情期間的奉獻，均見《婉雯詩草》（2005）。

追逐青雲歸未晚，依山傍水已千年。（其三）

（《冬青集》，頁 39-41）

其一首先精簡概括病毒的由來及肆虐情況。其二則筆鋒一轉，沒有平面敘述對醫療或經濟的影響，反而深層思考基因科學的人心傲慢，在「混主賓」、「奪天工」的「巧計」中，激起萬物的連鎖反應，展現為前所未見或具抗藥性的病菌，從而點出違反自然自嘗惡果。詩中沒有一面倒反對文明或科技，而是提醒人類「但許文明順自然」：發展應當本末有序，保持生態平衡。這組詩蘊含道家樸素之旨而無老子原始主義之意，更轉出自然詩的韻味：末兩句點出停止逐物歸心自然，意境清遠而留有餘韻。這三首絕句各有重點，亦結合為豁達立體的思情。又例如〈中東恐怖襲擊六首〉，形象描繪出「斷首殘肢遍地堆，一朝殞命豈能回。雷霆裂地撕天響，金壁銀燈共作灰」的駭人慘況，到最後反思「謂人靈智接仙鄉，百代文明總斷腸。科技登峰成底事，腥風血雨漫飄揚」（其三、其六，《伯仲之間》，頁 78、81）。敘寫人肉炸彈襲擊婚禮，在指向未來生機的場合從事毀滅，是感到行為的反諷而想到文明發展的反諷：物質與科技進步從未改良人性，反而催化人類的破壞能力和暴力選擇。不同焦點和角度的組詩，反映一個兼以自然和人道為本的詩哲，對人性的感慨和對物質文明的覃思，[88] 具有發人深省的現代意義。

也許有論者仍會懷疑，古典詩歌的模式和語言不善於處理現代題材。然而事實上，反映現實、觀照時弊，素來是古

88　尚有不少例子可供參考，如〈世貿會議騷動二首〉寫到「富國鷹揚掀霸氣，貧邦蟻聚演旗槍」（其一，《十二霞峰》，頁 28），對國際間貧富不均、恃強凌弱、彼此對抗等課題，一針見血。

典詩詞的實踐方向和價值之一端。鄺龑子在《婉雯詩草》的
〈前言〉亦曾重申《論語‧陽貨》的話語：「詩歌除了具備感
動意志（興）和互相啟發（群）的力量外，還可以有觀照現實
（觀）和批評政事（怨）的社會政治功能。」（頁 ix-x）詩人生於
當世，其作品的現代性和社會性原屬情理之當然，跟古典詩
詞的框架並無牴觸；一切表達方式在乎靈心慧解。例如〈看
電視新聞即事三首〉：「乍聽輕生事，埋心入苦鄉。悲歡成敗
轉，豈必自殘傷。」（其一）從表面看，此詩似乎反映作者得
悉有人輕生後，抒發個人感慨和嘆息。其實這組詩在深層上
指向的，更是現代心靈的脆弱狀態和現代社會的價值危機，
既體現社會關懷，亦連上「寒梅堪耀雪，松柏嘯風霜」（其二）
及「紅塵多少業，都付茗中香」（其三）的精神修養（《婉雯詩
草》，頁 52-54）。從眾詩集可見，詩人經常信手素描日常形
態和生活體驗，隨事點染而不必刻意營造：

〈車上少女二首〉

髮染金光罩，身披翠綠絲。

翻思何所近，橘綠橙黃時。（其一）

話似鈴聲響，情傾但醉癡。

忘形焉自覺，隱事眾皆知。（其二）

（《冬青集》，頁 22-23）

〈禮拜徒〉

十架莊嚴可潔身，七朝一度淨污塵。

紛紛蔭下來懺悔，念念詞中號養真。

利欲翻纏心易泯，權私相逐性難新。

安能語罷添陰惡，指望天恩赦罪人。

（《小千界》，頁 34）

〈電視中看政治〉

種族官民百事爭，喧囂旦逐四時更。

今朝惡念成歡臉，他日新仇掩舊盟。

江海雲遊嗟幻海，書生夢醒記蒼生。

天行授我乾坤氣，那日經匡正道亨。

（《翠韻芊芊》，頁 88）

〈置圖文傳真器〉

渾沌愚家子，閒生昧古今。

平居依簡澹，筆動偶輕吟。

初置圖文器，期延幾寸陰。

傳輸千里外，轉瞬越山林。

新物呈新趣，三朝意半沉。

親朋多怨訴，留語竟留金。[89]

更值中宵靜，紛飛訊息侵。

須臾堆滿地，煞似紙雲岑。

可嘆青蔥木，充箋不復尋。

如何添一用，害物兩重深！

機械生機事，機事衍機心。[90]

心思常素淨，無待四方音。

（《曉嵐詩草》，頁 20–21）

    鄺龑子有不少寫作靈感來自乘車的觀察，例如〈傍晚乘地下鐵路車內偶感五首〉、〈聽車上手機對話〉、〈公車上少年穢語〉等，[91]素描現代文明的失禮行為。在〈車上少女〉，

89　自注：「英諺中有『沉默是金』（Silence is golden）之語；此處指傳真機干擾，以致電話留言者再不中用。」

90　自注：《莊子・天地》：「有機械者必有機事，有機事者必有機心。機心存於胸中，則純白不備，……道之所不載也。」

91　分別見《默絃詩草》，頁 99–104；《九思林》，頁 62；《莫愁湖畔》，頁 37。

詩人動念之際，或許偶然想起蘇軾的「一年好景君須記，最是橙黃橘綠時」（〈贈劉景文〉），於是將文辭「奪胎換骨」，幽默記下鸚鵡般的「好景」：頭染金髮、衣着艷綠的刺眼少女，於視覺招搖之餘，更從事聽覺轟炸，在車廂內肆無忌憚大通電話，強迫其他乘客「收聽」其隱私，寫得精簡準確而活靈活現，勾勒出妄顧公德的自私行為。〈禮拜徒〉則轉目透視部分教徒的自欺之舉及偽善行為，並非針對信仰本身，而是點出「人生修養，心靈踐道，在神不在貌」（小序）的道理；能踐道行善，方為真正虔誠。否則口號愈高，落差愈大：「七朝一稱悔，語罷添陰惡」，反而容易形成自欺欺人的惡性循環，甚至比公然作惡更虛偽。這是宗教倫理行為的千古課題，立說辯論者每大書萬言而述意未盡，亦易犯上嘮叨之弊。〈禮拜徒〉卻舉重若輕，點到即止而不必繪畫全龍，反倒留下餘響細味；「七朝一度淨污塵」概括鮮活，「紛紛蔭下來稱悔，念念詞中號養真」更是形神兼備，教人會心微笑。

至於〈電視中看政治〉，點出政客刁民、種族敵國之間的無休鬥爭，皆為利益誘惑，遂爾虞我詐、反覆無常；不必咬牙切齒而自可一針見血。可能更具意義的是，此作異於一般諷刺詩，因為其重心立意在於後半四句：詩人在「江海雲遊嗟幻海」的淡泊致遠之際，依舊是「書生夢醒記蒼生」，展現知識分子兼濟天下、匡扶正道的傳統懷抱，即古今相通的士人襟懷。尤其是「天行授我乾坤氣」一句，從詩人的內心本源直瀉而出，氣象恢宏，深具藝術及精神感染力。轉看〈置圖文傳真器〉，則從生活瑣事中反思現今科技發展，流露生活化的現代氣息。詩人家中添置圖文傳真器（fax），原為方便通訊之用；「傳輸千里外，轉瞬越山林」，精要勾勒出機器裝置的便利處。不料此舉竟令電話答錄機失靈，更「反僕為主」，造成商業滋擾，浪費自然資源，見證科技實為「雙刃

劍」。他感嘆的「如何添一用，害物兩重深」，是當代個人以至國家面對科技泛濫的經歷，讀來深有共鳴。詩人由此聯想到莊子的「機械機心」之誡，反思人類倚賴及濫用科技之弊，每害物累己，得不償失；最後為此機械經驗劃上句號（關掉傳真器），回歸「渾沌」「素淨」的「無所待」。全詩描述流暢，節奏明快；尤其最後四句兩用頂真，銜接自然如歌行體。以古人先慧觀照當代生活，使傳統展現鮮活意義。[92]

　　由個體成全到社會發展、人世蒼生到自然萬物、歷史文化到宇宙生存的宏觀透視，都是酈翬子遊心天下的精神體會和藝術歷程。試看下面幾首有關歷史題材的作品：

〈詠諸葛孔明十二首〉

青溪碧樹縱虛舟，野鶴閒雲任去留。
終為蒼生辭壟畝，指揮戎馬萬山頭。（其二）
七定蠻荒豈憚辛，凋零寂寞倍思新。
九州瀝血乾坤志，祇願黃沙化綠茵。（其九）
絕世經綸高義伸，昭昭大道幾存仁。
鞠躬盡瘁還招忌，兩袖清風一潔身。（其十）
臨別蕭條不記冤，歸耕無復到桃源。
秋颸泣訴飛霜墜，空挽星沉五丈原。（其十一）

　　　　　　　　　　　（《婉雯詩草》，頁 2、9–11）

〈讀史隨想〉

滄海飛雲一瞬臨，曹劉楚漢感秋心。
千年霸主河山夢，萬世生民血淚吟。
雨捲寒風窗送冷，天兼暗霧紙添陰。

92　另外亦可參看〈麥片樂戲題：保健寄青少年〉（《翠韻芊芊》，頁 68–69），涉及富庶社會中維持健康飲食的課題，同樣具有現代生活的切身意義。

爭鋒總是銷魂調，臥聽枝間鳥弄音。

（《九思林》，頁68）

〈偶步炮台〉

曲道荒原今古同，千年霸業竟何功。
花開葉落春秋裏，雁去鴻歸冷暖中。
海上風橫波起伏，山頭雨過樹青蔥。
人間不外潺湲事，天淡雲閒萬里空。

（《九思林》，頁91）

〈與友人遊博物館隨想〉

千年器物囿箱中，過鳥飛雲萬古同。
天地三才人自大，乾坤八極道皆空。
紛紛擾擾名牽利，滾滾滔滔勢附功。
君問浮生清雅意，松烟海月落花風。

（《十二霞峰》，頁83）

這幾首詩頗能反映詩人對塵世歷史的透視。鄺龑子的詩篇從
不讚許古今中外的王圖霸業，因為最終的結果只是無謂傷痛
和普遍毀滅。他似乎沒有特別強烈的民族國家觀念，因為關
懷的重心總在平民百姓。在入世層面上，他敬仰「終為蒼生
辭壟畝」、「祇願黃沙化綠茵」的孔明；但「絕世經綸高義伸」
換來的，卻是生命中「鞠躬盡瘁還招忌」、「歸耕無復到桃源」
的悲劇結局。儒士的蒼生之念，盪起諸葛亮「九州瀝血乾坤
志」、「昭昭大道幾存仁」的豪情壯志以及詩人心底相同的氣
魄；但更符合生命真道的，似乎是「兩袖清風一潔身」的瀟
灑，以至「青溪碧樹縱虛舟，野鶴閒雲任去留」的無待。滄海
飛雲、雨捲寒風、花開葉落、雁去鴻歸等等，是自然運轉的
起伏變化；至於曹劉、楚漢爭鋒和朝代興亡，卻終究是「送
冷」、「添陰」的「銷魂調」，源於「千年霸主」野心的「人自

大」。兩句「紛紛擾擾名牽利，滾滾滔滔勢附功」，已大概總結古今中外歷史「大事」進程的主軸推力，並點出轉眼即逝的河山大夢，到頭來萎縮為「千年器物困箱中」，徒讓遊人過客指點。歷史中的大小角色最後皆是無奈的，而詩人提醒塵世的心念也是無奈的：他無法改變「爭鋒總是銷魂調」的恆久世情，只能自我閒適於「臥聽枝間鳥弄音」的情調。既然人在自然宇宙的尺度中永遠微小，詩人最終的歷史觀也必然是「出世」的。在他的感思中，歷史從來不是甚麼驚天動地的大戲劇：「人間不外潺湲事，天淡雲閒萬里空」使人想起杜牧在〈題宣州開元寺水閣，閣下宛溪，夾溪居人〉中那份對「六朝文物草連空，天淡雲閒今古同」的感想。分別是，鄺龑子不必「惆悵無因見范蠡」，因為入世的無奈可以轉化為半出世的和樂安寧；立命於自然中透視歷史塵世，詩人的精神歸宿是：「君問浮生清雅意，松烟海月落花風。」

3.3.3 發揚幽微的「情詩」傳統

　　鄺龑子的詩詞在飄逸空靈之中，亦具備一種近似太極圓渾、相反相成的藝術特色：婉約纏綿的深情。從他對諸葛亮、謝婉雯以至黎民百姓的抒寫，就知道半隱之士對世界和生命懷抱深情，無待個人相識與否。詩人寫過「情深總起情深恨，志遠還添志遠哀」（〈牛津冬夜雨霽〉，《滄海浪迹》，頁 35），心中並非恆常靜穆；收放和起伏豐富了詩歌的色調、情韻和層次感。最微妙深濃的情感為男女之情，亦不時見於鄺龑子的詩詞。《周易・繫辭上》謂「一陰一陽之謂道」；只看天地、日月、水陸、春秋、雌雄（動／植物界）及男女之間的平衡，就知道陰陽兩儀的互動，是人性中最深濃的動力，亦是生命中最玄妙幽微的關係。傳統儒家的價值偏向，使男女之情在傳統文人的詩歌中無法充分表達，直到詞

出現後才比較多。雖然中國古典詩詞也有李商隱（813-858）的〈無題〉詩細寫生離的難言之隱；白居易的〈長恨歌〉、元稹的〈遣悲懷〉、蘇軾的〈江城子〉（十年生死兩茫茫）等不同作品抒寫死別的傷懷悲緒；亦有李清照的情詞，從相聚之歡一直寫到生離之愁與死別之痛，然而整體衡量，深切感人的「情詩」在詩詞傳統中並不多見。若說鄺龑子的詩詞在高遠壯闊中具備深刻細婉的意境，亦可理解為「太極生兩儀」的道運，即「反者道之動」（《老子》40章）；又或者如詩人所說，「深情極處化忘情」（〈青島海岸抒意〉，《千里晨芳》，頁23）。先看下面的平常送別之作：

〈送內出門外遊〉

微風秋意盪，絲雨誤天明。

素日卿瞻我，今朝我送卿。

車旁凝望眼，眼內別離情。

多少霜楓落，飛花夢裏盈。

（《伯仲之間》，頁45）

精確的文字，流暢的筆觸，仍然是繾綣寄懷的基礎，只是再添幾分深刻的蘊藉。此詩寫送別妻子出門的情景，寓深情厚意於輕描淡寫之間。微風秋意盪心頭，連絲雨也似乎挽留小別的時刻。他站在車旁面對車內的旅人，「車旁凝望眼」是詩人的目光，而「眼內別離情」既是他目睹的眼內離情，亦反照出自己的心緒。兩個「眼」字隔句並置而頂真相接，甚少見於對仗運用，此刻卻恰到好處，既配合情意的自然流動，亦以文字體現四目交接，形體貼切生動。此聯正如上引〈先君舊衣〉的「多少飢寒戶，孤單苦難人」一樣，是前後連貫、一氣呵成的「流水對」寫法，氣韻自然。至於「素日卿瞻我，今朝我送卿」一聯，應該是寫詩人翻思素日出門公幹之時，

對方遙望自己，此刻更加深離情的感受。這首詩的描寫簡樸素淡，情感真摯深婉，盡見於尾聯的自然意象載體（或「客觀對應物」），飛花盈夢，韻盡言外。此外，可以參看〈記內留醫八首〉（《一日三秋》，頁 66-73），寫妻子入院前「飯過舒閒踏藝坊，依依賞畫盡昏黃。同船渡海穿波浪，挽手相牽入診堂」（其三），又寫到在手術室外等候結果的不安：「咫尺天涯斷續房，難揮關顧寸心慌。聊將忐忑埋詩韻，半世深情漫四方。」（其五）由溫馨平靜「穿波浪」，到暫「埋詩韻」止忐忑，詩人的心情寸寸起伏，段段轉折，皆真實可感，沒有半點誇飾。筆觸輕淡而意緒深濃，是至情至性的呈現，無法勉強堆砌。

　　與此同時，人類情感的幽深微妙之處，亦往往在於對失落的思念和追憶。生命中植根於「無」的回溯，別具一種黯然神傷的深度。酈巽子的詩詞中亦有這樣的例子：

〈蝶戀花〉

誰謂柔情如水逝？海角天邊，十載還牽繫。
心事年年仍默委，行雲飄盪無由遞。
又值秋涼花謝葂，唯羨飛鴻，何幸聲相勵。
回夢夜闌淒雨細，簷前滴滴搖盟誓。

（《水雲詩草》，頁 118-119）

〈偶然道上憶舊十八首〉

飄然天際鶴，清霧渡黃昏。
獨倚枝間嘯，誰知念舊恩。（其十一）
身本閒飛絮，無端偶種根。
清颺明月去，秋水不留痕。（其十二）
霜空催靜夜，孤影問青天。

月淡人間意，烟含霧裏緣。（其十五）

莊生猶曉夢，濃淡自交絃。

冰魄琴心暖，如斯總不全。（其十六）

恩是無名偶，一泓清水幽。

胡為今日語，欲吐話先休。（其十七）

何當延舊意，再泛木蘭舟。

舒卷瀟湘遠，相牽到白頭。（其十八）

（《秋月集》，頁 107–108、111–115）

〈誦詩憶舊〉

詩歌心底韻，一字一風流。

隻影連灣岸，相思入晚秋。

雪花焉可挽，雲夢豈曾留。

獨步攜清月，寒山夜更幽。

（《東山零雨》，頁 81）

〈水畔閒想〉

斜光烟雨後，碧海不沾塵。

天地原通性，情緣自擾神。

飄雲心際念，流水夢中身。

指上飛花散，清空一往真。

〈無題三首·摰友生辰偶思〉其二

萬緒千條總結癡，衷腸竟過少年時。

流光掩映春深柳，緣是清風分若絲。

〈偶憶故人〉

獨步空庭記舊鴉，昏黃幾度送殘霞。

連心暖影江邊話，挽手清芬月下花。

一別天涯身換世，孤征海角浪淘沙。

經年烟雨閒燈伴，紙作雲山夢作家。

（《千里晨芳》，頁 16、23、25）

　　將這些篇什與飄逸之作並置，就能了解作者思情和精神的「兩儀」。這些抒情之作的韻味各有特色。〈蝶戀花〉直抒胸臆，敏銳細膩；「簷前滴滴搖盟誓」的結尾顫動，反映思念隨時隨物而起，自來復來，體現餘音不絕的心理感應和藝術感染力。〈偶然道上憶舊〉只應全組閱讀，因為情思前後一貫，很難句摘；它從首至尾如「一泓清水幽」深邃流動，連綿不斷，意境渾成。若要勉強道出各首微妙協同的藝術情調，也許可以指出其十一的孤寂之意；其十二的飄渺之音；其十五的迷茫之色；其十六的張力之心；其十七的吞吐之念；其十八的遙遠之夢。全組詩讀來語語悱惻、句句纏綿，終篇無一「淚」字而暗淚還流，不濫說而深哀。像「秋水不留痕」、「烟含霧裏緣」、「冰魄琴心暖」、「舒卷瀟湘遠」等句，字字心血，脈脈烟思，異常淒美。李商隱的〈無題〉、〈錦瑟〉寫來華麗精美，當中嵌入典故，曲折凝練；〈偶然道上〉直用白描，玲瓏透徹，意象飄渺而繚繞纏綿，異曲同工。深情之作能盪氣迴腸而不誇張費力，美學上非常困難，不但要情感深刻纏綣，而且語默輕重之間需要收放自然，方可恰到好處。鄘龑子此類詩詞深婉、細膩、幽微、飄渺，已得箇中三昧。

　　這種深摯而溫柔的韻味，或許源於詩人情真而不自詡：他曾於「不惑之年」，寫到心境的平衡是「萬念俱成雲外意，半生仍是舊情癡」（〈窗畔隨想六首〉其六，《秋月集》，頁122）。至於其後的「衷腸竟過少年時」，從情調上看，應該並非指比少年時醉溺於情，而是婉約表示情感如今已更深醇。他既知道寸心沒有隨年齡打磨及生命侵蝕而硬化，轉念之間卻自嘲「情緣自擾神」；既感到緣與分的落差以及「緣是清風分若絲」的飄渺，又揮灑出「指上飛花散，清空一往真」的飄逸。詩人由「隻影連灣岸，相思入晚秋」的實意，轉到

「雪花焉可挽，雲夢豈曾留」的虛思，再化出「獨步攜清月，寒山夜更幽」的空靈；這正如「挽手清芬月下花」的回憶，通過「一別天涯身換世」的歷驗，最後升上「經年烟雨開燈伴，紙作雲山夢作家」的出塵。詩人把心神付諸文字，轉化為「詩歌心底韻，一字一風流」，猶如太極兩儀、四象八卦的互動與平衡。「寧靜以致遠」，於斯可以另作詮釋。

3.3.4　空靈高遠的精神與藝術本相

內地詩詞學專家莫礪鋒指出，鄺龑子「詩歌的意境……其實是……精神家園。……只要『心遠』，也就是在心中保持高潔的情操，那麼鬧市也成幽靜地，炎天頓現清涼國」。莫礪鋒慨嘆擁擠繁囂的都市環境並非孕育性靈之地，讚賞詩人仍然能「在水泥森林裏……開闢一個又一個的精神的綠洲」，形容其詩作「正是滾滾紅塵中的一貼清涼劑」（《十二霞峰》序，頁 vi-viii）。兩年後，陳湛頤評論《淡影乾坤》時亦作出類近的觀察：

> 當中既有着「得失隨花散，悲歡伴月遷」（〈風雨渡海〉其二）般勘破世情的諦觀；也包含了「閒觀春草生堤岸，獨立秋風過戶庭」（〈又寄子瞻〉）式放任自在地觀照風物人事的態度。……〔詩人〕從容不迫地道出他的閱歷和所透悟的人生境界，語境沖虛平淡，卻又蘊含深意；……所揭櫫的「意淡心閒千念遠，天空水渺萬山幽」（〈風雨隨筆〉）的境界，不失為一服清涼劑，甚或是發憒人心的暮鼓晨鐘。

（頁 106-108）

饒有意思的是，兩位學者不約而同地以「清涼劑」作比喻，正是看出鄺龑子的詩詞高遠、清雅、閒淡的意境，既是警世的

「暮鼓晨鐘」，也是養性的「精神綠洲」。潘金英認為：

> 詩人觀察入微，在日常生活中偶拾閒趣，文字中
> 流露一份士人風骨，……『產業堆山厚，人間物欲腥。
> 爭鋒千百代，富貴作心經』……融合古典文詞入新境
> 界，……文明世代中物欲掛帥，一句『富貴作心經』把
> 本為體會超世智慧之佛家用語反諷都市人利字當頭，極
> 諷諭之效。

（《九思林》附錄，頁 107–108）

此處所指的「諷諭」亦並非咬牙切齒，而是富有餘韻。故所言
的「閒、淡」，至少有雙重含義：既指藝術境界的內涵元素，
亦指輕描淡寫、舉重若輕的美學風度和筆法。

「空靈」、「透悟」、「沖虛」的指向是「高」和「遠」；蒼生
之念是「大」；銘心之情是「深」。這是借用詩人反璞歸真、
直指詩心的美學原則，去衡量他的詩歌實踐。鄺龑子談論古
典詩詞，每重內心素質和精神修養，認為詩詞寫作到頂峰
層次，必然涉及才性與體驗孕育的胸襟氣象。這是自古以來
「在心為志，發言為詩」的詩歌觀念的邏輯開展。宏觀鄺龑子
的詩詞，其整體藝術特色可能正在於全面而兼善。不同篇章
在意境、情韻、色彩、語調上固然靈動多變，就是一首作品
中亦往往呈現豐富的層次感。再看下面的例子：

〈春曉窗畔〉

草木江潮日月邊，人間長陷有情天。

是非執志年空換，離合銷魂物自延。

得失塵微身似幻，悲歡夢醒意飄仙。

飛花淡影乾坤事，灑落清心印素箋。

（《淡影乾坤》，頁 1）

〈山居秋夕〉

一瞬風雷景物遷，雲飛雨散夢窗邊。
山清水靜人歸舍，葉落秋深月滿天。
黃土無情身淡泊，蒼生百難志傷憐。
何當世代安居樂，怨苦貪癡盡化烟。

（《滄海浪迹》，頁92）

〈岸邊即目遙想〉

百代興亡水逝東，悲歡離合古今同。
情深義重千絲結，雲淡天高一片空。
花逐寒風飄渺外，人歸本宅靜安中。
閒身踏遍星霜路，立善存真不問功。

（《伯仲之間》，頁55）

這些作品的意境和氣象，貫徹着飄逸透悟的本色，正是鄺龑
子以詩論詩所云「深知藝道本神精，氣象風標繫性靈」（〈偶
思今古言志抒情〉，《滄海浪迹》，頁23）的寫照。他的詩
詞經常靜心觀照萬物，於一片花飛葉落、月朗風清、山明水
靜、雲淡天高的飄渺虛實之間，自然流露出淡泊名利、超然
物外、虛心自守的修身意趣，隱然融合了傳統儒、道、釋的
士人懷抱，在勾心鬥角的俗世中尤其顯得清朗出塵。然而如
上所說，鄺龑子的詩詞並非一味沖虛恬淡的神韻：「黃土無
情身淡泊」的自適，夾雜着「何當世代安居樂，怨苦貪癡盡化
烟」的宏願；「百代興亡水逝東」的歷史感慨，與「雲淡天高
一片空」的自然飄逸和「立善存真不問功」的淨化修身並存。
詩人的心靈和詩道，必先經過入世「有情天」、「是非執志」、
「離合銷魂」、「得失塵微」、「悲歡夢醒」的提煉，九蒸九焙，
而後化出「飛花淡影乾坤事，灑落清心印素箋」的出世空靈。
如此才有資格道出「高深遠大循修養，造極登峰看達生」的感

悟；而藝術心靈的修養，仍以詩人自己的話說得最形象化：
「松柏江空素葉林，扁舟野岸雲烟柳。方圓太極是心鄉，獨立
中宵觀北斗。」（〈偶思今古言志抒情〉，同上）

　　上面幾句引文的意象，帶出一個相關的課題：自然在鄺
龑子詩詞中的涵義。傳統詩畫往往蘊含空靈的自然真意，但
都市喧囂紊亂，教今人如何感受自然的深層脈搏？鄺龑子並
非傳統的自然詩人：他既無耕地「守拙歸園田」或「帶月荷鋤
歸」，也無鄉郊別墅可居，讓他放下職責、優游山水。對一
個棲身於水泥森林邊緣、消費慾海之中的大學教師來說，自
然究竟代表甚麼？莫礪鋒形容詩歌的意境為「心造幻影式的
精神家園」，或許未必盡然，但它至少應如詩人所說，「不是
現實環境的簡單攝像，而是提煉於現實的精神意境」（《十二
霞峰》序及後記，頁 vii、101）。詩人處處以自然為同伴、共
鳴、依歸：「但感英魂風裏現，一聲斷雁過江雲」、「雨捲寒
風窗送冷，天兼暗霧紙添陰」，是注入了人情的景象，讀來
卻猶似自然亦感受到人類的悲哀。〈鷓鴣天〉詞恰好主客輕
重相反，是一首「自然詞」：「花開花謝換衣裳」、「晴不永，
晦無常，青山依舊伴斜陽」是自然大道的真；「閒看雁入秋烟
遠，坐對雲移日影長」、「澄空素月輕風過」是自然景象的美；
「陣雨迷濛散草香」、「又送浮生一夕涼」是自然對人的善；欣
賞和內化這些，是自然性情對本源的感應。詩人賞愛的並非
「金帶銀燈照俗名」，而是「半榻輕風搖早夢，一天細雨潤春
英」、「獨步攜清月，寒山夜更幽」的自然情調。至於〈山居
秋夕〉寫的「一瞬風雷景物遷，雲飛雨散夢窗邊。山清水靜
人歸舍，葉落秋深月滿天」，反映詩人樂賞及領悟自然變化
之道，因此可以「歸舍」安身於山清水靜、葉落秋深之中。種
種意境讓人覺得，詩人像個寄跡今生的隔世隱士。

鄺龔子性近自然，看透塵世間「血雨賽腥風」（〈八號暴風訊號下歸家〉，《夏木集》，頁16）而成為半隱士。從其詩詞看他與自然保持接觸的日常方法，似乎是回歸香港後，把居所選在市區的邊緣地帶，總有山光水色在步距之內，故其詩題時見類似「岸邊獨步」、「岸邊即興」、「漫步水邊」、「山野漫步」等語；即公幹或外遊時，亦有「獨步海畔」、「湖畔」之興，足見安身立命的精神方向。這意味他的筆觸不會彈出像〈離騷〉般咬牙切齒的調子：

〈水邊聽潮二首〉（其二）

世途荊棘總偏多，慷慨焉須向汨羅。
一任身前風捲雨，閒心伴月到天河。

（《婉雯詩草》，頁85）

這種「一任身前風捲雨，閒心伴月到天河」的胸懷和氣魄，無疑類近「一蓑烟雨任平生」的蘇軾。事實上，詩人寄居海外十多年，足遍三洋五洲，放眼無涯之際，遂順情順意地立於自然方位觀照人間。因此，不論是抒寫高遠和恢宏的情景（如「飛花亂絮飄飄舉，浮生本是雲烟旅」、「一別天涯身換世，孤征海角浪淘沙」），還是於看透塵世滄桑之餘仍然抒寫存在的生機和韻趣（如「人間過眼滄桑換，空際埋痕日月遷，征鳥浮雲風送遠，飛花落葉雨添鮮」），皆能如內化的心靈體悟一樣，不必落寞，不必說教，隨手拈來，全無造作。一句閒適的「風過樹成籟」，反映對天籟之運的領會；而輕描淡寫、本於海外生活的「四海曾吹雪」，已超越盛唐詩人的經驗尺度，比李白的「白髮三千丈」（〈秋浦歌十七首〉其十五）合乎實情，不用誇張放大。詩人既然遊心於無涯，當然會以自然的尺度去衡量文明與歷史——人世記錄的最大單位；因此他才會寫到「但許文明順自然」、「指上興亡紛擾夢，山川草木意

清真」、「人間不外漪漣事，天淡雲閒萬里空」。鄺龔子在自然的透視中觀照塵世，故此詩人修身的靈感每源於自然：「修身化藝相牽手，菊竹梅蘭添契友，松柏江空素葉林，扁舟野岸雲烟柳」，其精神歸宿亦復如是：「君問浮生清雅意，松烟海月落花風」。在他的詩詞中，「自然」涵蓋情感、道德、哲學、生命、社會、歷史、文明、環境，以至美學層面的意蘊，成為人事衡量與精神超越的依歸。

3.3.5　清麗暢達而融通今古的語言

在美學實踐上，詩詞的精神內涵和藝術氣象，應該順情合理地引領和啟導語言風格。譬如說，豈有將自然清遠、透悟空靈的意境，塞進濃艷臃腫、艱澀障晦的語辭之理？陳湛頤評論《淡影乾坤》的一段文字，大體可以用作形容鄺龔子詩詞的基本語言風格：

> 在技巧上，本詩集也具有平易精練的特色，用語不假雕飾，亦不傾向運用典故，不過，表面尋常的字句，讀來卻有一份優美典雅、濃縮凝練的感覺，⋯⋯經過琢磨、鑄煉的詩歌語言，概括力高，形象性強，很具藝術感染力。
>
> （頁 107）

除了評論者指出的各方面外，這種藝術感染力還包括過人的洞察力、靈活性和幽默感：

〈記布達佩斯一週之旅〉（其一「乘兒童火車」）

揮旗吹笛引車開，颯颯英姿檢票來。

喜得閒遊觀少稚，今朝敬業異時才。

〈候診一景〉

清晨安候診，倦目偶然張。

驀地訇聲響，肥頭撞厚牆。

（《春花集》，頁 20、32）

〈牙痛二首〉（其一）

朝昏難寢食，欲語淚先流。

那管風雲氣，莊生或武侯。

（《默絃詩草》，頁 67）

　　〈乘兒童火車〉記稚童充當小火車工作人員，肩負「揮旗」、「吹笛」、「檢票」之責，顯得英姿颯颯，爽朗有序，讀來生意盎然，賞心悅目。末句從小孩敬業認真的表現，設想他們異日可成社會棟樑之才，從「兒童詩」[93]的層次開展出深遠寓意。〈候診一景〉收起了平素的思情氣象，聊記候診之際張開倦目，偶然看見的微小趣事。當中並無牽動深厚情感或嚴肅思考，反而寫得輕鬆，活潑詼諧：「肥」既可指頭部的型態，亦可指頭部油脂積潤的光澤；至於牆之為「厚」，或演繹自撞擊聲音啞實厚重之故。這首短詩在輕描淡寫「肥頭」與「厚牆」的撞擊之際，亦將惺忪的意識和文思震得清醒，悠然散發活潑俏皮的閒趣，教人會心微笑。〈牙痛〉則更精練傳神，在「一絲經脈亂」（其二）的痛楚之際，將莊周、諸葛亮（諡忠武侯）、李清照（借〈武陵春〉詞句）全數倒入「忘身」甚至「忘心」的格律詩中，成為一首幽默自嘲的小精品，庶幾可以舒緩感受，痛中作樂。詩人在風雲氣散、寢食難安的無奈時刻反客為主，以寫詩超越感官限制，正是「無意不可入」的具體見證。鄺龑子的其他輕鬆之作，還包括偶然用學生的

93　亦可參看〈國際兒童合唱團音樂節二首〉，《夏木集》，頁 112–113。

名字嵌入詩篇，依然是本於真情實意而非應酬唱和之作。不論題材輕重，靈活的心思和流暢的語言都能結合成氣韻生動的藝術魅力。

　　至於當代詩詞語言的「現代性」課題，本書將另闢章節獨立探討；此處僅略述一二。鄺龑子的詩歌語言以清麗素雅、流暢自然的古典神韻為本，但亦按課題糅合活潑的語辭，與現當代接軌。即以本章引用過的作品為例，「裝修」、「烹飪」、「麵包」、「熒幕」、「病毒」、「複製」、「基因」、「十架」、「圖文器」、「檢票」、「肥頭」等語，皆屬無悖古典韻味的當代語辭（包括譯自外語之辭）；它們自身的內涵、造語以至跟上文下理的配合，讀起來都暢達得宜。這種選取及運用，兼需直悟和思考，例如把「飛機」化為「鐵鳥」，將格格不入的「鐳射」（laser）轉化為「閃電青芒」，或者把眼睛冷凝手術形容為「神刀栽扣冷霜凝」等等。[94]取捨和重塑，要求敏銳的語感和準確的拿捏，微妙之處，無法一言以蔽之。音樂美方面，鄺龑子的詩詞平仄節奏、高低、轉接等皆流暢，而且絕大部分都體現平水韻、當代粵音及普通話語音的押韻會合，即同時符合三者的押韻要求；近年的詩篇尤其如此。要達到這點本身已有難度，何況不能因音害意，同時要維持一貫的清雅流麗，誠屬挑戰，亦深具示範意義。

3.3.6　自然靈活、表裏合一的詩學觀

　　作為表達「心志」內涵的載體，語言運用體現美學取向。鄺龑子的藝術實踐和信念，要旨首在真樸自然，感應萬物而

94　見〈往加拿大航機上隨想〉，《千里晨芳》，頁89；〈眼疾留醫〉其一，《春花集》，頁30。

運，看不見偏執的古今之分。他將古典詩歌的精神內化，革新地體現於當今文化及本土社會，帶出現代性的意義，同時指出模仿自縛的陷阱：「〔我〕鼓勵〔學生〕抒寫性靈，表達真情實意，切忌過分雕琢語言，堆砌典故，或者以模仿唐詩宋詞的形貌為目標，否則只是協助製造恐龍標本。」（《七雙河》，前言，頁 xii-xiii）二十世紀以來，西方文學作品及觀念影響甚深，潮流所至，每見追逐技巧、語辭或結構創新。鄺龑子獨立於新潮與舊習之外，卻未必懷有刻意立異的念頭；他似乎只是按常理拈出「真情實意」作為詩學明燈，為今日方向迷茫的詩歌寫作，發揮光照雲霧的作用。題材選取、主題開展和情感抒寫，固然難以依賴無中生有；真樸自然更是詩人對語言表達的基本態度。這樣的美學實踐，不會導致賣弄才學或唯美斧鑿，卻絕不代表「淡乎寡味」。事實上，鄺龑子的文字始終保持清麗靈動、灑脫自然的特質，教人想起李白所說的審美宗旨：「清水出芙蓉，天然去雕飾。」（〈經亂離後天恩流夜郎憶舊遊書懷贈江夏韋太守良宰〉）

　　古今中外的藝術實踐，未必跟作者的宣稱相符。觀乎鄺龑子的詩詞，確實能貫徹真摯自然的精神和美學。他有一首七言長詩〈偶思今古言志抒情〉，不但精要地概括其現代詩學觀，更凝聚了自身的詩歌體驗和精神歷程，因此四百多字讀來自然流暢，毫不勉強重滯：

物象感人千百姿，虧盈動靜起神思。

高山流水幽深處，葉落花開往復時。

縱橫六合乾坤念，塞困悲歡幻彩衣。

心志為言書起伏，中情曲折付詩詞。

氣自剛柔輕重轉，真音切語隨心願。

雄渾婉約任風流，但秉精誠通冷暖。

潔身匡弼展平生，縈損衷腸飛夢短。

言志抒情合兩儀，清弦訴盡人間亂。

君不見黃河之水天上落，直掛雲帆濟謫仙。

又不見萬里悲秋常作客，沙鷗孤病幾傷憐。

屈平辭賦空悲墜，揚己露才酸滿箋。

生不逢辰堪獨善，淵明守拙歸園田。

修身化藝相牽手，菊竹梅蘭添契友。

松柏江空素葉林，扁舟野岸雲烟柳。

方圓太極是心鄉，獨立中宵觀北斗。

正意虛懷晝夜勤，始堪人力全天授。

深知藝道本神精，氣象風標繫性靈。

引典誇高籠謝客，驕奢憤悶總無明。

焉不嘆氣蒸雲夢胸襟小，浩然縮作羨魚情。

豈不賞東坡踏雨閒吟嘯，天容海色本澄清。

更不見辭君隱逸莊周早，曳尾觀魚安野老。

智德文章兩混成，閒沾雨露參花草。

無名相裹顯真名，無己虛靈星月好。

縱匪全拋浣世情，蒼生責換逍遙道。

懷才感遇嗟今古，墨客長彈運未亨。

僻處江湖能輔世，何須戀己怨千層。

高深遠大循修養，造極登峰看達生。

百歲紅塵私慮渺，無邊風月化詩盟。

（《滄海浪迹》，頁 22-24）

　　這首歌行體古詩穿梭古典詩歌傳統，貫通中國詩學和哲
學的核心觀念，顯得泱泱大度。它拈出傳統詩情及評論的某
些局限，亦點評名家的藝術特點，更指向表裏合一、古今皆
宜的詩歌大道。鄺龑子的言志及哲思篇章多半高遠飄逸，這
首美學抒意詩則豪放宏壯。詩人化用個別名家的詩句和典

故，[95]但全篇的運思運筆一氣呵成，轉接和融合流暢無礙，全無牽強斧鑿或艱僻晦澀之弊，反映內涵早已為詩人內化，成為精神血脈的靈動元素。他卸下傳統儒家以倫理干擾美學的擔累（例如「條件反射」式歌頌忠臣或認同懷才不遇之怨），指出過分揚己自憐的詩歌，囿於個人得失成敗之思，美學上難免格局狹小和滿箋酸楚：與其像屈原、謝靈運、孟浩然，不如默化李白、杜甫、陶淵明和蘇軾。詩歌不能用道德觀念解讀和評價，但藝術意境又跟修身境界息息相關：「深知藝道本神精，氣象風標繫性靈。」酈鵷子的詩學認為，「詩歌到了上乘的層次，同時是精神修養的提升和展現」（《匕雙河》，前言，頁 xv），因此在默化各家中，特別欣賞莊子和蘇軾的氣象。俗世是凡人的生活環境，但紅塵外還有更高更大的自然宇宙，更適合作安身立命的心鄉。既然個體得失微不足道，詩人自然將「懷才不遇」的過分自憐視為美學虧負。這種正面詩學躍過傳統藩籬而富「現代性」，亦超越現當代美學中一味顛覆價值的負面思維，回歸到生命常理的立足面。

縱觀古人的詩篇，大體印證了酈鵷子說的「氣象風標繫性靈」。誠若如此，藝術修煉亦應該由小我刻意，回歸大道自然。比《滄海浪迹》早十一年出版的《秋月集》指出，「詩歌的寫作，似乎總在於有意無意、有為無為之間，終究欲辨忘言」（自序，頁 11）。正是這種「吾道一以貫之」的自然人生觀和文藝觀，讓詩人洋洋灑灑道出「修身化藝相牽手，菊竹梅蘭添契友；松柏江空素葉林，扁舟野岸雲烟柳。方圓太極是心鄉，獨立中宵觀北斗；正意虛懷晝夜勤，始堪人力全天授」的體悟──亦即融合自然與修身、天授與人力、虛

懷與勤勞、胸襟與立命的玄妙「化藝」。這首詩學長詩縱橫今古，貫接天人，語言流麗而意象清美，氣度恢宏而境界高遠；稱它為中華詩道的指路明燈，似乎並不為過。

3.3.7　小結：「詩」與「哲」合的「詩人之詩」

葉嘉瑩讚許鄺龑子「天賦清才獨愛詩」之時，他的出版作品才不過三百多首。十年過後，詩人自己亦提到「無邊風月化詩盟」。詩盟成就了二千多首詩詞，當中沒有應酬敷衍之筆，沒有勉強斧鑿之語，內涵已達「無意不可入，無事不可言」的境地，文字靈動暢順如行雲流水。在他的手中，任何題材都可以成為透視萬物的起點和遊心宇宙的跳板。詩人的抒寫幅度，由「深情極處〔而〕化忘情」；就傳統詩學的氣象和風格而論，令人想起司空圖（837-908）《二十四詩品》列舉的「雄渾」、「沖淡」、「豪放」、「婉約」、「含蓄」、「自然」、「超詣」、「飄逸」等詩品，意境方面兼具「高深遠大」。縱觀鄺龑子的詩詞，較明顯的成長面應該是社會性詩篇的開展；2005年出版的四本詩詞集，見證「無意不可入」的實現。他的詩詞源於日常生活體驗，隨時於微中見趣，小中見大，從具體事物聯想到更高遠廣闊的思情哲理，深具啟發性和感染力。詩人虛心感物，隨事點染，將個人的抒情言志和感應體會連接四方六合，直達無涯。這點飄逸不羈的藝術性靈，清楚見於他跟一位忘年知音的神交——「坡仙」蘇軾：

〈寄子瞻〉

百折荊途一任真，天涯海角那稱辛。

披風冒雨難傷意，渡世浮生願作賓。

淡飯清茶長自樂，青山綠水總相親。

　　閒看怪事年年有，混沌詩心不究因。

（《九思林》，頁 13）

〈蝶戀花‧寄子瞻〉

一綫殘陽消石浦，四面蒼涼，百里籠烟霧。

絲雨紛紛風亂舞，孤身轉折秋山暮。

慣向荊榛烽火渡，書劍閒心，踏盡天涯路。

水作墨時雲作素，高峰遠岸清襟步。

（《淡影乾坤》，頁 103）

　　問題是：詩人抒懷寫意，為何不時遠「寄子瞻」？鄺龑子的詩詞，反映宏遠而多層次的內心世界，也許非親友能完全了解；所謂知音，是相對程度的形容。只是詩人從來沒有像某些現當代作者那樣，放大個體以便大造文章：即使在「披風冒雨」、「四面蒼涼」、「孤身轉折」、「荊榛烽火」之際，他依然是輕描淡寫，「書劍閒心，踏盡天涯路」。「渡世浮生願作賓」有點令人想起陶淵明的「心遠地自偏」（〈飲酒〉其五），不過這裏少了「偏」的想法，意境似更近於莊子的「逍遙遊」，卻不見超自然的象徵。正是這種風雨不侵、海天自樂的精神，「水作墨時雲作素，高峰遠岸清襟步」的胸懷，教人不易察覺鄺龑子的詩詞隱含的深層張力。既然蘇東坡沒有郵寄地址，他只能是現實中不存在的心鄉知己。詩人曾在一篇題為〈惜物‧外物〉的散文中寫到：「這二十年來的心路歷程，母親已經不太清楚。她喜歡讀我的詩詞，我卻不能期望她看通莊周和東坡跟我的關係。」（《烟雨閒燈》，頁 71）他在英國〈泰晤士河畔閒步後〉，想起的亦是這位比自己年長九百多歲的隔世知己：「永記經匡志，東坡只半仙。」（《千里晨芳》，頁 78）詩人在〈戲謫仙勉詩選課諸生〉之際，送贈李白的仍然是「且將莊老飲詩仙」（《翠韻芊芊》，頁

89）。老莊終身非富非貴而心閒透悟；蘇東坡更是半生遭受政治迫害，甚至被逮下獄身處死亡邊緣。蘇軾所經歷的危難遠甚於屈原和杜甫，卻始終保持「雲散月明誰點綴，天容海色本澄清」的清朗精神和恢宏氣度。能夠與先賢跨越千載神交，孤心不必孤獨，更不會自傷自憐。在鄺龑子的詩詞中，不難看見「勉摯友」、「勉學生」於困頓中的篇章，卻絕少個人怨尤之音或疲累之態，反而感受到自然達觀、導人向上的精神力量。

潘金英曾綜評《九思林》，認為詩集「感物造端，豐富多姿」，並提出以下觀察：

> 詩人以古典藝術手法抒懷詠物，流露出對人生的思悟，也具有一份對文化藝術傳承的責任感。……書的題材涵蓋日常生活之情事、對親友的眷念、社會歷史的感思和宇宙人生的體會。雖然採用古典詩詞的形式創作，卻能以飽滿的活力和深刻之內涵開展創意，亦能把切身之生活體驗和當代課題溶入古雅文詞詩句中，使之反映時代，真確抒發性靈情意。
>
> （頁 107）

這段評論可以視為對鄺龑子的詩詞的一種基本概括。表面上矛盾的是，詩人在開始寫作之時，似乎並不是一個特別自覺的「創作」者；他在第一本詩詞集《水雲詩草》的前言曾説，詩詞抒寫「只是率性而為，興來就寫」，而傳統的詩學觀念，「都是在寫作以後才逐漸接觸到的理念，亦恰好證實了寫作經驗。……好的詩歌，必首先使心靈感動，然後才談得到文字上的美感。」（頁 2-3）或許可以設想，鄺龑子在 2000 年開始出版詩詞之時，還沒有足夠的成果承托文化藝術傳承的使命感；潘金英指的自覺性責任感，更有可能是詩人在其實踐

成果逐漸豐盛之後，由隱約的意識逐漸浮現出來的。

　　無論如何，詩人始終認定和貫徹的，是真情實意、樸素自然及修身與詩藝並進之道。不論就其詩詞的內涵與文辭，抑或就他兼擅古典詩詞與白話散文而言，都看見鄺龑子沒有「新舊優劣」的偏狹立場。一個起步之時國學根基不足的外文學子，融合古典神韻與當代世情，以靈動的風格和流麗的語言，開拓出抒情言志詩歌「高、深、遠、大」的藝術意境。古松以前輩的身分閱讀其散文後，感到「對作者有一份想認識的衝動」，可對比韋奈閱讀鄺龑子的詩詞後，覺得「讓人心靜」：一動一靜的閱讀感應，恰可見證動人的魅力和靜心的意境兼備，或近乎「太極式」的心靈啟示性和藝術感染力。這種「詩」與「哲」相輔相成、融為「詩人之詩」的藝道理趣，在鄺龑子的詩詞以至散文「一以貫之」，處處得到印證。能在前後二十年的抒意中，寫出悲天憫人的懷抱、蕩氣迴腸的深情、幽默活潑的生趣，以至吐納風雲的胸襟和遊心大化的氣度，且全不見疲累勉強之態，在任何時代都可能是例外。隨着科技文明和資訊傳播發達，當今寫作的眼界、意識、閱歷、胸懷，皆有勝於古代之處；古典詩詞應大有發展和提升的空間。

　　作為一個貫連文化、變通傳統的古典詩人，鄺龑子融會今古的藝術意境、文辭風格及精神氣象是獨特的，因為他的才性胸襟、成長道路和實踐方式也是非典型的。單是「無酒之詩」一項，可能已突破了古典詩詞的傳統。他從小耳濡目染父親的詩詞和吟誦，卻在傳承本國文化之前，首先接受西洋文學洗禮；在回歸國土安身立命之前，首先通過三洋五洲的歷練。他的詩詞和散文，寫於居所的「南溟窗畔」，或許反映其精神親近莊子，以〈逍遙遊〉的襟懷透視世界。然而

這份道家精神，卻與傳統儒家的士人情志，一併帶進現代世界和生活中。他多年來工作之餘靜心寫作，不涉「文壇」，近年與同道成立「南溟詩社」（2016-　），嘗試促進古典詩與現代詩的互補互動，並透過寫作課程和公開講座推展文學教育，可以看見詩人對文化傳承的進一步承擔。

文藝評論者都知道，評價眼前人事的基本挑戰，在於難有足夠時間及思考距離，對個別作家或整體發展下定論。但假如上面的分析合乎情理，兩千多首作品應足以大體確立判斷。縱觀酈襲子的詩詞，以四言、六言、雜言古體詩及長調詞較少；五言及七言古體詩的寫作，部分應是由五言及七言組詩分工。細心的讀者或會好奇，希望更多看見不同詩歌體式的當代演繹。無論如何，出版量大而不見程式或庸陋之作，或許指向低調和高質之間的某種因果關連。要在今天的社會氛圍及語言、文化環境中保持一份獨特的初心，實際難度高於一千多年前的門第時代，因為物質誘惑和意識形態的衝擊，以至溝通渠道泛濫對淡泊寧靜的精神威脅，皆造成遠甚於舊日的外來壓力，而詩人必須保持「無懼凋零非傲世」的孤心，注定無法成為「詩壇」群體的活躍分子。一個無待繁華吹奏而悠然自樂的半隱士，安身立命於詩哲和教育之道，繼續其淡泊明志、寧靜致遠的文學實踐。如何能達觀積極而不輕率浮淺，無涉誇張自憐而悲天憫人，是藝術境界和精神修養的協同課題。

教人深思的是，一個如此「非正統」的傳承者及開拓者，隔代接上了唐宋的大傳統，並擴展而將之帶進新世紀。這總有點「橫空出世」的意味，因為構成他的詩心及詩風的內外因素，不容易匯合起來。正因為相比其他文化範疇，藝術蘊含較大的主體性，例外的詩人留下的藝術課題是：他可以感染

多少後來者從內心領受啟發，在傳承中不事模仿，各自成就
合乎本身才情和體驗的寫作實踐？這個問題值得思考，因為
非典型的啟發比起一般藝術「學習」，更在神不在貌。鄺龑子
的詩詞最具啟迪意義的，大概是貫徹真情實意的寫作原則、
清新自然的風格方向、質樸高妙的精神意境；其餘就看個別
慧心領悟。回顧上世紀標榜白話文學及「新文化」，現當代
詩詞的傳承價值和寫作空間，一直構成文化與藝術的雙重課
題。面對「士不可以不弘毅，任重而道遠」的傳承責任，一個
遊心萬物、入世而外物的詩人，循着流水行雲的靈感，開展
出海闊天空的當代古典詩道。

廿一世紀香港古典詩人論略（二）

第一節 **其他詩人：**
方富永、林峰、潘兆賢、陳文岩、
許連進、招祥麒、林律光、蔡麗雙

　　學院以外，還有不少作者從事詩詞寫作，背景各異，熱情如一。本章會擇要簡述。

4.1.1　方富永

　　方富永（1925－　　），廣東鶴山人。幼讀私塾，後於上海聖約翰大學修讀經濟學。來港定居後經商，退休後致力詩詞創作。歷年參加全港詩詞創作比賽，曾屢次獲獎。已出版《晚晴集》（下稱《晚晴》）及《晚晴閣詩詞選》（下稱《晚晴閣》），編年刊印。前者輯錄 1994 年後的 157 首詩及 180 首詞；後者輯錄寫於 2001 至 2005 年的 160 首詩及 100 首詞。[1]

　　藝術格局上，方富永似屬於傳統多於當代，但既然在本世紀積極寫作、參與及出版，仍算是活躍的香港古典詩人。他的詩大部分是悲春憫秋、詠物抒懷和疊韻奉和之作。詩歌格律齊整，語言古雅暢達，有時講究古風雕琢，鮮活的時代氣息較淡，風格變化不大。

　　方富永頗多藉季節及節日起興抒懷之作，[2] 當中以詠秋之

1　鄒穎文編：《經眼錄》，頁 4–5；方富永：《晚晴集》（香港：自刊，2001），作者簡介。另按《晚晴閣詩詞選》（香港：匯智出版，2007）〈自序〉：「近十年來……草成詩詞接近一千首。」（頁 xiv）

2　四時季節的詩歌有〈仲夏夜有感〉、〈初冬偶成〉、〈夏日偶成〉、〈冬夜〉；〈春望〉、〈冬日偶成絕句〉五首、〈春日雜詠〉五首、〈春日詠懷〉、〈春日詠懷〉

作最多，如下面例子：

〈秋興〉

風吹桐葉綠如油，一雨生涼夏盡頭。
菊蕊舒眉看俗世，月波顧影顯清流。
高情遠致千金骨，利欲驅人萬火牛。
撫事思前多感慨，問天無愧復何憂。

〈秋吟〉

一夜西風起，雲飛雁遠來。
含秋凝露氣，映月滿樓臺。
經雨蛩鳴切，凌寒菊笑開。
縱橫天地闊，揮灑任詩裁。

（《晚晴》，頁 11、19）

〈蝶戀花‧新秋感賦〉

雨後初涼消暑困。蒀袖清風，雁影閒相趁。
屈指中秋知漸近，喜迎圓月尋佳韻。
籬畔黃花香陣陣。麗色殊芳，未免縈方寸。
幸有親情時注問，何愁世事繁霜鬢。

〈深秋絕句〉五首（其四）

疊韻聯吟意味長，神來興到易成章。
抒襟未覺秋容寂，更愛黃花晚節香。

〈秋感〉

野雲秋色老梧桐，高閣捲簾一夜風。

（續篇）五首、〈初夏述懷〉兩首、〈冬日感懷〉等；分別見《晚晴》，頁 8、17、
43、46 及《晚晴閣》，頁 30、60-61、70-72、74、75-76、77、84。節日方面，
有詠懷新春、清明及重陽等，如〈新年有感〉二首、〈清明節有感〉、〈元日雜
詠〉二首、〈重陽感賦〉、〈端陽節隨筆〉；〈賦重陽〉、〈迎新年〉、〈重陽有
感〉、〈頌新年〉、〈頌新春〉、〈重陽感賦〉等；分別見《晚晴》，頁 2，8、
13、33、41 及《晚晴閣》，頁 4、22、42、46、69、79。

詩思浮沉燈影裏，夢魂搖蕩雨聲中。

心隨歸雁千山遠，書寄鄉心萬里通。

喚起吟情重九至，黃花勁骨傲霜濃。

（《晚晴閣》，頁88、59、79）

感懷四時變化是古今詩人的慣常題材，方富永更以吟詠四時為主。他退休後詠寫秋天，每乘秋意起興，回首前塵，感慨往事，多為「看俗世」、「寄鄉心」、「搖詩思」的抒寫。他沒有遲暮老人追悔唏噓的感傷，反而藉恬淡空遠的秋日造景，如風雨、月影、黃菊等意象，烘托自己千帆過盡的心境，流露出豁達自在的人生態度，於平淡中見真摯。讀他這類詩覺得舒服，多讀則發現思情無甚變化，風雨、月影、黃菊等秋日意象的運用亦大同小異；譬如在上引五首詩詞中，均出現「菊花」／「黃花」，喻意相同，亦跳不出古人藩籬（想陶淵明也提到「菊能制頹齡」（〈九日閑居〉）的實用訊息）。單看個別詩作這點未必明顯，但任何人就相同主題抒寫類似的內容和感情，都不免會重複自己。風格上，詩作的文筆暢順而偏向傳統，描繪的亦有似曾相識之感，新鮮感不算濃郁。

事實上，詩人具體抒寫當代主題的作品不算多，大部分是藉記述事件讚美祖國，處處流露對國家的頌揚和崇拜。藝術課題不在愛國情懷，而在內容大同小異。如以下例子：

〈迎皎月·頌回歸〉

浮涼雨過又成秋，喜趁良宵共唱酬。

桂把清霜迎皎月，珠還合浦固金甌。

建成新制憑群力，秉照方針匯細流。

行見香江今勝昔，巍巍後盾仰神州。

（《晚晴》，頁16）

〈慶回歸〉

花滿香江日正紅，鵲巢鳩占夢成空。
回天永誌千秋史，破浪端憑兩制功。
故國縈懷情似海，獅山入望氣如虹。
崢嶸歲月悠然過，笑倚東風作主翁。

（《香港詩詞瓊玉》，頁62）

〈頌「神舟五號」上太空〉

一曲凱歌響九州，萬民相慶頌神舟。
載人往返驚寰宇，繞日盤旋沖斗牛。
科技精研傳萬世，宏基建樹足千秋。
喜逢盛事豪情溢，不負平生白了頭。

〈西江月・即事〉

世路每隨飛絮，浮生難避風波。
同心合力戰頑魔，幸喜瘟神已過。
此日群情振奮，全城鼓舞歡歌。
天時地利與人和，六載回歸堪賀。

（《晚晴閣》，頁45、108-109）

　　經歷過英國殖民霸權欺侮、日本軍國殘暴欺凌的詩人，目睹祖國數十年來勵精圖治、國力日盛，香港回歸祖國，自然感到吐氣揚眉，盪起澎湃的愛國情懷。當中或夾雜民族、政治和文化情緒，不易亦不必分辨，感情上亦不難分享。從宏觀的藝術角度看，首要的應是在「故國縈懷情似海」之餘，寫出一種實情的平衡度和層次感；浪漫若有清楚理解事實的發揮基礎，則浪漫亦會顯得更可信。譬如說，〈神舟五號〉是合情合理的「慶頌」，因為只是慶祝航天科技發展，題材簡

單而聚焦。對於1997回歸祖國的頌揚亦覺合理，因為新時代正值開始，憧憬的情懷和殷切的盼望重於一切。然而十年後的香港，已展現出不少社會、經濟、政治及文化問題；〈慶回歸〉的書寫範圍、情懷和語調卻幾乎與十年前相同，觸覺及表現的真實性和深廣度都有不足。首尾貫徹的「日正紅」、「氣如虹」、「歲月悠然」、「笑倚東風」等不能說是錯誤，對照實情卻有偏向和單調之嫌，藝術上有點一廂情願的牽強。樂觀主義絕非錯誤，但選擇書寫現實的藝術，不應該只粉飾太平。講述「非典型肺炎」的〈西江月‧即事〉亦有類似情況。「同心合力戰頑魔」的劫後「歡歌」是實情，然而此役並非純屬天災，亦有人誤，且有醫護人員犧牲，又當時經濟蕭條；一句「天時地利與人和」輕輕帶過，沒有進一步作深度思考及抒發同情。上引幾首作品雖以時事為題，但熱愛國家、歌頌太平的努力有時言過其實，時代氣息亦比較片面。

　　某些時候，個別詩篇甚至因為愛國情感漫溢而造成言語泛濫。試看下面的例子：

〈悼巨人　悼念一代巨人鄧小平逝世〉

平地雷聲響，痛哉失巨人。

宏圖昭日月，妙手轉乾坤。

締造千秋業，飽經百戰身。

萬民咸景仰，舉世頌奇勳。

（《晚晴》，頁14）

〈金句銘心〉

句句珠璣句句金，千鈞重負挺肩任。

蜩鳴炎日清風至，一席箴言長銘心。

（《晚晴閣》，頁 33）[3]

到文化大革命結束為止，新中國的發展猶如發了一場惡夢，需要重新起步。鄧小平無疑是新中國現代化建設的奠基者；以十四億人口的規模而言，中國過去四十年的經濟成就，在人類經濟史上可謂空前（甚至有可能是絕後）。因此「巨人」之稱，客觀上有理據支持。自古以來，政治偉人的建設都有代價，過程中也不免有犧牲和血淚；何況偉人也是凡人，是否一切決定都屬於必須，並不容易簡單卜定論。鄧小平的生命交織着當代中國歷史，其奮鬥、起伏、功過等都豐富複雜；作者此詩則變成了「平面歌頌圖」。隨着文明發展，團隊的重要性提高，個人的重要性降低，故即使悼念偉人及歌頌功績，亦不必誇張至「舉世頌」、「萬民仰」、「千秋業」之類的措辭，因為如此尺度早已超乎作者的見證可能，而他亦必然知道頌揚的對象並非全無爭議性（例如「六四」悲劇）。轉看稱頌溫家寶的詩，對象值得尊敬之處無需置疑，但「句句珠璣句句金」的語調，就如前詩一樣披上了英雄崇拜的味道。這點觀察無關政治，而是藝術表達自有本身的原則和氣度，不能淪為吹捧的工具。這類作品若能用組詩的方式，達至多面或多層描寫，藝術感染力可能較深。

其實，當方富永離開刻意宣傳的愛國情緒，倒是有若干詩作反映日常生活。這些篇什所表達的情感，反而時見深刻真切之處，流露出實在的時代氣息。且看下面的例子：

3　自序：「溫家寶總理於 6 月 29 日抵港出席『內地與香港更緊密經貿關係』協議簽署儀式並發表講話。在講話中引述晚清詩人黃遵憲之七言詩勉勵港人，語重心長，感人至深，特步此詩原韻。」

〈雜詠三首〉（其三）

積習難除久嗜烟，一枝飯後勝神仙。

人間似覺無容地，門外誰知有洞天。

（《晚晴》，頁42）

〈看韓劇《大長今》有感〉

人人喜看「大長今」，逆境求存感受深。

濟世扶危從不悔，捨身懲惡最堪欽。

精研技藝披肝膽，淡泊功名見赤心。

傾盡真情償素願，天涯浪跡任追尋。

（《晚晴閣》，頁76）

〈雜詠〉雖然言辭略嫌俗白，但題材切身，筆調活潑，具體寫出自己受制於公共地方禁煙法例而坐立不安、煙癮難耐的情態，真實而生活化。吸煙無疑害己累人，然而「提煉」為短詩、將毒氣過濾後，則能產生某種行為上的趣味；這正是藝術距離的功效。至於〈大長今〉雖然以電視劇起興，卻能借題跳出本位化的框框，借描述劇中主角的遭遇和表現，表達對人性光輝一面的讚嘆，將「德才兼備」的普世價值融入其中，盪起情感共鳴。

此外，方富永尚有若干仿效古人的遊戲韻文；從技術上看，在當代詩人的寫作中略具特色。這些詩作以玩味性質為主，文字建築先於內涵表達，故以巧思為本，在內容和語言方面不必具有甚麼時代特徵或個人風格。此處僅略作介紹，像下面的例子：

〈回文詩〉

（順讀）

明鏡照心愧答遲，情深感慰喜酬詩。

逝時傷事塵雲過，清夢夜殘歲月移。

叫雁隨風長倚念，鳴雞舞筆動鄉思。

遠帆孤影連天曉，聲續試研獻拙詞。

（回讀）

遲答愧心照鏡明，詩酬喜慰感深情。

過雲塵事傷時逝，移月歲殘夜夢清。

念倚長風隨雁叫，思鄉動筆舞雞鳴。

曉天連影孤帆遠，詞拙獻研試續聲。

〈紅綫女演唱會感賦〉（鶴頂格）

紅豆生南國，**綫**牽粵港心。

女腔聲婉麗，**演**藝技精深。

唱徹昭君怨，**會**當絕世音。

感懷隨逝水，**賦**昔更思今。

〈賞菊〉（寶塔詩）

菊，

菊，　　　　　　　　　　菊，

浮金，　　　　　　　　　點玉，

傲霜秀，　　　　　　　　凝露宿，

伴月清影，　　　　　　　搖風馥郁，

寒香處處飄，　　　　　　翠葉年年綠，

猶存淡泊高節，　　　　　不羨穠芳媚俗，

為尋幽意傍籬邊，　　　　長共秋光心自足。

（《晚晴》，頁 6、21、42）⁴

4　自注：「近偶從詩集中，讀到唐代張南史所詠『寶塔詩』，亦稱『一字至七字』詩，
　　試仿其體（此詩從左至右橫讀）。」

〈秋詠〉（連環句）

萬葉秋聲浥露涼，露涼風起怯臨窗。

臨窗乍見南來雁，來雁傳音念故鄉。

迎寒黃菊勝嬌花，菊勝嬌花媚綺霞。

花媚綺霞浮彩影，霞浮彩影耀千家。

（《晚晴閣》，頁 21）

作品既然具有特定建築格局或堆嵌目的，有時不免出現「拗句」和「孤平」，無庸贅述。

可以留意，方富永的詩詞曾多次獲獎，大部分作品獲評判肯定，非常切合參賽標準；他的詩固然格律齊整嚴謹，亦沒有賣弄艱澀典故，典雅順暢。他曾自述對寫詩的看法：

〈學詩有感〉

學古詠今宜立新，尋章引典枉傷神，

渾然成句何須雅？豁達抒懷更見真。

俯仰河山涵美景，歌吟歲月逐流雲。

瑤箋展讀多清誨，規教入微最感人。

（《晚晴閣》，頁 20）

他認為寫詩應要情「真」和立「新」，道理不言而喻，亦是近代以來的共識。矛盾的是，他多數作品都循規蹈矩地追隨古風，傾向慣用某些主題配搭相關模式以及語言套數去感興抒懷，整體帶有幾分程式化的味道。此外，方富永在〈自序〉中謂「見慣滄桑久經風雨，至今白髮丹心，仍不失『老驥』之志，常懷家國之情。……不斷激勵自己，珍惜晚年，並望能發揮餘熱，作出芹獻」（《晚晴閣》，頁 xiv）。這份正面的生

命態度和心態可嘉可敬，只是有時會出現情感過盛、語言誇張的情況。反而敍述生活瑣事的個別作品，或許語言不及主要的詩作典雅，但情感輕鬆怡然，更能表現出親切、真摯而新鮮的生活感。

<u>4.1.2</u>　**林峰**

　　林峰（1934-　），廣東蕉嶺人，1983年移居香港，從事會計行業，現已退休。曾任香港詩詞學會會長。已出版《峰迴園詩稿》、《峰迴園吟草》（下稱《吟草》）、《峰迴園詩詞壹千首》（下稱《千首》）及《峰迴園詩詞後壹千首》（下稱《後千首》）等四部詩詞集，當中收錄的作品有部分重複，共出版詩近3000首、詞約330首。[5]七言律詩佔作品總數逾半；絕少五言詩作。[6]作品按主題劃分，《吟草》依次有「唱酬篇」、「山河錦繡篇」、「人文篇」、「感懷篇」、「祝頌篇」和「詞林尋韻篇」等六篇。《千首》在此分類基礎上，新增「詠《紅樓夢》篇」、「詠《三國演義》篇」、「苦寒吟篇」和「悼亡篇」等四篇，並標示每卷的詩歌總數。《後千首》則再承前作加以增訂篩選，分為十卷，並標示每卷的作品數量。[7]

5　鄒穎文編：《經眼錄》，頁74-75；林峰：《峰迴園吟草》（香港：開益出版社，2002），作者與內容簡介。按：《峰迴園詩稿》有詩243首、詞28首，不在討論範圍。《吟草·自序》云：「共收入七律三百五十首、七絕一百六十首、詩餘九十九闋。六百多章詩詞大部分是2001年以後的新作。」（頁7）《千首·自序》（香港：龍冠出版社，2005）則云：「輯有七律約七百首、七絕約三百首、詞一百一十闋、其他體制二十多件。在合數一千一百四十六首之各式體制中，邁近一年之新作近七百首，其餘四百多首乃從2002年出版之《峰迴園吟草》中篩選之。」（頁9）

6　《吟草》無五言詩作；《千首》則有3首五絕及1首五律。

7　《後千首》的十卷依次為「詠懷篇」、「人文篇」、「山河錦繡篇」、「詠《紅樓夢》篇」、「唱酬篇」、「祝頌篇」、「悼亡篇」、「絕句篇」、「詞篇」和「聯珠問錦篇」。當中以「人文篇」、「紅樓夢篇」、「悼亡篇」較多收錄舊作（如「紅樓夢篇」從《千首》中選出32首），部分作品曾修訂，此處只引最新版本文字，修改細節不另贅述。「詠懷篇」則似為全為新作，亦為作者強調的全書「卷中之重」（自序，頁8）。

《千首》特別為詠《紅樓夢》和《三國演義》獨立成卷，分別有 152 首和 126 首詩，就小說的人物、情節及詩詞按出場先後次序逐一吟詠、步韻或另行演繹，構思頗具特色。「詠《紅樓夢》篇」的〈小序〉指出：「前人未曾作過這樣系統的吟詠」（《千首》，頁 39）。此卷大多數據小說的詩原韻和作，並以組詩形式抒寫，[8] 包括為人熟悉的「金陵十二釵」：

〈題「金陵十二釵正冊」之林黛玉〉

夢斷紅樓雪滿天，淒風泣雨一年年。

葬花人去長留恨，柳絮才思化夕煙。

〈題「金陵十二釵正冊」之薛寶釵〉

妝台豈肯讓蛾眉，金玉良緣亦帶悲。

流水落花春夢短，秋雲凝望斷鴻時。

（《千首》，頁 43）

兩首詩勾勒出女主角的形象與命運，拈出林黛玉的憂鬱深情，以及薛寶釵的姻緣錯配。詩作描寫精練，語言典雅，感慨接近原作的範圍。「詠《三國演義》篇」則較少詠懷個別角色，亦無按書內的詩歌辭賦和作，主要是敘述個別情節並注入己見，例如涉及關羽的有：

〈關公約三事〉

下邳無將亦無兵，獨倚青龍偃月橫。

三事因從窮道約，五關不負舊時盟。

辭操奉嫂尋孤主，掛印封金作遠卿。

8　例如〈題「大觀園匾額詩」〉八首（十八回）、〈燈謎詩〉七首（二十三回）、〈菊花詩〉十二首（三十八回）、〈原韻題薛寶釵之懷古詩〉十首（五十一回）等；《千首》，頁 40、41、55、74。

都說雲長高義氣，曹公才是一豪英。

〈華容道〉

古來義氣世稱殊，私誼公情豈可無。
爭戰只知維國祚，立功應識壯鴻圖。
臥龍已作雲長弄，險路宜將孟德誅。
如此用兵非將道，知人戲用枉為儒。

（《千首》，頁82、88）

兩首詩並沒有止於複述情節，而是同時抒發己見。例如世人
大多稱頌關公「千里走單騎」、忠肝義膽的英雄事跡，然而整
段情節之成全亦有賴曹操惜才重諾的器量，未有截殺關羽，
故〈三事〉轉移焦點，稱許曹操為「豪英」。〈華容道〉則把
蜀漢未能誅殺曹操的主要責任放在孔明身上，同樣見「翻案」
筆法，對關羽在此事上的態度比較模稜。就情理而言，以固
有文學題材為本的系統性吟詠或褒貶，屬於比較理性和刻意
的構造，效果難免參差，因為目標已定，多少總有幾分湊集
和勉力的需要。類似情況在「人文篇」尤其明顯。

　　《吟草》和《千首》的「人文篇」詩作多有重複，同樣分
為〈英烈譜〉及〈美人圖〉兩個主題，抒寫中國歷代不同帝
王將相、豪傑雅士、巾幗美人乃至著名的虛構角色等等。每
人賦七律一首，並注釋人物的背景資料。這亦是理性規劃的
寫法。下面是一些例子：

〈唐太宗〉

玄武門前射虎歸，辭天駿馬踏雲飛。
任賢納諫存青史，變法均田見帝暉。
唐李盛時勤政事，貞觀治積立宸威。

歷朝王者如民故，縱是權謀不足非。

（《吟草》，頁 110〔「李世民」〕；《千首》，頁 112；《後千首》，頁 87）

〈杜麗娘〉

多情獨步大湖汀，麗質天姿過月庭。

一枕夢梅生蝶魄，三年尋柳死魂靈。

南安道上人絡繹，太守堂前畫色馨。

眷屬終成鸞鳳偶，詩篇還記牡丹亭。

（《吟草》，頁 92；《千首》，頁 160；《後千首》，頁 143）

〈慈禧〉

家國多災自女酋，兩朝大政一人收。

侵華強寇三千恨，媚外殘民五十秋。

戊戌維新君子死，江山依舊暮雲愁。

能將百萬頭顱血，灑向強權壯九州。

（《千首》，頁 163；《後千首》，頁 147）

這種為歷史及文學人物賦詩的方式和格局，讓人想起晚唐的詠史詩（如周曇的 195 首〈詠史詩〉），範圍猶有過之。詩作能具體描寫對象的生平要事，語言典雅穩妥，也帶幾分點將錄的味道，不必緣事而發或出自性靈深處，故多傾向敘事評價，論述範圍亦大致在傳統界限內。像〈杜麗娘〉是概括角色的故事，對唐太宗和慈禧太后的評價也相當典型。[9]

《千首》中的「苦寒吟篇」，同樣為人物賦詩，然而對象不再是甚麼特定的著名人物，而是香港社會中下階層及行業

9　當然亦有作品表達個人感想，如〈柳下惠〉：「坐懷不亂若真心，自古男兒何處尋。……只有先生憑一表，盜名欺世到如今。」（《千首》，頁 118；《後千首》，頁 93）諷刺「坐懷不亂」事跡虛偽，批評古代儒家視情慾為恥，壓抑人性。然柳下惠的事跡為古籍所傳，非自我標榜的「欺世盜名」。

的貧苦老弱大眾，各賦七絕一首，具有鮮明的時代性：[10]

〈蝸居者〉

七尺之軀八尺居，短長深淺亦相如。

不思豪宅寬千丈，自喜還多十寸餘。

〈負產者〉

碧影繁華大氣清，高樓造就妙時英。

奈何一夜秋風起，八萬五千聞哭聲。

〈建築工〉

驕陽似火酷如焚，暴汗長流只有君。

更受判頭層剝削，官商一氣不堪聞。

（《千首》，頁 282、287、291）

詩人自言此卷作品「血淚滿途、蒼涼激楚」；「道盡了貧苦大
眾的刺心悲痛和刻骨悽寒，對不公平的社會制度發出了痛心
的疑問。」（《千首》自序，頁 9；書背「作者與內容簡介」）
這類作品確實寫出中下階層民眾的處境，表達關心與同情。
〈負產者〉有特定背景，寫香港陷於亞洲金融風暴之時，物
業資不抵債，政府宣佈每年興建八萬五千間居所，更催化樓
市崩塌。〈蝸居者〉和〈建築工〉反映長期的社會問題。前
者刻畫萎縮的居住空間，末兩句戲作喜劇式反語，調侃的口
吻更凸顯生活條件的悲哀，藝術上蘊藉有力。後者直斥建築
外判商人專橫刻薄，政府視若無睹，對工人長期艱辛而被層
層剝削表達同情，較近新樂府風格。此類詩作諷刺時弊，對
社會各種不公平的情況有仔細觀察。運用篇幅短小的絕句，

10　此篇多以老弱孤寡為對象，如〈拾荒者〉、〈捨生者〉、〈單親者〉、〈病者〉、
　　〈妓者〉等，亦有對〈富者〉和〈官者〉的諷刺。見《千首》，頁 282、283、
　　286、288、289、290。

不必仔細刻畫，只需點睛式勾勒主題，精要地抒發見解。

　　除「苦寒吟篇」以當代社會民生為素材外，林峰的吟詠亦包括個別詩作如「悼亡篇」〈悼威爾斯王妃──戴安娜〉、〈哀入境處縱火案〉和〈悼保釣烈士陳毓祥君〉等，[11]大抵如「人物篇」頌揚人物或悼慰亡靈，題材意義參差，藝術效果亦然。其他以當代社會或民主發展為題材的詩作，大多涉及港澳回歸及中國國慶等事，集中於「祝頌篇」，例如：

> 〈神州頌〉三首（其三）
>
> 披月穿流利偉楊，回眸故國大家鄉。
> 千秋事業驚天地，公告雄文示玉皇。
> 六十歲人齊鼓舞，五旬四載鑄輝煌。
> 東風萬里吹春柳，鶯燕蜚聲繞建章。
>
> 〈歡呼香港新機場落成啟航〉三首
>
> 港人佇立候機坪，天外驚聞馬達聲。
> 總統遠來合眾國，首航滿載異邦情。（其一）
> 首機直向北京飛，江總回看帶笑微。
> 六百萬人同送別，大嶼山下盡芳暉。（其二）
>
> （《千首》，頁 302–303、316）

這些作品在敘述中融入現代性語辭，像「候機坪」、「馬達聲」、「合眾國」等，具有鮮明的時事感（「利偉楊」的倒裝則有點彆扭的洋味）。歌功頌德之語有時過分，有借用古代應制詩（如〈神州頌〉尾聯借用賈至〈早朝大明宮〉「千條弱柳垂青瑣，百囀流鶯繞建章」部分語辭及意象，並不貼切），亦有言過其實之辭，如「天外驚聞」、「六百萬人同送別」，皆

11　分別見《千首》，頁 301、302、304。

屬誇張。反而〈卜算子・煉鋼〉憶述「大躍進」時期中國全民煉鋼，有理性的抒寫：

> 焰火半天紅，百座爐高醉。
> 達旦通宵夜夜情，苦戰含新意。
> 躍進大年頭，我輩心憔悴。
> 國竭民窮可問誰？是否須當記！
>
> （《吟草》，頁192；《千首》，頁335）

作品先揚後抑，生動描寫全民煉鋼的浩大場面；「苦戰含新意」並沒有全盤否定政策理念，但它導致「國竭民窮」卻是事實。由過來人指出從政者必須記取教訓，具有說服力。

轉看「山河錦繡篇」的紀遊之作，大致側重敘述描寫，言情抒意有限，或屬於泛辭。主要有「萬紫千紅」詠花卉四十二首和「走馬西湖一百二十韻」三十首兩組詩，如下例：

> 〈桃花〉
> 煙景江南處處紅，淺深相映正嫣濃。
> 可憐顏色啼鶯裏，占斷春光照水中。
> 玄觀園中花艷艷，武陵源上雨濛濛。
> 華池粉落隨飄泊，寂寞天涯恨幾重。
>
> （《吟草》，頁58；《千首》，頁167）

> 〈蘇堤春曉〉
> 六橋霧繞樹生煙，秀木輕雲曉色連。
> 柳翠絲絲搖玉雨，桃紅脈脈醉春天。
> 黃鶯何事隨魚躍，青石無痕對月眠。
> 太守有知堤上望，西湖西子共爭妍。
>
> （《吟草》，頁69；《千首》，頁178）

另有〈蕉陽八景圖〉十六首、〈登長城〉四首、〈登岱嶽〉四首等許多紀遊國內勝景之作。[12]此類詩篇寫景描物語言典雅暢達，形容具體貼切，大致側重描寫，味道復古多於接近當代，往往文辭勝於意境。反而有一首〈青馬大橋遊〉，想像生動，情感舒暢，節奏明快：

> 昔時雁斷大嶼山，鳥道逶迤路不還。
> 百丈崖飛生海上，一橫橋渡入雲間。
> 貫通九港連新界，跨越青衣接馬灣。
> 極目霞紅看遠景，滿懷興致且偷閑。
>
> （《吟草》，頁 81；《千首》，頁 199）

按照實景衡量，「雁斷大嶼」（山峰最高不過九百多米）、「百丈崖飛」和「橋入雲間」等，或許仍有誇張成分，但整體來看，青馬大橋寫得氣象恢宏，精簡具體地寫出大橋的位置和重要性。語言典雅流麗，尾聯流露自身的閒情，真摯暢順，屬於集中較鮮活之作。

　　詩人的感興抒懷之作集中在「感懷篇」，不過整體來看，抒寫個人情懷與感情的篇什，只佔作品總數的小部分。當中印象較深的是，作者曾在文化大革命期間經歷切身傷痛，深刻反映於字裏行間，殊有別於風花雪月之作。試看〈四十年同舟憶舊——贈內〉八首：

> 〈莫須也，有！〉
> 臘月嚴霜酷似刀，雛兒待哺正嗷嗷。

12　分別見《千首》，頁 186–191、194、195；後兩組詩亦見於《吟草》，頁 77、77–78 及《後千首》，頁 150、151。

饑腸猶怕侵寒骨，薄襖豈能禦雪濤。

溫飽迫人憐瘦影，鬥批隨處逞強豪。

憑誰欲問知何罪？回首當時竟夜號。（其五）

〈楚客歸來〉

牛衣對泣賦歸來，往事回眸心已灰。

暑雨連朝身臥病，南冠兩載硯生苔。

賤民無奈人長恨，妻子何堪夜一哀。

惟有愛情知冷暖，至今甘苦細低佪。（其六）

〈老懷得慰〉

去國傷情別恨長，衷懷不忘舊家鄉。

清風明月雲千里，舉案齊眉酒一觴。

天水圍前栽老草，峰迴園裏看稊楊。

晨昏冷暖互關愛，梅萼香中賞夕陽。（其八）

（《吟草》，頁 139–141；《千首》，頁 266–268）

〈水調歌頭・煉獄〉

海外有知己，把酒話當年。

人間幾許歡笑，轉眼已成冤。

若要欲加之罪，何患無辭可織，文革十年看。

多少斷腸事，回首也心酸。

十搜扣，百批鬥，有誰憐。

鎖關打辱，現代中國史無前。

縱是昂天鐵漢，還或橫眉劍客，能不感心寒？

萬念俱灰了，豪傑亦腰彎。

（《吟草》，頁 195；《千首》，頁 337）

作者回憶文革時期的批鬥冤屈，因「莫須有」之罪而遭殃，
落得「雛兒待哺」、飢寒貧病交迫的景況，令斯文無用，硯
亦「生苔」。他化用「嗷嗷待哺」、「牛衣對泣」、「南冠楚囚」

等成語典故敘事，語言和比喻有時仿效古人風格，但經歷深刻，無礙真情溢於言表。〈楚客歸來〉尾聯寫妻子患難與共、情義難忘；〈老懷得慰〉敘述事過境遷，與妻子安享晚年，白描平凡平安的暮景，比過去的苦難日子更見鶼鰈情深，溫馨動人。〈煉獄〉詞亦寫到文革期間「搜扣批鬥」、「鎖關打辱」、「萬念俱灰」的內外創傷，身冤國難，令人哀傷。

另一方面，詩人憶述文革的遭遇，也許亦牽動未能報效國家、闖出事業的遺憾：

〈感懷〉

天生我鈍本無才，心死原知更可哀。
早歲飄萍空灑淚，壯年豪氣已成灰。
披星踏雪胯刀去，秣馬橫江鼓浪來。
歷盡湖山千萬險，坦途終向海雲開。

（《吟草》，頁 145；《千首》，頁 271）

〈六十書懷〉二首

夜雨蕉窗對短檠，楚吟帶哭失長纓。
千行詩稿千行淚，一介書生一介氓。（其一）
萬里蹉跎雲夢客，十年磨礪史修名。
回頭縱有閒愁恨，都付江流作水聲。（其二）

（《吟草》，頁 151；《千首》，頁 275；《後千首》，頁 24）

〈七十書懷〉

玉樹亭亭半已凋，回看長夜雨瀟瀟。
九邊烽火連天起，千里江流帶血漂。
報國無門空慷慨，屈身乏術若逍遙。
秋山紅葉遺殘夢，十萬詩篇寄廓寥。

〈八十書懷〉

浮生夢轉似飄蓬，半是河西半是東。

朔北春雲歸塞雁，江南秋雨濕梧桐。

卅年燈火三更月，滿樹松聲一徑風。

八十星霜徒屈指，何堪渭水問姜公。

（《後千首》，頁 24）

詩中可見壯志未酬、老驥伏櫪的慨嘆：青壯之年生不逢時，老去卻仍懷抱不甘零落之心，惟有盡付詩篇。由七十歲的「秋山紅葉遺殘夢」到「八十星霜徒屈指」，語調同樣蒼涼而悲壯。詩人的情感和心境恍如渴求建功立業，終不得志的古代士人，隔代居於香港。

林峰努力寫詩，明顯偏向七言近體；五言及古體詩極少。他的才情比較理性而系統化，為人物紀詠、山水遊吟、感懷傷時、酬唱和韻等不同主題分類編寫詩作。他自謂：「所有詩篇都是有感而發的天地之音。」（《吟草·自序》，頁 7）跟大部分古今中外詩人一樣，宣言與實踐之間多少存有距離。他大部分詩篇，如詠《紅樓夢》、《三國演義》、「人物篇」，屬於訂下目標範圍後實行計劃的系統性「有為」。這樣的方式或會導致某種疏離，偏重描寫和敘述，令情感和意境表達變得更次要，有時比較籠統。他的語言風格在平實、老練、暢順中偏向雅麗古典，而語言嫻熟亦可催化自我發揮。深刻的切身之作意境明顯有別。

林峰的詩作眾多，有時也會帶出押中古韻的韻律課題。例如〈楚客歸來〉的韻腳「來／灰／苔／哀／徊」屬於上平十灰韻，但按如今粵音，「來／哀／苔」的韻母為 /-ɔi/，「灰／徊」的韻母為 /-ui/，不能完全押韻。若按普通話音則

「來／哀／苔」的韻母為 /-ai/；「灰／徊」的韻母為 /-ui/，亦不完全押韻。又如〈艱難歲月〉的韻腳「賒／遮／嗟」及「沙／家」在今天粵音中屬於兩組元音（/-ε/ 及 /-a/），普通話音更牽涉三組元音，即「賒／遮」（/-e/）、「嗟」（/-ie/）及「沙／家」（/-a/）。凡此皆無關個人造詣，只是重申當代詩詞押韻的音樂美難題，誠屬到處可見。林峰回憶文革的詩篇再次見證，發自內心感動的抒寫，最能產生動人的感染力量。

4.1.3　潘兆賢

潘兆賢（1938-　），號采微居士，廣東番禺人。經緯書院畢業，曾任教中學，從事文教工作四十餘年，又曾參加南薰詩社及昌社。[13] 著有《采薇廎吟草》（1986）和《采薇廎吟草》（2005），後者屬續集，並涵括前集大部分舊作，共計564首詩和8首詞，按體裁編次。[14]

潘兆賢的詩作以病中沉吟和感懷述志為主，其次有社會時事、紀遊山水及酬唱寄友之作。《采薇廎吟草》（下稱《采薇》）自序云：「甲子年〔1984〕夏，予因頑疾向學府呈辭，歸寓療養，居閒索寞，遂強顏作詩」；另〈病起偶作〉又自述「為二豎所擾，精神不振，遂向學府呈辭，回家休養。」（頁34、78）詩人受病患困擾被迫提早退休，身體痛楚卻不及內心難過。他有志難伸，且有感負累妻兒，更感痛心

13　鄒穎文編：《經眼錄》，頁 238–239。

14　初集收錄七律 107 首、五律 80 首、七絕 79 首、五絕 17 首、七古 4 首、五古 24 首、六古 2 首，共 313 首，沒有詞作；續集收錄七律 164 首、五律 101 首、七絕 220 首、五絕 34 首、七古 11 首、五古 33 首。詳見潘兆賢：《采薇廎吟草》（香港：自刊，1986），目錄；《采薇廎吟草》（香港：科華圖書，2005），目錄，頁 31。兩冊詩集同一名稱，本節所論所引的作品皆根據 2005 年版本。

疾首，¹⁵其交織的情懷見於下例：

〈睡起〉

生涯無奈已滄桑，客舍憫憫夢一場。
好景不隨塵世改，幽閒仍有和詩忙。
庭花滴露春猶冷，徑竹浮煙日正長。
心境逍遙天地闊，合將憂慍永埋藏。

〈病思〉

夜永蕭然獨對檠，思量往事哭吞聲。
片時能見天心正，中立其如世路傾。
課子有恆支病骨，賦閒無愧傲平生。
剛腸直把柔腸奪，一笑何妨眼頓明。

〈述病〉

多病才難展，無言慰至親。
塵高灰作蝶，世亂鬼稱神。
得失承天命，行藏接古人。
榮華何足論，詩富補家貧。

〈示兒〉三首

父肱三折痛，俯仰夜燈前。
退隱朋儕少，阿兒伴我眠。（其一）
抱痾久未起，幸汝讀書勤。
舐犢親情在，淡泊共忘貧。（其二）

〈餘生〉

困頓風塵久，餘生未可卜。

15　參看五言古詩〈感事〉自述：「父逝我亦疲，竟患精神病。鎮日淚如泉，罵人失本
　　性。師表不復存，辭職待養正。薄命非紅顏，誰似我薄命。遽遭此病劫，惟有長
　　吟詠。」《采薇》，頁208。

作育力不勝，空望桃李綠。

二豎不饒人，欺壓胡此酷。

抱痾失餬口，淪落何其速。

欲死弗能死，有兒待鞠育。

持家付荊妻，蔬食聊撐腹。

出門無所詣，守戶徒仰屋。

縱有招筵會，推辭屢裹足。

故作狂奴態，逍遙倨倨伏。

默數平生事，履仁毋褻瀆。

天眼通苦樂，翳我恆痛哭。

楞巖見佛陀，夜闌把書讀。

庶以求一靜，躅免亂心目。

雄圖化烏有，百身今難贖。

否極總泰來，薰風待霑沐。

偶然不廢詩，下筆紹坡谷。

珍重此餘生，超越沈憂局。

（《采薇》，頁 41、106、216–217、207）[16]

　　詩人有很多病後感懷之作，大概退休後在家養病，「鎮日排愁只造詩」（〈杏壇別後〉，《采薇》，頁 137）。作品經常提到沉痾連帶五味雜陳的苦澀，而這些反覆申訴的悲愁哀怨，交織着身心折磨、現實困頓、家庭感念和志意抑鬱。他深嘆「無奈滄桑」、「客夢一場」、「對檠吞聲」、「肱三折痛」、「退隱朋少」、「痾久未起」、「二豎欺壓」、「我恆痛哭」等等，真切地抒發身心晝夜承受的苦痛和困頓。與此同時，「抱痾失餬口」的生計打擊，令他感到「作育力不勝」、「淪落何其速」，因而心灰意冷，卻為了妻兒「欲死弗能死」，只好

16　可參看另一首〈餘生〉（七絕）及〈示內〉；《采薇》，頁 190。

將「持家付荊妻」，自己負責「鞠育」兒子，希望「課子有恆支病骨」。他自感「無言慰至親」，只能默默對妻兒愧疚又感激於心，尤其對兒子「讀書勤」、「伴我眠」感到欣慰，故寫到「榮華何足論」、「詩富補家貧」、「淡泊共忘貧」，以至「否極總泰來，薰風待霑沐；……珍重此餘生，超越沈憂局」的美好願景，自我開解。

作者的詩多次嘆貧而嘗試解貧，但畢竟「貧賤百事哀」，因此「得失承天命」、「合將憂慍永埋藏」的自勉，總有幾分在無奈的基調中勉力自我說服的味道。就作者的糾結心緒而言，〈餘生〉叫說具有相當代表性。作者以「采薇」自號及作為詩集的題名，令人想到《詩經‧小雅》的詩篇；雖然他並非戍役歸鄉的兵士，但〈采薇〉末句的「我心傷悲，莫知我哀」，無疑勾起了情感共鳴。他自謂甘於淡泊固然不假，卻始終對「多病才難展」之冤耿耿於懷，故此像「雄圖化烏有，百身今難贖」之類的慨嘆處處可見。高度肯定自我價值而長期鬱鬱不得志，難免造成壓抑、悲傷、怨恨、自解的交替張力，衝擊內心。對「塵高灰作蝶，世亂鬼稱神」的輕蔑，自許「能見天心正……無媿傲平生」、「履仁毋褻瀆」、「故作狂奴態，逍遙倨倨伏」的耿介孤傲感，構成運力宣洩而帶有幾分激烈的陳辭。

退休後的詩人，思維似乎更往內轉；「推辭招筵會」激發了感懷述志的內心呼聲：

〈搔首〉

搔首自憐霜滿鬢，半庭夕照半蘿煙。

清心不為滄桑累，壯志難隨冷熱遷。

仰望行藏承正則，肯拋名利代青氈。

以人為鑑思堯舜，今古惟爭晚節全。

〈感時〉

盱衡時局繫安危，蔚起丹心夢亦怡。

壯驥每輕千里足，孤懷惟重百年基。

人能報國方除恨，史紀良臣不可疑。

無奈沐猴狂作帝，羣狐獻媚費沈思。

〈孤介〉

孤介漸忘形，時危獨抱經。

樓高觀日朗，心正仰天青。

欲奪干雲氣，休爭百歲齡。

尖風難刺骨，呵筆震雷霆。

（《采薇》，頁 47–48、73、101）

這些作品亦可以印證上面的觀察。「搔首自憐霜滿鬢」的詩人，重申「清心不為滄桑累，壯志難隨冷熱遷」的氣概，自比「千里壯驥」，依舊懷抱「欲奪干雲氣」之志。他自許「孤介」，「承正則」而「拋名利」，「思堯舜」而「晚節全」；更以「觀日朗，仰天青」的氣象，表達對高風亮節的推崇。他表示「丹心孤懷」願「報國除恨」，又直斥〈世亂〉（《采薇》，頁 191）中「沐猴作帝，羣狐獻媚」的奸佞當道。自憐與憤慨，是同一份心緒的不同面相。

在多重執着的心態中，詩人也曾嘗試借出世思想解脫。除〈餘生〉寫到「楞嚴見佛陀」外，其他篇什亦提過「化蝶莊周」、「一悟菩提」、「參禪苦海」等。[17]「庶以求一靜」的實用

17　見〈坐睡後作〉、〈夜宿寶蓮寺〉、〈宿寶蓮寺〉；《采薇》，頁 44、58、104。另參〈正覺〉（頁 208）。〈夜宿〉寫到「此身渾在有無中」、「夜夜禪心面面風」，頗有禪味及短暫參悟之意。

思維，固然無法保證精神超越以及心思恆常素淨，因為心靈體悟本來無法靠理性駕馭；然而佛道思想多少能為一個滿腔哀怨的士人帶來幾分精神平衡，協助他「淨化」情緒。

　　除了感懷身世外，潘兆賢也寫到香港社會時事、中台兩岸以至世界局勢。試看下面例子：

〈非典型肺炎受害者眾以詩寄意〉

釵分鏡破每神傷，夢入南柯卻斷腸。
並蒂蓮花偏委地，高歌薤露本清狂。
為填恨海勞精衞，未補情天怨女皇。
深苦鴛鴦難比翼，三生石上已埋香。

〈股票狂瀉〉

玩股有人盈利厚，一朝狂瀉總堪哀。
貧貪二字饒深意，縱使破財聊擋災。

〈愛滋病有感〉

狎妓原非我輩宜，桑間濮上確堪嗤。
溫柔鄉裏英雄塚，絕症如今有愛滋。

（《采薇》，頁 56、136、149）

疫病詩寫得有點脫軌，不單因為句句用典，而且逾半偏重男女之情（包括本來泛指因緣的「三生」以及補天的女媧），猶如悼亡的情詩；其餘典故令人聯想到死亡。詩作既然嘆息病患者及醫護人員死亡而悲天憫人，當以從心到心的情感共鳴為本；迂迴拐彎的密集典故及華麗鋪寫反而造成疏離，阻隔感染力。[18] 同樣地，從道德和公共衞生立場抨擊狎妓，將患

18　〈香港回歸〉前半：「喪權割地切肌膚，民族精神務灌輸。幾代衣冠淪左袵，今朝

上愛滋絕症的惡果視為「天譴」固然正確，但「桑間濮上」的典故仍覺迂迴，濫交亦不涉及甚麼「英雄」。何況當中亦有無辜被傳染者，若能平衡抒發，效果會更佳。倒是〈股票狂瀉〉雖談不上甚麼詩意，作為社會批評卻明確直接、俗白易懂；點出「貪字變貧」一語中的，並非幸災樂禍。

至於有關內地和台灣，以至兩岸關係及國際恩仇的篇什，可以參看以下例子：

〈神舟五號征服太空〉

利偉征空人上人，神舟五號越凡塵。

中華科技今昂首，豈畏夷邦又創新。

〈兩岸〉

兩岸遙無際，山川涕淚盈。

浮雲連日散，風雨壯心驚。

牆闖民嗟苦，兵兇各欲迎。

江山同濩落，苜蓿渡餘生。

（《采薇》，頁 151、120–121）

從香港回歸到神舟五號上太空，均看見作者鮮明的愛國立場：「人上人」、「科技昂首」、「豈畏夷邦」等皆為激昂自豪的抒發。〈兩岸〉化雄壯之聲為蒼涼之調。上半用自然景色描繪兩岸形勢：首句帶出主題，「山川涕淚盈」則融情入景；第三句雖意義模糊，但「風雨心驚」開展出下半「牆闖民苦」、「兵兇欲迎」和「江山濩落」的描述，嗟嘆損國殤民，最後跌落到

文物紹唐虞。」（《采薇》，頁 73）由百多年來淪為二等平民之屈辱「回歸高誦滿江湖」，絕對合情合理，惟「左衽」及「唐虞」於今已屬疏離典故，實在不必自我障礙，阻隔感染力；此傳統詩詞必須改革之一面。

個人際遇的感傷。另有〈滿江紅・抗敵詞〉，猛烈抨擊往「昔日寇侵華，……今天日本軍國主義復甦」（自序），乃奮然號召「把野心軍閥盡排除，吞胡血。……維正義，殲仇敵。……報國寧辭經百戰，眾擎一舉誅狂賊」（同上，頁 224-225）；全詞從頭到尾慷慨激昂，顯出對國家實力的自信以及維持公理的決心。可以留意的是，過分的愛國情緒可以變激昂為激烈，情緒和言辭可能失去分寸：像輕蔑的「夷邦」及腥暴的「吞胡血」，在如今的文明環境已不適宜，反而有損中華氣象。另有〈感時〉（同上，頁 212-213）廣論美國與前蘇聯的國際角力，稍覺埋過其辭，立論片面，茲不贅述。

從作者的詩中得知，他中年被迫退休養病，日常生活除了教導兒子和研讀經典外，亦不時旅行遊歷，欣賞山水，抒懷述志。他的筆下主要描寫自然風光，例如以下幾首：

〈林間雜詠〉

生涯無礙幸嘗甘，石友同游遣興酣。
白鳥關關沿嶺北，青山隱隱接江南。
一林花影留人醉，半壑松風抱月談。
肝膽此時堪共照，權門勢利莫趨參。

〈登山〉

逍遙如我獨登山，澡雪精神造化間。
浩蕩江湖供目送，崢嶸雲嶽任人攀。
一生守道功名澹，萬事無心歲月閒。
但見嬋娟溫寢閣，欣聞青鳥報關關。

〈登臨〉

暑退涼風至，登臨客思清。
泉林雲外靜，石徑寺前平。

未作依人計，猶存出世情。

生涯甘濩落，居正不沽名。

〈屐痕〉

屐痕隨意到，輕服曳遙灣。

寺古深藏竹，蓮虛淨對山。

路從幽徑入，雲在半空閒。

豈有容身地，歸真不辱顏。

〈觀瀾〉

人世浮沉卻少歡，扶筇雲外看層瀾。

泉聲似作知音語，好把心魂共守看。

〈次林下古寺〉

碧浪接懸谿，風平兩岸齊。

遙瞻林下寺，禪味客心迷。

（《采薇》，頁 45-46、66、99、113、134、187）

　　除了〈漫遊西湖〉、〈詠磐龍城〉、〈夏日過大帽山〉、〈假日赴新界桃源洞〉及〈遊太平山〉等幾首外，[19] 作者的紀遊詩大多不知地點。他描寫的除自然景物外似乎只有古寺：「白鳥青山」、「一林花影」、「半壑松風」、「崢嶸雲嶽」、「嬋娟青鳥」、「泉林雲靜」、「寺前石徑」、「山澗銀河」、「幽谷綺羅」、「古寺深藏」、「蓮虛淨山」、「幽徑閒雲」、「雲外層瀾」、「碧浪懸谿」等，描寫素雅細膩，展示自然的清靜壯麗。

　　安靜的環境往往能培養類近的心境。詩人的遭遇雖然令他嗟嘆「人世浮沉卻少歡」，然而於逍遙登山、置身天地、超

19　分別見《采薇》，頁 64、172、37、45、103。〈假日赴新界桃源洞〉另見於《采薇》（1986），頁 15。

越塵俗之際，自能生出「澡雪精神造化間」的淨化感覺，轉以「泉聲」作「知音」，「心魂」亦似乎得到慰藉，自樂於「肝膽此時堪共照，權門勢利莫趨參」的真誠友誼和淡泊心思。在這些時刻，他接受「生涯甘濩落，居正不沽名」的生活和命運，欣然貫徹「一生守道功名澹，萬事無心歲月閒」的修身素願。這些詩作的基調乃由「苦」轉「甘」，部分詩句寫得相當灑落，例如「路從幽徑入，雲在半空閒」的自然和人生意境。雖然片刻體悟未必代表平日心境之常，然而最低限度，自然和哲思不時給予詩人慰藉與啟發，使其心境稍見寬舒，眼界亦漸開展，兼能平衡心境而提高詩作的藝術層次。禪寺的意象自然帶有祥和出塵的韻味；「禪味各心迷」，迷又何妨？

　　押韻的音樂感方面，恪守中古詩韻如常帶出間或今音不押韻的課題。如〈林間雜詠〉中「甘」、「酣」、「南」、「談」、「參」押下平十三覃韻部，在今天的普通話發音中韻母為 /-an/，但在粵語發音中「甘」、「酣」為 /-ɐm/，「南」、「談」則為 /-an/，而「參」因一字多音而兩韻皆可；這是普押粵不全押的個案。另外像〈登山〉和〈屐痕〉，韻腳「山」、「間」、「攀」、「閒」、「關」、「灣」、「顏」都屬於上平十五刪韻部，粵語發音的韻母都是 /-an/，然而在普通話發音中，「山」、「攀」押 /-an/；「關」、「灣」押 /-uan/；「間」、「閒」、「顏」則押 /-ian/。當中的中介元音 /-u-/ 並不影響主元音 /-a-/ 的發音，但中介元音 /-i-/ 卻將 /-a-/ 改為接近 /-ɛ-/ 的發音，以致嚴格聽來，/-ian/ 並不與 /-an/ 及 /-uan/ 押韻。〈觀瀾〉押上平十四寒韻部，但在今天的粵語發音中，「歡」、「瀾」、「看」卻分屬 /-u-/、/-a-/ 及 /-ɔ-/ 三個元音，殊不協調。當今詩詞並非為中古讀者而寫；押韻若能切合當代語音的音樂感，邏輯上應會有更理想的藝術效果。

潘兆賢病後的述懷之作，情感悲苦哀怨，數量亦最多。頑疾的糾纏曾令他意志消沉，還幸他透過教育兒子、鑽研經書、琢磨道佛哲理、接觸自然、遊歷抒懷等等，使精神多少得到寄託。從憤世嫉俗之語以及追求的理想來看，他嚮往傳統士人高潔自愛的價值觀，藝術效果之一是作品中批評和説教的部分，有時出語或用力太猛，稍短於含蓄蘊藉之致。他自言「所著詩文，盡非讀者而劇賞之，惟必經鍛鍊而後出」（《采薇》，頁78），因此文字每多鍛鍊典雅，典故運用嫻熟，有時則見雕琢文句、略嫌堆砌。在當代寫古典詩，即使沒有社會榮譽，有時也會在（潛）意識中成為自我肯定的憑藉，因為至少並非人人皆能。作者深感懷才不遇，詩人身分的自我感和重要性可能會提高（〈餘生〉即云「下筆紹坡谷」，以蘇軾和黃庭堅為目標），有時會以才學和文字為詩。倒是部分納入現代詞彙之作，能暢達描寫社會主題。他的詩作同時發揮宣洩情緒、自我解慰、自身肯定的作用，語言、語調和結構上多半比較刻意用力，反映心境和抒發較多源自理性的自我説服，雖未臻隨意隨事體悟的靈動感應，卻是身處逆境中意志的堅毅努力，沒有無病呻吟，自有感人之處。

4.1.4　陳文岩

陳文岩（巖）（1947- ），畢業於香港大學醫學院，腎科醫生，亦曾任教於港大醫學院。[20]已出版《陳文岩詩詞選》（《詩詞選》）、《陳文岩詩詞續集》（《詩詞續集》）、《吁餘語遇集》（《吁餘》）、《吹水集》、《吹水續集》、《澆心

20　鄒穎文編：《經眼錄》，頁146-147。

集》及《洗硯集》，合計詩逾 1400 首、詞逾 350 首。[21]

陳文岩的詩詞內容和語言帶有強烈的當代感，自覺書寫「各種時事，內容應該比大多數傳統詩人所寫的豐富……超過古人」（《詩詞續集》自序，頁 2）。撇開自誇，他的作品題材廣泛，包括社會時事、個人感興、旅遊見聞、行醫經歷等。他對當代事物有真切感觸，評述國際要聞及本地社會民生，描寫眾生百態，緊貼時代脈搏，色彩鮮明。風格上每「以身試法」，犯規以圖創新，既存在根本性的偏執失誤，其反面例子亦帶出當今詩學課題，且特色處不宜一概抹殺。

行醫經歷是陳文岩的詩詞中具特色之處，內容新鮮，蓋香港古典詩人鮮有從醫之輩：

〈赴急診途中口占〉

富人動輒收盈億，醫者辛勞得幾千。
可笑孤寒當領導，只知要命不還錢。

〈赴急診歸途口占〉

盡道行醫收入好，誰憐醫者最傷身。
遲歸不見夜遊客，早出更先晨運人。
半睡猶傳多次喚，一餐難得幾回溫。
若非本有慈悲性，切莫強充救命神。

〈偶感〉

古訓遺風本所依，忘餐廢寢只天知。
扶生自有回春術，起死誰無失手時。

21　小部分作品附上英文翻譯，計有《詩詞選》24 首；《詩詞續集》50 首；《吹水續集》13 首；《洗硯集》16 首。《澆心集》（2011）不見於公共圖書館，無法統計，故此處的詩詞約數僅包括六集。《洗硯集》於 2015 年出版，不在討論範圍。

不信華佗能盡活，可憐病屬總多疑。

此身合向溪山隱，莫管人間痛與悲。

（《詩詞續集》，頁 80、80–81、108）

〈急診途中〉和〈急診歸途〉俱訴說工作辛勞。前者譏諷富人吝嗇診金，嘆息醫者收入「低微」，一般讀者或會認為是無病呻吟；末句若然是暗示記帳拖延，怨聲會較合理。後者描述醫生工作寢食無定時，不免有早出晚歸、隨時候命之苦，亦規勸行醫者須具慈悲之心，否則未必值得。不過詩中所述的時間極端之處，均非公立醫院或私人醫務所的上班常態；作者或許是服務特殊收費和待遇的富人。〈偶感〉寫出醫者與病人及其家屬的張力關係。醫者並非絕不「失手」的「救命神」，無法將病人「盡活」，往往承受質疑責難，有時會使人洩氣，甚至心灰意冷。此詩反而更能代表行醫者的普遍心聲。韻律上，〈急診歸途〉以上平十三元韻的「溫」與上平十一真同押，在現代粵音和普通話中均押韻，不成問題。

轉看醫生變為社會評論員的聲音。當世各種生態、行徑及時弊，成為富有當代氣息的作品：

〈歲晚有感〉

褪色明珠嘆衹今，一年四季霧沉沉。

瘟來每次翻新種，海嘯何曾響警音？

未了風波愁野蟻，又傳禍害匿家禽。

上蒼豈欲勞筋骨？臭氧終歸蝕太深。

（《吹水集》，頁 24）

〈偶得〉

少時螢火掌上舞，今日霓虹蔽月輝；

石屎森林蝸殼處，誰家燕子識途歸？

〈聞大學生百態有感〉

人笑當年立雪痴，時輕古道廢尊卑。
院中每遇牛穿鼻，堂上頻聞雀噪枝。
規矩如今求不得，棟樑此後用方知。
應憐學子多辛苦，四十分鐘怎算遲？

（《吁餘》，頁 163、153）

〈論神童〉

人皆有子望成龍，卻為拔尖亂逐風。
好頑無知強著色，含苞未放苦催紅。
誇言校際多階跳，回首兒時一片空。
攜父上庠因底事，同窗玩伴不相同。

（《吹水續集》，頁 31）

〈歲晚有感〉簡練概括香港到世界的劫難：紅火蟻入侵、「禽
流感」、「非典型肺炎」、空氣污染、南亞海嘯。作者想到天
災亦源於人禍（工業破壞臭氧層），反思環境保育刻不容緩，
比慨嘆天地不仁、生死無常更具實際意義。〈偶得〉亦跟環
境有關，感慨今天商業掛帥，霓虹燈猛得連月光也遮蔽，遑
論留餘地讓「螢火掌上舞」；都市文明割斷人跟自然連繫的樂
趣，連燕子也難辨方向。諷刺的是，在繁華表象下仍有萬眾
「蝸居」於石屎森林中，反映現代發展往往得不償失；全詩的
勾勒客觀蘊藉。另兩首涉及教育課題：〈大學生百態〉諷刺
現今大學生再無尊師重道的古道，而且本末倒置，打扮標新
立異，上課隨意吵鬧；尾聯以反語調侃上課遲到的陋習，雖
有誇張成分，卻具體概括部分學子不負責任的行為。〈論神
童〉則諷刺現今香港家長望子成龍，強逼孩童增值以催化其
為「尖子」的扭曲行徑。「神童」竭力加速成人化，跳班亦跳

過自然成長的階段；在「同窗玩伴不相同」的扭曲過程中，他日不免「回首兒時一片空」，少了人生的寶貴部分。「攜父上庠」之說真有其事，[22] 令人慨嘆童年樂趣被扼殺的社會悲哀。此詩及〈偶得〉集中表達主題，疏忽了平仄格律的協調；反而是後者提供詳細分析，協助讀者理解。[23]

　　陳文岩用詩詞書寫當代題材，既體現生活興致和體驗，更希望見證古典載體的當代潛能。他認為自己「可以啟發大、中學生對古典詩詞的寫作興趣。因為詩詞中所吟詠的，很多是他們有共同經歷的」（《詩詞選》自序，頁 13）。除了讓內容富有當代氣息外，他亦配以平易俗白的風格，嘗試透過生活化的語言強化時代感。作者強調「詩的意無窮，主要是看它所寫的能否引起讀者的共鳴和回味。……描寫批判時事的句子，相信能引起很多人的共鳴……通俗而不流於庸俗是我的目的」（《詩詞續集》自序，頁 3），故而大肆用俗。平易淺白的語言，無疑可盪起言簡意賅的詩情和意境餘韻；〈靜夜思〉、〈歸園田居〉都是顯例。但不管語言如何，詩詞的美學精要終在凝練豐富的弦外之音。平易淺白不等於直用口語或俗話，亦不等於認同粗俗膚淺的雜文。

　　所謂「共鳴和回味」，藝術上是先質而後量，並非以流行文化的認受性為衡量標準，更不能以「反映真實」為通行藉口，漠視真、善、美的層次。茲以下面篇什為例：

　　　　〈中文大學迎新，男生性騷擾女生〉

　　　　　問句阿哥羞不羞，如斯舉止詡才優。

22　九歲沈詩鈞 2007 年獲浸會大學錄取修讀學士及碩士雙學位課程，父親陪同上學。

23　「分析」部分見於《吁餘》中部分作品；其餘四集皆無此舉。

蘇臺追得秋香苦，纔算風流未下流。

〈少林寺奇遇〉

腹急焉知險境生，可憐少室苦行僧。
任君練就金鐘罩，無紙終難出廁坑。

〈過關（一）〉

豈止行裝逐樣開，脫鞋除褲任他裁。
如今過得安全檢，五臟都需掏出來。

〈破陣子‧給八卦週刊〉（節錄下片）

已慣新聞作假，專攻瑣事無聊。
台上星光窺露點，鏡底風流競聚焦。
誰堪狗仔囂！

（《吁餘》，頁 90、108、171–172、93）

〈偶得〉

催人入廟要燒香，少了香錢又罵娘。
誰說佛前休放屁，牢騷太盛斷吾腸。

（《吹水續集》，頁 8）

這些作品既像打油詩，又似某些話本小說中說書人娛眾的調
侃之作，效果參差。〈中文大學迎新〉的譏諷，在俗白中含
有普遍性的社會意義；唐伯虎「苦」在付出真誠和努力，故
「纔算風流未下流」。「屎尿廁坑」詩（參〈往嘉裕關途中〉，
《詩詞續集》，頁 3）有真情境而無詩意；《莊子‧知北遊》
有「〔道〕在屎溺」的哲學闡釋，此處只屬市井笑話。〈過
關〉和〈偶得〉題材活潑實在；至於「除褲」、「放屁」等語，
視為市井之辭或無不可。「台上星光窺露點」二句則真實而粗
俗，亦跡近市井誇張手法。作者一向用俗白言語入詩，已見
於前文引述的「臭氧終歸蝕太深」、「四十分鐘怎算遲」、「可

笑孤寒當領導」，或「教我怎呼吸」（〈哀香港污染嚴重〉）等；此類語言易令當代讀者感到熟悉，投入嬉笑怒罵。評論詩詞原無「精英文化」階級觀念，亦不否定淺白之作；像北朝樂府民歌〈敕勒歌〉的「天蒼蒼，野茫茫，風吹草低見牛羊」，就是上乘意境。從美學上看，詩詞以少總多，故尤其着重餘韻和言外意趣；上乘之作總有幾分清雅深遠之氣。因此，打油味重、語言市井、滿嘴黃白的篇什，固然可豐富表意幅度（幽默感亦屬應有素質），卻不易升至上乘藝術層次。「床前明月光」亦是淺白語，卻是白而不俗，白而不淺。當中沒有明確或絕對程式去平衡各種因素，總以意境為先。

在寫作習慣上，陳文岩有不少詩「緣事而發」，題材涵蓋社會、政治、經濟、金融、新聞等課題或個別事象。這些興起之作，最容易滲雜口語、俚語以至翻譯詞和英語：

〈昆明導遊〉

秋白族人當導遊，高原天氣說來愁；
開頭便是喉嚨痛，閉口又提鼻血流。
廿載為人謀續命，今朝教我學搭油！
隨機豈盡容易事，語塞依然充死牛。

〈給民主鬥士〉

吶喊搖旗爛頭蟀，官司輸了錢你出：
如斯治港好精英，教我不寒心也慄。
許國果能獨諤諤，先鋒何故縮龜殼！
逢加必反為誰人？喫得鹹魚抵得渴！
外國屁股迷人香，家鄉朗月不明亮；
政客口從不對心，天下烏鴉黑一樣！……

（《詩詞續集》，頁 109–110、137）

〈恆指破二萬點〉

風波未到不知驚，但信投機只會贏。

可笑滿城皆死醉，外人只待割禾青！

〈偶讀新聞〉

吃菜須有機；吃魚怕石綠。

米線多漂白，雞蛋煎不熟。

假貨何其多，新聞不忍讀。

昔痛居無竹，今憂食無肉！

〈oo嘴封咪〉三首（其 ）

兩朝元老等庸才，無故封咪太不該。

此日聽君心底話，方知從政為 ENJOY。

（《吹水集》，頁 121、128、4）

〈偶得〉

……致仕纔從高位退，從商即過冷河追。

派糖本欲紓民困，卻又低能惹是非。

〈讀新聞有感〉四首（其二）

言行莫道不相關，世上皆無免費餐。

伊是 COCO 君是 NUT，一經撞破就添煩。

〈女生遭碎屍〉

姑娘二八動春思，眼是秋波月是眉。

蝶浪蜂迷吞 pop 後，香銷玉殞唱 K 時。……

（《吹水續集》，頁 171、5、90）

　　以上文字針對性強，題材具體，意義本位，文字俚俗。
意境不太像詩，更像見於雜誌報章、配上漫畫的「浮世繪」，
只是改用夾雜式韻文表達；平仄、對仗、押韻亦參差。作者
像冷眼世界的觀察者，譏笑零售商「假貨何其多」；笨拙導遊

「語塞依然充死牛」；民主鬥士「官司輸了錢你出，……天下烏鴉黑一樣」；投機股民「滿城皆死醉，外人只待割禾青」；緋聞名人「一經撞破就添煩」；政府高官「派糖本欲紓民困，卻又低能惹是非」。他的態度似其詩集選名：「吹水」而「續吹水」。故此類作品不應以純嚴肅的藝術標準衡量；視之為打油式浮世繪，即能感受其輕鬆趣味。當然，面對古典詩歌發展的課題，這些篇什仍有可用嚴肅標準衡量的地方。先把多角度觀點說明，就能讓莊諧層次並存，互不抵銷。

陳文岩口稱「中文不過只有中學程度」（《詩詞續集》自序，頁 7），卻顯得自信十足。他強調「筆墨當隨時代」，詩詞「只要內容清新，用語不落俗套，……最要避免的是陳腔濫調，如寫送別便提灞陵，……睡不着便寫聽『更漏』，……連現代用詞都避棄，那裏還能有時代氣息？」（《吘餘》自序，頁 6-7）他不用險韻僻字，避免典故，並全面使詩詞通俗貼地。尤其是寫當代社會題材時，他刻意用口語、俚語，往往挪用翻譯詞和西方諺語；自第二本詩詞集開始，更嘗試以英文詞直接入詩詞，漸見變本加厲。以方言俚語、翻譯詞及外語嵌入詩詞，帶出嚴肅的詩學和美學課題。

以下進一步審視陳文岩詩詞的非規範用詞，探討其可行性和潛在應用。先看簡表：

方言（粵語）、俚語和潮流用語之採用 [24]

〈憶王孫·記香港難瘟(一)〉	生來難得幾回啼，帶血連毛最慘悽，底事新型病毒攜，正無稽，飯蓋猶撐半死雞。 （《詩詞選》，頁 126-127）
〈薄倖·遊白帝城歸來作〉	……古今一樣，泥爛爭扶上壁？ （《詩詞選》，頁 139-140）
〈昆明導遊〉	語塞依然充死牛。 （《詩詞續集》，頁 109-110）
〈見姜雲霞送老毛拖鞋即興〉	送鞋莫作擦鞋看。 （《詩詞續集》，頁 133）
〈給民主鬥士〉	喫得鹹魚抵得渴。 （《詩詞續集》，頁 137）
〈偶得〉	過猶不及太低椿。 （《吁餘》，頁 39）
〈聞銀行家燒炭亡〉	誰家蟹大能鬆綁。 （《吁餘》，頁 162）
〈聞賴斯聽證會作供〉	「得米」臺前白作黃。 （《吁餘》，頁 175）
〈恆指破二萬點〉	外人只待割禾青。 （《吹水集》，頁 121）
〈紮鐵工潮〉	紮鐵難熬紮炮煎。 （《吹水續集》，頁 25）
〈論海歸派〉	幾年鹹水總無虧。 （《吹水續集》，頁 34）
〈補選後〉	最是高明食虎豬。 （《吹水續集》，頁 47）

24　以下各條原附自注；此處為免累贅重複，濃縮按序簡列：用「死雞撐飯蓋」；「爛泥扶不上壁，指朽木不可雕」；用「死牛一邊頸」；「擦鞋即拍馬屁」；鹹魚句「謂自己做事須自己負責」；「低椿謂無能」；「高價入貨而於市場價格下跌時資金被綁住〔稱〕為蟹」；「美國國安顧問賴斯姓氏原義為米」；割禾青「指斬盡殺絕」；「空着肚子為紮炮」；「放洋為浸鹹水」；用「扮豬食老虎」；「吹水即胡謅」；「時下青年流行話謂之潮語」；「煲無米粥即苦沒有結果的商談」；「高官退休從商前須過冷河，即經一段冷卻期」；派糖指「官方討好民眾措施」。

〈美國經濟危機〉	金融泡沫原吹水。
	（《吹水續集》，頁 68）
〈會考試題有「潮語」〉	會試驚聞潮語來；屈機 O 嘴作何哉。
	（《吹水續集》，頁 81）
〈酒店逢考察團〉	莫笑來煲無米粥。
	（《吹水續集》，頁 165）
〈偶得〉	從商即過冷河追。派糖本欲紓民困，
	（《吹水續集》，頁 171）

　　經典藝術含有某些跨越時空的內在元素，但我們不必墨守固定標準，因為藝術包含不同層次及功用，豐富而靈活。古典詩歌亦有通俗、俚俗的民間題材和表達。譬如漢樂府〈有所思〉的表聲字「妃呼豨」和〈東門行〉的「咄！行！吾去為遲」都是口語，未必很雅，但適合自身語境；〈折楊柳行〉開首的「默默施行違，厥罰隨事來」未必高深，卻體現倫理信念。西漢長安歌謠〈城中謠〉的「城中好高髻，四方高一尺」，只在諷刺上行下效；北朝樂府〈瑯琊王歌〉的「公死姥更嫁，孤兒甚可憐」、〈捉搦歌〉的「老女不嫁只生口」詩意不長，卻反映社會現實。〈隋煬帝時挽舟者歌〉中「路糧無些小」的「些小」仍見於今天；《敦煌曲子詞》〈望江南〉（莫攀我）、〈鵲踏枝〉（叵耐靈鵲多謾語）及〈南歌子〉（斜倚朱簾立）透過鮮活的口語化表達，反映不同女性的崗位、心思和情感。這些都證明詩歌具有即事性和時代性。

　　用本土方言、俚語及潮流用語入詩，好處是淺顯易明，有時輕鬆惹笑，容易引起流行性迴響。本土共鳴同時是客觀局限，因為方言性表達並非普遍性語言。即使部分內容具有理解共通性（例如「喫得鹹魚抵得渴」），其表達模式仍是方言式的（喫得⋯⋯抵得），效應會因方言而異。像「紮炮」、「屈機」等，對其他方言區的讀者而言更費解。即使作者附上

詳細注解，本土俚語、俗諺、潮語亦難使非本土讀者完全心
領神會；故其運用多半會令內涵進一步本位化，而理解範圍
亦轉化為藝術層次的課題。應該指出，部分潮流用語或許反
映刻下某些社會面貌，而昔日的「潮語」若能流傳下來，就會
演變成今天的俚語俗諺，兩者成為一事之兩端。然而歸根結
柢，俚語俗諺為市井語言，部分頗為粗鄙，打油戲作偶用無
妨，或具流行文化價值，畢竟不屬於古典詩歌的精萃。

轉看陳文岩以翻譯語辭及外來觀念入詩詞，可看下表：

〈太湖養珠店〉	休憐硬賣無交易。
	（《吁餘》，頁 31–32）
〈少年遊·富豪風流史〉	蠻牛入舖，碎片怎回收。
	（《吁餘》，頁 67）
〈仙股事件〉	誰能有股不成仙。
	（《吁餘》，頁 86）
〈給年輕人〉（一）	無端杯裏起風波。
	（《吁餘》，頁 129）
〈夢中得句，寄啟功〉	祇緣藍血早該磨。
	（《吁餘》，頁 133）
〈名嘴封咪〉其一	無故封咪太不該。
	（《吹水集》，頁 5）
〈名嘴封咪〉其三	如斯文化起峰煙。
	（《吹水集》，頁 5）
〈偶感〉	未堪蠟燭兩頭燃。
	（《吹水集》，頁 6）
〈給胡官〉	選戰原該「秀」一場。
	（《吹水集》，頁 14）
〈偶讀新聞〉	吃菜須有機，吃魚怕石綠。
	（《吹水集》，頁 128）
〈讀新聞有感〉	怎料甜心即點心。
	（《吹水續集》，頁 5）

〈讀新聞〉	青春有價打羊胎，誰料瘋牛一起來。
	（《吹水續集》，頁 25）
〈論民主黨〉	人才樽頸最無情。
	（《吹水續集》，頁 28）
〈論西九龍〉	他朝白象君休笑。
	（《吹水續集》，頁 32）
〈美國經濟危機〉	次按方驚大塌天。
	（《吹水續集》，頁 68）
〈重逢李心平〉	莫歎新薯招手燙。
	（《吹水續集》，頁 191）

此處所引詩句涉及外來觀念的翻譯嘗試，包括音譯和意譯。音譯包括香港式粵音音譯（仙"cent"、咪"microphone"的首個音節、烽煙"phone-in"）及普通話音譯（秀"show"）；意譯包括一般意譯（杯裏起風波"storm in a teacup"、新薯招手燙"hot potato"）、直譯（蠟燭兩頭燃"burn the candle at both ends"、樽頸"bottleneck"、甜心"sweetheart"），當中效果生硬者可稱為硬譯（硬賣"hard sell"、藍血"blue blood"、蠻牛入舖"bull in the china shop"、白象"white elephant"）；亦有部分屬專有名詞（有機"organic"、石綠"malachite green"、羊胎〔素〕"sheep placenta extract"、瘋牛〔症〕"mad cow disease"、次按"subprime mortgage"），譯法相對固定。將這些語辭用於詩詞，其融合性能和美學潛質都有分別，效果參差。譬如「杯裏起風波」及「蠟燭兩頭燃」感覺暢順，因為這對複合意象具有跨文化的普遍聯想意義，而文辭亦屬於古典詩歌用語的應用範圍。又如「樽頸」及「甜心」均有意象比喻的貼切性，但前者屬於較理性而中性的詞語，後者作為情語則較淺露，適合戲謔之作多於深情蘊藉之作。硬譯方面，「硬賣」既覺生硬亦無必要；「強賣」或更暢順貼切。至於象（遑論白象）在中國文化沒有類近「大而無當」的聯想，反而有哲

學及美學的正面意義，故「白象」雖然見於報章評論，放在詩詞中並無詩意，亦不貼切。「蠻牛入舖」的概念與中國文化聯繫有限，略去中心意象（易碎之瓷器"china"）更打折扣；至若「莫歡新薯招手燙」，與中國「燙手山芋」之諺意思相近，根本無需借用西諺。

「藍血」在〈寄啟功〉之用，或部分源於與「紅心」對偶所需（「休道紅心終可鑒，祇緣藍血早該磨」），但無論動因如何，此語產生的問題比「白象」更大，不僅因為中文沒有意義相當（此處指皇室血統）的顏色複合詞組合，而且顏色字的聯想因文化而異。"Blue blood"的字典翻譯只能意譯為「皇族（或貴族）血統」，若要強選皇族顏色可能是紫，因為紫多與「紫書」、帝王（紫都、紫宸）等意義相關。何況英文"blue"尚有其他含義，如愁悶（blue mood）、色情（blue joke）：「藍血」若成詞，豈非可說「藍緒」、「藍話」？就中國文化的顏色聯繫而言，情緒更令人想起灰色（如「心灰意冷」），色情成分則為「黃色」，可見外語詞若用顏色直譯，很難妥貼。至於專有名詞的譯詞，就詩歌的美學潛能而言多屬於特定、本位、中性意義的範圍，只要用得其所，直接引用無妨。

音譯詞方面，語言上應考慮統一方音系統操作，美學上應考慮音譯詞含義的聯想潛能；兩者都可借「秀」字探討。陳文岩的音譯詞大多用香港式粵音音譯；連意譯（直譯）的「樽頸」亦為香港詞語（內地一般譯為「瓶頸」）。根據一致性的原則，「秀」應可改用香港慣用的「騷」。何況這還不僅是形式統一的課題，因為「秀」的含義多屬正面，「騷」則容易令人聯想到「騷動」、「騷擾」、「騷亂」等，更配合「選戰」的語境和實際行為。至於此處所見的其他音譯詞，「咪」只是香港粵式的音譯縮語，並無有機作用；「起烽煙」指聽眾致電到電台

時事討論節目與主持或嘉賓激辯，是「源起於 phone-in 而引起烽煙」的成功弄巧，卻繫於雙重語音錯讀；「仙股」句則除字面意義上，亦讓人想起往日「仙股」暴升之際，股民「雞犬升仙」，飄飄然於短暫富貴幻象中的情境。

總之，不同時代皆有異於前代的社會環境與新鮮事物，運用外來語或翻譯詞入詩自古有之，只要合乎內容意蘊和格律要求，用得其所，避免生硬堆砌，確能融入詩詞呈現鮮明的時代感。例如兩千年前，「琵琶」或為「胡語」的音譯詞；《宋書‧樂志一》記「傅玄〈琵琶賦〉曰：『漢遣烏孫公主嫁昆彌，念其行道思慕，故使工人裁箏、筑，為馬上之樂，欲從方俗語，故名曰琵琶。』」隨着樂器開展的藝術感應以及積澱的文化和情感意蘊，琵琶已成為含義豐富的漢詞。要開展詩詞未來的生命和活力，如何運用和融合具深廣美學潛能的新鮮語辭及內涵，正是當今古典詩人面對的挑戰。

如上所述，陳文岩的詩詞亦有不少地方直接以英語「原裝」入詩，仍然簡表引出：[25]

〈DOT.COM〉	囂囂 DOT.COM 眾人擠。
	（《詩詞續集》，頁 48-49）
〈尋根有感〉	染色盡看 DNA。
	（《詩詞續集》，頁 102）
〈電訊盈科股價急跌〉	莫笑三 G 流急退。
	（《詩詞續集》，頁 104）

25　各條原附注；此處按序濃縮簡列：DNA 為「遺傳基因之化學成分」；「三 G 為第三代流動電話簡稱」；「Clone 即以生物科技複製」；「GP 為 general practitioner 縮寫，即普通科西醫」；E.T. 為「外星人之英文縮寫」；「女士名 Coco，英語 nuts 即傻瓜；又 coconut 乃椰子，殼特硬」；「好債券稱為三 A 級，劣質的則為垃圾（junk bond）」；「港人稱吸毒為吞 pop」；K 即「karaoke 簡稱」。

〈昆明華亭寺〉	佛字人邊 DOLLAR SIGN ！
	（《詩詞續集》，頁 117）
〈偶得（為 O 型病人嘆）〉	生來為甚又 O 型。
	（《呼餘》，頁 117）
〈偶得〉	應知生命已能 CLONE，GP 技藝一般同。
	（《呼餘》，頁 130）
〈聞火星上有冰層〉	莫非昔日有 E.T.？
	（《呼餘》，頁 159）
〈名嘴封咪〉其一	方知從政為 ENJOY。
	（《吹水集》，頁 4）
〈讀新聞有感〉其二	伊是 COCO 君是 NUT。
	（《吹水續集》，頁 5）
〈股市〉	三 A 垃圾原同類。
	（《吹水續集》，頁 18-19）
〈女生遭碎屍〉	蝶浪蜂迷吞 pop 後，香銷玉殞唱 K 時。
	（《吹水續集》，頁 90）

　　外語入詩早已見於白話詩，只是入格律詩更牽涉平仄與押韻。基本考慮是藝術效果及做法的必要性。陳文岩為英語入詩作攻擊性自辯：「守舊的學者會認為不倫不類，或者只是低俗的『打油』。可是我卻認為是難得傑作。……DNA 的中譯是去氧糖核酸，試問如何入詩？而 DNA 卻是三個無人不識其意的單音英文字母」（《詩詞續集》自序，頁 3-4）。這是鴕鳥自蔽式辯解，蓋作者宣佈混雜英語的詩是「傑作」，而反對者已被判為「守舊」。這自然無助真理探討。不過，我們可以先看作者所設下採用英語入詩的兩個條件：一是所用英語詞的中文翻譯難以入詩；二是該英語詞為人所共知。

　　且以幾個例子作為討論起點。查作者在同一本詩詞集內另有一首〈詠複雜基因〉：

混沌初開創有神，遺傳解碼識基因；

一身經歷誰相似，枉自重生鏡裏人！

（頁 46）

「基因」（gene）指帶有遺傳信息的 DNA 序列，雖然科學定義並不等於後者，但就詩的內容範圍看，「基因」（生命的基本因素）音譯意譯合一，恰到好處，代替 DNA 既不害文辭，復有助文意，又尊重傳統體裁，且能體現當代語辭入詩，創造新鮮的詩情空間，足證 DNA 並無需要入詩的藝術理由。又例如作者用「dot.com」指互聯網絡上市公司，然而在另一首〈科網股狂熱〉詞卻以「科網股」指「dot.com」公司（《詩詞續集》，頁 29），可見不用英語亦達意。又如「GP」雖在護理行內屬於常識，但一般大學生亦未必知道它指「普通科西醫」；就算以作者本人訂下的英語入詩條件衡量，很多英語用詞純屬多餘。何必自相矛盾？

何況當中還有其他美學課題。上面看過，用本位性的方言、俚語、俗諺、潮語入詩，或可收諧趣、嘲笑、諷刺之效；但像「送鞋莫作擦鞋看」、「外國屁股迷人香」，究竟有何詩意？以英語入古典詩亦需明白，「吞 pop／唱 K」是流行文化語調，已離開古典詩韻味；中文有詞可代並能達至較佳的美學平衡。「佛字人邊 DOLLAR SIGN」和「伊是 COCO 君是 NUT」是文字弄巧；後者尤似古典版「饒舌唱詞」（rap words），前者則另衍生問題，第五章詳論。「E.T.」、「Clone」、「Enjoy」亦可用中文詞；混雜語言不知有何所得。

更根本的是，英文詞入格律詩詞要攀上嚴肅藝術層次，一般有賴三個條件：單音節、合平仄（粵音基本唸「高平聲」）、押韻（如作韻腳用）；這是音樂美的基本要求。平仄

格律是人為建構，不必墨守成規，卻是調和節奏及旋律抑揚起伏的聲調系統，自有美感道理。內化格律的讀者都知道，誦讀不合平仄的句子時，拗字會自動「跳」出來。且不論陳文岩本就呈現兩分格律鬆散（如「卻為拔尖亂逐風。好頑無知強著色」、「閉口又提鼻血流」已見拗字、孤平、失黏）；只說英語入詩多半加深拗律，因為運用者須準確掌握英語發音及本土方音讀英語的習慣。例如「dot.com」的「com」及「DNA」的「N」，在句中須改唸略輕的非平聲（類近去聲）方覺暢順；「enjoy」的「en」本為輕音節，卻須改唸高平聲的「N」方合平仄。以英語作韻字的潛在問題更大。例如「A」是滑音雙元音 /-eɪ/，近上平五微韻，與「稽」、「提」/-ei/ 並不押韻，蓋核心元音不同（粵音和普通話皆然）。「Clone」唸 /kləʊn/，同樣是滑音雙元音，無論是韻母或結尾音皆有別於「風／中／崇／同」的上平一東韻 /-uŋ/，須把英文字粵音化扭曲為 /klung/ 方能押韻。「Sign」與「來／哀」的距離更遠，因為前者的滑音雙元音為 /-aɪ/，後者為 /-ɔi/（粵音），核心元音不同，必須唸普通話，並廢掉 /sain/ 的結尾聲母 /-n/，方能押韻，否則刺耳不諧。上列例子中只有「才／該／joy」押韻；「O 型／三 G」的單音較合理可用。何苦放開母語文辭不用，刻意背馳格律而製造錯漏？作者慨嘆香港學生語文水平下降，卻教人誤讀英文，拼湊中英語辭入詩，豈非更違本意？

陳文岩透過書寫時事、切身生活及社會面貌的題材，廣泛展示傳統詩詞盛載新思維的可能。他的方針堅持用當代語言書寫當代事物，以此鼓勵後學。運用方言俚語、俗話潮語、翻譯詞及外來語入詩詞，需要作平衡美學思考，並非「開放」或「保守」的粗淺課題。藝術體式各有固定和通變元素，從有形的格式、文字到無形的精神、氣象、韻味皆如是。只要分辨層次探討，就可兼容並包。作者的「混血」篇

什，當可在諧趣通俗文學的層面上開展個人及社會書寫；至於將來能否達至更理想的匯合，是古來雅俗共融的開放課題。儘管目前弊多於利，亦不意味必不可為，更不代表全盤否定。詩詞無疑要注入新活力。

一位序者謂陳文岩的詩「無陳言，棄僻典，用字淺白而富時代氣息。……偶有唱酬，亦無陳腔」（《吋餘》，頁 4，吳子玉序）。此種「淺白」帶有強烈本位性、俚俗性和混雜性，不易跨越時空，也無法體現詩詞蘊藉凝練、意在言外的美學特質，反而往往失於淺露。以打油詩而論，其俚俗之處有時讀來相當「過癮」，像「伊是 COCO 君是 NUT」。他自謂寫詩「律嚴韻寬」（《吹水續集》自序，頁 14-15），其實平仄格律感也不算嚴謹，特別是用英文或其他雜語入詩之時。他最特色的作品，始終是抒寫行醫經歷的篇章。

4.1.5　許連進

許連進（1950-　　），筆名司馬千里、卜明等，福建晉江人，1983 年來港定居。著作有《春暉草》、《辛巳壬午半年吟》（《半年吟》）、《興翠簃詞稿》（《詞稿》）、《興翠簃律草》（《律草》）、《興翠簃古風集》（《古風集》）、《香港回歸情結》（《回歸情結》）、《興翠簃絕句續》（《絕句續》）、《興翠簃絕句再續》（《絕句再續》）、《興翠簃律續》（《律續》）、《興翠簃古風續》（《古風續》及《興翠簃律再續》（《律再續》）。近體七言約 2000 首，佔詩作八成，近體五言佔一成；另有詞約 300 首。[26] 他「貨殖養身，雅好吟詠，

26　《香港回歸情結》（香港：香港妙韻出版社，2008）部分重複《詞稿》、《律草》及《古風集》。《春暉草》坊間不見，「乃紀念先慈逝世二週年刊行，印數原不多，且有半數傳閱於堂親、戚友間，遂擬將『詞之部』收入詞專集」。見《興翠簃詞稿》（香港：中華詩詞出版社，2004），頁 127。

蟠紮尤工，精研盆景。調協天人意趣，推廣詩社活動」（《詞稿》黃坤堯序，頁9）。詩詞題材多樣，除《回歸情結》外，其餘按主題將詩詞歸類，以酬酢交際和文藝交流的篇什最多，佔作品總數逾半。其次涉及社會時事、天文科技、紀遊山水、園林風光及寄懷身世等。[27]

　　作者的酬唱詩主要展現人際交往，內容相類近，此處從略。他自言生平興趣為「詩詞、盆景、燈謎」，[28] 經常觀賞書畫展覽及歌舞表演，又廣交文藝界，累積了不少文藝吟章：

〈題趙慶泉大師盆景代表作五首〉

「序詩」

揚幟紅園耀九州，廣傳高藝著環球。

施刀運剪風華茂，立體畫圖詩興道。（其一）

「烟波圖」

畫就太湖洲渚開，取將雲影細心裁。

盆中咫尺容千頃，范蠡輕舟任往來。（其五）

〈讀《梅隱詩文謎選集》四首〉（其三）

別樣追求別樣情，披荊偏向虎山行。

自能稽古探源去，謎藝深研正果成。

（《絕句續》，頁 91、106）

他廣泛書寫各類玩藝，包括一般較少見的盆景和謎語題材。「施刀運剪」、「立體畫圖」、「盆中洲渚」、「咫尺千頃」等語，

27　各集主題共四十六個：文藝吟詠十三，唱酬十，社會時事八，紀遊園林七，家庭生活二。其餘較雜，包括《詞稿》「興翠騰聲」；《律續》「平日沉吟」、「社課詩箋」；《古風續》「曲迴人事」及「律再續」「時選清吟」、「詩課兼收」。

28　《詞稿》後記，頁 127。有關盆景和燈謎的篇什主要見《絕句續》「盆景詠題」和「謎壇遐思」。

寫出盆景濃縮山水的基本特色，惟未知如何表現「雲影」。盆
景終究屬於刻意的精美，而誇張雲影的疑惑，或影響詩作欲
用范蠡帶出飄逸意境的嘗試。謎語詩方面，主要是評論謎集
和介紹謎家。燈謎又稱「燈虎」、「文虎」，以喻猜謎難似射
虎，故以「偏向虎山行」形容猜謎，以「稽古探源」道出其性
質和趣味。用傳統詩歌介紹傳統文化，本來有雙重意義，可
惜此類作品常以「題賀」、「拜讀」、「把讀」、「捧讀」、「崇賞」
等為題，[29] 多屬介紹國內盆景和燈謎名家及其作品的「外緣」
之作，兼有交際成分，故詩作多近介紹文字，描寫精準而少
見抒發獨特的體味，不易留下深刻印象。

　　許連進擅長刻畫不同藝術，經常以組詩形式書寫題材。
且看一組關於攝影的詩作：

〈融詩入畫看佳作……賞錢萬里大師新一組江南旅影三首〉

〈兩岸桃花夾古津〉

膩粉淺紅夾岸桃，聲聲欸乃艣輕搖。

銀波入鏡流風韻，撲鼻醇香似白醪。（其一）

〈花田野渡〉

青林碧水菜花黃，曠野芳津過渡忙。

我欲化成蜂奔去，精微焦距隔遐長。（其二）

〈柳絮孤帆淡淡風〉

徐吹水畔可鳴條，翠浪清波景廓寥。

匠意詩心爭競處，瞬間攝得一帆遙。（其三）

（《絕句續》，頁 76-77）

29　例如〈題賀淦蓀大師盆景代表作〉、〈把讀《微風習習》〉、〈捧讀《鴻隱謎摘》
　　感賦〉、〈崇賞《陳光亮畫謎集》〉等等；見《絕句續》，頁 90、104-106。〈詠
　　題當代名謎家十九首〉以「伏虎」、「縛虎」形容謎語的刺激，以「披肝瀝膽」、「掃
　　荊棘」等語誇張其難度；同上，頁 109-112。

詩人每集都有詠寫文藝之作，像書畫、攝影、歌舞、音樂、流行小說，[30]具體細緻。其一就從視角（「粉紅岸桃」、「銀波風韻」）、聽覺（「聲聲觿搖」）、嗅覺（「撲鼻醇香」）描繪明媚風光；其二首句點染「青／碧／黃」的曠野色彩；其三的「徐吹水畔」、「翠浪清波」繪出動靜悠然的岸邊，皆繽紛生動，並納入術語點出攝影主題，使文字和攝影俱兼詩畫之意。獨立書寫而互相呼應，多層多彩，正是組詩的長處。

作者非只風花雪月，而是關心世情，自覺比古人「視野廣闊，題材多樣」（《半年吟》，頁 123）。他每集都詠寫時事題材，常採用組詩模式抒寫，如「伊拉克戰爭」、「南亞海嘯」、「非典型肺炎」、「金融海嘯」；當中非本地課題更能顯示襟懷闊於古人。這種模式及眼界亦見於其他當代詩人，運用組詩各自表述又互相協同的潛能，構造立體的透視感，例如：

〈汶川地震寫懷七首〉

淚不能吟慟切時，熒屏忍淚卻頻滋。

密疏淚滴分平仄，風詠雲傳入蜀詩。（其一）

地陷山崩眾手擎，四方營救湧群英。

此時殊重人生命，勘遍廢墟猶察聲。（其四）

半旗寄託眾悲哀，舉國追思悼巨災。

雄拔神州新兆顯，愛心十億共開來。（其七）

（《絕句續》，頁 20-21）

30　參看〈「Q 版特工」小說系列讀後三首〉（《絕句再續》，頁 37）、〈散天花‧觀舞劇《四大美人》〉詞四首（《詞稿》，頁 78-79）、古體詩〈中秋夜賞愛樂樂團「香港音樂會」〉（《古風集》，頁 65-66）。

詩篇的效果有點參差。其四、其七的抒寫重心在「地陷山崩」中的「眾手擎」，歌頌「四方營救湧群英」，將「舉國悲哀」化作「雄拔愛心」；[31] 此處的樂觀在於精神而非慘況，當可肯定。其一則見「淚」字出現太多（三次），除覺顯露外，後半的「密疏淚滴分平仄」不啻承認將悲劇「格律化」為「入蜀詩」，不意隔離人道關懷，或屬勉力有為的痕跡。[32] 由韻律、篇幅、語言等載體因素配合內涵的詩詞美學，相比現代詩更重自然吐納、含蓄蘊藉、留有餘韻。

作者的有為吟詠包括一冊「回歸專集」（《回歸情結》後記，頁 126-127）。茲看二例：

〈香港回歸五載二首〉（其一）

濤湧香江入版圖，回歸五載歲華殊。

金融風暴猶強立，經濟潮低自遠逾。

輝耀紫荊紅幟展，鄰連靛港碧山趨。

炎暉月影流今古，隆盛名都映海隅。

〈香港回歸祖國十周年二首〉（其二）

慶期日近瑞音傳，特首隨心選大賢。

績著花繁天下識，政通珠耀國中宣。

當然繼往施雄略，自若開來寫妙篇。

百里香江無盡景，龍騰雲外凱歌前。

（《回歸情結》，頁 82〔另見《律草》，頁 22〕、108-109）

31　亦可參看〈汶川大地震〉其二：「兩川施救兩綿征，造化無情人有情。……劫餘同賑輸恩德，震後重興獻悃誠。……」（《律續》，頁 106），情懷相近。

32　類似情況亦展現於〈傷春怨三闋——當美國以『伊拉克自由』命名，將戰火燒向伊拉克時……〉：小題三番強調「我為〔自由／公理／自由女神〕哭泣」，內容重申「淚」、「哭」、「泣」，力寫「濺我三天淚」、「嘆息連群籟」；其三末尾的「特替汝、憂心泣」，直言此組詞的「有為」性質。

詩人對香港回歸祖國一直抱持自豪的態度。他讚揚本地經歷亞洲金融風暴衝擊，在經濟低潮下仍自強屹立，反映熱切的愛國情懷以及香港發展的一面。頌揚之辭從「五載華殊」的「輝耀紫荊」和「隆盛名都」，更擴大至歌頌十載回歸的「續著花繁」、「政通珠耀」、「雄略妙篇」、「龍騰無盡」，甚至「特首隨心選大賢」等，一面倒地粉飾回歸後的境況。此集的篇什多見類近隱惡揚善的傾向，較少發人深省或全面反映時代。愛國懷抱是情理，政治傾向可入詩，但社會詩篇不應限於「情結」；尖聲大叫，不免損害藝術感染力。

其實計連進關心的議題廣泛，包括現代科技在提升物質生活之際，產生的環境保育、網絡安全等新問題。天災本無常，人禍更可怕；他感嘆「人類自毀生存環境」，回想年青時「釣青蛙以養雞鴨、挖榕椿為育盆景，慚愧不已」（〈懺悔二章〉序，《律續》，頁 88 ）：

〈花粉襲人〉

昔逢春夏覓芳菲，今遇襲人花粉威。
可嘆寰區遭污染，到頭造孽事多違。

〈滲透能發電二首〉（其一）

海水淡流滋電能，人間首創德輝興。
寰球企翹傳佳訊，此日挪威威望昇。

（《絕句再續》，頁 117、121 ）

詩人反省人類破壞地球的長期禍害，「到頭造孽」，害物害己，連花卉也因為受環境污染而演化出更具攻擊性的花粉。如今則生出保護環境的心願，讚揚挪威利用海水和淡水碰撞

時釋出的「滲透能」發電，開發天然不竭的新能源。[33]

　　許連進紀遊山水之作，數量僅次於酬唱和文藝吟詠，多描述國內、香港和澳門，海外主要包括東南亞。部分篇什傾向在某種距離外描寫或評述，如〈河源惠州遊八首〉（《絕句再續》，頁 80-81）。此處只看抒情韻味稍濃的兩組詩：

〈同學本港遊五首〉

「三島冬遊趣」

香江冬暖候殊佳，一日遊觀三島花。

過海九龍穿隧道，跨橋大嶼縱飛車。

學耕年渡真情永，談笑風生逸興遐。

撩眼景雲窗畔逝，聯歡陶醉積心涯。（其一）

「暮抵流浮山」

畫意融然近海墟，流浮夕韻自純如。

波嬉赭岸環行市，鳥宿青丘噪里居。

食客慕名非逐酒，遊人馳譽乃為魚。

癡看暮靄迷燈影，恍遇濠梁莊惠初。（其五）

　　　　　　　　　　　　　　　　　　（《律草》，頁 109-110）

〈馬尼拉紀行二十首〉

「聖地牙哥古堡」

綠樹紅花沁鳥鳴，灰牆碧瓦遞泉聲。

殖民統治黃梁夢，惟見遊人笑語行。（其三）

33　作者亦留心網絡安全及天文科學等課題；參看〈網絡戰爭二首〉及〈火星二首〉（《絕句再續》，頁 117、122）、〈獅子座流星雨三首〉（《半年吟》，頁 120-121）、〈寫給雙十一網購節〉（《律再續》，頁 63）。如〈網購節〉寫到互聯網主導消費生態，並創造「連盈億戶」的營利；〈網絡戰爭〉亦提到互聯網成為「列邦備戰」的新戰場，只需政府「諜影」利用鍵盤鼠標，進行「攻謀防略」。

「徜徉王彬街」

家鄉店舖漢招牌，徒步青陽安海街。

惟有馬車提醒我，身依鬧市在天涯。（其十一）

「桂香園」餐館

香雞卷及蟹蝦烹，番薯粥兼牛肉羹。

今吃新蒸鹹豆粽，何人不起故鄉情？（其十二）

（《半年吟》，頁 65–68）

「三島」寫陪舊同學冬遊，前半概括行程，直通香港、九龍、大嶼山，節奏輕快爽朗。後半寫欣賞風景之際，笑談昔日學耕，並無唏噓意緒，反覺「逸興遄」而「真情永」。其五記「暮抵流浮山」，在「畫意融然夕韻純」的近海小壚晚餐，氣氛融洽和樂。由海鮮餐聯想莊子「知魚之樂」倒有點反諷，蓋眾人之樂在吃魚而非觀魚自由自在，殊不近莊子的精神意境。雖然如此，兩首詩情感真實，文辭暢順，意境閒適。馬尼拉組詩的見聞亦鮮活可感。例如聖地牙哥古堡帶來鮮明的視覺和聽覺印象（「綠樹紅花」、「灰牆碧瓦」、「鳥鳴泉聲」），但感應重心卻在「殖民統治黃粱夢」的歷史感慨；曾作囚禁和處決政治犯人的刑場，如今但見遊人笑語。唐人街兩首的語辭則變得「街坊道地」：熟悉的店舖招牌和街道名稱，家鄉風味的菜式，都盪起華僑的鄉情，亦是詩的感應重心。

轉看天倫之情的抒寫。作者描寫家庭和自述的作品不多，主要收錄在《詞稿》的「浪跡心歌」和《律草》的「家聲綴集」。他較多抒寫對逝世雙親的思念之情，尤其是母親：

〈柳梢青〉

燈影昏紅，更深夜闌，密密勤縫。

> 睏倦雙瞳，機靈十指，愛子情濃。
>
> 卅年一夢匆匆。樹欲靜，擾人陣風。
>
> 層昊難追，千河難挽，懊恨彌空。
>
> （《詞稿》，頁 106）

對「先母在我孩提時，連夜趕做棉花哈巴狗」（自序）的情景，詩人仍覺歷歷在目，惟將「睏倦雙瞳，密密勤縫」之恩，化作文字記憶。他曾為紀念母親逝世二周年出版《春暉集》，足見感情深厚。由母親到妻子，其中因緣亦一脈相承，同樣是在日常生活中顯出恩情：[34]

> 〈甲申自述〉十首（其六）
>
> 母意難違婚定時，戀情後發認書癡。
>
> 半年親眷頻往返，一日欣迎盡禮儀。
>
> 夫復心耕教與著，妻猶手藝執兼持。
>
> 異林比翼和鳴久，直向白頭偕老期。
>
> （《律草》，頁 120）

「母意難違」的婚姻，經「戀情後發」而踏上「比翼和鳴……直向白頭」的階段，讀來真實可喜。

至於涉及子女的篇什，主要見於對其成材的期盼和欣慰，特別因為自己年青時失學：

> 〈勝勝令·聞鵬兒考進香港科技大學〉
>
> 鴝鵒山下，白碗灣濱，仲秋佳訊自含欣。

34　另可參看〈思念雙親〉二首（《律再續》，頁 57）、〈蝶戀花·與妻觀電影《鐵達尼號》〉（《詞稿》，頁 116）等作。

初飛振翅，向青霄，試凌雲。遂我願、光耀篳門。
病裏情牽，夢醒處，幻當真。事成今日賦詩頻。
從茲可教？入洪爐，煉清純。礦冶金、當煥一新。

（《詞稿》，頁 115）

詩人當年因文化大革命而「學業難終遇劫災」（〈甲申自述〉
十首其四，《律草》，頁119），故此刻盼望兒子「當煥一新，
振翅青霄」而「光耀篳門」（另可看〈臨江仙引‧喜曼兒考入
廈門大學〉，《詞稿》，頁 114）。這已不僅是一般意義的父
親喜悅，還有子輩成材「遂我願」、填遺憾的補償性欣慰。縱
觀此類詩詞，風格傾向敘事刻畫，賦陳較多，情感直接。

格律的音樂性方面，許連進的詩亦有因語音變遷影響如
今押韻的情況。此處只按上引詩例，取一組屬相同中古韻的
現代粵音 /-iŋ/、/-ɐŋ/ 及普通話音 /-ing/、/-eng/ 略作說明：

篇名	韻字	中古韻	粵音	普通話音
			（粵／普只標出不押字）	
〈讀梅隱〉	情／行／成	下平八庚	行 /-ɐŋ/	成 /-eng/
〈汶川〉其四	擎／英／聲	下平八庚	全押	聲 /-eng/
〈滲透能〉	能／興／昇	下平十蒸	能 /-ɐŋ/	興 /-ing/
「聖地牙哥」	鳴／聲／行	下平八庚	行 /-ɐŋ/	聲 /-eng/
「桂香園」	烹／羹／情	下平八庚	/-aŋ//-ɐŋ//-iŋ/	情 /-ing/

很明顯，「平水韻」跟任何方言的今音押韻都有距離；如
果加上同屬八庚的「榮」（見〈南京旅詠〉九首其五「晨逛莫
愁湖」，《律續》，頁76），則普通話音更雜進另類韻母的
/-ong/。當代《詩韻新編》將 /-ing/、/-eng/ 置於十七庚（「榮」
遷十八東），用意是照顧傳統韻，語音上並不準確。總之，平
水韻如今只能保證最基本的押韻感覺和傳統押韻意識，已無
法完全發揮押韻的音樂美；下面第五章再詳細探討。

　　此外，許連進亦講究聲調，曾在《律續》提到該集依董文渙《聲調四譜圖説》而寫：

> 奇數句末字，作「四聲遞用」嘗試……重要之法有二：一為一句之中，四聲俱備；二為第一句、第三句、第五句、第七句之末一字，不可運用兩上聲、或兩去聲，必上、去、入相間。律詩備此二法，讀之必聲調鏗鏘，方盡四聲之妙。

（頁126-127）

　　且續以〈南京旅詠〉為例，其四「夜游秦淮河」的奇數句末字「多／暈／杳／激」依次為平／去／上／入聲；其五「晨逛莫愁湖」的「明／石／水／囀」為平／入／上／去聲；其九「夜訪烏衣巷」的「風／徙／耀／立」為平／上／去／入聲，都依「四聲遞用」法則。後來作者在《律再續》竟嫌自己的應用「不夠純粹。如所列字：浩、盡、憤、近、恨、蕩、憾、境、靜、視，雖在平水韻中讀上聲，卻依現代漢語作去聲」（「後記」，頁127）。且不論聲調跟語音一樣改變，入聲更在普通話消失而散入另外三聲；即使能完全依隨一個抽象理念，難道「四聲遞用」就能保證「聲調鏗鏘」，暢順悅耳？聲調還要結合語音、辭義、配搭、語法因素。所謂「四聲遞用」並非金科玉律，而應該是簡單合情的理念提醒：為了音樂感的豐富和諧，不宜過分集中或偏重於某些音質。這是自然直悟的常理認知，有「音樂感」的詩人自當在吟誦中糾正不必要的偏重；但「不應過分偏重」卻不可能變成機械僵固的「四聲遞用」。它充其量是具有某種輔助參考價值的理念，而美學的大前提永遠是：不以辭或音害意。

　　許連進有感當代人「對中國歷代豐厚詩詞遺產之繼承，

遠遠不夠」（《詞稿》後記，頁127），自己成為非常勤勉的傳承者，既將當代事物納入古典詩詞，亦嘗試用不同詞牌寫作。縱觀其所詠，「涉人事、藝美、旅情、科海，既本於情興，亦多緣事而發；既潛心於古道，亦顯時代之前沿。」（《古風續》，頁14）他自覺「視野較……前賢所處年代廣闊，題材當可過之。……科技時代，新事物疊出，亟待吾儕拓寬吟材」（《絕句續》，頁126-127）；又指出「『作詩求與古人合，不若求與古人異。』此姜夔〈白石道人詩集自敘〉，……惟如元稹〈敘詩寄樂天書〉所言，『凡所遇異常者，輒欲賦詩』，以此謀『與古人異』。遂……於科技、軍事、大文、地埋諸方面，選取新題材而習作」（《律再續》，頁127-128）。因此，他嘗試「把反映或表現新事物、新思想、新情感的新名詞、新術語、新概念，納入對當代社會、當代文化、當代生活的系統思考與深切理解的整體架構中，而又能水乳交融，相互生發」（《古風集》，頁126）。就詩詞藝術生命的活化和開展而言，這個方向殆無疑問。

以上觀點配合實踐，足見許連進是「有心有為」的詩人。他的詩詞言之有物，努力表達當代事物，作品多集中於具體細緻的描繪刻畫，語言風格包括平實、顯露、雕琢，卻沒有堆砌澀典艷辭。可以斟酌者，或因寫詩太勤，「過猶不及」，有時提煉不足：技術上偶有平仄不合、對仗不齊的粗疏；內涵上或有張弛不準、情懷和意境未能盡量發揮之處。一個勤勉的多產詩人，或許應以「更上一層樓」為首務。

4.1.6　招祥麒

招祥麒（1956-　），出生於香港，廣東番禺人。香港大學哲學博士，現任陳樹渠紀念中學校長。曾為鳴社成員，師

從涂公遂和蘇文擢等習詩。有詩詞文集《風蔚樓叢稿》（下稱《風蔚》）和《風蔚樓叢稿續編》（下稱《續編》）。兩集作品依體裁分類及按年編次，分別收錄 1979 至 2003 年 204 首詩和 6 首詞，以及 2003 至 2012 年 366 首詩和 22 首詞。[35]

綜合兩集作品，「述古敘志，放懷千載」的抒情固然不少，但「更多的，是樂自然、憂民患、慕儔侶、揚師道的現實題材」，「師友往還、旅遊觀覽、死生契闊、喜慶酬酢、時事感觸、讀書記聞等」。[36]主要可分為懷人、紀遊及感事三類。

有關「師友往還、死生契闊、喜慶酬酢」等賦贈奉和，對象多為作者在鳴社、大學時期及工作上的前輩師友。[37]前期詩稿多成於鳴社時期，觸及詩社的人情往事，特別是對蘇文擢的敬仰，[38]孺慕之情真摯，如〈哭遂加師〉四首：

> 日星隱曜春風斂，蘭蕙無顏眾鳥啼。
> 杖履失隨前路渺，愁雲羃羃草萋萋。（其一）
> 浴沂相伴哭無期，尚憶嚶鳴導有師。
> 去住塵緣驚永隔，多情練漉不勝悲。（其二）

---

35 見招祥麒：《風蔚樓叢稿續編》（香港：新民主出版社，2013），頁 309。並參鄒穎文編：《經眼錄》，頁 70–71。

36 見《風蔚樓叢稿》（香港：獲益出版，2003），書背簡介；《續編》後記，頁 309。

37 此類敬和及寄贈師友之作很多，《風蔚》有：〈呈陳師耀南五首〉、〈題朱冠華學長劉師培春秋左傳答問研究〉、〈公遂師入住浸會醫院有感而賦〉、〈辛未中秋前二日對月追懷公遂師〉、〈贈張頌仁詩侶〉、〈題溫誌鵬學長戲曲新作〉等（頁 29、35、38、43、61、73）；《續編》有〈文玖學長積勞成疾詩以慰之〉、〈文農師六十大壽恭賦〉、〈單師周堯榮膺香港大學明德教授敬賦〉、〈元日三和劉教授衛林〉、〈題伍懷璞博士圖說堪輿學源流〉、〈康民老校長人生感悟錄首發暨八十六歲嵩壽之慶，賦詩十首敬呈〉等（頁 3、12、41、48、66、97）。

38 《風蔚》有〈題蘇師文擢書法〉、〈敬和蘇師珠海歸舟作〉、〈中秋遣興奉和蘇師文擢教授〉、〈壽蘇師文擢〉、〈蘇師七十八歲冥壽敬賦〉等（頁 15、34、40、45、49）；《續編》有〈敬和蘇師遺作甲戌清明詩〉、〈敬和蘇師文擢遺作秋暑書懷〉（頁 36、38）等。

省識明夷國士哀，悲歌民瘼望春回。

經傳半部治平志，啟後襟懷到九陔。（其三）

天地為家月作鄰，蘭言在耳別彌珍。

年年桃李花爭發，盡是春泥護養恩。（其四）

（《風蔚》，頁 24）

作者從不同角度哭輓恩師，心情悲慟沉重。其一將恩師視為人生的「杖履」；其二悲不自勝，直抒胸臆；其三回顧先師的學問氣志；其四化哀思為對教育的肯定，在感恩中思考自身的責任，即面對「年年桃李」，須傳承「春泥護養」之恩。

除了紀懷師友外，詩集中亦有不少勉勵學生之作，流露出教育工作者的情懷，[39]例如：

〈中七同學應試在即賦詩二首〉

攝衣凌絕頂，破浪展雄心。

珍惜光明路，青春抵萬金。（其一）

記此燃藜讀，春寒不夜天。

明朝新射策，翹秀耀人前。（其二）

（《續編》，頁 51）

另可參看〈贈培僑畢業同學〉（《續編》，頁 15）。雖然這些作品不外乎勸勉學生奮進向上、珍惜師恩及同窗友誼，祝願他們前程似錦，屬泛寫多於具體抒懷，但亦處理得層次分

39　《風蔚》有〈畢業在即百感交集誌之以寄懷〉、〈贈畢業諸生〉、〈陳樹渠紀念中學創校二十周年敬賦〉、〈作文歌賦贈陳樹渠紀念中學諸生〉（頁 37、50、56、73）；《續編》有〈培僑中學六十周年校慶〉、〈香港培僑中學菲律賓校友會第十二屆理監事就職賦贈〉、〈贈培僑畢業同學〉、〈喜逢培僑中學六十五周年校慶賦詩三首〉（頁 8、11、15、95）等。

明，反映師長習慣以自己的人生體會向學生諄諄善誘。「燃
藜／射策」的用詞應可現代化。

紀遊是常見的抒寫題材。招祥麒首本詩集紀遊詩較少，
間有內地和港澳地方的輪廓。[40]《續編》的紀遊詩明顯較多，
覽勝抒懷的地方亦比上集更國際化，如以下例子：

〈登萬里長城〉

步履長城氣自華，群山繞翠一望賒。

古來禦侮今招客，興廢江山傍日斜。

（《風蔚》，頁26）

〈參觀菲律賓哥黎希律島〉

小嶼孤懸碧海涯，當年激鬥淚相偕。

遊人空撫頹垣憶，廢炮橫陳類戰骸。

〈羅馬鬥獸場（Colosseo）〉

雄構奇觀歷劫波，殘垣日影悼山河。

死生相搏場中恨，留予遊人細琢磨。

〈八月十五中秋，西安感賦二首〉

明月澄空靜，古城夜轉寒。

此中清興在，唐調急飛湍。（其一）

垂柳依人默，清輝瀉地閒。

天涯珍此夜，對月暫歡顏。（其二）

〈台北一〇一大樓〉

樓層逾百倚天雄，玉色猶存寶塔風。

40　如〈遊沙頭角〉、〈大嶼山紀遊四首〉、〈登澳門炮台山記感〉、〈遊澳門盧九花
園〉、〈登萬里長城〉、〈韶關北江大橋〉、〈長州記遊〉、〈遊丹霞山〉等；見
《風蔚》，頁9、11、12、21、26、27、37、62。

　　豈欲憑高舒一嘯？從來傲氣古今同。

（《續編》，頁84、104、56、82）

上引詩篇不限於敘述歷史遺跡，也較少純作描寫，反而點睛
式刻畫感應：「廢炮橫陳類戰骸」、「死生相搏場中恨」、「古
來禦侮今招客」、「從來傲氣古今同」，都包含一份主體性的
具體生動，開展出對歷史興廢、江山起伏的思古幽情。

　　此外，詩人有若干紀遊之作屬於借景記敘時弊，具有社
會觀察性質，如下面例子：

〈自由廣場〉

黨團更迭論爭多，轉綠迎藍耐折磨。
冷看廣場題字改，驚濤起落復餘波。

〈石碑山風電場〉

臨風激電豈無因，扇轉挪移計利民。
災劫核能驚魘在，石碑山上益丰神。

（《續編》，頁83、103）

兩首詩分別諷刺台灣的政治紛爭，[41]和記述廣東石碑山開發
風力發電的德政。作品雖然少見實景描寫，卻從景物開展出
針對相關時事的聯想，並融入貼切的描述，如「轉綠迎藍」描
寫國民黨（藍）與民進黨（綠）之爭，「扇轉挪移」形象地描繪
現代風力發電的情形，「災劫核能」以日本福島核災難對比風
力發電之安全可貴，惠及百姓。這些當代描寫具體生動，再
次見證以現代題材及詩情融入古典詩體，亦可得心應手。

41　台北國立中正紀念堂的正門牌樓，題字原為「大中至正」。2007年因陳水扁政府
　　「去蔣化」而被拆除，並更名為「自由廣場」，引發黨派激烈爭辯。

　　招祥麒反映今人今事的作品頗多，當中一般性的現代生活抒懷集中於首集，如〈足球比賽〉、〈年宵花市〉、〈母親節感賦〉、〈詠朗誦〉、〈詠減肥兩首〉等（《風蔚》，頁19、60、35、51）；《續集》相對較少。此處的討論仍以本世紀出版的《續集》為焦點。感事之作的題材廣泛，多見批判香港社會時聞，亦有不少觸及國際大事，如〈移民曲〉：

> 手揮五弦送飛鴻，重雲望斷愁長空。
> 昔年暫作逃秦地，今日離根作飄蓬。
> 問君歸期拙言語，問君桃源在何處。
> 問君鄉土離別情，問君鑪峯獅山長憶否。
> 潛悲辛，淚霑巾。
> 徘徊欲別還相親，明朝兩地數星辰。
> 北斗何黯黯，回頭望東雲。
> 東雲欲靜驚風起，心如懸旌搖未已。
> 但令春到梅綻香，歸來痛飲東江水。

（《風蔚》，頁 67-68）

韻律上，古體詩比近體詩自由靈活。此詩運用這種優勢，細緻具體地敘事寫景，描繪出複雜的情境。像「昔年暫作逃秦地，今日離根作飄蓬」，道出背景因素與移民心態的改變，以及當代華人寄身異邦，難以盡訴的飄泊困頓感；當中連環四問更移情入事，悲慟悱惻。首句借嵇康〈四言贈兄秀才公穆入軍詩〉其十四，卻絕非「俯仰自得，遊心太玄」的意境，似乎太「文學化」，反而削弱典型意義及情感共鳴。

　　整體來看，招祥麒較愛用古詩及組詩書寫感事之作，如七古〈越南難民曲〉、〈華東水災〉（《風蔚》，頁66、68）；五古〈中國人上太空〉、五絕〈教政吟十一首〉、七絕

〈師道——汶川大地震英雄教師報告會聽後感，四首並序〉
（《續編》，頁 2、52-53、72），用意是讓內涵和情感立體豐
富。以「形散意連」的組詩為例，可看〈沙士雜感五首〉：

> 明珠海角黯無倫，劇疫成瘟百載新。
> 連月愁顏遮不住，慟心前路更傷神。（其一）
> 青眼從來看後生，辛勤積學自飛鳴。
> 笑談蒙臉重來日，珍惜離情最有情。（其二）
> 噩耗頻傳舉世悲，消除災疾到今疑。
> 深情默禱無窮願，有賴天時有賴醫。（其三）
> 救病扶危屬俑曹，艱難抗疫勒功高。
> 斯仁斯事資千悟，良弼匡時有亦無。（其四）
> 幾縷英魂壯浩園，捨身無悔百骸尊。
> 杏林打史堂堂在，寫入人心萬古存。（其五）
>
> （《風蔚》，頁 30-31）

作者親歷香港本世紀最嚴重的瘟疫，目睹人命犧牲，乃抒寫
感慨；像「慟心前路更傷神」（其一）和「噩耗頻傳舉世悲」（其
三），概述疫病肆虐下人心惶惶。從悼蘇文擢及〈移民曲〉
到這組詩，作者的情感一般比較顯露，[42]若能更含蓄蘊藉，
當可增添言外之韻。其四、其五向救急扶危以至捨己的醫護
人員致敬。幾首詩各有焦點，描述疫病的不同方面，大體互
相配合，凝聚出劫後振作、珍惜當下的詩教。

　　若論帶有敘事性質的詩作，古體詩或組詩的篇幅彈性，
應能提供更靈活和充分的發揮空間。尤其是針對時事之作，

42　如上引「哭無期／不勝悲」、「淚霑巾」、「舉世悲／慟心傷神」；又「摧心肝」（〈波
斯灣危機〉，《風蔚》，頁 66-67）、「行行舉目有餘悲」（〈河南考察存稿並序‧
龍門石窟〉，《續編》，頁 100）等。

往往需要清楚敘述和生動描寫的基礎，方能有效抒情言志；篇幅具彈性自然有優勢。當然，詩體畢竟不應限制發揮；昔日杜牧（803-852）就喜歡用七言絕句，精練有力、傳神點睛地詠史懷古。縱觀其藝術效果上佳之作如〈赤壁〉、〈題烏江亭〉、〈金谷園〉等，所詠之事為人熟悉，故可點睛而不必畫龍。若要找一件熟悉程度可堪比擬的時事，寫恐怖襲擊的〈九一一事件月餘值重九感賦〉可算是例子：

> 熒屏驚慄影傳真，鐵翼連環劫罕倫。
> 烈火赫曦熔柱棟，摩天一瞬化泥塵。
> 相還牙眼風雲變，忍見軍民血淚頻。
> 芻狗生靈誠足貴，節催物候更傷神。
>
> （《風蔚》，頁 51）

將當代時事寫入格律詩體，是作者的意識和努力，尤其因為鑲嵌的斧痕猶在，語調亦較理性。次聯中「赫曦」對「一瞬」有點勉強；「摩天」的略語雖有強調高度之意，卻不如用「高樓」對「烈火」來得自然。「牙眼」削字對「軍民」亦見費心；「忍見軍民血淚頻」適合戰爭詩多於恐怖襲擊題材。若用古詩體或許效果會更佳；寫作的當代性方向則無疑值得肯定。

轉看題材涵義比較本位的〈時事詩二首〉，清楚顯示篇幅的長短對時事詩作的發揮：

> 高中學制三又三，改革當前起劇談。
> 通識豈聞通不識？乍疑師道幾人諳。（其一）
> 祭掃空墳十八年，游魂無主怨衝天。
> 可憐骸骨今何處？胥吏胡塗在目前。（其二）
>
> （《續編》，頁 60）

兩詩的結語批評明白如畫，但如何連上前三句，卻需要注釋交代有關事件的輪廓：即「三三四」的中學連大學改制和有關通識教育科的爭議，以及政府墳場錯葬骨灰的始末。如此方能完全理解作者的用心，於感受「祭掃空墳十八年」的「衝天怨怒」之餘，欣賞骸骨無蹤與庸吏眼前的對比。如果時事課題屬本位性質，精短的絕句可能會遇到困難，因為它是點睛多於畫龍的寫法；欲其透視和論斷時事，當以三言兩語精準概括引發感興的事情，亦往往需要背景資料承托（情志詩和哲理詩不在此限）。自「新樂府」以來，詩詞書寫時事要處理的美學課題是：如何用感受活化主題，以及從本位帶出更廣闊、普遍的涵義。

就詩詞格律及其聲音美感而言，〈沙士〉組詩亦集中帶出當代押韻的課題。譬如說，其四的韻字「無」並不符合標準韻部（下平四豪）或現代普通話音的押韻要求，卻合現代粵音押韻。其一的「新／神」則合中古韻部（上平十一真）及粵音，在普通話音只屬近韻。首句押韻方面，「倫」、「生」、「悲」、「園」均屬中古本韻，但就現代音而言，「倫」與「新／神」、「生」與「鳴／情」、「悲」與「疑／醫」的粵音及普通話音只屬近韻；「園」與「尊／存」則押粵音而不押普通話音。首句押韻按照中古慣例只需鄰韻便可，但就韻律美感而言，首句若押韻則無格外放鬆之理。當代詩詞作者共同面對的韻律難題，是如何在母語語音、共通語音（普通話）及標準卻過時的中古音韻中，找到適當的融合或平衡點。假如母語方言有相當的重要性，又接近中古韻系的韻分，這個難題就愈見微妙。最理想的情況自然是韻字在三個系統中都押韻，然而寫詩不能因音害意，本末倒置。

招祥麒在〈鳴社成立賦題〉寫道：「邇來詩道迷新說，

喚起騷魂一縷絲。」並注曰：

> 詩本無新舊，惟是而已。然五四以還，邪說競作，醜
> 詆用典平仄押韻。後學識淺，迷惑愈甚，詩道不昌，而道
> 喪文敝矣。

（《風蔚》，頁 42）

五四以還有多少「邪說競作」，此刻不必深究。不過白話詩經
歷百年，到今天仍未開拓出康莊大道，則是令人嘆惜的寫作現
實和學術共識。無論如何，「詩本無新舊」的美學邏輯應可成
立。文學體裁各有美學性質和傳統，生命力具彈性者可以活化
和開展，不必構成詠懷時代的必然限制。招祥麒是見證當世情
懷能融通古典詩韻的詩人之一；他的詩歌積極抒寫現代社會面
貌、反映時代氣息，流露出「入世的心」和「當世情懷」（《風
蔚》書背簡介）。蘇文擢讚其詩「句句是眼前事而造語典雅雍
容」，[43]少見刻意模仿古人，賣弄典故。融和古典神韻、當代詩
情及鮮活語言，當是未來詩詞發展的唯一大方向。

4.1.7　林律光

　　林律光（1960-　　），號維摩居士。廣東番禺人，香港出
生。香港科技大學哲學博士，暨南大學文學博士，兼治中國
佛學及古典文學。曾任教中學，現任澳門大學、香港大學社
區學院及中文大學兼任講師。又為「香港文化學術社」社長、
《香江藝林》總編輯。有詩集《花間新詠》、《維摩集‧山居
詩畫篇》（下稱《山居》）、《維摩集‧茂峰（一）至（四）篇》
（下稱《茂峰（一）等》）、《維摩詩草葿首》（下稱《葿首》）、

43　引文為就招祥麒〈辛未歲朝有感而作〉一詩之總評。見《鳴社詩輯》，頁 48。

《雲南詩草》（下稱《雲南》）、《藏遊吟箋》（下稱《藏遊》）；合著有《壺中山月集》。共計約 400 首詩，[44] 近體七絕佔逾半，七律近四分一，無詞作。內容以紀遊山水最多，次為寄贈唱和、教學感懷和社會時事，亦有生活課題、自述紀懷和佛語禪悟。寄贈唱和及佛語禪悟在此從略。

　　作者的紀遊詩主要敘寫內地名山大川和風土人情，分別見於《菡首》、《雲南》、《藏遊》等。[45]此外，詩集中亦有小量描寫香港山水之作。以下試分別舉出數例：

〈與藍精靈及其弟婦遊江西八首〉

　「過廬山」

匡廬勝景世留名，霧鎖幽林雨又晴。

一路微風含氣氧，兩肩翠色伴詩屏。

多番迷道橫山嶺，數度離車問廓城。

松杉煙霞迎雅士，登峰遠望憶淵明。（其二）

　「遊白鹿洞書院」

僧尼引路訪黌宮，白鹿千年飲譽隆。

雲海谷虛經久雨，松門山靜見頹篷。

遊觀洞內浮名淡，探索丘前紫翠豐。

倚柱傷懷思古晉，空餘陌跡伴花叢。（其七）

（《茂峰（三）》，頁 17、19；《菡首》，頁 69）

44　《花間新詠》（香港：科華圖書，2005）「嘗試將《花間集》各種詞牌的長短句型統一調整為六字句」（金達凱序，頁 32），屬於改寫。《壺中山月集》為與張志豪的唱和詩，未納入統計和討論。其他有《維摩集・山居詩畫篇》（香港：科華圖書，2010）；《維摩集・茂峰（一）至（四）篇》（香港：香港佛教文化基金會，2009、2010、2010、2012）；《維摩詩草菡首》（香港：科華圖書，2013）；《雲南詩草》及《藏遊吟箋》（新北：花木蘭文化，2014）。《菡首》收《茂峰》諸集部分舊作。

45　例如〈與陳偉林關振威伉儷遊鼓浪嶼二首〉（《茂峰（三）》，頁 11；《菡首》，頁 98）、〈遊黃山〉、〈遊峨眉山〉、〈重遊杭州西湖〉二首、〈遊武夷山〉二首（《菡首》，頁 36、46、57-58）等等。

作者欣賞的勝景或在晴雨不定、「霧鎖幽林」的虛實之間；「微風含氧」、「兩肩翠色」、「松杉煙霞」，勾勒出清新的自然景色。「多番迷道橫山嶺」反映霧中山徑曲折迷離，印證「不識廬山真面目」的體會。末句發思古之幽情，為廬山添上隱逸的靈性。名列「四大書院」的白鹿洞書院，主觀中卻是「谷虛山靜見頹篷」、「空餘陋跡伴花叢」，令人在「浮名淡」中「倚柱傷懷」。書院為保育文物，傷懷者應是傳統學問之衰微。

　　《雲南》、《藏遊》分別有 40 和 50 首詩仔細記錄旅程。除描述風光勝景外（如〈麗江古城風貌〉「畫棟雕樑古色香，水道縱橫穿萬戶」，《雲南》，頁 62），亦寫人文體驗：

〈茶馬古道〉

茶園漫綠擁雲山，馬路泥濘舉步艱。

古樹清溪迎遠客，巷逢村婦互聊閒。

〈遊香格里拉獨克宗古城〉

獨克宗城入海天，廣場商販藏氂牽。

遊人詢價留芳照，笑說三張六十圓。

（《雲南》，頁 28、74）

〈覽羊湖遇惡霸〉

千里奔馳過稻田，羊湖若鏡水連天。

高山興盡驅車往，陀地要求買路錢。

〈遊青海湖有感〉

名湖管理竟堪慢，艇費無端坐地收。

隨便放人爭入閘，任由尖隊確蒙羞。

員工訓練無良策，秩序安排欠運籌。

掀起風波同氣憤，齊聲唾罵洩心頭。

（《藏遊》，頁 52、106）

詩人觀察細膩，以「茶園漫綠」和「古樹清溪」勾勒茶馬古道景貌，「馬路泥濘」和「村婦聊閒」反映簡陋環境和閒樸民風。他沿途「增廣見聞」，例如遊獨克宗古城遇到商販，向要求拍照的遊客「笑說三張六十圓」；遊覽羊湖碰上地頭蛇攔路「截劫」；遊青海湖經歷收費及秩序大亂、管理不善，皆覺體驗真切。只是大部分採用平鋪直敘的手法記錄，似為書寫多於抒情，有時不免細碎平淡，較少動人的意境，不易凝聚深刻印象。[46]語言則大致平白流暢，不見艱澀重典，反而略嫌提煉不足，如〈遊青海湖〉批評管理失當，語言近乎半打油式白話，字面下韻味不濃。[47]又如以粵語俚語「陀地」形容地方流氓固然貼切，卻無美學需要。輕鬆俏皮之舉無妨，但終究以詩意為主；貪多務得會沖淡藝術效果。

作者曾任教中學，對教育和「離愁告別」（〈偶感〉，《皕首》，頁29）的困境感觸良多：

〈育才有感〉

獨臥尋思五內驚，瑤池舟上責非輕。

何時疊嶂離身後，更待雲中見月明。

---

46 例如〈往西藏前添置裝備〉：「西行探秘靠盤川，旅費人均十數千。未見油花開滿地，裝身已過萬銀錢」；〈深圳飛成都航班誤點〉：「驚雷光閃擾長天，數十航班滯不前。窗外朦朧狂雨打，候機廳內倦愁眠」；〈往大峽谷觸礁〉：「一路奔馳過陌阡，誰知習總訪山川。森嚴部隊無情面，折返林芝涕淚漣」；〈登魯朗林海〉：「松徑迂迴轉百彎，山川處處野牛閒。高原氧氣猶稀薄，心速頭昏舉步艱」等（《藏遊》，頁22、24、34、38），猶似詩歌式的旅遊日記。前三首內容寫實而比較細碎；「涕淚漣」更覺誇張。後一首描寫高山症狀，則真切實在。

47 另見〈夜宿西雙版納金源世紀酒店〉：「投宿西雙容滿欣，餐廉物美彩繽紛。高林軟枕裝潢瑰，世紀金源一百分」；〈住宿麗江古城第一觀景台〉：「深夜隨風到北台，迎賓卻說客遲來。西廂此夕遊人滿，無奈三房住七才」；〈昆明飛香港航班延誤〉：「延誤航班躺客樓，職員無助更添愁。償還一盒人情飯，頓覺心中有暖流」（《雲南》，頁46、60、82）；〈入住西安金石五星酒店〉：「大堂高貴傲同群，客房精心落足分。美食琳瑯朋滿座，近賓服務更殷勤」（《藏遊》，頁108）等等。

〈為人師表感懷〉

春風乏力百花殘，急雨山泥毀竹欄。
預測天公殊不易，為人師表更艱難。

〈世道〉

讀書辛苦亦陶然，學問從來靠熬煎。
笑看當今為父母，只求兒女賺金錢。

(《皕首》，頁 84、100、101)

幾首詩焦點不同，匯合則收協同之效。〈育才〉和〈為人師表〉抒發戰戰兢兢的責任感，當中交織着懷才不遇、任重道遠和有心無力之思。「春風乏力百花殘」將李商隱〈無題〉詩句應用到教育：「獨臥尋思五內驚」的作者，感嘆為人師表比預測天災更難，盼望命運及教學皆能「疊嶂離身見月明」。〈世道〉指出讀書從來是苦樂參半、長期煎熬之事，其精神與當今父母「只求兒女賺金錢」的功利目標背道而馳。

林律光關心社會，對本土、兩岸（以至國際）時事，皆有記述抒懷。且看以下篇章：

〈訪四川汶川大地震災區感懷〉

汶川地震痛蒸黎，萬里河山滿棄畦。
餓兒牽衣啼不絕，同胞感觸若刀刲。

〈香港回歸十周年〉三首（其二）

　〈奇葩〉

回歸十載苦含辛，盛世雄圖賴眾臣。
協力同心興大業，齊肩並手沨貞珉。
繁榮港口工商旺，穩定蒼生福德臻。
火鳳光芒經百煉，奇葩處處入眸頻。

〈東涌水浸〉

暴雨狂風襲陌阡，家園水掩可撐船。

經年謀劃無良策，搶地黎民怨蔭權。

（《酳首》，頁 89、62、93）

作者對地震天災感受深切：「河山滿棄畦」、「餓兒牽衣啼」具
體刻畫災情，景象鮮明而無誇張渲染，令人「感觸若刀刲」。
用人道觸覺運詩跟按政治立場頌物往往大異其趣：作者誌慶
回歸十年，以「火鳳」喻祖國崛起（參見其一「火鳳明珠」），
香港則為「奇葩」。他描寫香港回歸後政治、社會上的「盛世
雄圖」、「同心大業」；經濟上的「工商繁榮」；民生上的「蒼
生穩定」、「福德並臻」，均屬選擇性報導，有幾分像歌功頌
德的應制詩。其實深摯的愛國情懷不在片面歌頌，而在實
事求是的心力灌注；正面與反面的偏蔽情懷，皆有違藝術
的真、善、美。此外如〈賀馬英九當選第十二屆中華民國總
統〉，當中「寶印乾坤歌永頌」的語調（同上，頁 68），同樣
面對「真」的藝術問題。反之可看〈東涌水浸〉，透過描述風
雨掩家園，揭露政府「搶地」興建高樓而對民生苦況和實務需
要「經年無策」，直指向當權者（「蔭權」）。不管政治立場如
何，社會良心是藝術感染力的因素之一。

　　除了時事題材，林律光亦有不少反映現代人生活的作
品，切實具體，時含諷刺：

〈電腦科技〉

文聯墨譜賣銀錢，電腦今能印筆箋。

科技已將人手代，仰天長嘆恨連連。

〈與陳偉林羅耀輝找新屋——夏村小山丘〉

無端收地境堪慢，廿隻牲禽苦欠謀。
屋價飛騰千百萬，搬遷費煞令人愁。

〈現代愛情故事〉

繽紛蒲店酒經營，女愛男歡一夜情。
霧水姻緣求痛快，珠胎暗結怨淒聲。

（《晗首》，頁 99、94、105）

這幾首詩是現代文明的面相。電腦科技為物質生活帶來革命性進步，但亦衝擊傳統文化。像電腦印刷普及之前，「文聯墨譜」的書法藝術曾有廣泛的實際應用價值，如廣告文宣、店鋪招牌乃至餐廳菜牌等。如今「科技已將人手代」，得失的交換令人反思。現代愛情亦如科技「四通八達」：「繽紛蒲店」促成沉溺一夜痛快的霧水情慾，後果只能是累己累人，讓身心未準備好的男女倉卒變作父母，甚至成為社會問題。〈夏村小山丘〉則記述作者的住所遭「無端收地」的窘困，須攜牲禽另覓居處，大有自然被文明壓迫的意味。「屋價飛騰千百萬」是香港現況的寫照，亦是大眾平民的無奈和擔憂。

林律光雖非正式的教授，卻醉心學術。其自述寄懷之音，每帶幾分志意未酬的鬱結：

〈憶往事〉

回頭往事意情長，素志縈懷尚未張。
夕照餘光知逝水，朝來對鏡髮添霜。

〈謀生計〉

浮萍飄泊為銅錢，終日埋頭作牘箋。
苦困人生君莫問，淚痕強忍別人前。

〈和故人退休〉

> 紅塵俗事擾心頭，幾度人間順逆流。
> 憶昔邀賢倡道業，思今獨自隱孤樓。
> 功名濁世原虛幻，利祿隨緣豈強求。
> 喜值文壇雙韻叟，詩歌共唱解哀愁。

〈感遇〉

> 良禽北去感傷多，野獸張牙嘆奈何。
> 雨雪橫來塞道路，雷霆直打裂山坡。
> 浮萍瀚海隨舟蕩，曲徑凡塵練劍磨。
> 昔日雄心籌佛院，為圓宿願作頭陀。

（《皕首》，頁 95、99、54–55、54）

詩中的鬱結有三方面：「素志縈懷尚未張」；「夕照回頭知逝水」、「髮裏添霜」的時不我與（〈憶往事〉）；「淚痕強忍埋頭作」、「浮萍飄泊為銅錢」的「苦困人生」（〈謀生計〉）。老去不遇而「埋頭莫問」，生計飄萍而「雨雪塞路」，都令作者「感傷奈何」（〈感遇〉）；無怪他多半描繪落寞蒼涼的殘景。詩人亦有自解的時候：儘管「野獸張牙」、「雷霆直打」、「山裂道塞」，他仍懷抱「雄心宿願」，願作「練劍頭陀」（〈感遇〉）。同樣「自隱孤樓」，他在〈和故人退休〉的心境稍見積極，指出「人間順逆流」中功名利祿的虛幻，並願「隨緣倡道業，共唱解哀愁」。自傷與自慰，反覆而起伏。

　　林律光自述「經年傲居茅廬，晚學聲律，挾策讀書，中甚自慚。終日以泉茗為朋，參禪釋諦，閒吟賦咏」（《皕首》自序，頁 10），在生活挑戰中勤懇自樂。其山水之作多觀察細膩，體驗真切實在，刻畫生動具體，展現事物特色，不限於一般性的景物描摹。他的語言平實，筆觸素淨，很少雕琢

艱澀文辭或使用重滯典故。小量作品語言凝練不足，例如對仗不整、重複用字，或以類近白話俚語入詩，有時影響詩歌美感。至於《雲南》和《藏遊》的大型組詩，部分近似文字記錄多於感興抒懷，平鋪直敘而情韻不足，或許是希望把個別旅程的紀詠獨立成集，故刻意求量多於自然吐納。

撇開個別歌頌篇章，林律光關心民生狀況、社會時事、文明發展，詩作內容廣泛。他以古典詩歌反映當代世情，肯定當代詩詞邁向未來的價值。作者的細膩觀察和筆觸，經常體現於生活見聞之作：現代社會的生活變化及其衍生的問題，如沉迷電腦網絡遊戲、科技取代傳統藝術、物價飛漲高企、男女關係隨便等等，在其筆下都成為「傳統與現代」之間的張力性書寫課題。至於教學感懷和自述之作，大都情真意切，特別是對為人師表的責任有深摯體會。述懷之作雖然辛酸，卻未沉溺放棄，仍有面對逆境的積極之心。

最後是有關格律的一些觀察。林律光的詩作偶有平仄不合之處，例如〈世道〉的「熬」、〈訪四川汶川〉的「兒」均應用仄聲（另見〈藏香〉的「民」，《藏遊》，頁70）。押韻方面，如〈教員室記趣之新同事〉[48]五個韻腳中的「波／娥／多／歌」屬下平五歌韻，雜入屬上平六魚韻的「疏」。這自然是由於五個字的當今粵音完全押韻（主元音為 /-ɔ-/，普通話則涉及 /-o-/、/-e-/、/-u-/ 三個主元音），而觸犯傳統押韻標準所帶出的，正是當代詩詞應如何押韻的美學課題。同一課題的反面，則是部分傳統韻字經過語音的歷史變遷，

48　見《茂峰（二）》頁8，《萏首》頁70：「暑期過後接秋波，鄰座招徠粉黛娥。昔日人流庭絡繹，今朝茶客影稀疏。梁兄羨我柔情伴，文弟嘲余艷福多。禪曰本來無一物，何妨獨醉賦詩歌。」

如今已不押韻。例如〈賀馬英九當選〉的韻腳「坤／存／昏／昆／論」屬上平十三元韻，但按照現今粵語發音，「坤」（kwen1）、「存」（tsyn4）、「昏」（fen1）、「昆」（kwen1）、「論」（lœn6）涉及三個不相押韻的主元音 /-e-/、/-y-/、/-œ-/；普通話音仍押韻。另一例子〈奇葩〉，上平十一真的韻腳如今的粵音為「辛」（sen1）、「臣」（sen4）、「珉」（men4）、「臻」（dzœn1）、「頻」（pen4），「臻」與其餘四字不合；普通話音涉及 /-i-/ 及 /-e-/ 兩個主元音，亦不完全押韻。

以上例子不斷指向韻律美學的課題：如何在傳統韻分、現今母語方言發音和普通話發音之間取得和諧而不以聲害義的平衡。如前所述，普通話缺入聲和 /-m/ 尾音，陽平又非平聲，以之作為韻律基礎顯然不可能。可是它已推行多年，成為全球華人的主流語言，而現代詩詞面對以普通話為母語的讀者，亦不能漠視大眾的聲音觸覺。當代詩詞應該如何調節傳統押韻系統，使之更切合當代音韻現實，將留待第五章的美學論述作詳細探討。

4.1.8　蔡麗雙

蔡麗雙（1961-　），福建石獅人。1981年定居香港，任職家族企業。香港公開大學畢業，文學博士，《香港文學報》社長，香港長青詩社名譽社長。[49]詩詞集有《芙蓉軒詩詞》、《愛蓮吟草》、《古韻新聲》、《澄懷觀道》、《靜照忘求》、《馳騁古今》、《縱橫乾坤》、《劍龍鳴籟》、《蘭蕙清音》、

49　有關作者的資料，可參看其著作的作者介紹以及個人新浪博客網站。

《織錦年華》、《草原風韻》、《魚水情深》等。[50]共有詩約
1400首，其中近體七言佔逾九成（七絕近 900 首）；詞約 250
首。[51]作品過半環繞酬酢交際，對象包括中港軍政商界、名
流官紳、政教機關、文壇師友等；其次涉及思鄉情懷、田園
風光、紀詠山水、社會時事、寄懷身世及天倫之情等。

　　蔡麗雙似乎能引起兩極反應，從熱烈激昂的歌頌[52]到視
若無睹的處置。[53]此處只按證據論述。作者有不少篇章抒發
思鄉情懷。除了以「思鄉」、「回鄉」、「鄉愁」等為題外，她
亦透過描寫田園生活及故鄉景物寫出濃烈的鄉情：

> 〈訴衷情·鄉情〉
>
> 人生漂泊似萍踪，沐雨又經風。
>
> 鄉情欲剪難斷，都縮在亂紛中。
>
> 剛得聚，別匆匆，盼重逢。
>
> 千尋雲路，萬里江流，水淼山崇。
>
> （《芙蓉軒詩詞》，頁 131）

50　上述集內有不少楹聯和曲，不在討論範圍。詩文集《魚水情深》（香港：妙韻出版
　　社，2012）的書背謂收錄詩詞 177 首（網上截圖），惟不見於香港公共圖書館及各
　　大學圖書館藏，未能納入討論。另《紫荊風光》（香港：妙韻出版社，2007）亦收
　　錄詩詞，但大多為輯錄舊作，故不作統計及評介。

51　作者亦著有《清麗雙臻詞集》（北京：中國文聯出版社，2013），表示收錄 205 首
　　「自創詞牌、自制詞譜」之作，並非按傳統詞牌填詞，故未被計算入詞作數量。

52　例如張詩劍編：《香港作家作品研究》（第五卷——蔡麗雙卷）（香港：香港文學報
　　社，2005），頁 3-4，就載有十一名來自不同國家的人士的熱烈泛譽之辭。網上資
　　料方面，有「人民網專訪國家一級作家、香港知名詩人蔡麗雙」（http://tv.people.
　　com.cn/n/2014/0827/c358735-25548794.html）；論文網「巾幗奇才蔡麗雙」一文
　　（http://www.xzbu.com/7/view-4283208.htm）等。

53　像鄒穎文編的《經眼錄》就不列其出版資料。凡例謂「收錄香港自開埠以來編者
　　所得見之香港作家古典詩文集。香港作家取其廣義，舉凡香港出生、長期居港、
　　短期旅居香港，或曾於香港受業、工作者，其居港前後之古典詩文集都一併納入」
　　（頁 7）。蔡麗雙的著作多見於本地圖書館。

〈遊子吟〉

一世難忘生養恩，膏腴鄉土扎深根。

閩江波接維港浪，萬里舟歸遊子魂。

〈秋日〉

秋日江南綠不稀，天高雲淡雁來時。

深知稻浪騰金日，正是鄉愁拍岸時。

風裏黃花香撲鼻，眸中紅葉美如詩。

如今雖是香江客，心繞村榕舊夢痴。

（《澄懷觀道》，頁 61、75）

〈鄉景夢長〉

平疇稻熟喜來秋，鄉夢遐飛思緒悠。

故土鐮刀收稔意，維灣雪浪拍心頭。

情縈稼穡纏桑梓，曲唱豐收咏大謀。

我愛歌吟耕播事，毫端墨馥怎能囚。

（《蘭蕙清音》，頁 39）

作者二十歲離鄉，〈鄉情〉描述「沐雨經風」的「漂泊萍踪」之感。詞中寫到與鄉親「剛得聚，別匆匆」，更令情懷「欲剪難斷，都綰在亂紛中」；「綰」字尤婉約纏綿。〈遊子吟〉訴說「一世難忘生養恩」，亦見「扎根」之誠。情感既足，無需反復作「萬里」之稱（香港離泉州／石獅約 600 公里），因為誇張只會削弱感染力；「千尋雲路」、「水淼山崇」的景象已足夠帶出「遊子魂」的情懷。〈秋日〉和〈鄉景夢長〉皆藉秋意寄懷：「雁來」的意象觸起「情縈稼穡」的「鄉愁舊夢痴」；「稻浪騰金」、「黃花紅葉」、「鐮刀收稔」、「曲唱豐收」描繪秋天收成的景致。由香港的「雪浪」聯想故鄉的「稻浪」，意味鄉思似浪拍心頭，思情轉移暢順合理。三首詩的情感比詞作顯露，文字亦有待提煉：〈秋日〉重複「日／香／江」及韻

字「時」;〈鄉景夢長〉末句無實意,似為押韻砌成。

　　廣義的鄉情亦見於紀遊之作,大多吟詠中國山水景物,也有抒寫香港的篇什,少見記錄海外見聞。[54] 作者詠寫具體地方或景點之際,有時亦兼顧四時景致。試看下面各例:

〈香江夏日〉

夏日香江綠更饒,嫣紅姹紫湧花潮。
琤琮碧水琴聲美,秀茂青枝鳥語嬌。
篁影盈窗篩日色,月光攜夢畫雲霄。
綺麗風光詩興郁,韻彰憂樂意騰蛟。

(《蘭蕙清音》,頁43)

〈冬遊〉

九龍冬日氣熙清,愜意怡情郊外行。
獅嶺奇峰仍翠綠,城門秀水更澄明。
榕風過處心凝碧,松浪喧時眼濺青。
鳥語花香嬌織錦,詩心溢興起吟聲。

〈遊珠海新圓明園〉

曾經到過舊圓明,滿目瘡痍挾血腥。
焦黑殘垣刀印在,殷紅荒草殺聲鳴。
沉思珠海乘時意,細辨南疆仿古情。
徐步新園情鬱悶,國殤民難我心縈。

(《芙蓉軒詩詞》,頁67、95)

〈遊珠海〉藉遊覽仿古建築,回憶北京圓明園「滿目瘡痍」、「殘垣刀印」的戰火遺跡,遙想英法聯軍及八國聯軍之役兩度

---

54 零星例子有〈遊波士頓唐人街〉(《澄懷觀道》,頁72)、〈日月潭〉(《馳騁古今》,頁58)。

「挾血腥」而「殺聲鳴」的殘暴畫面以及「國殤民難」，抒發鬱悶的民族感情。〈香江夏日〉和〈冬遊〉描繪香港山水：前者「嫣紅姹紫」、「琤琮碧水」、「秀茂青枝」、「琴聲鳥語」，後者「奇峰翠綠」、「秀水澄明」、「榕風松浪」、「鳥語花香」，寫得繽紛多彩。可以留意，此類描繪部分屬於「綜合性泛寫」，如〈香江夏日〉涵蓋日與夜、室內與室外，故「綺麗風光」欠缺清晰的輪廓或焦點，且「日／光」重複，「綠／碧／青」相近，留下的整體印象不大清脆。〈冬遊〉的描寫較確切。至於個人情感書寫，比上段的引例更顯露，如「情鬱悶／我心縈」、「詩興郁」、「愜意怡情／詩心溢興」等，反復「講說」（tell）多於「展現」（show），似覺着力營造形象。

　　蔡麗雙的社會性書寫，包括兩岸、本土及國際題材，很多時展示強烈的愛國情感：

〈四川大地震感懷〉

山崩地裂降災殃，心上烏雲遮艷陽。
瓦礫廢墟埋骨肉，黎元舉國痛心腸。
五洲救難情澎湃，萬眾扶危意馥芳。
重建家園舒壯志，反思千載綰滄桑。

〈抗擊金融海嘯〉

金融海嘯捲全球，急瀉股災纏眾愁。
物價騰飛揚煞氣，寒霜甫凍落高秋。
中央挺港驅憂患，民意舒歡展美猷。
通脹遁逃彰好景，同扶經濟上高樓。

（《蘭蕙清音》，頁 33、51）

〈逐瘟神〉

歲月欣榮萬眾歡，突來沙士虐人寰。

逞凶病毒何猖獗，罹難黎民多苦寒。

齊逐瘟神憑膽赤，同歌國手獻心丹。

中流砥柱酬奇志，力挽狂瀾簇錦團。

（《芙蓉軒詩詞》，頁 78）

〈齊驅非典〉

時世欣榮世紀翻，突來非典虐塵寰。

逞兇病毒無人性，罹難黎民足膽寒。

敢與惡魔爭勝負，尤欣勇士獻心丹。

高端科技神威大，定逐瘟神挽巨瀾。

（《縱橫乾坤》，頁 44）

她的時事詩作反映對「瓦礫廢墟埋骨肉」、「慘狀千端毀萬家」（〈海嘯〉，《古韻新聲》，頁 108）的社會關懷，以及着力頌揚的標誌性取態。樂觀精神原可振奮人心，但若歌頌「意馥芳」的固定立場導致程式書寫，藝術上會變成偏漏的重複鼓吹。例如全球金融海嘯造成股災，打擊經濟民生，但當年本地通脹率頗低（2009 年約 0.5%，2010 年約 2.4%）。敘寫誇張失實，只因重點不在細審民生苦處或批判金融制度及人性貪婪，而在於「抗擊」：愈大力渲染「物價騰飛揚煞氣」，就愈多空間唱頌「中央挺港驅憂患，民意舒歡展美猷」，宣揚「同扶經濟上高樓」的熱情。[55] 國家長期眷顧香港原是明顯事實，然而筆端露骨、嗓子尖銳，即損害藝術意境和風度，也不免造成失真和偏漏。相隔兩年出版的〈逐瘟神〉及〈齊驅非典〉自我重複，包括 26 個重複字（近半篇幅）、4 個同義重複字（「歲月 / 時世」，「沙士 / 非典」）、2 個句 / 聯中重複字

55　〈金融海嘯〉（《織錦年華》，頁 90）所寫亦類同。其中宣傳「民心國力齊丕振，萬眾精誠寫錦章」，教人不易理解金融海嘯如何變出「民心精誠」，以及對之的激昂讚賞。

（「世／神」），3個重複韻字（「寰／寒／丹」），或反映〈齊驅非典〉是在情疲思竭中，嘗試改頭換面的循環再造產物。

不難看出，蔡麗雙在書寫中、港、台的篇什時，最易激發偏離藝術道理的愛國宣示。她並非沒有詩心，只是混雜了外緣目標，容易失衡。為免累贅，此處只多看兩組詩：

> 〈迎接奧運〉二首
>
> 欣傳聖火慶功成，處處歡歌喜氣騰。
> 旗展五環連萬眾，京華八月匯群英。（其一）
> 京華俏展五環旗，奧運齊吟錦繡詩。
> 大業宏開揚浩氣，光風霽月鑄豐碑。（其二）
>
> 　　　　　　　　　　　（《織錦年華》，頁 119）

> 〈歡慶香港回歸十週年〉二首
>
> 歡慶回歸萬幟紅，光風霽月日升東。
> 滄桑百載迎昌世，德政十年輝彩虹。
> 海角天涯情共熾，京華港島意相通。
> 欣行兩制如椽筆，史頁新篇建樹豐。（其一）
> 紫荊旗舉展氤氳，喜見回歸壯國魂。
> 手轉乾坤開泰運，情傾史冊貯新痕。
> 龍騰鳳翥呈宏象，海晏河清創巨勳。
> 湖嶽欣然知物換，港人豪氣薄崑崙。（其二）
>
> 　　　　　　　　　　　（《劍龍鳴籟》，頁 44）

前者的寫作動機開宗明義是「奧運齊吟錦繡詩」，故調子必然是「慶功成」而「喜氣騰」，「揚浩氣」而「鑄豐碑」。宣傳「大業宏開」的激昂前提，間接造成〈其二〉重複〈其一〉的七個字（合下聯為首句）。至於歡慶香港回歸祖國兩首，「歡慶

回歸」、「欣行兩制」、「紫荊旗舉」等展示一貫的單向立場。每句都高唱歡騰吉祥，如「日升東」、「迎昌世」、「輝彩虹」、「建樹豐」、「壯國魂」、「開泰運」、「呈宏象」、「創巨勳」，將香港描繪成「龍騰鳳翥」、「海晏河清」的幻想圖。由奧運詩移植到回歸詩（另重複於航天詩）的是「光風霽月」；[56]甚麼「意氣薄嵩崙」早已脫離本地社會現實。實據顯示，香港相比內地大城市的經濟發展，過去十多年處於退步軌跡中，社會風氣亦愈趨對抗及內耗，正需要真正的愛國者反省和深思。奧運其一的「騰」屬下平十蒸韻，應是為了配合取態混進八庚韻，且口語發音在普通話和粵語發音中並不真正押韻，更見混雜之不當。同樣地，頌揚「巨勳」的需要也造成不合普通話音的上平十二文韻字混入十三元的押韻。古代皇權壓頂，詩歌不免歌功頌德；時至今日，詩詞更應該是真摯清雅的抒情言志方式。愛國情懷愈深，愈要保持詩歌的藝術和文化尊嚴，不能變之為宣傳俗器。此類自發頌讚的宣傳韻文，粉飾意味或甚於古代「應制詩」，扁平單調，缺乏層次和深度。

蔡麗雙的頌揚詩帶出一個基本美學課題。愛國之情是應有懷抱，有深刻的精神意義；只是現實書寫不能片面吹捧，罔顧真實而虧損道理。[57]上述諸作即在敘寫天災人禍時亦常止於一般泛辭，然後轉向浮淺的祈望或一廂情願的懷抱。例如香港回歸後不斷經歷民生及政治挑戰，社會矛盾加劇；如實反映和深切反思，方為真正的藝術責任。反之，懸空的意識形態所造成的藝術損害，容易展現為粗疏牽強的表達。構思

56　〈神州六號載人宇宙航天飛船成功巡天喜賦〉（《靜照忘求》，頁38）又例有「國力飆昇騰曉日，民心歡暢沐光風」等頌辭。航天飛船升空，當然可喜可賀，卻不知與「眾口歌吟德譽隆」何涉？

57　像「贏取繁榮」、「萬眾呼聲」、「潮湧精誠」、「民心歡暢」、「眾口歌吟」等語不勝枚舉；參〈神州六號〉、〈台島風雲〉（《縱橫乾坤》，頁45）、〈海峽喜三通〉（《織錦年華》，頁67）等等。

上是自我捆綁：譬如「中央挺港」既已成為必然訊息，在律句中就很難找到清脆整齊的對偶；[58]另一方面，單線思維不難造成意思類近的「半合掌」式對偶，像「五洲救難」和「萬眾扶危」。意境上，一味頌揚不但造成單調淺露，更易披上諂媚之嫌。格律上，訊息的需要亦催化用韻混雜：如上平十五刪的「寰」混入〈逐瘟神〉及〈齊驅非典〉的上平十四寒韻，而各韻字按當今粵音，已非真正押韻，像「寒 / 丹 / 團 / 歡」的主元音均不同。凡此種種，不但製造格律及修辭的難題，亦折射出構思的逆施和意境的牽強，藝術上有害無益。

反觀作者某些刻畫國內社會現實之作，頗能切中時弊，例如以下兩首：

〈現實之痛〉

貪官華屋擁佳人，鳥亦驚心憂庶民。
濁水污泥傷國步，人間仁愛燦星辰。

（《縱橫乾坤》，頁 69）

〈打工嘆〉

遠走謀生又一年，含辛茹苦有誰憐。
回鄉欲吃團圓飯，車票如潮漲價錢。

（《劍龍鳴籟》，頁 73）

前者化用杜甫〈春望〉「恨別鳥驚心」句，透過飛鳥尚知憂心庶民的擬人化對照，批判坐擁「華屋佳人」、殘民自肥、禽鳥不如的貪官污吏，如「濁水污泥」般窒礙國家進步，肯定仁愛

58　由書寫之熱切取態所促成的勉強對偶例子包括〈四川大地震感懷〉的「瓦礫廢墟 / 黎元舉國」；〈抗擊金融海嘯〉的「物價 / 寒霜」、「騰飛 / 甫凍」、「中央挺港 / 民意舒歡」、「驅憂患 / 展美猷」；〈齊驅非典〉的「敢與 / 尤欣」等等。

的光輝。後者刻畫民工到城市「遠走謀生」的艱勞。他們整年辛苦，化為對春節回鄉「團圓」的盼望，卻總見車票短缺，被迫購買高價黃牛票。兩首詩無自我表現，無雕琢「詩意」（中有「人」字重複），反映現實，批判具體，頗能盪起共鳴。

蔡麗雙於 1980 年代從福建到香港發展事業，工餘堅持勤奮寫作，[59] 經歷過不少困難，始終保持樂觀的態度，寫下不少積極正面的自述寄懷詩篇。且看下面幾首作品：

〈人月圓・心志〉

人生勇走崎嶇路，斬棘又披荊。

縱穿霧靄，橫跨風雨，開闢前程。

布衣憂樂，寰球冷熱，胸際長銘。

砥礪毫鋒，道雄心志，澎湃詩情。

（《靜照忘求》，頁 12）

〈偶感〉

毫端韻湧慨滄桑，騷魄宜成火鳳凰。

瀑布千尋柔有骨，懸崖萬仞陡存剛。

心儲憂樂蒼生意，步織鏗鏘錦綉章。

欲上峰巔攀莫歇，心堅志壯氣高昂。

（《蘭蕙清音》，頁 52）

〈寫詩〉

不負乾坤慰此生，詩人陡峻我攀登。

毫端憂樂縈魂句，都是蒼生肺腑聲。

（《澄懷觀道》，頁 56）

作者述懷主要有三方面。第一是訴說「巾幗勝兒男」（〈眼兒媚・亂彈〉，《芙蓉軒詩詞》，頁146）的「遒雄心志」，並經常以崇山萬仞的雄偉意象比喻人生目標，表達出「攀峰巔」、「心堅志壯氣高昂」的氣魄，將之化作「澎湃詩情」，透過「砥礪毫鋒」抒寫「剛陡柔骨」。第二是歌唱身臨「懸崖萬仞」之際剛毅無懼的意志，強調「勇走崎嶇路，斬棘又披荊」，「橫跨風雨，開闢前程」的決心，讓自己成為在滄桑挫折中浴火重生的「火鳳凰」。第三是自言「胸際長銘」的「乾坤肺腑」及「憂樂蒼生意」。三首的用意及用詞均有不少類近及重複之處（如「雄心壯志」、「攀登峰巔」、「憂樂蒼生」、「毫端」、「陡峻」）。〈寫詩〉中「登」和「聲」是混韻，「儲」字拗，「生」重複；〈偶感〉中「心」亦重複；〈攀登〉（《蘭蕙清音》，頁49）八句中用五次青翠色（「綠」重複），皆見循環再用的雷同感。（亦可參看〈台島風雲〉〔《縱橫乾坤》，頁45〕，當中「一」、「三」字無需要地重複。）單篇閱讀不會察覺，但合起來看每見着力重彈，是否過分勉強建構？

蔡麗雙的詩詞亦有書寫天倫之情，主要是紀念雙親及勸勉子女。且看以下幾首：

〈清明祭母〉

草綠清明淡淡風，酒杯情滿淚濛濛。

心中多少知心話，欲訴陰陽路不通。

〈示兒女〉三首

辛勤磨礪劍光寒，艱苦耕耘簇錦團。

堅信涓流能匯海，代有賢才捲巨瀾。（其一）

人世年年稼穡忙，爭分奪秒惜韶光。

梅香自古凌寒得，砥礪方成一代賢。（其二）

胸有清風少俗氣，常思壯舉上青雲。

聞雞舞落霜晨月，走過寒冬就是春。（其三）

（《馳騁古今》，頁 73、82）

在生理和感情上，有男女之合方有天倫之成；前者深濃而後者包容。祭母詩讀來真誠，末句點出陰陽永隔、無法訴説的感受；「情滿」略嫌顯露，「心」字不宜句內重複。〈示兒女〉勸勉他們刻苦耕耘，把握光陰，常存壯氣砥礪成賢。其一、其二語意及語辭部分重複（尤其是「磨礪／砥礪」）；其二第三句摻入另類情操的勉勵，「賢」（/-n/）為錯韻（/-ng/）。其三亦以「十二文」（雲）混「十一真」（春），且在今日的普通話及粵語發音中均不押韻，但寫得比較獨立，尾聯頗具情韻。另可參看〈遙呈父親〉（《芙蓉軒詩詞》，頁 89）。

整體來看，蔡麗雙用韻並無邏輯一致性。她既為香港詩人，寫詩自然涉及粵音押韻和普通話押韻的考慮。撇開重複韻字（〈秋日〉的「時」）及錯韻（〈示兒女〉其二的「忙／光」/-ng/、「賢」/-n/）的顯例，她經常混合韻部：或以普通話為準（〈逐瘟神〉的「寰」〔上平十五刪〕混「歡／寒／丹／團」〔上平十四寒〕，普合粵異）；或以粵音為準（〈錦田吉慶圍〉其三的「氳」〔上平十二文〕混「痕／魂」〔上平十三元〕，粵合普異）；有時添進別部韻字後，使普通話和粵音都無法完全押韻（如〈香江夏日〉的「蛟」〔下平三肴〕混「饒／潮／嬌／霄」〔下平二蕭〕、〈迎接奧運〉其一的「騰」〔下平十蒸〕混「成／英」〔下平八庚〕、〈示兒女〉其三的「雲」〔上平十二文〕與「春」〔上平十一真〕混雜），情況混亂參差，猶如隨詩取其方便，並非偶然的例外彈性或疏忽。不論作者是否沿用傳統韻部，格律詩詞總該有整體一致的押韻原則，否則為何不用自由詩體？其餘亦有〈遊珠海〉

及〈冬遊〉的「腥」／「青」（下平九青）混下平八庚等。就
邏輯及效果而言，今天韻母相同的字應可押韻，以母語發音
（或作為「共同語言」的普通話）為標準。按此則「腥」沒有問
題；「青」卻混入一組本身用普通話或粵音都無法完全押韻的
韻字，即不論按傳統或現代標準，混雜韻部都不適宜。

　　蔡麗雙從內地移居香港，豐富了她抒情言志的領域。除
了寫下不少思鄉類的作品外，她亦喜歡描寫祖國河山風貌及
農村生活，流露濃厚的鄉土情懷。其時事之作以國家為本，
包括香港及台灣，表現奮發樂觀的精神、鮮明激昂的愛國
心，乃至知識分子的人文關懷，與述懷及贈兒女之作中展示
的人生觀是一致的。作者特別強調「民族性」和「當代性」：

> 　　歷代和當代的詩歌創作，⋯⋯民族性成為烙印於中國
> 詩歌的深深印痕⋯⋯反映了當時國家民族的憂樂和詩人的
> 愛恨情仇。⋯⋯詩人進行詩歌創作，必須緊緊抓住「當代
> 性」這個文學要務。而民族性和當代性是相統一的。

　　　　　　　　　　　　　　　（《靜照忘求》，頁 108–09、111）

這有助理解她的故鄉山水、社會時事及述懷勉勵之作，包括
奮進的愛國情懷和人生態度。只是「民族性」的發揮不等於從
事片面頌揚，進行太多類似「光風霽月」、「萬象歡騰」、「雄
心壯志」的宣示（如「光」字用得頗多，又在〈香江夏日〉中
重複）。真正的民族（乃至蒼生）之念，應當包括準確全面、
深刻平衡地理解現實，以及透視性的掌握和判斷。

　　除了題材及主題的當代性外，蔡麗雙的詩詞語言亦屬當
代，沒有雕琢艱澀文辭之弊。她擅長刻畫景物，描繪細緻，
沒有斧鑿假古董，反而有時過於直露，如上引「中央挺港驅

憂患」、「高端科技神威大」等等，凝練及蘊藉不足，影響美感和意境。作者在表現自我之時尤見直露，像「毫端墨馥怎能囚」、「國殤民難我心縈」、「綺麗風光詩興郁」、「詩心溢興起吟聲」、「心堅志性氣高昂」、「遒雄心志，澎湃詩情」等等，大概是建構自我形象之念造成無法克己的表達。這些都是刻意「述說」（tell）而並非自然「顯示」（show），兩者的藝術分寸與結合亦不免失衡。此外，追求數量亦會造成粗疏，例如不必要地重複用字，甚至句內重複用字（「世／心」）。格律詩篇幅短小，指向精準凝練的語言美學及以少總多的藝術效果，故如非必要，不會重複用字，沖淡效果。

蔡麗雙無疑是熱誠、勤勉的作者；她自言每天須待工餘後，才可以熬夜閱讀和寫作。過去十數年間，作者先後出版了詩詞、散文、新詩、散文詩、自譜詞曲等著作多冊（見個人博客網站）。追求數量和速度，使藝術提煉和沉澱不足，導致她部分作品的情感、意象、語調、言辭等，近似重複甚至雷同。正因為作者是個文化有心人，為增產量而有損質量，因意識形態而自降氣度（如失真頌揚、離地樂觀等），未免可惜。她的詩詞不無可取之處，只是需戒掉誇張、浮泛、自我表現；「新詩改罷自長吟」後，或可「浮華落盡見真淳」。

第二節　**年青詩人一瞥：**
　　　　　張志豪、嚴偉、黃啟深

　　香港詩詞百多年來的發展，大體是由外在環境催化、隨緣延續的累積成果。在二十一世紀，古典詩詞的薪火相傳當須依賴更積極的教育工作，引領後來者（尤其是年青詩人）參與、寫作和出版，透過實踐見證詩詞在當代的文學和文化價值。除了自發寫作的個別詩人外，第二章提及的大學詩社雅集和公開比賽活動，都是培養和發掘年青詩人的渠道。目前四十歲以下的實踐者非只一代，例如有「學者詩人」黃偉豪；大學研究人員程羽黑；文化出版界的張志豪；還有一眾來自本地不同專上學府、在成長中的年青璞社學員等等。他們的寫作觀念，以至寫作實踐的方向和成果，都可能影響古典詩詞的未來發展。

　　當然，一個詩人的真正塑造和確立，必有待持之以恆的實踐和改進。更何況工作俗務、生活壓力、環境變遷、思情硬化等等因素，皆可以將詩思磨蝕，甚至扼殺。因此大部分年青後學，嚴格來說仍只能視作「潛在的詩人」；當中能累積足夠作品出版詩詞集的，更是寥寥可數。正因如此，作為古典詩詞在香港的未來傳承者，年青詩人的努力值得重視，其寫作成果值得考量。在 1980 年代或以後出生、在二十一世紀已出版個人詩詞集者，目前至少包括張志豪、嚴偉、黃啟深、梁偉民、余劍龍等。當中梁偉民和余劍龍的作品不足100 首，更或許已處於半擱筆狀態（至少十年來均未見二集出版），故此處按下不表。本節將簡單介紹張志豪、嚴偉和黃啟深的詩詞作品，讓讀者多少了解他們的努力。

年青的古典詩人能否穩步成長，終成大器而承擔未來，實有賴「天時、地利、人和」匯合。在表達媒介的層面說，偏僻重滯、雕鏤花巧的文言文本非正道，如今更無從復返；詩詞的語言須朝着清雅暢達的方向進化，才談得上開展未來的可能。今天的古典詩人無法墨守傳統的學究氣，否則只會將詩詞推向考古範圍。年青的古典詩人亦須超越一種「自證能駕馭文言學問」的心態，方能放下枷鎖，放開懷抱寫詩。除了自身維持熱誠奮發外，還得看生活及工作環境能否讓內心保存一方清和一寸靜，成就持續寫作和琢磨。至於能否達至真正的上乘境界，還得看胸襟、氣度、歷練、體會等因素的整體內外修養。

4.2.1　張志豪

張志豪（1984-　），字亦鵬，號三癡堂主人，香港出生。嶺南大學文學士，香港大學文學碩士，目前為《明報月刊》編輯，亦主編《香江藝林》。著有《三癡堂詩草》（《三癡》），收錄 2004 至 2011 年 193 首作品，按體裁編年排列，其中詩 184 首，七絕佔四成，餘為七律、五絕、五律、排律及古體詩；集內附詞 9 首。[60]另與林律光唱和合著《壺中山月集》，有張志豪詩 74 首，多為七絕。作者在《三癡·自序》云：「集中篇目迥異，有詩課之作，有平居行吟之作，有唱和傳情之作，有試驗遊戲之作，更有參賽之作。舊瓶新酒，祈鑄新融舊。」（頁 8）其作品涉及社會時事、現代見聞、閒情雅趣、詠物志趣及師友唱和等。

60　對於詩多詞少，作者解釋：「詩之平仄譜規律化，詞譜迥異難記，不便寫作於行走須臾之間。」《三癡堂詩草》（香港：匯智出版，2013），頁 141。集中近半作品原為璞社詩課，部分經過修訂。

　　張志豪關心國家社會，筆下「專注現實生活中的形相和情韻，很多都是港人港事或國際時事，……表現出敏銳的觸覺」（《三癡》黃坤堯評，頁 131）。且看以下例子：

　　　　〈賦菜園村事件〉

　　　　菜園村上起烽煙，鐵甲長蛇伺茂田。
　　　　頡頏官民堅不讓，即招後浪覆山川。

　　　　〈釣魚台事件〉

　　　　釣島聞名非釣魚，干戈雲湧恨難舒。
　　　　中華國土倭旗下，剷盡豺狼所願如。

　　　　〈粵語詩試賦菲律賓警察〉

　　　　黑白同撈千幾銀，無鎗無彈認差人。
　　　　門前捉賊街頭放，義勇齊推菲律賓。

　　　　　　　　　　　　　　　（《三癡》，頁 47、55、56）

作者的描述切實而有力。〈菜園村〉寫興建高速鐵路遷拆村落引致的衝突，以「鐵甲長蛇」形容在現場戒備的警力，加劇官民堅決「頡頏不讓」的緊張場面；最後以「後浪覆山川」比喻部分年青人的反政府情緒。全詩敘述簡潔，能發揮絕句短小精練的特色。〈釣魚台〉涉及中國和日本長久的領海主權爭議；它不像〈菜園村〉作細節實寫，而是純粹抒發對日本侵犯領土的憤慨，表達維護國土、「剷盡豺狼」的願望，流露出鮮明的民族情感。〈菲律賓警察〉則描寫當地警察聯合黑道斂財，更縱容罪犯，教人真偽難辨；種種貪贓枉法、目無綱紀的劣行，用粵語刻畫得頗覺靈活，令末句「義勇齊推」的諷刺更尖銳辛辣。

　　事實上，張志豪的部分詩篇似乎有一種「冷眼看世界」的

味道；目睹社會風氣不良，很難不激起諷刺的觸覺。他善於從日常生活的見聞中取材，表達對社會現象的觀察：

〈纖體二首〉（其二）

百法消脂又日新，根由未辨作奴臣。
門庭過鯉千金奉，最苦飢貧瘦骨人。

〈賦時人濫藥二首〉（其二）

藥丸原來確補身，暮朝常服妙如神。
修成仙骨隨風動，彈指化為天上人。

〈港鐵拾趣〉

座畔玻璃化戰場，龍飛虎步鬥誰強。
稱王勝者敗為寇，痛失江山苦自量。

（《三癡》，頁38、49、50）[61]

作者擅長聚焦細節，勾勒簡潔有力。〈纖體〉的主旨明顯：諷刺追逐潮流者虛榮、盲目（「根由未辨」）、愚蠢（「千金奉」、「作奴臣」）。何況「消脂」可能指向幾重謬誤：放縱食慾；片面追求體態美；錯誤理解體態美。最有趣的應是顛覆典故以深化批評：孔鯉過庭原是承父訓學詩禮（《論語·季氏》）；「又日新」是《禮記·大學》引商湯〈盤銘〉自勉每日修身自新之語。如今形容纖體，豈非全然價值顛倒？難怪末句帶出「貼錢買難受」的無明，亦或由此浪費傷己想到真正飢貧瘦苦的人。〈濫藥〉的反諷語調相近而更豪放尖銳，因為自殘的程度更大。將身體枯萎、喪命歸天反諷為「補身神妙」、「仙骨風動」、「化天上人」，生動精準。〈港鐵拾趣〉則描寫乘客為爭奪兩端有玻璃作隔的「上座」，將車廂改作戰

61　另可參看〈柱男柱女二首〉，《三癡》，頁51。

場;「龍飛虎步」、「勝王敗寇」、「痛失江山」是刻意誇張的幽默挖苦，令讀者會心微笑。

　　張志豪曾在《三癡・自序》云：「吾生有三『癡』，乃『文癡』、『茶癡』、『石癡』也。」（頁7）他的詩詞集內，自然有描寫自己素志初心、閒情雅趣的篇什；此處只看兩首：

　　〈嗜好〉二首（其一）

　　少小寡言愛詩書，翰海聘馳滿懷樂。
　　展卷閒雲隨風過，合卷煙雨伴陋閣。
　　歡躍九垓弄雲霓，悲覺月華星淚落。
　　南窗寄傲恬逸飄，西廂離愁惻怛作。
　　三國風華千年思，史記春秋兼酒酌。
　　現代精篇繫情意，古典濃香滲脈絡。
　　不才常自迷飣餖，拙句偶成尚伇勤。
　　踱步徘徊傳晝夜，衣帶漸寬只為文。
　　人愚亦好觀造化，道佛儒時略探聞。
　　每每歷難痛驚覺，花開花落非從君。
　　崑崙枕罷蓬瀛去，未明坐歎絮紛紛。
　　天地無言我難言我言，獨攬諸趣趣中釄。

　　〈飲茶〉

　　銷愁對酒月前歌，我獨烹茶發興多。
　　細水引思金闕瀑，淺甌試擬玉梨渦。
　　香開倦眼風塵散，筆寫蕪章歲候過。
　　休訝尋常浮世客，逍遙壺內豈磋跎。

　　　　　　　　　　　　　　（《三癡》，頁102、76）

由此「三癡」，可見作者是個拙樸風雅的現代文士。他自小愛好詩書世界中的「風雲煙雨」，而且閱讀範圍廣泛，包括

古典與現代、道佛儒的哲理；陶潛詩、柳永詞、《西廂》、《三國》、《史記》、《春秋》等等。他同時醉心寫作；「常自迷飣餕，句成尚仗勤」、「晝夜徘徊」、「衣帶漸寬」等皆反映其態度的投入。雖然部分語句（例如「歡躍」一聯）稍覺誇張，但全詩讀來大體文氣暢順，反映抒寫是由衷而發。集中篇什顯示，詩人尤其喜歡詠茶，例如〈飲茶〉描寫烹茶、倒茶、聞茶、味茶的過程，用借酒消愁的一般行徑襯托月下烹茶的高雅，再以「金闕瀑」和「玉梨渦」將「細水淺甌」的倒茶情態勾勒出來，雖然有點抽象隔閡，卻反映作者自得其樂。末尾兩句指出，品茗讓自己在風塵中偷得浮生暫逍遙，既有助「蕉章」的靈感，亦由趣味升上精神體驗的層次。飲茶是雅興，因此作者曾在另一首詩作中撻伐俗子「閱報吞雲霧，賽駒輸注籌」、「茶濁無真味，知音厭俗流」（〈茶樓〉其一，《三癡》，頁85），只顧抽煙賭馬；「茶濁」既指供應的茶葉質素劣濁，亦指茶客粗鄙無品。

除了詩文、玉石、茶茗的題材外，詩人亦有若干清新而充滿生活氣息的詠物寄趣詩：

〈詠物二首〉「掛牆風扇」（其一）

鐵葉迴旋晝夜忙，貼牆受命顧三方。

清風炎夏誰能借，急電相通撲面涼。

〈電郵〉

電光傳數洲，青鳥愧低頭。

點鍵千言吐，臨屏五色收。

關山能阻道，網域任逍遊。

蓬境劉郎恨，想今焉復求。

（《三癡》，頁26、92）

風扇掛牆，往復送爽，確切如在目前。詩人描寫物件的形象和功能，例如「迴旋晝夜忙」、「受命顧三方」、「通電撲面涼」等，活潑生動。尤其是「鐵葉」相對笨重，屬於舊型號，於今已少見於香港，置於平民家庭中，感覺分外真實。電郵是現代科技的標誌產物之一，作者刻畫生動，把中間兩聯寫得直接而切題，既具體呈現收發電郵訊息的狀況，亦帶出電郵突破速度和地域界限的特色。反而「青鳥」、「蓬境」、「劉郎」的舊時典故，看不到意境需要；如果改用當代讀者感到親切而「不隔」的方法表現，藝術效果應該更佳。

　　張志豪的言志抒情之作，情志和輪廓鮮明，更往往氣魄剛健。例如以下幾首：

〈世道〉

世道人情日月移，炎霜處處切膚知。

丹心欲借崑崙鏡，掃滅邪魔莫拒辭。

〈長空快意〉

鵬飛天際影孤深，萬里浮雲入我襟。

幾許人間悲喜事，袖揮化盡漫歌吟。

〈少年志寄昔日諸位同道之友〉

少年雖是每輕狂，精衛刑天自不忘。

此際還存當日志，風雲再起逞穹蒼。

〈築巢二首〉（其一）

簷間雙宿燕，並築暖心窩。

能抵霜風厲，喃喃歡意多。

〈江城子〉（單調）

世間情事怎成空，淚朱容，恨千重。

山盟舊夢，皆付與西風。

最是窗推明月入，人語影，幾更鐘。

（《三癡》，頁 27、28、32、66、126）

相比詠物記趣之作，張志豪言志抒意的情感濃烈得多。「世道人移」、「炎霜切膚」的世態，「精衛刑天」、「掃滅邪魔」的丹心，同時反映落寞的憤慨和孤直的志意。作者雖自嘲「少年輕狂」，卻大有「鵬飛天際影孤深，萬里浮雲入我襟」的氣魄，翱翔高遠而無懼「孤深」。「幾許人間悲喜事，袖揮化盡漫歌吟」雖屬片刻抒發，有待「日日新，又日新」的證道，至少流露出襟懷中豁達瀟灑的一面。「精衛刑天」的典故自勉毋忘至死不渝的「當日志」，願待「風雲再起逞穹蒼」的機遇，表現出積極奮發的精神。詩人自號亦鵬，當含莊子〈逍遙遊〉鯤鵬器量以及李白〈上李邕〉「大鵬一日同風起，扶搖直上九萬里」之意。至於〈築巢〉其一和〈江城子〉則從陽剛轉為陰柔之調，分別刻畫愛情的甜蜜與傷痛。前者以「雙宿燕」喻愛侶「並築暖心窩」；既有窩心之內暖，自能抵禦外來風霜而歡意有餘，讀來溫馨滿溢。〈江城子〉則全反過來，抒寫「情事成空」的悲傷：淚恨交纏，「山盟舊夢」，「皆付西風」，落得夜深獨對明月，自與孤影空語，亦見真摯感人。兩首作品皆情意真淳，文字樸雅。

鄺龑子曾評曰：「志豪是美玉，在實踐中多加琢磨，然後反璞歸真，他日當成佳器」，並透過文本實據點出後學「琢磨」的基礎──保守和提煉「真情實意」，從而更上一層樓：

〔「因緣兩載經年約」〕由有限的日子開展出深長的懷思，〔「宿志難舒難共語」〕則屬於騷人抒意，均覺情理自然。至於「冷暖平生豈奈何」、「幾多往事漫隨煙」

或者「百年心事付詩章」、「萬里平生惹恨腸」等句則暫可不必，因為⋯⋯沒有足夠的具體經歷去印證這些概括；像「到頭無奈空華鬢」，⋯⋯不符合滿頭黑髮的青年才俊形貌。⋯⋯年輕人用「平生」等語述說素志固可，指經歷則藝術說服力不足。[62]

這段話不僅是個人提點，更是詩學闡釋，為傳統與未來重申詩詞寫作的基礎和方向。

張志豪是懷抱熱誠的年青詩人，除勤奮出版外，亦積極推動詩詞發展，教授詩詞寫作。《三癡》的作品主題多元化，緊貼生活時事。[63]對於古典詩詞承載現代事物，他在〈後記〉說：

> 　　很多新事物舊詞難擬，能擬亦失其真。⋯⋯新意入舊詩自古皆見，新詞入舊詩亦當可行。惟獨不該操之過急、亂混白話，應多加嘗試、反思、討論，沉澱經驗，譜出軌跡⋯⋯，為每個時代留下寫照及經典。

（頁 140-141）

他強調以「新意、新詞入舊詩」不可躁進，勇於嘗試亦須審慎累積經驗，才能更有效「體驗時代氣息」。他書寫的課題有時好用典故，但大體能以清雅的辭彙具體刻畫當代事物。他的語言方針很清楚：「拙詩試求流暢易讀、情意有寄。除雕蟲遊戲，力避艱澀⋯⋯能見之淺明，而發之深遠，乃吾之所願」（同上，頁 139-140），而整體能行其所言。韻律方面，他的

62　鄺龔子：〈序〉，載林律光、張志豪：《壺光山月集》（香港：科華圖書，2012），頁 7。

63　如〈天星碼頭二首〉、〈纖體二首〉、〈奧運‧中華圓夢〉、〈維港夜景〉、〈南亞海嘯〉；見《三癡》，頁 31、38、74、97、110；《荊山玉屑‧三編》，頁 36、141；《四編》，頁 17、151；《續編》，頁 69。

詩篇平仄節奏暢順，押韻大多做到中古韻與粵音俱押（不必苛求普通話亦押）。正因他的氣魄較大，有時不免「言過其身」；這是兼含潛在短處的長處，只要修養更精純自然，隨思情而運筆，他日可期收放自如。以「新意新詞入舊詩」的理念和實踐，當可肯定。

4.2.2　嚴　偉

嚴偉，字大可，祖籍上海，中文大學文學士。有詩詞文集《未濟詩草》（下稱《未濟》），包括詩216首（半為七絕）、詞22首；《未濟詩草・乙編》，包括詩約230首（近半為七絕）、詞45首（此處不論）。[64]《未濟・自序》中云2008年「入上庠，課詩選，始⋯⋯對仗煉字，辨聲記韻」（頁1）。此後勤勉寫作詩詞，題材有時事、校園、紀遊、鄉情、酬唱等。

作者對國家狀況、香港社會議題和世界各地的天災人禍，都表關心。可看下例：

〈誡窮黷篇〉

伊戰一去歲巳八，多少軍民骨成雪。⋯⋯
猶憶九月恍十年，雙子塔燬歷劫緣。⋯⋯
船堅礮利尚不足，核子彈頭裝火箭。
四國聯軍十萬兵。中間幾許新壯丁。
擁別妻子父老親，由此陟岵阿國行。⋯⋯
激激水聲盪聲哀，誰家無夫亦無妻。

64　《未濟》（香港：紅投資，2011）收五絕25首、五律21首、七絕108首、七律38首、古體雜言23首、詞22首。《乙編》（北京：自刊，2015）按體裁分上下冊共六卷，計五絕7首、五律9首、七絕105首、七律68首、古體排律雜言約40首；當中部分作品與他人聯句，未能嚴格分類。

一語邪惡軸心國，狼藉名定不復回。……

〈哀日本國大地震兼呈彥麟兄〉

水精宮裏神鍼滅，波撼溟淵碚礌開。

蜃浪翻濤傾日月，魅煙瀰島盡塵埃。

流離最是生民痛，撲歡奈何滄海災。

一脈瀛嶠邦國秀，可憐難築舊仙台。

〈財政預算案派錢財竹枝詞〉四首

我講心兮你講金，少年二八淚沾襟。

橫財天降誰家樂，賭客繁忙過海尋。（其一）

六千銀紙為何事，民慾欲平援作餌。

里巷私談喜色飛，渾忘生願都捐志。（其三）

客冬嚴雪尚殘墀，雲水迷濛春日遲。

慵臥暖幃簾未起，乍來風雨又誰知。（其四）

（《未濟》卷中，頁 20–21、16、15–16）

　　〈誡窮黷篇〉效新樂府之意，抨擊美國自「九一一」「雙子塔燬歷劫緣」後，以反恐怖襲擊為名，與聯軍發動「暴暴相易」的戰爭（見序，云「用白樂天折臂翁韻」）；「伊戰」即為一例。詩篇具體點出戰爭規模及殺傷武器的擴張，不斷將「新壯丁」拉進離家行列，造成「多少軍民骨成雪」的悲劇，帶出黷武征戰的殘酷。「一語邪惡軸心國」兩句，更尖銳指出以美國為首的西方，簡單標籤部分國家及組織為恐怖主義者，從而把自己置於「正義」的「道德高地」。這類詩作的重心在批評而不在於情韻和意境，具有人道精神。反之，〈哀日本國大地震〉讀來有點奇怪，因為雖然表達「流離最是生民痛」的關懷，卻沒有提及二萬人的死傷，反而集中精力作典雅細緻的刻畫，如「波撼溟淵」、「蜃浪翻濤」、「魅煙瀰島」等，甚至借《西遊記》中海底龍宮（「水精宮」）寶物「定海

「神針」的典故反用，描寫地震引發的海嘯。這是文字雕刻掩蓋真實情感的技術錯誤，早已見於陸機（261-303）〈贈尚書郎顧彥先〉描述暴雨成災的「不自覺反諷」。雕鏤意念必須提防本末倒置。

反觀〈財政預算案派錢財竹枝詞〉，用近似打油的語言講述香港政府向年滿十八歲的永久居民派發六千元之舉，以簡約輕快的筆觸作出諷刺。作者反對派錢，描述此舉會催化賭博（「賭客繁忙過海尋」），對民生問題治標不治本（「民忿欲平援作餌」），惟麻痺市民的不滿情緒（「里巷私談喜色飛」）。其四的語言則改俚俗為典雅，透過含蓄的意象「嚴雪尚殘」、「雲水迷濛」、「乍來風雨」，喻市民被小惠蒙蔽下對深層問題的體認，帶有深思。

嚴偉熱愛校園生活，詩集內有不少紀詠校園景致和生活經驗之作。且看下面例子：

〈春日校園五首〉

露霑難久坐，相與蹬梯還。
翠柳停黃鳥，蒼雲湧碧山。
雨中人影亂，坡上杜鵑閒。
行到山陰處，梁前幽水潺。（其一）
似圓猶若未，縹碧反湖光。
一電雲間閃，千珠波面揚。
但看楊柳短，難掩菡萏香。
養德獅亭側，坐觀天色蒼。（其二）
驚蟄夜初至，躲延蠶吐絲。
竹潮起風後，山雨漲溪時。
訇響春雷動，唧啾水鳥嗁。

黎明忽曉即，雲斂或可期。（其三）

（《未濟》卷上，頁 7）

校園依山而建，景色開闊。其一的描繪鮮明悅目，有「黃鳥停」與「蒼雲湧」、「人影亂」與「杜鵑閒」的動靜及情調對襯。技術上，「山」重複，「潺」鮮獨用。其三「竹潮起風」與「山雨漲溪」、「春雷訇響」與「水鳥唧啾」相映成趣，勾勒春日校園的清幽景致。其二寫校內勝景「未圓湖」及其「養德池」和「獅子亭」，名字皆嵌進詩中；若能自然帶出「未圓」的哲學含蘊，境界當更上一層。詩作皆着力於描寫，意境尚待琢磨。

　　年青作者的紀遊詩，主要紀詠中國內地和香港的不同地方。此處只選一地三首：

　　〈西湖消夏〉

　　江南蓮葉漫田田，綠滿橋亭生碧煙。

　　飲賦東坡堤側客，畫眉西子鏡中天。

　　月明影動芙蕖長，風淨香飄自在眠。

　　樓外青山環翠遠，曉來一棹忘漁筌。

　　〈庚寅冬遊西湖〉二首

　　勝日湖山客裏遊，拂風楊柳兩堤幽。

　　閒來靜坐知魚樂，攀折梅枝登小樓。（其一）

　　幾度孤山日夕紅，黃糅朵朵又隆冬。

　　尋香偶謁林君墓，此地何來覓鶴蹤。（其二）

（《未濟》卷上，頁 12；卷中，頁 12）

嚴偉曾多次遊覽西湖（另見〈西湖五首〉，《未濟》卷上，頁 14），描寫不同季節的風光。夏日畫見「蓮葉田田」、「碧煙」

裊裊、「綠滿橋亭」，生機盎然；晚上則有「月影芙蕖」、「風淨香飄」；曉來又見「青山環翠」，令人樂而忘返。此詩的仿古痕跡較明顯，包括樂府〈江南可採蓮〉及蘇軾〈飲湖上初晴後雨〉；第三句覺生硬，頸聯對仗「芙蕖／自在」欠工整。倒是《莊子·外物》的「漁筌」典故，配合氣氛和思情。紀遊中的隆冬西湖則比較清幽；漫步柳堤閒靜觀魚，可嘗試感受濠梁之樂——雖然莊子無待「攀折梅枝」之舉。詩人登樓遠眺孤山夕陽，並藉尋覓梅香「偶遏」北宋林逋的「鶴蹤」。[65]這個典故來得自然，蓋墓在眼前，且情調配合。三首詩景象恬靜幽雅，語言大致素淨暢順，呈現悠遊之趣。

嚴偉自小從上海來港定居，對江南懷有濃厚鄉情，故集內亦有詠懷江南生活之作：

〈春憶童時〉[66]

潮春方念故城日，汩汩吳松江浦東。
心忭弄堂開戶牖，神馳夾道遍梧桐。
木盆為艇木支划，天井成池天水充。
廿載流光白駒過，遠迴膝下舊頑童。

〈憶江南〉

江南好，五月賞荷花。萬柄蓮房金蕊蕩，
花殘夜把翠蓬挈。明日貨前堦。
剝蓮子，蓮子作新茶。三伏暑天囚溼溽，
半杯清茗勝甜瓜。此處是吾家。

（《未濟》卷上，頁 11；卷下，頁 2）

---

65 林逋隱居西湖孤山，終身不仕不娶，植梅蓄鶴，人稱其「梅妻鶴子」。為清高隱逸之士的象徵。

66 自序：「余自滬移居香港十三載。……輒憶童時舊居天井弄水之樂，仿在目前，賦此抒懷。」

作者以平實的筆觸抒發真摯的情感，勾勒樸素的故鄉生活。香港春月潮濕，更讓他回憶兒時在浦東的生活。舊日上海民房的「弄堂戶牖」、「夾道梧桐」，下雨時天井成池，以「木盆為艇木支划」的情景，都令他「心忪神馳」；即使流光廿載，童年的樂趣依然切近。〈憶江南〉刻畫江南夏日荷景與生活；待花殘則採蓮蓬「貨前堦」，或製作清甜的蓮子茶解暑。一句「半杯清茗勝甜瓜」，富有傳統的江南情韻，故末句「此處是吾家」具有說服力。

　　作者的近體詩和詞遵從傳統韻律；當中最明顯的共同音樂美課題，是在當代語音環境中押中古韻。例如〈春謁宋王臺〉（《未濟》卷中，頁14-15），韻腳「菲／圍／微／稀／歸」屬上平五微韻，按今天粵音「菲／微／稀」的韻母為 /-ei/、「圍／歸」為 /-ɐi/；普通話音則「菲／圍／微」的韻母為 /-ei/、「稀」為 /-i/、「歸」為 /-ui/，更見鬆散；兩種語音都未達完全押韻。〈西湖消夏〉的問題較小：屬下平一先韻的韻腳「田／煙／天／眠／荃」，前四字如今亦押韻（韻母為粵音 /-in/、普通話音 /-ian/），惟「荃」獨不協韻（韻母為粵音 /-yn/、普通話音 /-uan/）。

　　相比以上情況的「改良」版本，是押中古韻而按今音讀出，只有母語方言或普通話發音押韻。「粵合普不合」的例子有〈春日校園〉其一：「還／山／閒／潺」屬上平十五刪韻，粵音韻母均為 /-an/。在普通話中，「山／潺」的韻母是 /-an/，「還」是 /-uan/，「閒」則是 /-ian/；主元音（韻腹）/-a-/ 雖相同，韻頭 /-i-/ 卻將之變成接近 /-ɛ-/，故「閒」並不真正押韻。至於「普合粵不合」的例子則有同題其三：「絲／時／嗾／期」屬上平四支韻，普通話韻母皆為 /-i/，但按粵音首三字韻母為 /-i/，「期」卻是 /-ei/。當然，押韻是韻律的一環，

而韻律是內涵和意境的載體，本末不能倒置。準確押韻提升詩詞的音樂美，當以不影響抒情表意為前提。

嚴偉在大學期間積稿成書，足見熱心詩詞寫作。他在〈自題未濟詩艸〉自述感受：

> 臨江每覓津梁渡，近酳新詩苦弗工。
> 描畫粗摹聲律細，讀書縴領聖僛窮。
> 學文未貫東西道，仰首祗慇南北穹。
> 大雅烏傳小技琢，合堪持閱月朦朧。
>
> （《未濟》卷中，頁28）

「苦弗工」、「學未貫」是求學問道的無奈和動力。作者熱誠勤勉寫作，靈感多源自生活，除少數作品語言和情懷仿古外，大都寫得真情實意、古雅樸實。他跟黃啟深（見下）同門，但學究氣較少，性靈較能呈現；偶有戲題打油之作，無傷大雅。他有點偏愛冷僻的異體字（如「鍼／針」、「楳／梅」），其實無助意境，徒添閱讀障礙，異日當超越此年青意氣。

4.2.3　黃啟深

黃啟深，廣東肇慶人，中文大學文學士、哲學碩士。有《咿啞吟稿》（《咿啞》），分為「詩稿」（211首）和「詞曲稿」（20首）。詩稿編年輯錄 2006 至 2014 年始自中學的篇什，當中七律和七絕約佔四分三，其餘為五律和五絕及古體雜言。

除了交友唱和之作外，黃啟深的詩作題材大致涉及社會時事、紀遊拾趣及個人抒懷，具有當代社會氣息及人文情

懷。先看作者對當代生活的感應，從國際時事到本地民生：

〈日本大地震〉

仙台華夢鏤悲痕，漫向江湖招故魂。
壁斷陵夷翻地骨，垣吞浪捲哭家園。
虛傳氣武謀天劫，尚顧前朝話舊冤。
旦夕蒼生凝涕淚，休將冷眼俯乾坤。

〈聞巴沙爾政權虐殺囚徒〉

慟極魚豚疊滿蹊，三年腥俎氣淒淒。
不賓囚虜殊梃楚，未偃斨鋒踶馬蹄。
異國恆移卿士檄，深閭亦聽寇戎鼙。
焚灰揚灑稱萬歲，何許蒼生同灼臍。

（《咿啞》，頁 45、109）

詩篇既體現個人風格，亦體現某種超乎個人的古典詩寫作取
向。借作者的用語，可以「鏤」字撮要：細心雕刻。作品思路
清晰，格律整齊，知識基礎踏實，文字華美濃密，可算「五
臟俱全」的傳統格局。「壁斷陵夷翻地骨，垣吞浪捲哭家園」、
「魚豚疊滿蹊，三年腥俎氣」、「殊梃楚」、「踶馬蹄」的渲染
細緻具體，卻總有文字障眼、雕鏤阻心的感覺。詩作的文辭
傾向艱澀生硬，部分更屬於過去社會。語句反映理性疏離，
甚或有湊韻之嫌；說是「休將冷眼俯乾坤」，本句卻無情意內
涵。兩首作品是才學運詩的成果，斧鑿仿古的痕跡明顯。人
道關懷被文字阻隔，如何能引起共鳴，開展詩詞的未來？

對於香港社會和民生現象，作者亦不時表達關注，描寫
細緻。例如下面兩首：

〈觀「窮富翁大作戰」有感〉

可憐役盡三餐誤，豈復康衢擊壤歌。

日暮朱門猶酒肉，加班莫問夜如何。

〈樓價高企有感〉

櫛比岑樓欲到天，可憐卜築夢顛連。

黎民思庇嗟高價，富賈居奇擁萬錢。

終古誰傳端木道，於今無復孝皇年。

少陵寒夜悲茅舍，恐若魂歸更惘然。

（《咿啞》，頁 40、51）

前者源於電視台「真人騷。香城豪富六人，試居籠屋、為坌工，一嘗貧竇者宿露餐風之苦」（自注），觀後有感基層生活而發；後者的懷抱亦類近。兩篇文字的質地紋理沒有前兩首拉得那麼緊密，稍見暢朗之氣；但「康衢謠」、「擊壤歌」、「朱門酒肉」、「端木」、「孝皇」等，仍屬密集典故堆疊。何況「擊壤」意含道家哲學，超乎作品的表達範圍；如今富豪奢侈則遠超「酒肉」的意象所能及。「端木道」二句除達到對偶要求外，並無深化內容及感慨，反因用典而阻隔閱讀感應；悲嘆民生亦無待借用少陵「魂歸更惘然」的重量。應記「古今勝語，多非補假，皆由直尋」（〈詩品序〉）、「憐渠直道當時語，不著心源傍古人」（元稹〈酬孝甫見贈十首〉之二）之理：直抒胸臆更堪感人，替代語易隔而難達。

黃啟深在集中有不少紀遊拾趣之作，主要描寫中國內地和香港景物，可看以下數例：

〈遊苗寨五首〉

苗家入飲攔門酒，或頌衢歌抵路憑。

不醉千杯嫌量短，聲堪霄徹始稱朋。（其一）

繚繚巧指弄纖雲，觩速翻疑郢運斤。

一瞬神閒收篾浪，咱籠玩物已紛紜。（其三）

〈遊赤柱〉

長夏乘閒信步行，地偏車馬邈無爭。

酒吧街角摩杯盞，美利樓頭攬葉晴。

幾點帆檣雲作棹，一灘礁磊水如瓊。

沙鷗三兩天光逐，倏落斜陽接海平。

（《咿啞》，頁 92–93、94）

風土人情是紀遊的鮮活素材。作者介紹「入苗寨須飲攔門酒，或歌一曲」（自注）的當地迎賓方式，記述「千杯嫌量短」、「霄徹始稱朋」的盛大宴會，得見苗民的熱情好客之道。其三勾勒苗族姑娘製作「咱籠……湘西竹編」（自注）的傳統工藝，借秦觀語（見〈鵲橋仙〉）以「巧指弄纖雲」讚美純熟技藝，亦見特色。至於「郢運斤」用《莊子・徐無鬼》的典故，言大匠運斤成風，盡斲鼻上白堊而鼻不傷，不論正反用法皆無助詩意。〈遊赤柱〉則寫本地富有情韻的風景：相比喧囂密集的市區，赤柱的「地偏車馬邈無爭」顯得閒適，斜陽中是海旁地標和沿路喝酒的遊人，另一邊是臨海的帆檣、礁磊、沙鷗等景致，構成一幅悠然的夏日圖。另有〈旺角〉（《咿啞》，頁 48）寫入夜後的鬧市人物，亦有一番景象。

作者的詩詞集內，亦有若干寄懷家人和自述抒懷之作。可參看以下幾個例子：

〈寄弟〉

深知父有訓，骨肉豈相煎。

恨鐵難成鋼，臨歧易廢年。
常期豐羽雁，莫效去巢燕。
怕作子牛悔，門楣愁不賢。

〈憶少年・童年〉

齠年蕊樹，齠年陌道，齠年思憶。
嬉聲尚依約，又何時穿隙。
舊事雲歸斜日匿，為流霞、畫成陳跡。
枝頭掃黃葉，去猶憐顏色。

〈自省〉

歲月遄來經目頻，壯圖蹈厲未成真。
為文但悔詩毫短，篤學方知卷牘陳。
虛待餘陽下禺谷，羞聞半夜聚螢人。
唯將宋帝催勤句，續向書廬作火薪。

〈為詩經年有感〉四首

醒罷翻疑宿醉時，痛鞭世路問何之。
可憐缺後重圓月，不與狂生一樣癡。（其一）
早知鏤月漫徒勞，尚逐緇塵費筆刀。
幾日鉛華都涴盡，長天雲外自微濤。（其四）

（《咿啞》，頁 39、122、33、111）

〈寄弟〉抒發語重心長的告誡與盼望。作者曾與弟爭執，期待他能成材，怕他迷失方向、浪費年華，勸他勿離家而去，流露手足情和責任感。正因情感真摯，末聯不宜表達迂迴；既云〈寄弟〉而弟無心向學，豈能明白晦典？何況孔子弟子司馬耕（子牛）別兄的理由不同，用典既隔且誤。正如〈憶少年〉文字精美，但重複三次的「齠年」無疑比「童年」艱澀，除屬前人用語或添古意外，並無提升詩意。此詞憶幼年生活，從上片「蕊樹陌道」、「嬉聲尚依約」到下片「雲歸斜

日」、「流霞黃葉」，描寫細緻，意象亦佳。感情則比較浮泛，除了感慨此情不再外，「舊事」無從落實。作者既愛詩詞，應思考如何協助詩詞邁向未來。

〈自省〉正是回望歲月，感慨才學不足，自責虛度光陰，遂借前人勤學的典故自勉；於是《山海經》日落「禺谷」、晉代車胤收集螢火蟲夜讀、宋真宗〈勵學篇〉「書中自有黃金屋」等又傾巢而出。這些都肯定作者的努力志向，只是言志抒情不應如此迂迴泥古；何況時至今日，「黃金屋／顏如玉」已非來自讀書求仕。倒是〈為詩經年〉嘆寫詩「鏤月」（重複用字反映寫作實況），總覺「漫徒勞」、「逐緇塵」、「費筆刀」，與〈自省〉「詩毫短」相應。也許作者亦盼將文辭雕鏤的「鉛華都浣盡」，以「長天雲外自微濤」的自然為依歸。

當代古典詩詞寫作的反諷之一，在於遵照傳統模式押韻、實際上卻不協韻的彆扭現象，早已成為常規；連本節介紹的三位年青詩人，亦在不同程度上展現這種情況。就香港而言，應該考慮粵音和普通話音的協調。例如在上面引述的作品中，〈日本大地震〉的韻腳「痕／魂／園／冤／坤」屬上平十三元韻。「痕／魂／坤」的粵音韻母為 /-en/，普通話則為 /-en/ 或 /-u[e]n/（主元音同）；「園／冤」的粵音韻母為 /-yn/，普通話音為 /-üan/，兩組字用兩種語音讀出皆不相押。又如〈遊赤柱〉的韻腳「行／爭／晴／瓊／平」屬下平八庚韻，但按粵音「行／爭」的韻母為 /-eŋ/，其餘三字的韻母為 /-iŋ/；若按普通話音，「行／晴／平」的韻母為 /-ing/，「爭」的韻母為 /-eng/，「瓊」則為 /-iong/，三韻皆不盡同。另有〈書憤〉（《咿啞》，頁35），其韻腳「顛／權／蟬」屬下平一先韻，按粵音「顛」的韻母為 /-in/，「權」的韻母為 /-yn/，「蟬」如今更讀為 /-im/；按普通話音則韻母依次為

/-ian/、/-uan/ 和 /-an/，而韻頭 /-i-/ 變 /-ia-/ 為接近 /-iɛ-/；兩種發音皆不押韻。此外還有其他的押韻例子近似各節指出的情況，不再重複。這些例子皆不反映個人失誤，而是帶出今人用韻寫詩時，需要考慮的聲音美學課題。

黃啟深自中學時期開始寫作詩詞，技術上是有潛質的年青詩人。他在自序中說：「少喜誦古人詩文，……得諸前輩引掖，又訂交……諸友，日復斟字酌句，敲聲度韻，觴詠賡酬，樂不勝道。」（《咿啞》，頁 13）矛盾的是，數百字的序言以模仿味道濃厚、夾雜駢文的文言寫出；撇開表現能力外，恐怕會嚇走同輩後學，以為當代詩詞寫作需如此效響。技巧熟練、語言華麗、典故厚重，是其詩詞的技術長處，同時是思情上和意境上的短處。何況雕鏤文辭、堆砌典故、斧鑿對仗的嚴肅學院態度，終不免過分規劃而顯得勉強。

黃啟深的篇什抒發對天災人禍、貧富懸殊、自由公義、本土風物等多種課題的見解，反映出當代人文精神。他需要深思的，是應否止於「過去式」、「博物館式」的寫法，刻意「斟字酌句，敲聲度韻」。年青詩人能夠掌握文字技巧和典故知識，無疑是潛在的技術優勢。作者仍需進一步掌握的，是「收」和「放」的生命藝術：「收」即收起以古舊才學和文字為詩；「放」就是放開懷抱，從以肉眼觀看世界升上以精神遊心六合。目前來說，他的詩作似乎仍短於豪情和氣魄。精神修養和藝術修煉以至淨化，是終身的歷程。

第三節　**社會及群體助力：**
　　　　詩社、詩刊及公共機構

4.3.1　**古典詩社**

　　第二章曾簡單敘述，古典詩社在香港的歷史已延續近百載，尤其以二十世紀初到六、七十年代最蓬勃。這主要由於在不同時期，有大批傳統文人逃避政亂和戰爭來港居住，既為香港的古典詩壇帶來質量兼備的作品，也成為支撐詩詞傳承的直接和間接力量。他們經歷相近，志趣相投，自然而然地結社吟詠，由抒發懷抱到寄情風月。加上當時有不少各行各業的工商儒紳雅好詩文，支持和參與這類活動，更造就了香港詩社的盛況：

　　　　近代政局動蕩，文人來港者眾，感於時事，見諸吟詠……香港詩社活動相當活躍，輔之以詩鐘對聯、書畫印刻，琳瑯滿目……有時主持雅集者乃富商鉅子，雅好文才，美酒佳餚，詞曲豔發，談笑風生，采麗競繁，自然也是引人入勝的風雅活動了。[67]

　　隨着時代轉變、人事代謝、潮流更替，社交雅集式的傳統詩社漸歸平淡，情況已在上文第二章第六節中論述，此處不再重複。不過古典詩人結社吟詠的傳統並未中止，而隨着互聯網的迅速普及，詩社雅集不再限於市樓聚會的定期酬唱形式，而是可以透過網上平台（例如論壇及各式社交媒體）有效率地切磋，形成一種文藝交流的新趨勢。另外，隨着香港

67　黃坤堯：〈碩果社簡述〉，《文學論衡》，總第 5 期（2004 年 12 月），頁 57。

回歸祖國，中港兩地的古典詩人透過詩社活動，進行交流的情況亦更見普及。

二十一世紀的香港古典詩社，除了有定期聚會之外，亦每多利用互聯網建立交流平台並出版刊物，例如潘少孟、李健忠等組織的「博文詩社」（2001-　　），曾出版 26 期《博文詩社課藝雙月刊》。于枝鼎（1915-2007）、許連進等主持的「長青詩社」（2002-　　），刊出《長青雅集》至今已過百期，並出版《長青韻響》（2008）和《長青韻響第二集》（2013），紀念創社五周年及十周年。另有唐大進、林峰、陳智等主持的「香港詩詞學會」（2008-　　），定期發行《香港詩詞》詩刊，並出版社員作品選集《詩詞精粹》（2015）和《烽火集》（2015）。這些詩社中，以「香港詩詞學會」及「長青詩社」的規模較大，會眾和出版亦較多。

「長青詩社」由原香港「健社」數位社員聯同其他詩詞愛好者組建，以「弘揚中華文化、創作格律詩詞為宗旨，以團結、吸收兩岸三地、海內外之同道，探討研究，交流創作為目標」。[68]詩社由初創時近十人發展至數十人，並吸引了來自不同國家、地區及職業背景的人士參與。「香港詩詞學會」的貢獻則可以其詩刊《香港詩詞》為例，每期設有不同的內容欄目，例如「江山風物」、「學苑吟春」、「天下樂憂」、「浩古豪情」等，收錄約數百位作者的詩作；學會的網上論壇更顯示會眾上萬人（估計多在內地），規模可見一斑。至於其他網上詩社，尚有「尋聲詩社」、「雅軒畫廊」、「新界詩曲社」等名號，不過這些詩社未見完整的雅集出版紀錄，部分經營的網站亦已關閉，有關資料已無法細考。

68　香港長青詩社：《長青韻響第二集》（香港：妙韻出版社，2013），書背介紹。

4.3.2　大學詩社

　　傳統詩社多源於文士興趣相投、交往聚會而結社，社交味道較濃；前輩詩人引領、指點後學亦順理成章。可以注意的是，新世紀有另一類詩社在香港成長，例如鄺健行、韋金滿在浸會大學與學生成立的「璞社」（2002－　）；董就雄、張為群在城市大學與學生組織的「新松詩社」（2005－　）；程中山在中文大學與學生成立的「未圓社」（2009－　）等，都是在大學教育的基礎上延續詩風或雅集的傳統。[69]這些詩社既由大學教師帶領，自然較接近學院性組織，活動的教育意味亦較濃厚。它們的成員主要為大學（畢業）生，多安排學員定期就擬定的詩題和體裁各自創作，聚會時交流作品及分享心得，並由老師指點；此外個別詩社亦編輯社員的作品出版。比較另類的詩社則有鄺襲子、陳德錦及嶺南大學畢業生組成的「南溟詩社」（2016－　），旨在促進古典詩詞與現代詩的相互灌溉，並合辦「知識轉移」的詩詞、白話詩及散文公開寫作班，選輯學員的功課習作合集出版，亦舉辦公開講座及詩詞、白話詩、英文詩聯合朗誦會等。目前詩社以文藝教育為主，將文學寫作與欣賞帶到大學範圍外的公眾和社區，讓成年及長者學員參與，成就終身學習理想。

　　這些以大學為運作基礎的詩社當中，「璞社」應是較具規模及代表性和持續性的古典詩社，成員和出版數量最多；「未圓社」暫未見有詩集出版。「璞社」由浸會大學老師（如鄺健行、朱少璋等）擔任詩社聚會的主要導師，對於成員入社的

69　學生組織方面，林峰指出：「除了璞社、新松詩社外，嶺南大學還有由大學學生會成立的，由余劍龍任社長的清平詩社；中文大學中文系的未圓社等都是足堪名世的學界詩詞組織。」見〈中華韻遠氣崢嶸——流覽在香港當代詩詞走廊中〉，《香港詩詞》，第 13 期（2015 年 10 月），頁 111。

態度開放：起始時以浸會大學學生佔絕大多數，其後外校社員漸有增加。詩社每月舉行詩會，先由導師擬定題目、體裁和限韻等要求，在詩會上再由導師安排及引導社員討論、評點月課詩作等。[70]「璞社」至今已出版作品集《荊山玉屑》一至六編，另有評論社員作品的《剖璞浮光集——諸家評議璞社大專社員歌詩選》（2010）、《天衣集——璞社序跋存錄》（2011）和《聽車廬點評璞社詩》（2016）。《荊山玉屑》系列所輯錄的，以學生社員的詩作為主，並以師生作品共刊的方式編排。[71]「璞社」十多年來累積的習作數量豐富，書寫題材廣泛。除了傳統雅詠的題目外，功課亦不時選擇當代的日常事物和時事題材，例如《荊山玉屑》（一編）有〈香港回歸五周年〉和〈睇戲〉（頁 15-18、50-56）；《續編》則包括〈南亞海嘯〉和〈情人節〉（頁 68-75、141-148）；《三編》包括〈天星碼頭〉和〈纖體〉（頁 35-41、141-145）；《四編》有〈奧運〉和〈米高積遜〉（頁 16-20、95-102）；《五編》載有〈諾貝爾獎〉和〈保育〉（頁 9-14、149-152）；《六編》則詠寫〈智能電話歌〉和〈雨傘行〉（頁 13-20、123-127）等等。對眼前種種「非古典」題目的寫作嘗試，都展現出古典詩體在內涵上的宏大包容性。

70　鄺健行：《剖璞浮光集——諸家評議璞社大專社員歌詩選》（香港：天地圖書，2010），頁 3-4。

71　一編收 2002 年 5 月璞社成立至 2004 年 5 月的習作；朱少璋編：《荊山玉屑》（香港：匯智出版，2004），頁 7。二編為 2004 年 7 月至 2006 年 3 月；朱少璋編：《荊山玉屑‧續編》（香港：匯智出版，2006），前言，頁 vi。前兩編是「全錄」，以後的是「選錄」。三編為 2006 年 4 月至 2008 年 5 月；董就雄編：《荊山玉屑‧三編》（香港：匯智出版，2006），前言，頁 vii。四編為 2008 年 6 月至 2010 年 8 月；楊利成編：《荊山玉屑‧四編》（香港：藍出版，2012），編例，頁 x。五編為 2010 年 10 月至 2013 年 3 月；李耀章、張志豪、余龍傑編：《荊山玉屑‧五編》（香港：匯智出版，2014），前言，頁 xi。六編為 2013 年 4 月至 2015 年 9 月；劉奕航編：《荊山玉屑‧六編》（香港：匯智出版，2016），前言，頁 xi-xii。璞社另有唱和選刊 17 種（2010-2017），見於網頁。

「新松詩社」的成員皆為城市大學學生。詩社每月一次聚會（暑假除外），內容包括古典詩歌創作和賞析、社員詩作互評等。每人預先提交限定題目和體裁之作，聚會時講解説明。[72]詩社出版社員作品集《新松詩集》（2008），輯錄 2005 到 2008 年共 21 次聚會之作。所擬題目多元化，既有傳統式以紀遊、述志、詠自然景物等為題材，亦有富現代社會氣息的議題，當中不乏穩妥之作。「璞社」和「新松詩社」的成員目前只集中於古典詩寫作，未有涉及詞體。此或由於傳統觀念，或因詞須按既定詞譜填寫，格律限制較大之故；古代詩家作品，絕大部分小是詩多詞少。長短句既屬詩體之一，審美實踐與詩有相通之處，不過某程度上亦「別是一家」；詩社若能同時兼顧詞體，當更有效發揮傳承詩詞的作用。

以大學為基礎的詩社，自有其內在與合乎時宜的優越性。傳統詩社比較鬆散，成員本身各懷詩藝，社交聚首時各自抒發。大學詩社的組織性較強，教育培訓的宗旨較清晰，更適合古典詩藝隨日漸遠的今天。何況大學老師將學員的詩作結集成書以作鼓勵時，亦往往得到大學資源支持，或公共機構撥款資助。成果方面，傳統詩社所「生產」的篇什，多見朋友或一般交遊之間的酬唱之作；至於大學老師領導的詩社，「成績」則轉向為更具教學傳承意義的習作。這類大學的詩社在組織、聚會和風格上，有時或會顯得「學院化」。當然，教育和藝術的性質未必完全配合：譬如限制詩作的題目與體式，長處是方便詩友互相理解切磋，亦方便指導初學者有條理和系統地學習和比較；缺點是較易流於形式化，久之

72　董就雄、張為群編：《新松詩集》（香港：香港城市大學中國文化中心，2008），〈張序〉，頁 1。

或會變成例行公事，縱使不至「為賦新詞強説愁」，亦難免不時「為題造情」，有可能不覺形成偏誤的寫作習慣。這是「磨筆操練」的潛在陷阱，導師或需要提醒學員留心。上乘的詩詞藝道，畢竟在於真情實感、「情動於中而形於言」的靈感躍動和自然流露。

縱觀香港古典詩社的百載歷程，已逐漸由同道雅集轉向教學培養，由支持詩詞存在轉向推動詩詞發展，作用積極。「璞社」、「新松詩社」、「未圓社」、「南溟詩社」等的創立，説明新世紀的香港，仍有少數熱心傳承詩詞的詩人教育者，或帶領若干喜歡詩詞寫作的年青學員耕耘，或將詩詞欣賞和寫作帶到社區，啟動年齡幅度更廣闊的有志者終身學習。學員們的習作反映當代不同生活及社會議題，積極實踐古典詩歌的更新，目前的成績或許仍然參差，方向卻無疑值得肯定。不同年代的作者和作品都證明，詩詞作為文學載體，可以體現時代氣息和生活新意。詩詞的韻律體式、語言提煉等審美要求，絕非扼殺未來生命力的元素，更不是阻礙當代詩詞發展的藉口。至於如何令古典神韻與時代氣息相輔相成，是當代詩詞發展的首要美學課題，將在下章進一步闡述。

4.3.3　詩刊雜誌

詩刊方面，香港一直有某些致力傳承風雅的刊物，為古典詩詞提供滋養的土壤。當中較著名的有傅靜庵於 1983 年在廣州創辦，並於移居香港後持續不斷出版的《嶺雅》。從創刊到 1998 年，《嶺雅》共刊 26 期，曾因傅靜庵逝世一度中斷，後得有心人「協助復刊，負責全部印刷費用，每期出版

一千本，分寄世界各地文友，嶺雅詩刊，知者漸眾。」[73]《嶺雅》無疑是香港的正規古典詩刊中，歷史相對悠久的一種。

在專門以詩詞為務的傳統詩社雅集以外，一些文藝組織的刊物以古典與現代文學兼容並蓄為宗旨，刊登詩詞。例如梁偉民、黃偉豪等於 2000 年創立「溯蘭文社」，「宗旨乃以弘揚中國傳統為己任，透過出版刊物和舉辦活動，向各界推廣中國文化，團結友好」，並由 2005 年起每半年出版免費國學雜誌《溯蘭》，[74]惜 2010 年後已停刊。繼而林律光、張志豪、吳日偉等組織「香港文化學術社」，自 2011 年起出版免費半學術文藝雜誌《香江藝林》，後改為較經濟的報刊形式，盡可能展現「依隨現代傳統共治一爐，文哲藝術融和兼備的特質」。[75]每期均設有「古典文學版」，刊載不少當代詩詞作品。

此外，「香港詩人協會」每年出版年度詩選集，自 1997年起在原來純白話詩的選輯外，加進了「格律詩」部分。白話詩刊《圓桌》和《詩網絡》亦刊登小量古典詩詞。[76]順帶一提，各大學的學系、中心、學生會文社等出版的詩文集，有時亦收錄師生的若干詩詞，雖然數量有限，水平不免參差，

---

73 鮑紹霖等編：《北學南移：港台文史哲溯源》（學人卷二）（台北：秀威資訊科技，2015），頁 192。

74 「《溯蘭》是全港唯一的國學雜誌，舉凡文學、歷史、哲學、藝術、訓詁、音韻學、文字學……不一而盡。每年 1 月及 6 月出版，以免費派發形式發佈到各大書店、大專院校、圖書館、中學等。」見邱卓賢：〈溯蘭文社──弘揚中國傳統的國學雜誌〉，2007 年 11 月 4 日，新浪博客「寶月松風」：http://martinycy.mysinablog. com/index.php?op=ViewArticle&articleId=846170.

75 見〈編者語〉，《香江藝林》，第 7 期（2015 年 6 月），頁 2。

76 《圓桌》詩刊自 2003 年 8 月創刊以來，幾乎每期都有專欄介紹古典詩詞，例如「秦時明月」、「曉風殘月」（第 1 至 4 期）、「細草微風岸」（第 5 至 9 期）、「舊時月色」（第 10 至 15 期）、「詩舊體」（第 16 至 23 期）等等。《詩網絡》則於 2002 年 2 月創刊，由第 22 期（2005 年 8 月）到最後 30 期（2006 年 12 月），都加插「詩古幽情」一欄介紹詩詞創作。

仍然屬於二十一世紀香港詩詞的印記。[77]

4.3.4　詩詞比賽、朗誦會及出版資助

在推動、傳承和普及化香港詩詞發展方面，由香港政府主辦或贊助，以及民間文化機構舉辦的公開詩詞創作比賽和古典詩歌朗誦活動，對提升年青人的興趣一直發揮着正面作用；其公開性的規模及獎項皆能吸引大眾關注和參與。公開比賽能鼓勵本地有志者寫作詩詞，累積實踐經驗，對香港詩詞的未來發展產生間接培育的作用。現時香港比較大型而悠久的公開比賽，主要為「全港詩詞創作比賽」和「全港學界律詩創作比賽」，[78]為不同年代的人士提供更多認識和參與詩詞寫作的機會，對薪火相傳當有正面意義。

香港區域市政局自 1991 年起，每年舉辦「全港詩詞創作比賽」，市政局解散後則由康樂文化及事務署轄下的公共圖書館承辦至今，單年寫詩，雙年填詞，至 2018 年已舉辦二十八屆。比賽分學生組及公開組，其中古典詩限寫律詩，格律及韻部須按規定，題目不限；填詞則規定詞牌及韻部。

77　例子有：中文大學中文系編：《吐露滋蘭》（香港：中文大學出版社，2009；2014）；城市大學中文、翻譯及語言學系編：《墨樂——香港城市大學中文、翻譯及語言學系校友、學生文集》（香港：香港城市大學中文、翻譯及語言學系，2010）；董就雄編：《城大校園題咏集》（香港：香港城市大學中國文化中心，2012）；樹仁大學中國語言文學系編：《仁聲》，1999 至 2009 年每年一冊，2010 至 2012 年合為一冊，2013 年缺刊，2014 年一冊，2015、2016 年合為一冊。

78　基於各項活動的普及性和公信力不同，此處只介紹政府主辦或資助的公開比賽活動。其餘由民間團體舉辦的活動，未能一一詳述。例如「全港青年學藝比賽」沒有將得獎作品刊印出版，無法介紹資料。另外，大學圖書館藏有《詩情畫意話香江——香港文藝創作賽得獎作品集》，由國際中華文化藝術協會出版，第一集為 2004 年，第二集為 2006 年。然而「香港文藝創作賽」的比賽準則及主辦機構（香港文化藝術基金會）均資料不詳，性質是否公開亦存疑問。還有《香港書展 92 徵文比賽得獎作品文集》（1992）等等，礙於資料所限，只能存而不論。

主辦單位亦先後於 2003 年及 2010 年，整合歷屆得獎作品出版，以資記錄。[79] 除了舉辦公開比賽外，當局亦在港九不同地區的公共圖書館舉辦詩詞講座，邀請比賽的評審員或學者詩人擔任講者，向公眾介紹詩詞知識與寫作心得。

至於「全港學界律詩創作比賽」，由香港新市鎮文化教育協會自 1990 年起每年舉辦，分大學及大專組（限在香港攻讀學士或文憑課程的全日制學生）和預科及中學組（限在香港就讀全日制者），詩體限七言律詩；除格律要求外，大學及大專組限韻，題目則不限。[80] 千禧年以後，中、港、澳、台的文化學術交流日益頻繁，兩岸四地大學合辦的詩詞比賽亦應運而生。例如廣州中山大學、香港中文大學和澳門大學的中文系，在 2006 年開始合辦「穗港澳大學生詩詞大賽」，2008年更加入台灣成功大學中文系合辦，並將比賽易名為「粵港澳台大學生詩詞大賽」。待累積運作經驗後，由「中華詩教學會」在 2011 年擴大比賽規模，主持首屆「中華大學生詩詞大賽」，並於翌年更名為「中華大學生研究生詩詞大賽」，由中華詩教學會和中華詩詞發展基金會主持，賽事分大學生組和研究生組，每組又分詩組及詞組。比賽開放予全球各地的大學生參加，[81] 鼓勵年青人探索和實踐詩詞美學。

詩詞朗誦方面，除了浸會大學自 2004 年起舉辦的「有風傳雅韻——獅子山古典詩歌朗誦會」外，亦有「南溟詩社」舉辦每年一度的詩詞、白話詩、英文詩聯合朗誦會。此外還有

---

79 分別見王惠屏編：《全港詩詞創作比賽獲獎作品（1991–2003）》（香港：香港公共圖書館，2003）；陳志偉編：《香港詩詞瓊玉》（香港：香港公共圖書館，2010）。

80 見何文匯：《香港詩詞拔萃》（香港：中文大學中國文化研究所吳多泰中國語文研究中心，1995）；新市鎮文化教育協會：《懷玉集：全港學界律詩及對聯創作比賽作品集》（香港：自刊，2012）。

81 參見〈中華大學生研究生詩詞大賽公告〉，2012 年 6 月。

「港島獅子會」主辦的「中國古典詩詞朗誦」比賽，希望「透過朗誦形式引發青少年對中國古典詩詞的興趣，以推動青少年多接觸中國古典文學，並了解當中精髓，使中國古典文學得以發揚光大。」比賽語言分粵語和普通話，各有「高小組」（小五至小六）、「初中組」和「高中組」。[82] 這些口頭實踐，亦有助於傳承和推廣風雅傳統。

詩詞創作比賽和朗誦活動，無疑具有鼓勵公眾接觸詩詞的正面成效，尤其是詩詞比賽，能推動今人實踐詩詞的精神和美學。需要檢討和思考的，是如何更上一層樓的課題。例如上述兩項比賽至今已舉辦二十多年，無論在擬定規範或評審標準上，都應適時改變，方能更有效提高詩詞在當代文化的價值。不難發現，公開詩詞比賽的得獎作品在平仄聲韻上嚴守格律崗位，整體內容風格卻每多因循僵化，評判亦變動不大。這類比賽很多時候沒有特定題目（反而限韻），大部分作品都有仿古之弊，內容多見亭台樓閣、瓊瑤雕欄，連風格也仿古起來，題材或新，文字依舊。遺神取貌容易養成逆時空的習慣，讓寫作思維安處於前人框框內，短於表達當今社會的時代感、親切感和生命力，削弱藝術感染力。

另一方面，千禧年後的「全港詩詞創作比賽」陸續出現將當代事物、生活詩情融入古典詩詞的得獎作品，例如 2001 年學生組冠軍詩作〈雨霽乘隧巴歸家〉，尾聯「又登彼岸非舟渡，科技今朝自足誇」，寫實地表達乘搭過海隧道公車，往來港島新界的真實經驗，肯定現今科技帶來的生活便利。又如 2003 年學生組季軍詩作〈香江肺炎即事〉首四句云：「莫

82　參見「全港青年學藝比賽大會」網站，「比賽項目：中國古典詩詞朗誦」介紹：
http://www.hkycac.org/competitions?a=browse&ciid=11

向眾中去，城居多病鄰。相逢皆半面，一噱怒旁人」，描繪香港爆發非典型肺炎疫症期間的社會行為，亦折射出市民對疫病的恐懼。轉看2005年學生組冠軍詩作〈自由行〉，前半「革履西裝挾地圖，紅燈綠轉要招呼。新循國策來行旅，喜聽鄉音滿路途」，把早期的「自由行」旅客寫得形態具體（雖然次句文字尚可斟酌）。再看2009年公開組冠軍詩作〈臨屏夜坐〉，吐露長者深宵上網適應潮流的心聲：「電郵紛至每相邀，雁訊何愁萬里遙。初學臨屏懷舊雨，老來上網趕新潮。」雖然寫得較本位化，卻反映當代生態，文辭亦覺暢順，可謂結合「當代詩情、古典韻味」。[83]當然，作品的素質並無簡單的時代區分。

縱觀歷屆比賽超過200篇詩詞得獎作品，絕大部分依然是風格仿古，當代意韻和趣味較少。[84]這固然是參賽者需要正視的問題，不過更重要的是，評審標準似乎沒有特別鼓勵「古典詩情、當代韻味」的融合，原因之一亦可能是評判本身多出自傳統思維訓練。要之，以往的得獎作品，大多仿古有餘而新意不足。當代題材本身不足以保證新意，題材與情懷亦有超越時空之處。只是若不持續重申「當代詩情、古典神

83　詞作方面，亦有得獎作品表現當代社會事物。例如第十四屆學生組冠軍作品〈踏莎行・數碼相機〉寫它如何「凝駐世情」：「小鏡舒圖，清光乍吐，世情萬態教凝駐。且由指掌認悲歡，……億千數碼居中貯。忖量猶喜勝菲林，寸心免捲朝朝暮。」又如第十二屆公開組季軍作品〈蘇幕遮〉及第十六屆公開組季軍作品〈西江月・網中人〉，均以瀏覽互聯網為題材。前者寫道：「對熒屏，搖滑鼠，一觸神遊，彈指知今古。二酉圖書藏雅虎，網驛飛馳，醉夢尋羈旅」，文字猶未臻圓融；後者謂嘆「網路縱橫不寐，電郵收發難休。聊天室內結盟鷗，虛擬群雄煮酒。盤鍵敲殘十指，熒屏勞澀雙眸……」，寫得比較放達。分別參見《香港詩詞瓊玉》，頁57、52、60。

84　歷屆比賽亦有歌詠現今香港景物者，如第七屆學生組亞軍作品〈詠督轅杜鵑〉：「杜鵑生五月，蕾綻滿園中。綠草成幽徑，黃鸝叫綺叢」，近乎純描寫詩；季軍作品〈青馬大橋〉：「遙看路三千，潛龍一線牽。……徘徊思泚筆，吐氣欲飛騫」，誇張而稍見個人壯懷。《香港詩詞瓊玉》，頁43。

韻」的融合，則一般詩詞寫作的「系統預設值」，到目前為止仍然是「最低阻力線」的仿古。比賽本身固然無法生產「詩人」——持久實踐方能成就藝術家——但比賽標準卻有領航作用，應該好好發揮。本地文藝比賽的評審一向為人詬病，部分原因是比文異於比武，主觀成分較重。無論如何，公開性的比賽多少能夠鼓勵寫作風氣，起碼可以提高「量」的參與，對推動詩詞的未來開展有正面作用。需要記住的是，文言文的性質今天已屬於「半外語」，因此真正的古典詩人，必然成就於固有熱誠和持續實踐，無關比賽、交遊與虛名。

此外，目前雖然有專門而公開的詩詞比賽，但社會及政府機構對這項具有文化標誌性的文字藝術，始終認識不足，關注有所偏輕，因此未能將詩詞寫作進一步普及化。例如同樣由香港公共圖書館舉辦的大型文學公開比賽「香港中文文學雙年獎」，分為新詩、散文、小說、文學評論及兒童少年文學五組，卻無古典詩詞組別。這個項目為創作獎項，加設文學評論組亦無不可，但就相對輕重而言，詩詞之納入獎項無疑比評論更合乎情理。有關方面若能積極考慮加入古典詩詞組別，當可為推動當代詩詞發展確立更大空間。

最後，就公共機構推動詩詞發展的助力而言，還有一個意義重大的項目功不可沒，即香港藝術發展局在千禧年後，開始資助古典詩詞出版。藝術發展局自 1995 年正式成立後，每年資助本地藝術團體、藝術節目以及藝術刊物出版，而自千禧年開始亦對詩詞出版撥款支持，反映當局對傳承這門傳統文學藝術的認同。出版的書本是相對恆久的紀錄，始終難以被網絡的媒介完全取代，既是對寫作成果的肯定，亦具有薰陶孕育的學習價值。何況詩詞有別於繪畫，是沒有商業銷售潛力的藝術；能在公共政策層面上得到實質資助，縱使金

額遠少於表演藝術和展覽項目，已可支持有心人繼續寫作，投放小而效益大。

　　現當代香港詩詞除了有整理資料的需要，其發展傳承更是意義重大。縱觀二十一世紀的香港古典詩壇，若從個人結集出版的情況來看，不難發現詩筆比較健壯的核心人物，多屬抗戰後到1970年之前出生的詩人。[85]後起詩人在出版方面，仍有待生活體驗和文辭修養的磨練。因此，在論述諸位詩人的出版作品以外，亦應留意本港各方面的助力，例如大學的古典詩社、大型的公開詩詞比賽、藝術發展局贊助詩詞出版之舉等等。這些都是古典詩詞薪火相傳的助力和證據，亦反映詩詞在二十一世紀香港的生存和發展空間。

85　出生於第二次世界大戰後、本世紀有出版個人詩詞集的香港古典詩人，包括陳文岩、黃坤堯、許連進、詹杭倫、招祥麒、林翼勳、劉衛林、鄺龑子、林律光、蔡麗雙、陳志清、何祥榮、朱少璋、董就雄等，大部分皆持續詩詞寫作，出版數量由約400首至二千多首不等。更年青一輩的詩人如張志豪、嚴偉、黃啟深，已在上一節簡介。

廿一世紀古典詩歌美學論略

　　沒有文學，就沒有文學評論；後者無法喧賓奪主，自作權威地審判文學寫作。因此，各種「香港文學史」是否能按理持平地論述香港古典詩詞，到底只是第二義的學術插曲；就第一義的文學生命而言，當代詩詞的未來路向和實踐，才是首要關注的藝術課題。所謂古典詩與現代詩，從字面看似乎是時間的觀念；其實在根本意義上，兩者之間並非「舊詩」與「新詩」的區別，而是涉及文言與白話、韻律與非韻律詩之表意潛能的美學分別。當代詩詞如果寫得像古董，那是作者而不必是詩體的問題；反之，設若能「無意不可入，無事不可言」地表達新鮮的內涵，就可證明詩詞並非「舊體」，而是體現獨特的抒意美學。

　　古典詩詞的藝術未來，首先還得回到語言的層面。第二章提到，文言詩詞之所以能更新其藝術生命，本質上是因為文言文是靈活而具彈性的文字，部分已融入當代語言中，可以從中提煉精髓。漢語文字發展歷程的一面，在於其抒情表意、體物悟理的核心部分，畢竟貫連今古而一脈相通，沒有文言與白話的固定界限之分。漢字在語音上的單音節數、詞法上的孤立形態、形狀上的方塊等積，皆有助於維持文字的簡潔性、穩定性和通達性，使千百年前的古代文本相對易解。且看今天英國人已無法看懂古英語（五至十二世紀）文本，法國人亦無法看懂法文祖宗的拉丁文文本；這不但由於寫法（即字母組合）本身改變，也由於語言的屈折（inflection）改變語辭的形態，使之更難辨認和掌握。[1]反過來說，中國人

1　即以近代英語單詞比對，"moon" 在古英語為 "mōna"，法語為 "lune" 而拉丁語為 "luna"；"year" 在古英語為 "gēar"，法語為 "an" 而拉丁語為 "annus"；"head" 在古英語為 "hēafod"，法語為 "tête" 而拉丁語為 "caput"。三詞六對的對項呈現不同程度的距離；漢字兩千年來皆為「月」、「年」、「頭」。更複雜者，古英語和拉丁語皆呈現高度屈折。例如「海／sea」在古英語為 "sǣ"，但 "of the sea" 卻變成 "gārsecges"；靜詞（包括名詞、代詞、形容詞等，在某些語言中亦包

讀〈古詩十九首〉，只要是隸書或楷書文本，文字辨認跟兩千年前的漢代讀者實無二致。漢語文字的簡潔性、穩定性和通達性，既讓不少精闢易懂的成語、習語、諺語及典故等，暢順無礙地進入日常語言，也保證文言文的精華在當代仍然鮮活。這樣看來，立足眼下，展望將來，古典詩詞的存在與發展不僅是現象實況，更屬於語言邏輯和美學道理。

同時，上面幾章的簡述亦可說明，韻律詩詞無論在語言基礎、文化價值、美學潛能，或當世實踐的層面上，都是生機鮮活的藝術生命體，可堪展翼未來。只看香港已是如此，何況是大中華文化區。當然，眼前一輩的香港古典詩人，可能只是過渡歷程的搭橋工匠；我們更無法期望往後的詩詞發展，整體能攀上盛唐詩和北宋詞那樣的頂峰盛況。這不單因為傳統的文化和語言環境不再，更因為人類的生存時空已發生顛覆性的變遷。在今天傾向視覺化、感官化、片面化的多媒體環境中，文字相對抽象、艱深、緩慢；在激烈化、爭奪性、燃燒性的存活心態中，含蓄蘊藉和溫柔敦厚往往令人覺得平淡寡味。至於清雅素淨、「莊重」「超越」的思情，更不符合速食消費的腸胃口味，隨時可以在「精英主義」的罪名下被棄置埋葬。因此，我們反倒可以思考，主要以非俚俗語言為表達媒介的詩詞，經過千多年的時間考驗以及各種韻文體的並置篩選，到今天仍然持續吸引小眾忠誠的甘願傳承者，不管怎樣看來都是可喜的藝術現實。下面先簡要探討各種韻文體的歷史起落情況。

括數詞，如拉丁語）按格變化其形式（declension）後，可謂面目全非。又例如動詞「愛／to love」在拉丁語為"amare"，然而動詞會按時態、人稱和單複數等變化其詞形（conjugation）：“they will love”濃縮為"amābunt"，“they will be loved”亦濃縮為"amābuntur"，由最末兩個字母顯示被動格。種種語言狀況有助說明，今天用古英語或拉丁語賦詩，當無生命可言，用文言文寫詩詞則游刃有餘。

時代與詩體及語言的通變

　　自二十世紀初的白話新文學運動「革命」以來，文言文學一直面對內在和外在挑戰。在語言層面上，文言文在日常生活及教育過程中的重要性不斷縮小（尤其是第二次大戰以後）；從文化角度看，詩詞往往被五四時代以後的知識分子唾棄，視作早該清洗的傳統封建系統的一部分。至於在當代寫作詩詞，更容易被認為是過時行徑，再沒有文化或藝術價值。對於繼續傳承這門文學藝術，下面一段感慨文字可反映不少當代詩詞作者的挫折感：

　　　　「文學革命」者受西方學說影響，對⋯⋯傳統文化進行片面、激烈的抨擊，詩詞被譏為「貴族文學」、「廟堂文學」、「山林文學」，要徹底掃除。於是歐化體新詩風靡一時，語言全用白話，⋯⋯斷絕承傳關係。⋯⋯文學研究被割為兩塊：對古典詩詞統統視之為供審查解剖之用的文化遺產，截止於五四前的清末；各種版本的現當代文學史祇談語體文與新詩，⋯⋯成為狹隘單調的新文學史。古代文學研究者守其本位，不關注現當代詩詞；現當代文學研究者更是視舊體詩詞為「封建骸骨」，不屑一顧，這就使舊體詩詞長期「在野」，處於冷落棄置的境地。[2]

　　這些詩詞實踐者指出，連當代的古典文學學者亦未必關心當代詩詞發展。箇中原因不只一端。例如隨着時間遷移，在學術講堂教授詩詞的老師，愈來愈少自身富有創作經驗

2　《二十世紀詩詞文獻匯編》編委會：《二十世紀詩詞文獻匯編・詩部》（成都：巴蜀書社，2009），第1輯，第1冊，前言，頁2-3。

者，更多的是挪用各款西洋文論術語、以抽象分析代替敏銳文本閱讀與親身感悟的「學人」。又譬如撫心自省，當代詩詞有多少真正值得推崇？假如理念上宣稱與時代接軌，實質上墨守不合實情的意象、典故、語辭等，無法知行合一，弄得詩篇偏僻晦澀，閱讀荊棘滿途，則經過一番炫耀才學或自我證明／正名後，豈非依舊邀請他人排斥？如果三十歲的作者所寫的詩類似千年古董，詩詞如何步向明天？我們無法改變消費社會或流行文化的大風氣，但與其抱怨被隨日忽略及揚棄，有心人更應自身反思及實踐，如何放下僵死元素的枷鎖與包袱，去蕪存菁，展現詩詞獨特的審美情趣，讓清雅高遠的思情和意境親切感人。

再從文體發展的內在邏輯來看，可以借王國維在《宋元戲曲史》自序中的一句話語作為探討的起點：「凡一代有一代之文學，楚之騷、漢之賦、唐之詩、宋之詞、元之曲，皆所謂一代文學，而後世莫能繼焉者也。」[3]在比較早年成書的《人間詞話》中，王國維清楚扼要地闡釋「一代有一代之文學，……而後世莫能繼焉」的具體理由：

> 蓋文體通行既久，染指遂多，自成習套。豪傑之士，亦難於其中自出新意，故遁而作他體，以自解脫。一切文體所以始盛終衰者，皆由於此。（第54條）

從歷史角度出發及整體情況衡量，指出傳統文體的歷程始盛終衰地更替，無疑是正確的。王國維特別指出文體到「自成習套」時就會僵化，而繼承者愈多因襲模仿，就愈將該種文體逼上絕路。即使是出眾的「豪傑之士」，要在文體「染

3　王國維：《宋元戲曲史》（北京：商務印書館，1925），序，頁1。

指遂多」的情況下「自出新意」，亦並非容易。畢竟寫作的素材和語言，跟詩人的社會環境息息相關，而「現代前」的中國即使改朝換代，文人的生活體驗、世界觀、價值觀等仍相對穩定；身處於同一感情和思想的大環境內，抒寫的內容難免重複。何況無論在任何時空，有高度創意者皆屬少數，而中國文化傳統的規範性和崇古傾向素來都比較強。因此王國維認為，文學發展需要不斷創造新的文體，方能夠從舊有文體逐漸僵化的束縛中得到解脫，另闢生命空間。

然而，把新的文體視為創意者「遁而作他體以自解脫」，不啻把文體的建立外緣化，視之為被動之舉，邏輯上不免有幾分以偏概全之短。任何靈活的生命體都應該配合天時與地利，在不同時空展現出創新變化的能力；這亦是文學體現「當代特色」的含義之一。文體從建立到發展圓熟，都涉及很多因素，而文人求新求變的藝術天性以及語言、文化、環境的各種嬗變，皆為分量不同的動因。以中國詩歌為例，隨着社會從傳統突變到現代，新文化運動標誌着現代詩歌發展的新局面。胡適（1891-1962）在〈歷史的文學觀念論〉說：

> 　　一時代有一時代之文學。……雖皆有承前啟後之關係，而決不容完全鈔襲；……今人當造今人之文學。……白話之文學種子已伏於唐人之小詩短詞。及宋而語錄體大盛，詩詞亦多有用白話者。（放翁之七律七絕，多白話體。宋詞用白話者更不可勝計。南宋學者往往用白話通信，又不但以白話作語錄也。）元代之小說戲曲，則更不待論矣。此白話文學之趨勢，雖為明代所截斷，而實不曾截斷。……白話之文學，自宋以來，雖見摒於古文家，而終一線相承，至今不絕。[4]

4　胡適：《文學改良芻議》（台北：遠流出版事業，1988），頁 33-34。

　　所謂「代有文學」之說，到了二十世紀後半期似乎尤為明顯，因為從文言遷往白話的語言環境以及二者之間逆轉的主從關係，已成定局；僅就日常語言來看，在可預見的將來，中國詩歌的發展當以白話詩為主。其實，由詩到詞，由詞到曲，韻文體早已出現白話化、口語化的傾向；詩歌體式的變革是文學發展的內在規律之一，也代表文學生命的更新。

　　「代有文學」的批評論點，是總結發展大勢的歷史觀念，並非無可避免的美學邏輯。一種文體之得以成熟定型，無疑經過前輩和後代的不斷實踐、洗練觀察、綜合體驗而成，其實質的藝術價值與審美結構，都帶有某種代表性。新文體的出現不必抹殺固有文體的價值；至於是否取代後者，要視乎固有文體本身的藝術生命力。譬如說，四言詩、楚辭、漢賦在後世少有持續性的實踐；但五、七言古、近體詩及詞，到今天仍存在鮮活的傳承。所謂文體皆「始盛終衰」，指的是大體的歷史現象，並不代表自身必然會喪失藝術生命力，更不代表不能出現個別例外，獨立於整體的時代趨勢（例如王國維就對自己的詞作相當自負）。[5]所謂「不容完全鈔襲」，首先不是「此時代與彼時代之間」的歷史問題，而是內在於藝術的根本課題。作為文學藝術，詩詞的意境最終要視乎詩人的感情思想、才情品性、胸襟氣度等內在素質。縱觀詩歌的整體發展，其存活危機並不在於體裁本身的韻律規範，而在於後人犯上擬古摹仿的弊病，令詩詞在狹隘重複、僵固守舊的形態中失去光彩。

5　王國維《人間詞話》補錄第 14 則云：「余之於詞，雖所作上不及百闋，然自南宋以後，除一二人外，尚未有能及余者，⋯⋯雖比之五代、北宋之大詞人，余媿有所不如，然此等詞人，亦未始無不及余之處。」見《海寧王靜安先生遺書》（台北：台灣商務印書館，1979），第 4 冊，頁 1828。

　　韓愈（768-824）早就提出「惟陳言之務去」和「師〔古聖賢人之〕意，不師其辭」的文學創作論。[6]不論韓愈詩作的得失如何，其觀點的大方向值得肯定，而且需要加上注釋：所謂「師意」，當指潛移默化人類共通的生活思情和生命體悟，並非模仿意念。諷刺的是，明代有「前後七子」提倡「文必秦漢，詩必盛唐」[7]的文學復古之說；不論當中標舉效法古人的具體途徑和方法有何分別，整體結果都促成了模擬剽竊的歪風陋習。無怪古典詩歌發展至晚明之世已陷於瓶頸；不少評論家不約而同地批判文章「陳言」之害。例如葉燮（1627-1703）就從文體演變的規律中，一針見血地指出文學創作須要「推陳出新」：

　　　　韓愈為唐詩之一大變。……遞至大曆、貞元、元和之間，沿其影響字句者且百年。此百餘年之詩，其傳者已少殊尤出類之作，不傳者更可知矣。必待有人焉，起而撥正之，則不得不改弦而更張。愈嘗自謂陳言之務去，……使天下人之心思智慧，日腐爛埋沒於陳言中，排之者比於救焚拯溺，可不力乎！[8]

6　分別見〈與李翊書〉及〈答劉正夫書〉。所引二句從正反兩面，批判文學創作的因襲摹擬之弊，尤其反對語言上的仿古造辭。韓愈強調作品須要具有個性，提倡建立個人風格，抒發真情實感，如此亦能明辨前人作品的「正偽」及高低優劣，並取人長以補己短。見馬通伯校注：《韓昌黎文集校注》（香港：中華書局，1972），頁 99、121。至於其個人風格是否自有偏誤，非此處可論。

7　語見《明史・李夢陽傳》，為對其文學主張的扼要概括，蓋在李夢陽、何景明（「前七子」代表）的詩文論著中並無此語。方法上，李主模仿，何主創意，復古程度有別。後數十年，又有以李攀龍及王世貞為代表的「後七子」把復古主張大力宣揚；《明史・李攀龍傳》載他「謂文自西京，詩自天寶而下，俱無足觀」；《明史・王世貞傳》載其於攀龍歿後，「獨操柄二十年，……其持論，文必西漢，詩必盛唐，大曆以後書勿讀」，觀點比「前七子」更狹窄，亦更走上剽竊模擬的道路，至晚年方有所悟。其後有強調直抒胸臆、抒寫性靈之見（如唐宋派、公安派）抬頭，反對甚力。

8　葉燮著，孫之梅、周芳編注：《原詩・說詩晬語》（南京：鳳凰出版社，2010），頁 14-15、17-18。

李漁（1610-1680）在《閑情偶寄》所表達的亦相近，包括提醒文人不要「自我抄襲」：

> 「人惟求舊，物惟求新。」新也者，天下事物之美稱也，而文章一道，較之他物尤加倍焉。戞戞乎陳言務去，求新之謂也。……非特前人所作，於今為舊，即出我一人之手，今之視昨亦有間焉，昨已見而今未見也。[9]

顧炎武（1613-1682）在《日知錄》中，亦同樣直斥當時〈文人摹仿之病〉：

> 近代文章之病全在摹仿，即使逼肖古人，已非極詣，況遺其神理而得其皮毛者乎。且古人作文，時有利鈍，……宋蘇子瞻云：「今人學杜甫詩，得其粗俗而已。」金元裕之詩云：「少陵自有連城璧，爭奈微之識碔砆。」[10]

顯而易見，葉燮、李漁和顧炎武皆指出文學寫作貴乎創新，關鍵在於除去陳腐之言，另出機杼。其實更需要除去的，應該是「陳思」與「陳情」，因為上乘文學需要內外相符，精神與文辭配合。「讀書破萬卷，下筆如有神」（杜甫〈奉贈韋左丞丈二十二韻〉）的體驗當然不是呆板模仿，而是融會貫通；何況在寫作邏輯上，師法前人的模範容易遺神取貌，從起步就已落於第二乘，無法跟「外師造化，中得心源」[11]的層次相提並論。歸根結柢，傳承與創新並非處於必然

9　李漁：《李漁全集》（杭州：浙江古籍出版社，1991），《閑情偶寄》卷一，〈詞曲部上〉，頁9。

10　顧炎武著，黃汝成集釋：《日知錄集釋（全校本）》（上海：上海古籍出版社，2006），中冊，頁1097。

11　張璪語，載張彥遠：《歷代名畫記》（南京：江蘇美術出版社，2007），頁265（卷十）。

對立的位置。後代詩人若能吸收前人成果，並自覺反思其優劣，在已有的基礎上結合個人體驗，寫出發乎自然而獨特新鮮的內涵和意境，則古典詩詞發展應能隨着歲月而愈益豐富多彩。葉燮在《原詩》舉出「踵事增華」一說，認為詩歌發展是漸入佳境的過程；只有經過不斷創新、改變和累積經驗，作品才會愈臻完善：

> 大凡物之踵事增華，以漸而進，以至於極。故人之智慧心思，在古人始用之，又漸出之，而未窮未盡者，得後人精求之而益用之、出之。乾坤一日不息，則人之智慧心思，必無盡與窮之日。[12]

這是「累積而改良」的常理論點；《清代文學批評史》對葉燮的觀點作出正面評價：

> 葉燮對詩歌發展的理解不同於明人的復古主張，也異於清初顧炎武「詩格代降」的觀點，而具有進化的發展眼光，因而他以為後人的詩未必不如前代，一味強調摹擬古人猶如要在後代恢復上古的井田制度，顯然是非常愚昧的想法。[13]

事實上，在中國詩歌的發展過程中，絕句、律詩、詞和散曲相繼出現，都沒有妨礙既有詩體的藝術生命。詞曲本有白話化傾向，而雖然古近體詩和詩詞曲之間的相互關係，與文言白話沿革的情況不盡相同，但基本道理並無二致。縱使時代變遷，傳統的語言和文體未必能將不斷出現的新環境、

12　「『踵事增華』一詞源於蕭統〈文選序〉……指事物在發展過程中不斷積累，其光華繁盛的程度日益增加，此乃事物發展的一般規律，因此詩歌的『變』具有必然性。」見葉燮著，孫之梅、周芳編注：《原詩‧説詩晬語》，頁14。

13　鄔國平、王鎮遠：《清代文學批評史》(上海：上海古籍出版社，1995)，頁282。

新事物、新思想完全涵括表現，但想像能力近乎無限，知識
近乎浩瀚無邊，世情亦屬千變萬化，只要文學體裁具備美學
特質和彈性，在特定的框架內寫作依然可以海闊天空。劉勰
（約 465－約 532）在《文心雕龍・通變》便有言：

> 夫設文之體有常，變文之數無方，何以明其然耶？
> 凡詩賦書記，名理相因，此有常之體也；文辭氣力，通
> 變則久，此無方之數也。名理有常，體必資於故實；通
> 變無方，數必酌於新聲。故能騁無窮之路，飲不竭之
> 源。然綆短者銜渴，足疲者輟途，非文理之數盡，乃通
> 變之術疏耳。[14]

此篇的贊將文學創作的「通變」總結如下：「文律運周，
日新其業。變則可久，通則不乏。趨時必果，乘機無怯。望
今制奇，參古定法。」劉勰的靈感大概源於《易・繫辭下》：
「窮則變，變則通，通則久」的哲學和生命觀念，指出文學創
作必須變化通達，具有生機活力，才可持久傳世。同樣要求
「變」，劉勰的着眼點落在藝術而並非歷史的層面：他強調的
不是王國維論述的文體變化更替，而是在固有的文體之內，
於內容及文辭上隨機變化。所謂「名理有常，通變無方」或
「望今制奇，參古定法」，都是鮮活文學創作的一體兩面。劉
勰指出任何文體的名目和寫作之理，都包括參考前人之作的
傳承因素，其體裁與韻律規範具有某種恆常性。然而文辭與
氣力──真正賦予作品精神和形貌的因素──卻必須變化自
然，在相對固定的體裁內注入通達變化的生命力，才足以保
持文體通行古今。

千載以後，顧炎武亦在《日知錄》重申「詩格代降」之

14　參周振甫：《文心雕龍今譯》（北京：中華書局，1986），頁 271、276。

説，其「未嘗不似而未嘗似」的詩歌美學境界，具體道出延續古典詩歌生命的要旨，與劉勰所思不謀而合：

> 《三百篇》之不能不降而《楚辭》，……而漢、魏，漢、魏之不能不降而六朝……而唐……〔，此〕勢也。用一代之體，則必似一代之文而後為合格。
>
> 詩文之所以代變，有不得不變者。一代之文，沿襲已久，不容人人皆道此語。今且千數百年矣，而猶取古人之陳言，一一摹仿之。……不似則失其所以為詩，似則失其所以為我。李、杜之詩所以獨高於唐人者，以其未嘗不似而未嘗似也。（卷21）[15]

顧炎武與王國維同樣縱觀歷代文學的更迭，指出每代均有展現其時代特色的文體，當中各有不同的美學範式和審美要求，屬於文學演化的趨勢。不過他的重點並非在文體的「始盛終衰」，而在如何延續一代文體的神韻面貌。詩歌若只模仿陳言而喪失自我，固然不能稱為詩，但若全棄傳統韻律及基本原則，又會失其格局而不「合格」。如此説法看似矛盾，其實前者的「不似」是就詩歌體裁而言，後者的「似」則是就詩歌的風格和言辭而論：

> 詩人寫詩一方面要運用前人創造的詩體，從而必須考慮「合格」；另一方面又要努力追求表達的新穎，所以又要力圖擺脫前人的羈縻。於是他們在客觀上面臨着「似」與「不似」的矛盾。……這實際上是肯定詩歌既須符合形式的基本歷史規範，又要充分體現詩人「我」的獨創。[16]

15　顧炎武著，黃汝成集釋：《日知錄集釋（全校本）》，中冊，頁1194。

16　鄔國平、王鎮遠：《清代文學批評史》，頁53。參看趙儷生：《日知錄導讀》（北京：中國國際廣播出版社，2008），頁43之注析：「摹擬不能頂替創作。必須於因襲傳統中有所創新，創作中又不拋開傳統。」

　　由唐代韓愈到清代李漁、顧炎武和葉燮等等，古代的文論家都在一個尊經重道的文化傳統中，反覆強調創新和「務去陳言」的重要性。可以進一步補充的是，自從遭槍炮轟開門戶、最終導致帝制覆亡，中華傳統的文化環境經歷了前所未有而無可逆轉的劇變，因此陳言、陳情、陳思之務去，在二十世紀以後已是別無他選的藝術生存態度。顧炎武所說的詩歌境界，實質上與劉勰〈通變〉所言如出一轍，在今天仍然具有常理的適用性。若能平衡傳統的韻律氣格與新鮮的思情語言，互為表裏，當代古典詩詞不僅能健康發展，亦能順應自然地開拓新意，因為今天的「天下」和眼界，無疑遠遠超出了舊日的「中國」。創新並非知行不一的口號，既不能止於現當代題材，也不能為新而新，譁眾取寵。今天的詩詞實踐者需要了解韻律的美學合理性，了解詩詞的審美精神和韻味，才能夠在尊重韻律和「古典」的前提下，自覺、自由，乃至自然地將當代思情、體驗和語言融入創作，寫活古典的恆久生命。詩詞不必為自身的延續抱歉辯護，因為當中沒有「過時」的課題：如果詩詞最終湮滅，那原因就如劉勰所說，「非文理之數盡，乃通變之術疏耳」。

第二節 **不同詩體及相關文體的藝術生命力：楚辭、賦體、駢文、排律的困局**

當然，正如大家族內子弟自有參差，盛衰各有因由，不同文體的「文理之數」和「通變之術」，展示出韌力不同的藝術生命和彈性有別的可塑空間，其持久力亦各有差異。以韻文體而論，從題材、思情到意象，從韻律、文辭到風格，當中的元素都有程度不同的時空屬性和限制；本位性愈濃、固定性愈牢的元素，時空跨越的潛能或可能愈低。因此，內涵和語言的現代化，未必能配合和活化所有古典詩體。試想一首寫現代恐怖襲擊的詩，假如通篇採用類似「飛機猛擊兮塌雙樓」的句式和節奏書寫，豈非會有點不倫不類？

在寫作現實的層面看，今天仍然具有蓬勃生命的古典韻文體式有近體詩（包括五言、七言絕句及律詩）、古體詩（包括偶爾的雜言變調），以及韌力和彈性稍受限制、因此較少成果的詞；[17] 其餘最多只有個人的零星實踐，無法凝聚強健飽滿的活力。像楚辭、賦體、有韻駢文、排律等，今天已沒有真正的藝術生命（駢偶的美學觀念則已濃縮而融入律詩）；四言詩及六言詩的生命力亦相對有限。在三千年的演進過程中，歷史對各種詩歌體的考驗和篩選是無情而公平的：撇開個人偏好而論，某些韻文體早已缺乏活潑、有機的傳承，雖然當中某些元素仍可多少融入其他詩體的表達中。詩體的或

17　這點下面再論，但從作品數量亦可見一斑。例如《全唐詩》（包括五代）連外編、補編收約 3800 人約 56000 首詩；《全宋詞》連補輯收約 1400 人約 22000 首詞。唐宋兩代時間相若，而後代資料的保存一般比前代齊全，但《全唐詩》收錄的詩人及作品數目均逾倍於《全宋詞》。就個別作家而言，撇開少數「詩專家」（如楊萬里）及「詞專家」（如柳永、周邦彥、辛棄疾）以詞作全盛的宋代詩人為例，歐陽修的詩詞存數比例約為 3.5 倍；蘇軾約為 8 倍；陸游約為 8 倍。

存或亡，並非歷史的偶然，而是有其美學邏輯。這是就事論事的「臨床式」觀察，並不貶低任何體式在韻文傳統中的歷史身分、角色和價值，只是點出它們到底已屬於過去式。不消說，過去式的詩體自然有它們在文學遺產中的藝術和歷史價值；與此同時，了解其藝術生命無法延續的原因，將有助探討藝術價值更高的古典詩詞的美學潛能、發展路向，和未來的生存之道。

<u>5.2.1</u>　**楚　辭**

楚辭是興起於戰國楚國的南方地域詩體，以屈原（約前339－約前278）、宋玉（前三世紀）等的作品為代表，雖然受到北方《詩經》的影響，卻展現出濃厚的地方文化、宗教及語言特色。楚辭之名早見於西漢前期，因漢代大臣中多有楚人而蓬勃，到西漢末年劉向（約前77－前6）編《楚辭》，更令其升上「全國性」文學的層面。何況屈原的忠君憤慨、宋玉的失意哀愁，皆有助楚辭在士人文化中產生深刻的共鳴感。劉勰（約465－約532）的《文心雕龍・辨騷》，即以屈原的代表作代指楚辭，與《詩經》並稱為中國古典詩歌的兩大源頭。宋代黃伯思（1079－1118）對楚辭的語言、情調、地理和風物特徵，曾有扼要的論述：

> 屈宋諸騷，皆書楚語，作楚聲，紀楚地，名楚物，故可謂之楚辭。若些、只、羌、誶、蹇、紛、侘、傺者，楚語也。頓挫悲壯，或韵或否者，楚聲也。沅、湘、江、澧、脩門、夏首者，楚地也。蘭、茝、荃、葯、蕙、若、蘋、蘅者，楚物也。[18]

18　黃伯思：《宋本東觀餘論》（北京：中華書局，1988），〈校定楚辭序〉，頁344-345。

　　楚辭在內容及體裁上都深受楚地的風俗、神話及巫祝文化影響，見於〈九歌〉、〈離騷〉、〈天問〉及〈招魂〉等篇。如此濃厚的地方元素對後世未必皆可產生共鳴，故不能盡數傳承；然而由述志抒情到文辭想像，楚辭都對後世的詩、賦、駢文等產生深遠的影響。

　　楚辭的體式亦具鮮明地方色彩，節奏獨特。霍克思（David Hawkes, 1923–2009）曾歸納楚辭句型的節奏特點，包括以一行為單位的「歌體句」以及兩行為單位的「騷體句」：

　　1.「歌體句」，例如〈九歌〉：

　　"tum tum xi tum tum"

　　（如：「溺溺兮秋風」，〈湘夫人〉）

　　"tum tum tum xi tum tum"

　　（如：「君不行兮夷猶」，〈湘君〉）

　　"tum tum tum xi tum tum tum"

　　（如：「子慕予兮善窈窕」，〈山鬼〉）

　　（按：可以歸納為「（X）XX 兮（X）XX」句式）

　　2.「騷體句」，例如〈離騷〉：

　　"tum tum tum ti tum tum xi: tum tum tum ti tum tum" [19]

　　（如：「帝高陽之苗裔兮，朕皇考曰伯庸。」）

　　（按：可以歸納為「（X）XXXOXX 兮，（X）XXXOXX」之典型句式，字數偶有增減）

從結構上看，「騷體句」可理解為雙單位「歌體句」的複合句：

19　David Hawkes, trans., *The Songs of the South: An Anthology of Ancient Chinese Poems by Qu Yuan and Other Poets* (Harmondsworth: Penguin Books, 1985), pp. 40–41.

連接語為本屬子句句腰的「兮」字（其位置仍處於複合句的中間），而「兮」在兩句子句中的作用則由虛詞代替。以上例句足以反映，不論是「歌體句」或「騷體句」，楚辭所用的句式都格局鮮明，[20]其中最明顯的特點是以「兮」作為節奏的常規標點，[21]而行中停頓（caesura）則緊隨其後。感嘆助詞的運用每見於《詩經》，當中亦包括「兮」（類似如今的「啊」），在十五《國風》中皆有例子。不過，《國風》詩的「兮」字都用於句末，而且很少如〈九歌〉中句句都用。[22]在「歌體句」中，「兮」處於句子中間，將詩句分為兩小段，節奏上則依前節，形成 3-2 或 4-2 或 4-3 的節奏；而在「騷體句」中，「兮」則成為兩句之間的節奏轉折點（一句中的分段責任由其他語助詞代勞），如此即使子句長度相同，亦無損騷體句跌宕的靈動感，形成 3-〔1-2〕兮，3-〔1-2〕（亦即整體上由 6-6 變成 7-6）的節奏。總之，「兮」字在楚辭句中和句末的運用，形成「規律性參差」的獨特節奏，或由於太明顯而固定，最終未被後世繼承。古典詩畢竟以凝練為上，近體尤其如此，

---

20 〈九章〉多用騷體句（除〈懷沙〉、〈橘頌〉）；〈橘頌〉、〈天問〉、〈招魂〉多用四言句。

21 參看詹杭倫、張向榮編著：《楚辭解讀》（北京：中國人民大學出版社，2008），頁 5：「楚地原有的音樂，古代的時候被稱作南風、南音，比如《孟子·離婁上》記載了一首〈孺子歌〉，……還有《論語》裡那首有名的〈接輿歌〉，《說苑》中記載的〈子文歌〉、〈越人歌〉等謠曲，它們的特點主要是沒有采用《詩經》那種整齊的四言體，而是長短相間，一般都超過四言，這就使容量加大了，並使用語氣詞『兮』、『些』等。顯然，這種語言特點就自然地被楚辭所繼承。」又參看蘇慧霜：《騷體的發展與衍變——從漢到唐的觀察》（台北：文津出版社，2007），自序，頁 3：「『騷體』以『兮』字為其最大的形式特徵，騷體作品，凡形式以『兮』、『些』、『羌』、『只』等楚語出現，內容以『幽憂窮蹙、怨慕淒涼』的風格為主的文學均歸納屬之。」

22 在 160 首《國風》詩中句句用「兮」字結句的，有〈鄭風·緇衣〉、〈齊風·還〉、〈魏風·十畝之間〉、〈陳風·月出〉、〈檜風·素冠〉等 5 首；〈齊風·猗嗟〉十八句中只有一句末字不用「兮」；又有 10 首詩歌一半或以上詩句用「兮」作結。另一運用「兮」字的早期詩歌（相傳屬夏禹年代）是〈候人歌〉，只存一句：「候人兮猗！」又《戰國策·燕策三》載荊軻歌詞曰：「風蕭蕭兮易水寒，壯士一去兮不復還！」

「兮」字若被程式化而重複太多，實際意義不大。無怪這種句式除了在西漢成為方程式的詩句結構外，[23]往後無甚繼承。雖然楚辭的瑰麗文辭和豐富想像，以至屈原的忠君愛國身分，都為後世帶來不同層面的啟發，但楚辭強烈的地方色彩及固定的句式結構，亦限制了自身作為詩體的通變空間，教後世詩人在「合格」之中難有突破餘地。[24]故楚辭某些元素可成為後世詩歌寫作的審美基礎，但它本身的體式和語言則逐漸僵固，隨着歷史發展和詩體演進而步入過去式。

5.2.2　賦體與駢體

　　作為古代的韻文體，賦體與駢文的歷史軌跡到現當代亦已走到盡頭。相比楚辭在體裁上大致無甚變化，賦無疑經歷了長期而多樣的演變。劉大杰（1904-1977）概括如下：

> 　　辭賦源於屈、宋、荀卿，一變而為鋪采摛文的漢賦，再變而為魏晉的小賦，三變而為南北朝的駢賦，四變而為唐、宋的律賦與文賦。宋代以後，在賦的演進史上，就再沒有甚麼值得敘述的了。[25]

循着以上的體制簡述稍作補充，最早的應是騷體賦，屬於「鋪采摛文」散體大賦的先驅。在寫作手法和語言上，大賦可

23　*Songs of the South*, p. 41: "〔Song-style〕 metre became widespread during the early reigns of the Han dynasty, when most songs, whether religious or secular, were written in it—a fact sometimes obscured by the contemporary tendency to save labour by omitting the *xi*, leaving its presence to be understood."

24　司馬遷《史記》（北京：中華書局，1982）云：「屈原既死之後，楚有宋玉、唐勒、景差之徒者，皆好辭而以賦見稱。然皆祖屈原之從容辭令，終莫敢直諫。」認為後人成就皆不如屈原（第8冊，〈屈原賈生列傳〉，頁2491）。〔宋〕邵博《邵氏聞見後錄》謂：「楚辭文章，屈原一人耳。宋玉親見之，尚不得其彷彿。況其下者乎？」見〔清〕孫梅：《四六叢話》（台北：世界書局，1962），頁54。

25　劉大杰：《中國文學發展史》，3冊（上海：上海古籍出版社，1982），1: 160。

謂「窮奢極侈」的文字建築法，並無抒情生命，乃物極必反地變為短篇的韻文小賦（包括抒情小賦及詠物小賦）。[26]到南北朝有駢賦（亦稱「俳賦」），是追逐形式美之大風氣的展現之一；即連抒情詩作亦力求字句的駢偶用典、濃艷雕琢。到發展為官場科舉考試的指定工具後——即唐宋律賦與明清八股文——駢體賦在內容及體例上都增加了諸多條件，更令內容功利、語言陳腐、形式僵化的流弊深入文體骨髓。[27]撇開科舉規格扭曲，[28]駢賦解放為散文化、自由化的文賦以求重生，實屬文理必然。

賦無疑是古典文學的重要遺產，除了律賦及八股文的科舉產物外，各體都有名篇，當時固然有名，今天仍具感染力。如張衡（78-139）〈歸田賦〉（散體押韻小賦）、王粲（177-217）〈登樓賦〉（騷體賦）、鮑照〈蕪城賦〉、江淹（444-505）〈恨賦〉及〈別賦〉（駢體小賦）、歐陽修（1007-1072）〈秋聲賦〉、蘇軾〈前赤壁賦〉及〈後赤壁賦〉（文賦）等等，都有感人的抒情及哲理味道，不見誇張鋪陳，留有餘

---

26 騷賦非宏篇，如賈誼〈弔屈原賦〉、司馬相如〈長門賦〉、班彪〈北征賦〉、王粲〈登樓賦〉等。大賦有枚乘〈七發〉、司馬相如〈子虛賦〉及〈上林賦〉等。抒情小賦有張衡〈歸田賦〉；詠物小賦有羊勝、劉安〈屏風賦〉等。三類皆稱為「古賦」；見〔明〕徐師曾《文體明辨》。

27 律賦除要求俳偶外，更以限韻為基本特點。劉麟生在《中國駢文史》（北京：東方出版社，1996）指出：「在唐時已如此，謂之官韻。降至後代，且有限定某字應押於某字之末者，原意固在防弊，而束縛重重，焉能產生佳作品？……律賦中尚有一事，為吾人所厭聞者，即頌聖是也。……語氣千篇一律，何足……引起文學上之欣賞乎？」八股文則弊在「束縛愈嚴，變化愈甚，只重外形，不求實質，始則軟熟甜美，繼則庸濫膚廓，愈遠而愈失其宗」（頁96、102）。案八股文為八段固定格式，字數亦限；後四段各有兩股排比、對偶文字（故名），四韻八比。多重束縛，愈趨僵固。

28 顧炎武在《日知錄‧程文》便一語道破八股文的衰落原因：「文章無定格，立一格而後為文，其文不足言矣。唐之取士以賦，而賦之末流最為冗濫。宋之取士以論策，而論策之弊亦復如之。本朝之取士以經義，而經義之不成文又有甚於前代者。皆以程文格式為之，故日趨而下。」見顧炎武著，黃汝成集釋：《日知錄集釋（全校本）》，中冊，頁954。

韻；而駢體佳作即在排比對偶的框架中，亦見流動參差的表達。如今散體抒情小賦和文賦雖然沒有體裁上的延續，然而精神已融入詩詞和散文之中。回顧其內在美學體式，賦大致可以類分為駢體和散體。散體大賦費力鋪張而勉強拼湊，必待解放為精小、抒情及散文化的自由模式，方能變出自然延續的藝術生命。至於駢賦與駢文，則因僵固和過分雕琢，藝術生命注定有盡。

當然，任何形式的打扮裝飾，或唯美濃艷的形貌構築，在任何時候都有它的追隨者。即使在當代，堆砌雕鑿、艱澀文言的駢體賦文，仍然有它忠實的擁護者和頌讚者：

> 駢文……糅合雕刻、建築、音聲……〔其〕藝術形式包含對偶、句式、聲律、藻飾、用典等修辭型態。……駢文可說是最長於「抒情」與「寫景」；「說理」、「敘事」次之。歷代最受傳誦的駢文作品大多是抒情與寫景之作，或以景託情或融情以入景。濃摯的真情實感，結合具有音聲效果的藝術形式，便成為聲情並茂的動人文章。[29]

將引文的宣稱，對照駢賦及駢文今天鮮有傳承者，甚至幾乎沒有鮮活作品的簡單事實，就明白引文所論辯的合理性，只能停留在抽象潛能的理論範圍。有論者將駢文的衰落歸根於社會文化及語言環境改變，[30]恐怕是本末和內外倒置。因為

---

29 何祥榮：《闡風樓辭賦駢文研究論集》（北京：中國文化出版社，2009），頁 189–194。

30 于景祥：《中國駢文通史》（長春：吉林人民出版社，2002）謂駢文寫作「更需要學問上的功夫，需要一種特殊的話語系統，知識根底不深厚者一般不易問津，更主要的是不適應現代日益繁富的時代生活的需要，因而作者仍然寥寥無幾」（頁1043）。他認為駢文的延續，有賴內容到體式的徹底革新（頁 1037、1043–1047、1052–1053）。文字革新尚較容易，體式革得徹底就不再是駢文。

就寫作的基本美學邏輯而言，任何過分程式定格而刻意堆砌的文字構築，最終都無法避免機械呆滯、自堵氣脈的弊端。逐字對仗，逐句對稱，文氣與靈感被困於多重自我限制，必然導致形式僵化、套語因循。從簡單事實看，駢體賦文縱使今天仍有極少數人寫作，整體的生命力已難成氣候。

其實，駢偶作為修辭手段的適度運用，與作為文體的勉強貫徹，是效果相反的事情。駢偶句式可以用於任何文體（包括最自由的散文），突出局部的藝術效果；但要貫徹成篇，必然會導致僵固。在某種意義上，駢偶作為靈感觸動、偶爾為之的修辭手法，在文言中可算是半自然的傾向；連內容及句式可能是中國現存最古老的二言詩〈彈歌〉：「斷竹，續竹，飛土，逐肉」[31]及《詩・衛風・木瓜》：「投我以木瓜，報之以瓊琚」等早期詩句，亦可理解為初步、寬鬆而自然形成的駢偶句。近體律詩吸納了駢偶的修辭手段，中間兩聯對偶可收建築美效果，但延續對偶的排律體已證明早注定為死局。這恰好說明，駢偶的要旨首先在於不能過分。相比駢體，律詩同樣講求韻律、語言及思情的平衡與配合，但律詩一半篇幅（首、尾聯）仍有較自由的表達空間，故其審美特質既能吸取駢體聲情並茂之長，亦能避免過分對偶堆砌的弊端（只有四句對偶），文體上更適合抒情言志，語言上亦給予現代人相對闊大的抒發空間。必須承認，對偶既是文言文學的重要修辭方式，同時亦是相對人工化的「文字建築」。葉嘉瑩就曾指出，謝靈運的詩構思複雜，極盡精工雕琢之能事，但名作〈登池上樓〉中最有名的「池塘生春草，園柳變鳴禽」，卻並非詩中最工的對句，且正因不追逐完全工整，

31　載《吳越春秋・勾踐陰謀外傳》；被《文心雕龍・通變》形容為屬於黃帝時代的「黃歌斷竹」。

反而「顯得很自然、很輕鬆。……所以後來元遺山《論詩絕句》評論謝靈運的這兩句詩說：『池塘春草謝家春，萬古千秋五字新。』」。[32]

5.2.3　排律的啟示

徐師曾（1517–1580）在《文體明辨‧排律詩》指出：「排律原於顏謝諸人，梁陳以還，儷句尤切，唐興始專此體，而有排律之名。」此指「五排」，至於「七排」則「創自老杜，然亦不得佳」（王世貞〔1526–1590〕《藝苑卮言》卷四）。[33]排律延長律詩的對偶鋪排，除首尾兩聯外，其餘各聯皆須對仗，製作費力而節奏重複單調。就寫作格局和審美特質而言，排律可理解為五、七言的「駢體詩」，十句或以上，不限篇幅，有長至二百句以上者。數量上五排比七排通行，美學原因很簡單：七言句長，更難鋪排拼湊，故七排比五排更費力，效果無法理想。王國維謂：「近體詩體製，以五七言絕句為最尊，律詩次之，排律最下。蓋此體於寄興言情，兩無所當，殆有韻之駢體文耳。」（《人間詞話》第59條）

古典詩詞素來以抒情言志為本，可包含寫景、明理、敘事；寫景亦是融合思情而寫。直到今天，詩詞仍是鮮活的藝術，只因言志抒情代代有之，與凡人俗事同在。正因如此，抒發情志最終貴乎自然流露。符合語言及藝術情理的形式和韻律，當有助將思情更凝練、優美、感人地表達和傳遞；對

32　葉嘉瑩：《葉嘉瑩説漢魏六朝詩》（北京：中華書局，2007），頁471–472。

33　分別見吳文治主編：《明詩話全編》，10冊（南京：鳳凰出版社，1997），4: 3894，第10條；4: 4241，第243條。

偶所講求的語音、語義和語法對稱可以「形成整齊的美」，[34]
無疑是提升藝術表達的手法之一。不過對偶的斧鑿和固定程
度大於押韻和平仄，而刻意的藝術手段不宜過分，否則容易
令文體淪為公式化的文字拼湊。上面已先後說明，楚辭的固
定句式、大賦的鋪采疊物、駢文的堆砌駢偶，皆箝制言志抒
情的脈搏，因而逐漸被放棄。詩歌體式可以提升節奏感及音
樂感，然而體式必須平衡，不能過分僵固束縛。

---

34 王力：《王力文集》（濟南：山東教育出版社，1989），第 15 卷，〈詩詞格律〉，
頁 318。

第三節　**詩詞韻律的美學潛能：
古體、近體與變體；韻文的句式變化**

5.3.1　漢語語言特色的美學潛能

　　個別韻文體的衰落，邏輯上並不代表古典詩歌整體會步向消亡。文學的生命力首先繫於語言：拉丁文文學已是死文學，因為拉丁文已是死語言。即使是經過蛻變的活語言，其早期形貌也往往無法辨認；例如今天的讀者只能透過現代英語翻譯，欣賞古英語史詩"Beowulf"，無法理解原文，遑論運用古英語寫作。文言文的形貌和生命力卻大有延續性：近乎三千年前的一首「蒹葭蒼蒼，白露為霜，所謂伊人，在水一方」（《詩‧秦風‧蒹葭》），今天不但明白易懂，更像不少文言詞語、熟語或成語一樣，自然地進入了現代語言和文學意象的活用範圍。事實上，漢語文字的形貌及語義，二千年來都保持高度穩定，因此若能以簡潔清雅的文言融合生活思情、親身體會和當代語彙，要寫出鮮活的「當代詩詞」就完全在美學可能之內。何況文言文的審美特質，原就在於凝練及言在意外的聯想潛能；文言自身是詩性的語言，因此現當代文言詩詞，比現當代文言散文更合乎美學邏輯。

　　除了整體意義的高度穩定性和延續性，漢語文字還有鮮明的個別特徵，既協助成全它的穩定性和延續性，也直接或間接推動了古典詩韻律的形成。這就是在第一章第二節簡述的孤立和單音特徵，成全齊言、平仄與對偶的節奏與結構，亦即所謂視覺上的建築美和聽覺上的音樂美。以下將分小節探討古典詩詞的韻律在不同方面的展現。

偶字句和奇字句的節奏分別

　　本來，漢語古典詩以兩個音節（即兩個字）為最小的節奏單位，若謂要發展以偶字句（例如四、六、八言）為基礎的詩歌模式，應該合乎韻律邏輯。事實上，《詩經》中輯錄的作品大部分以四言句式為本，[35]正體現出二言節奏詩句的第一層開展。基本上，四言詩句的節奏傾向均等對稱、句子中間略帶停頓的「2+2」模式。以〈秦風‧蒹葭〉為例：

　　　　蒹葭——蒼蒼，白露——為霜。
　　　　所謂——伊人，在水——一方。

這是整齊而平穩的節奏，雖然個別字讀起來可以延長，避免呆板。假如把四句詩改成「蒹葭蒼蒼露為霜，所謂伊人水一方」，詩句少了，情韻長了，節奏上以文人式跌宕交換了民歌式樸素。（四言詩當然亦可寫得如《文心雕龍》說的「雅潤」「大體」〔〈明詩〉、〈章句〉〕，像《大雅》及《頌》諸篇。）總之，從詩歌發展的現實看，即使《詩經》到西漢已位列「五經」之一，但隨着五言詩興起，四言詩作已逐漸減少。鍾嶸（約 468-518）曾在〈詩品序〉作出解釋：「每苦文繁而意少，故世罕習焉」，大概指四言詩的文句繁多重複而意旨短少。[36]說得明白一點，四言詩句始終無法克服三重相連的限制：它在內涵上容量不足；節奏上較易陷於呆板；[37]

35　《詩經》的句式間或雜有二言到八言，一般四句獨立成章。

36　可參看王叔岷：《鍾嶸詩品箋證稿》（台北：中央研究院中國文哲研究所，1992），頁 70-71；曹旭箋注：《詩品箋注》（北京：人民文學出版社，2009），頁 23-24。

37　順便可以留意，四言詩句的節奏本來就短促，因此句子中間並非必作停頓；即使停頓，亦不一定很明顯，可以是很短的略頓。此外亦可以留意，吟誦的分句未必跟語法的分句相同：「在水——方」語法上應分為「在－水一方」（1+3）。

而平穩有餘、靈動不足的節奏，亦隱然蘊含着適合理性表達多於感性抒寫的傾向。[38]四言詩體的「先天之短」，固然無礙其偶爾成就佳作，例如曹操（155-220）的〈短歌行〉和陶淵明（365-427）的〈榮木〉，但四言詩的整體潛力，無疑稱不上理想。

如果古代詩人不是意識到四言詩的不足，恐怕五言詩也不會早在漢代就興盛起來。[39]四言句兼有「量」與「質」的限制；六言句容量大於五言，卻仍然無法成為主流句式，説明偶數字數詩句總難避免節奏（質）的問題。事實上，任何詩句若被句內停頓分成等分，最終都難以完全避免靈動不足的內在短處。試看王維的〈田園樂〉其六：

桃紅—復含—宿雨，柳綠—更帶—春煙。
花落—家僮—未掃，鶯啼—山客—猶眠。

六言句的內涵容量雖優於四言句，節奏上卻可理解為四言句的伸延。從大處作語法分析，王維這首詩每句可分為 2+4，因此 2+2+2 的節奏分句順情合理。反之，若把詩寫成四句 3+3，節奏並不悦耳和諧（三言已自可成句）。不過 2+2+2 的節奏雖有整齊勻稱的建築美，但句子的節奏沒有變化，仍易流於單調呆滯。要之，偶數字句並非古典詩的理想句式，因為抒情言志應該運用較靈活流動的句式表達；偶數字句反而

38　試看後世多有四字格言或成語，例如〈大學〉中「物有本末」四句、「知行合一」、「反敗為勝」、「隱惡揚善」、「轉危為安」、「因果報應」、「天網恢恢，疏而不漏」等等，無庸贅述。

39　西漢已有五言詩，如《楚漢春秋》載的虞姬歌、武帝（前 140-前 87 在位）時的李延年歌、成帝（前 33-前 7 在位）時的班婕妤〈怨詩〉等。五言詩發展和樂府詩有關（樂府為漢武帝設立的音樂機關）。樂府詩多為雜言，亦有部分五言，例如〈江南可採蓮〉、〈十五從軍征〉、〈陌上桑〉等。

相對較適合駢體文章，[40]蓋專事排比對偶也。往後駢文發展為通篇要求四、六言對仗句子，並非偶然。

如果《詩經》篇什的句長變化只屬偶爾為之，楚辭的句長變化已反映較為全面的節奏探討，因為不論是歌體句抑或騷體句，當中的篇什夾雜着奇數字句和偶數字句（主要為五言到七言句），形成跌宕流動的節奏。漢代則先確立了五言句節奏。〈詩品序〉認為：「五言居文詞之要，是眾作之有滋味者也，故云會於流俗。豈不以指事造形，窮情寫物，最為詳切者邪！」意思主要是在二言到九言的詩句中，五言詩居於主導地位，猶勝早已存在卻尚未發展成熟的七言詩。[41] 胡應麟（1551-1602）在《詩藪內編》就五言詩的內在潛能詮釋：「四言簡質，句短而調未舒；七言浮靡，文繁而聲易雜。折繁簡之衷，居文質之要，蓋莫尚於五言」（卷二），[42]認為五言句的長度和節奏都恰到好處。劉大杰則兼顧內外美學與外在環境因素，解釋五言詩到漢代逐漸取代四言詩，以適應時代變遷和民間需要：

〔四言〕形式適應當代的社會。由春秋、戰國到漢代，社會歷史的發展，人民生活中的豐富內容，在詩歌創作上，需要更適當的新形式。……五言詩雖祗多了一個字，但卻有回轉周旋的餘地，無論敘事抒情，在語言

40　張仁青在《中國駢文發展史》（杭州：浙江大學出版社，2009）提供解釋：「何謂駢文者，以通體多作偶句也，其名至清而始盛，近年尤甚，求之於古，則唯柳宗元〈乞巧文〉『駢四儷六，錦心繡口』之言，自此以前則未之見也。」（頁23）

41　七言詩的起源或早於五言（見楚辭），成熟則較晚。早期如漢高祖〈大風歌〉、漢武帝〈秋風辭〉，皆為楚歌體。另有武帝與群臣聯句之〈柏梁詩〉。東漢張衡〈四愁詩〉漸趨成熟。另有樂府詩及歌謠之來源，例如〈戰城南〉、〈平陵東〉等，皆為雜言詩。曹丕（187-226）〈燕歌行〉為成熟之作，屬樂府詩。魏晉人少寫七言，至鮑照方成熟，如多首〈擬行路難〉。

42　見吳文治主編：《明詩話全編》，5: 5453，第100條。

的運用和音律的調和上，都有很大的優越性。……因為
五言宜於指事造形，窮情寫物，所以居文詞之要……[43]

所謂「指事造形，窮情寫物」，是否以五言詩句「最為詳切」
或理想，在此可以暫且不論；從後世的佳作來看，我們亦可
以說七言詩同樣（甚至某些方面更有資格）「居文詞之要」。[44]
可以肯定的是，古典詩歌轉向以奇數字句為本的韻律美學，
到漢代已經清楚形成。

當代詩論大家兼詩人葉嘉瑩，曾根據吟誦不同長度的詩
句感受到的音樂性節奏，解釋五言詩及七言詩興盛的原因。
這種對韻律的詮釋，回到詩歌美學的聽覺層面：

> 「關關—睢鳩，在河—之洲」……是「二二」的停頓，
> 讀起來就可以有抑揚頓挫，產生一種音樂性。當然，如
> 果再長一些，每句五個字或者七個字，它的起伏高低的
> 變化就更多，……然而，也不是音節越多就越好，因為
> 人被生理機能所限制，一口氣念不了太長的句子，所以
> 中國舊詩發展到後來，以五言和七言最為流行。[45]

可以補充的是，兩相比較，五言詩句大體較樸素寧靜，七言
詩句則大體較婉麗靈動。這是就韻律節奏的潛能與傾向而
言，不必然限制個別詩篇的氣韻。不管如何，兩種奇數字句
都能把詩句靈活化，除了提高其盛載容量和變化系數外，最
重要的優越因素可能是：五言詩句及七言詩句無法均等地
分割成兩半，因此較能保證內涵和節奏的靈動性。當然，如

43　劉大杰：《中國文學發展史》，1: 215–216。

44　《唐詩三百首》選絕句，七言比五言多逾半；選律詩則恰好相反，五言比七言多逾半。當中或不無美學原因，下面再探討。

45　葉嘉瑩：《葉嘉瑩說漢魏六朝詩》，頁32。

果詩體的篇幅冗長，或者格式僵硬，亦會流於堆砌而失去生
命：排律即為顯例。

5.3.3　詩歌體式的互補：古體詩、近體詩、組詩與詞

　　上面的闡釋，大致可以說明為何五言、七言詩在今天，
成為古典詩歌傳承的主要體式。在句子層面上，五言句短，
起伏轉折的空間較小，因此意境較易傾向靜態；七言句長，
起伏轉折的空間較大，因此意境更能展現動感。五言句較易
提煉得工整有序，七言句較易發揮得跌宕有致。這並非絕對
的形神必然，只是就句式長短之節奏潛能的合理推論。[46] 就
整篇來說，體式還包含變式和變奏，令韻律在規範中保持彈
性和生命力，足以適應今天的社會和藝術環境。第一章曾從
語言特質的角度，論證漢語詩的韻律潛能及其塑造為韻律詩
的合適性。此處可以稍作介紹的，是古體詩、近體詩與組詩
（尤其是絕句組詩）的互補性。近體詩中，排律的性質如上節
所述，不必再論。絕句與律詩的美學及韻味不同，此處僅能
觀其大略。它們與古體詩和組詩，各自發揮其美學特質，整
體相輔相成。

　　先看歷史比較悠久的古體詩（亦稱古風）。王力（1900-
1986）曾作下面的簡要闡釋：

　　　　唐代近體詩產生之後，詩人們仍舊不放棄古代的形
　　式，有些詩篇並不依照近體詩的平仄、對仗和語法，卻

46　例如王維書寫恬靜意境的五言詩很多，但〈使至塞上〉及〈觀獵〉的五言氣魄陽
　　剛雄壯。又例如同為七言絕句，李白〈早發白帝城〉與杜甫〈江南逢李龜年〉的
　　生命感和節奏感完全相反。

模仿古人那種較少拘束的詩。於是律絕和古風成為對立
的兩種詩體。……古風每篇的字數是沒有一定的；若以
每句的字數而論，則古風可分為七種：〔四言；五言；
七言；五七雜言；三七雜言；三五七雜言；錯綜雜言。〕[47]

除了聲調、篇句的字數和律詩的對仗，古體詩跟近體詩的分
別還包括比較寬鬆的押韻。[48]總之，古體詩的篇幅和韻律並
無固定戒律，文體規範較少，既有詩歌的凝練性質，亦有
更多融入散文元素的空間和彈性（尤其是七古）。若論濃縮
精緻，古體詩也許略遜近體詩，但在韻律的凝練美感中，卻
容許更大的寫作自由和發揮空間，同時較接近自然的語言節
奏。尤其遇上詩情澎湃複雜之際，想表達的意境和情事無法
涵蓋於絕句和律詩之時，則中長篇的古體詩正適合抒發一種
兼及敘事、抒情、寫景，乃至省思和議論的複合懷抱。

詩詞是中國古典文學中最精練而「經濟」的體裁，而近
體詩最能帶出這種審美特質。古典詩的韻律以律詩最嚴謹精
細，美學上是用提升平仄的節奏美和對仗的建築美，交換部
分抒發的自由度：近體詩的篇、句字數固定，聲調屬容許變
化和「拗救」的平仄定式，律詩中間兩聯要求對仗，押韻只
容許平聲韻，並一韻到底。對崇尚自由的現當代人來說，平
仄交錯也許貌似機械的形式限制；其實，它體現了古人領悟
詩歌節奏感的規格化保證，為的是幫助學習者掌握本應直覺

47　王力：《漢語詩律學》（新二版）（上海：上海教育出版社，1979），頁304（23.1）。

48　王力指出，古體詩的用韻比較多用本韻（即不雜鄰韻），包括平韻及仄韻，以《唐
韻》或《廣韻》為準，並依照同用的規矩，等於以後代的《平水韻》為準。這自
然是就唐代及以後的古風而言；唐代以前不一定如此。古體詩容許通韻，即與鄰
韻相通。古體詩亦可轉韻，大體分為兩種：自由換韻（如唐前古詩）；或「在換韻
的距離上和韻腳的聲調上都有講究」（新式古風）。見：《漢語詩律學》第二章，
尤其是頁316、322、331、334、350。押韻的基本規矩是押在雙數句子的末字，
首句則可押可不押；在詩的中間換韻後仍然是雙數句子押韻，首句可押可不押。

體悟和探索的詩歌節奏感，雖非自然，卻不無合理之處。因此現當代詩人若選擇近體詩的體式，必然是認同其韻律所呈現的美學效果，有信心將詩體本身的審美特質，盡量自然地內化到個人的性靈中，在韻律的規範內表達真情實意。律詩同時講求押韻的音樂美、平仄的節奏美和對偶的建築美：對偶以工整為本，呆板重複為病，一氣呵成為高；所謂「流水對」，意義正在氣韻生動。律詩八句，在描述及意境的開展上有較多空間做到首尾自足；而對仗的中間兩聯本身形成兩組「橫向」的內聚力，與整首詩要求連貫黏附力的「縱向」開展形成結構性的藝術張力，考驗詩人的融合功大。

如果律詩講求法度沉穩，絕句更能夠體現才情橫溢。絕句是古典詩歌中最精練的詩體，讓思情凝聚於某個角度或焦點範圍，點睛多於畫龍。絕句講求一氣呵成，如波浪或漣漪般把內涵的餘韻一層一層盪開去，使之言有盡而意無窮。例如楊載（1271–1323）就曾指出：「絕句之法，要婉曲回環，刪蕪就簡，句絕而意不絕。」[49]沈德潛（1673–1769）説過：「七言絕句，以語近情遙、含吐不實為貴。只眼前景，口頭語，而有弦外音，使人神遠。」[50]葉嘉瑩亦謂：「七絕一體，對於一位富有才情的詩人而言，其篇幅與韻律的結合，乃是不須費力便可出口成章吟成極富情韻之作的一種詩體。」[51]從元至清以至當代，這些確切精要的觀察前後一致；五言絕句的美學精神亦跟七絕基本相通。兩相比對而言，律詩更講求構思、功力和雕琢，絕句則更源於才情、天分和自然；七絕靈

49　《詩法家數》，載〔清〕何文煥輯：《歷代詩話》，2冊（北京：中華書局，1981），頁732「絕句」。

50　此語源於沈德潛評李白七絕之高妙。見沈德潛選注：《唐詩別裁集》（上海：上海古籍出版社，1979），下冊，頁653。

51　葉嘉瑩：〈《臺靜農先生詩稿》序言〉，《中國文化》，第13期（1996年1月），頁226。

動跌宕，尤其如此。總之，絕句貴乎語近意深：語近則不會無故晦澀，意深則不會薄無餘味。絕句所講求的，是於起承轉合中一氣貫注，同時拓出新意，點睛式收筆，達至神馳語外，餘韻不絕。

至於詞，由於需要按樂譜及樂句節拍的起伏長短「填寫」，乃成為李清照眼中「別是一家」（〈詞論〉）的長短句。其實詞倒不完全別是一家；只是它形成之時並非純詩體，而是將詩的韻律遷就，甚至部分從屬於曲子的音樂需要，因此成為一種具有混合性質的「變體韻律詩」。隨着樂譜丟失，詞到明、清時期已變成「純文學」的體裁，然而結構（包括變格）已定，而正因樂譜不存，再無法考究當中的通變可能性，故此後人只能接受規範及指定的彈性範圍，有些「知其然而不知其所以然」地按詞譜照「填」。詞的句子長短、平仄位置和韻腳分佈都參差不齊，形成「調有定句，句有定字，字有定聲」的固定格局。從寫作思維而論，詞的韻律既固定而不整齊，就沒有可以完全內化的方法。因此必須承認，詞的體式如今不免帶有兩分機械的性質：我們何曾聽過需要「填詩」？

從技術上看，小令的篇幅大致與近體律絕的範圍相近，中調與長調的篇幅則約近於中／長篇的古體詩。從節奏來看，假如較靜態的五言詩跟較動態的七言詩之間有點「陰陽」的關係，則長短句的詞與齊言的近體詩之間，亦同樣有點「陰陽」互補的意味，因為長短句收放吞吐，婉轉曲折，總含有兩分陰柔的韻味，正如整齊的軍操，本身就帶有幾分陽剛之氣。宏觀看其尺度，近體詩和詞由於篇幅所限，不似散文、小說等長於敘事說理，然而因為詩的韻律整齊諧協，詞的長短迂迴繾綣，皆令韻律各自起伏有致。絕句、律詩及小令尤其篇幅短小，更要求言簡意賅，因此這些體裁亦成就詩

詞的美學特質，最適合抒情言志，吟誦唱詠。總之，古體詩
與近體詩，律詩、絕句和詞，體式上都見同中有異的美學
傾向。

　　詩歌的體式還有值得留意之處。由於篇幅和內涵容量
的彈性，長篇古體詩於起承轉合之際，需要留意層次、分
合、過渡、呼應等因素的配合，使全篇不離主題地一脈貫
串，渾然一體地表達中心意蘊，在枝節繁富之中不致落得支
離駁雜。這些接合與謀篇的功夫，是所有尺度較大之作需要
面對的課題，就像長篇的協奏曲或交響曲，需要連貫不同樂
章。就這點來說，絕句組詩的模式多了幾分彈性。絕句原就
容許較大的時空間隙及思情跳躍，而一組絕句中無疑有更多
餘地，可以分別作獨立聚焦的抒情表意，同時又互相配合，
寫出多層面的懷抱和主題。第三章第三節曾擇要論及鄺龑子
〈詠諸葛孔明十二首〉及〈偶然道上憶舊十八首〉；此處再看
葉嘉瑩〈隨席慕蓉女士至內蒙作原鄉之旅口占絕句十首〉：

> 海拉爾市草原城，彌望通衢入野平。
> 矗立廣場神物在，仰天翅展海東青。（其一）
> 餘年老去始能狂，一世飄零敢自傷。
> 已是故家平毀後，卻來萬里覓原鄉。（其二）
> 松葉青青樺葉黃，滿山樹色競秋光。
> 採來野果紅如玉，味雜酸甜細品嘗。（其三）
> 身腰尤喜未全衰，能到興安嶺上來。
> 壁刻幽尋嘎仙洞，千年古史幾歡哀。（其四）
> 右瞻皓月左朝陽，一片秋原入莽蒼。
> 佇立中區還四望，天穹低處盡吾鄉。（其五）
> 皇天后土本非遙，封禪從來禮數高。
> 誰似牧民心意樸，金秋時節拜敖包。（其六）

休言古史總無憑，歷歷傳言眾口騰。

此是大汗馳騁地，隰原遙認馬蹄坑。（其七）

黑山頭上舊王宮，磚礎猶存偉業空。

酹酒臨風一回首，古今都付野雲中。（其八）

高原之子本情多，寫出心中一曲歌。

可愛詩人席連勃，萬人爭唱母親河。（其九）

原鄉兒女性情真，對酒歌吟意氣親。

護我更如佳子弟，還鄉從此往來頻。（其十）[52]

以上是典型的組詩，由多首題材獨立而相關、主題和情感（鄉情）皆相連的詩作組成。同組詩作的體裁通常一致，較少看見將五、七言，絕、律體混雜。這組詩誠然有「口占」的味道：整體文辭反映一種疏而不密的率直，有時甚至近乎口語（如「寫出心中一曲歌」），亦無煉字的斧鑿痕跡或艱澀效果。反之，「原」字在十首詩中先後出現六次；「人」及「鄉」分別重複於詩內（其九、其十）；「鄉」重複於韻腳；另按普通話音通用中古鄰韻（平／青〔下平八庚／九青〕、高／包〔下平四豪／三肴〕、騰／坑〔下平十蒸／八庚〕）。凡此皆反映詩人沒有逐字打磨，而是任憑思情馳騁。作為蒙古裔的滿州人後代，她於耄耋之年回到祖籍的故鄉，心中不期然生出百感交集的懷抱，乃以樸素的筆觸及組詩的方式，從不同角度描繪出鄉土的獨特風貌，同時讓各首詩互相呼應映襯，隨心順意地抒發深摯複雜的感情。

具體些看，第一首簡潔交代內蒙古現代化城鎮的面貌；末兩句的「神物矗立」和「海青展翅」，流露出對故土的自

52　葉嘉瑩：《迦陵詩詞稿》（北京：中華書局，2007），頁203-205；此組詩寫於2005年。

豪。第二首從城市的場景筆鋒一轉，藉回鄉尋根之行的聯
想，抒發對故居被強拆的無奈，帶出回望一生顛沛流離的感
觸。第三首描繪鮮明的風景和風情畫，遠近動靜，風光宜
人；詩人由心眼所思回復到眼下所見，末句的野果「味雜酸
甜」，也體現出備嘗人生艱苦的感應。整體來看，詩人從第
一首的城市環境轉到第三首的山野，開展出第四至第八首描
寫草原不同的歷史風俗及自然風光，縱橫古今，流露厚重的
民族歷史情感。最後兩首以讚頌民族性情及親切的友人為旅
程作結，圓滿了回鄉之旅的意義。作品是典型的組詩範例：
各首詩作相對獨立地就不同景物抒情表意，同時互相呼應配
合，交織着對故鄉情誼、歷史流逝和個人感慨等多層情感，
構成豐富多彩、形散神聚的靈動效果。律詩寫作不如絕句跳
脫自然，各首的獨立完整性亦較大，故律詩的組詩較少。

　　藝術總含人工規律，詩詞體式有某程度的合情合理性；[53]
尊重長期體驗鑄成的韻律，並不意味拘泥傳統古法，更不必
成為創意的樊籠，因為好的詩歌能體現真善美，而只有千錘
百煉的韻律實踐，才可以把語言特徵的美感發展圓熟，帶到
高峰。詩詞韻律嚴謹而具有彈性（例如平仄位置並非完全固
定，「拗」可以容許「救」，而對偶亦絕不是字字死對），若
能配合豐富意境、蘊藉情感、凝練語言、多重韻味等審美價
值，融合而得以體現，就能形成美學觀念與審美實踐相輔相

53　李汝倫〈在中華詩詞學會成立大會上的發言〉指出：「漢語是種聲調語言，……
　　還得經過藝術加工，才會成為更高層次的藝術語言形式。詩的格律化，是在……
　　聲調的特點的基礎上，經眾多人加工、提高和反復實踐才……完善化了的。……
　　詩詞格律是民族語言的藝術化形式，它……是穩定的。這種穩定性就是它的生命
　　力。它能促進、培養和形成整個民族對詩藝術的審美心理和審美習慣，直到發展
　　成一種審美要求。這種審美的心理、習慣和要求，又反轉來鞏固、強化詩詞格律
　　的穩定性。」載李汝倫編：《當代詩詞》（廣州：花城出版社，1987），總第 13 期，
　　頁 94–95。

成的獨特內涵和意趣。寫詩當然不能滯守繩墨：平仄、對偶的規範存在之前，固然有屈原、陶潛的篇章；規範訂立以後，不是仍有李白、蘇軾等天才不拘小節，用古體詩抒意？提煉了兩千年的古典詩韻律，無疑應該薪火相傳，透過更新活化而延續下去。歸根結柢，詩歌的新或舊，在神而不在貌，在實踐不在年代。[54] 與其繼續爭論「舊詩」、「新詩」，倒不如根據不同言辭及美學，改稱之為「文言／古典詩」與「現代／白話詩」，以「道無新舊，各運其德」的豁達大度，開展當代的中國詩歌。

5.3.4　古典詩體與韻律的去留

文學有超越時空的潛力，卻首先植根於身處的時空。因此，傳統文學要在當世傳承、發揚固有的藝術，其內涵及表達媒介都需要作出適當的配合，其中有自然的變化和開展，也有經思慮的選擇。就表達媒介而言，詩歌要比其他文體多一重考慮，因為小說、戲劇、散文等的形式都比較自由散漫，沒有「韻律」可言，較易從傳統過渡到現代；而詩歌的蛻變，卻需要同時考慮韻律和語言的因素。一個世紀前，白話詩的推動者作了一個決定，把韻律逐出中國詩歌的範圍，使非韻律的自由詩體成為寫作主流。然而一百年後的今天，白話詩的實踐者和研究者仍然處於十字路口，探討如何闖出當代詩歌的康莊大道。

從邏輯上看，韻律詩需要面對的恆常質疑和攻擊，是不

54　一般論調認為新舊文學的發展各有特色，並存不悖；參黃坤堯編：《香港舊體文學論集》（香港：香港中國語文學會，2008），頁 1。此處的觀點則進一步認為，新舊詩之分別，在酒而不在瓶。

應把靈活的內涵置於固定的形式內；這亦是百載以來白話詩的支持者不斷重申的論點。眾所周知，近體律絕、詞的句子和全篇長度皆固定不變（詞容許小量指定的別格）；押韻均有定位（詩為雙數句子，詞按詞譜）；平仄亦有規定，即使包含某程度的彈性以及詩的「拗救」機制，仍然相當嚴格。古體詩的篇幅和平仄皆見自由，但仍要求相當規律性的押韻，而句長是齊整的五言或七言句（美學上，四言及六言句已自然退至次要地位）；七言古詩可以夾雜其他長度的句子。總之，古體詩仍然是形式有所規範的韻律詩，而絕非現代意義的自由詩體。如果藝術需要最大的自由空間以便充分開展，詩歌為何要自困於固定的形式內，窒礙藝術發揮？

這種質疑合乎論辯邏輯，亦反映某程度的客觀現實。然而藝術是「道可道，非常道」的玄妙課題；理性邏輯不等同美學邏輯，亦非藝術真實的全部。不同文學傳統的詩歌都曾形成韻律詩，説明詩歌是最具韻律美和音樂美的文體；人類共通的審美觸覺，願意以某程度的規範換取聽覺美的成全，因為它不僅悅耳，而且更可提升內涵的意境和感染力。像歐洲語的詩歌，就有 quantitative、syllabic、accentual、accentual-syllabic 等四大類格律。[55] 然而不同語言的韻律潛能有別，其「聲情兌換率」並不相同，因此在詩歌發展的歷程中，不同傳統對韻律規範的得失與兌換，會達至不同結論與取捨，進入現代之際亦每步向無韻詩，乃至自由詩體。歐洲各種語言對韻律的取捨自有參差（如英文較意大利文難押韻），此處無法細論，只需重申第一章闡釋的——即漢語的特質含有特別豐富的韻律潛能，比其他語言更適合發展韻律詩。相比歐語的

55　有關課題的扼要論述，可參看 M. H. Abrams, *A Glossary of Literary Terms*, 7th ed.（New York: Holt, Rinehart & Winston, 1999）, pp. 159–160.

自由詩體，百載以來的白話自由詩體似乎顯得更「失落」，因為沒有鮮明韻律感的漢語詩，總有兩分無法界定、卻也無法補償的美感虧負。

　　如果詩歌韻律體現一種因應語言和文化特徵的「審美兌換」，韻律詩已不必憂慮其體式是藝術「包袱」；白話自由詩和古典韻律詩正好相輔相成，各自抒寫和探索。第二、三節已說明，韻律詩文的體式早就經歷去蕪存菁的進化「天擇」：形式僵固必然損害藝術生命，而辭賦、駢體、排律的衰落，根本無待現代白話詩的驅趕。仍然存活的古近體詩和詞，是藝術生命力最強的漢語韻律詩體，固而不僵：平仄之取捨、詩句之齊雜、篇幅之長短、對偶之有無，甚至體式之參差，結合成一個包含足夠靈活彈性的規範式創作系統。如今觀之，這個創作系統（除了押韻）倒不必作根本性的修改，因為它是「取捨自便」的選項，可以讓人自由和自願選擇是否參與這種「審美兌換」。韻文之為「韻文」，正在於它比非韻文多了聲韻格律的音樂特質和審美基礎，代表百代千年的實踐體驗的結晶。韻律無疑是人工建構，並不完美，卻是一種有其道理、能發揮語言長處的審美兌換。就英語而言，自由詩體有幾分解脫的味道；就漢語特質而言，韻律詩體不必優於自由詩體，亦不必不如自由詩體。歸根結柢，古典詩詞與現代白話詩的關係，並不繫於「新」、「舊」體式之別，而更在審美取向和重心之異。聲韻和格律皆應有通變之方，今天最棘手的當為押韻課題。

5.3.5　語音變遷與押韻變通

　　本書曾在第三章及第四章的各個分節，透過具體的詩例

情況，說明語音變遷所帶來的押韻問題。當中不免有重複之處，不過最少可以凸顯問題的普遍程度，包括詩人遵從舊韻系統的普遍性，以及舊韻按照今音偏離押韻的普遍性。關於詩詞在當代的押韻原則，目前沒有絕對一致的共識。總結中古押韻系統的「平水韻」已歷近八百年，[56] 仍然是最多作者遵從的人工押韻系統，獨立於實際語音的歷史變遷之外。如今這個系統已不理想，因為押韻的目的首先在於聽覺愉悅，而達到押韻愉悅感的基本原則在於韻母相同。但隨着語音歷史變遷，平水韻中不少同韻字如今未必押韻，正如本來屬於不同韻的字如今卻往往押韻。因此，平水韻系統實際上構成一種雙向限制，雙向偏離音韻坦實。上面第三、四章已審視過不少詩例，說明遵從平水韻不能保證實際押韻；反之，本章第三節亦已看過選用鄰韻通押而符合今音的詩例，即葉嘉瑩組詩按普通話音押韻的「平／青〔下平八庚／九青〕、高／包〔下平四豪／三肴〕、騰／坑〔下平十蒸／八庚〕」。這反映今人已偶見突破舊例。

設若敬仰傳統而希望兼顧古今，則詩詞押韻的理想構思之一，自然是韻字按照母語方言、「國語」及傳統（中古）韻發音皆見押韻，前提是不以音害意。這種可能性的大小因方言而別。以香港來說，就是「古押今押」、「粵普皆押」之美，例如上平一東「東／同／中／功／空／朧／聰／通」等字。假如無法達到如此地步，當代詩人可因應實際發音而調整押韻的取捨，當中大致包括「古分今合」和「古合今分」的方向。「古分今合」方面，原在平水韻中分屬不同鄰韻的韻字，很多

56　金人王文郁編有《平水新刊韻略》，分 106 韻。書前有許古序，寫於正大六年
　　（1229）。

如今應該可以通押；[57] 轉看「古合今分」，屬於上平十一真的「真／秦」如今並不真正押韻，普通話音（/-en/、/-in/）及粵音（/-ɐn/、/-œn/）皆然。上平十三元的情況更複雜混亂：按粵音可分為 /-yn/、/-an/、/-in/、/-un/、/-ɐn/、/-œn/，按照普通話音更可分為 /-üan/、/-an/、/-ian/、/-uan/、/-uen/、/-en/、/-in/；凡遇此類情況，皆可考慮在同韻內再分小組。[58] 因此，以普通話為本的當代《中華新韻》或《詩韻新編》，都因循中古韻將 /-in/、/-en/ 等等不同韻母混雜，[59] 音韻上並不理想。此外可留意，粵音沒有介音而普通話有介音 /-i-/、/-u-/、/-ü-/（亦稱韻頭）；這些影響主元音（韻腹）/-a-/ 的音質，故亦會影響以普通話音對中古韻進行的韻內分組，以至各韻之間的重組。

平水韻依舊是共同押韻準則的事實，帶出中古音韻與現代音韻之遠近關連的課題。普通話作為日常的「國語」固然可行，但作為詩詞韻律的欣賞和寫作基礎，則殊不理想，蓋北音在變遷中丟了 /-m/ 和入聲 /-p/、/-t/、/-k/，韻尾頗覺

---

57 以上平聲為例，有一東／二冬、三江／下平七陽、四支／五微／八齊、六魚／七虞、十一真／十二文、十四寒／十五刪等鄰韻，很多韻字按今音可通押。當中通押程度不同，按方言亦不同，茲不贅述，但只需看詞韻的整合（106 韻合為 47 組），已可窺見現代前的趨勢。此外，亦可留意另一種情況，如今天粵音相同的「今／金／甘」，分屬下平十二侵（詞韻亦獨用）及十三覃，非屬鄰韻。/-ɐm/、/-am/ 之間的元音距離，雖未必大於 /-am/、/-im/（鄰韻十三覃／十四鹽）的分別，更等同十三覃（同韻）內「含／甘／諳」/-ɐm/、「談／南／三」/-am/ 之分，但暫仍以不通押為宜，尤其是普通話音區分 /-in/ 與 /-an/。

58 以粵音誦讀中古上平聲的韻字為例，六魚／七虞的元音可區分出 /-y/、/-œy/、/-ou/、/-ɔ/（七虞另有 /-u/）；四支／五微可區分出 /-i/、/-ei/、/-ɐi/（四支另有 /-œy/、/-ɛ/）；十一真可區分出 /-ɐn/、/-œn/。連同十三元內的六個元音，反映每個可內分的中古韻，可以分為二至六組韻母不等。

59 《中華新韻》初公告於 1941 年，列 18 個韻，統領「陰陽上去」，自然沒有入聲。〔台灣〕教育部國語推行委員會編：《中華新韻》（台北：正中書局，1963）以及依照《中華新韻》編寫之上海古籍出版社編：《詩韻新編》（上海：上海古籍出版社，1989）（新二版，前有 1965／1978 版）均用。中華詩詞學會於 2005 年頒佈的《中華新韻》更縮為 14 個韻，以方便通押換取押韻的準確度和音樂效果。

貧乏，且所謂陽平聲變為上聲，原上聲變為降升調，把聲調和韻律感弄成一套名不副實的錯亂。以普通話為母語者，若沿用平水韻寫詩填詞，無疑會有某種疏離感，無法本能地運用入聲寫古體詩和詞，因此才會出現根據普通話今音編製的《中華新韻》。然而，對於母語方音區屬長江以南的當代古典詩人，以至源自北方的傳統派古典詩人來說，《中華新韻》比平水韻距離音韻現實更遠。根據音韻學的共識，中古韻可以按韻尾之不同區分為三大類：無韻尾及以元音收尾的「陰聲韻」；以鼻音 /-ŋ/、/-n/、/-m/ 收尾的「陽聲韻」；以塞音 /-p/、/-t/、/-k/ 收尾的「入聲韻」。有音韻學家指出，「這三大類韻尾，在現代方言裏保存得比較完整的是廣州話為代表的粵方言。其他方言則往往不完全具備」。[60] 如此說法不啻肯定，粵音最能傳承中古韻的神髓。

　　此處無意倉卒標舉粵音作為古今詩詞範疇的新「國語」。雖然粵音的音韻及押韻資源整體優於普通話，但後者也有保存中古音韻多於粵音的地方，如下平十二侵「侵／林／心／琴／金」和下平十三覃「諳／庵／含／甘／酣」等字，仍然清楚維持 /-in/ 與 /-an/ 的主元音區分，而粵音已把這些字合為 /-em/ 韻母。故若按粵音重新定韻，亦間或生出不協調情況；尤其是尚有其他方言（如閩南語）具備優於普通話的音韻系統，有權提出異議。可以指出的是，除了前述的政治地理因素外，香港詩人傳承古典詩詞的責任，更有一層固有的音韻意義。香港以粵音為本，而粵音的韻分既大致接近中古韻，故以粵音為母語的古典詩人用傳統平水韻寫詩填詞，問題並不嚴重；這大概亦是他們沒有特別考究是否需要重整平水韻

60　唐作藩：《音韻學教程》（第三版）（北京：北京大學出版社，2002），頁 48；可參看頁 49–50、57。

的基本原因。若詩詞是為當代讀者而寫，則體現其音樂美自應依循當代語音現實。就香港而言，押韻如能做到「古、今、粵、普」皆一致諧協而鏗鏘悅耳，只要不以音害辭害意，自屬理想。若無法「古、今、粵、普」協韻，「粵」應先於「普」，而語音和邏輯上「今」應先於「古」（如同音的「東／冬」韻字應可互押）；不過傳統模式根深柢固，任何改變當有待達成共識。且看絕大部分的公開詩詞比賽，至今仍然標舉平水韻為不可侵犯的押韻標準，已見一斑。目前來説，當代詩詞若按今天的母語語音及普通話音達至雙軌押韻，已可普遍令人愜意；若更符合傳統韻分則更無可非議。最後一點涉及尊重已改變的過去形式，邏輯上並無必要，因為押韻的音樂美在於實際協韻。除此之外，詩詞現代化需要通變和開展的，是內涵和語言。

第四節 **詩詞寫作的其他內外因素：**
語辭、典故、酬唱之習

在透過實例進一步探討詩詞的未來道路之前，還有幾個有關寫作手法和習慣的課題值得思考。嚴羽（？-1264）曾經批評宋代詩人「以文字為詩，以才學為詩，以議論為詩」（《滄浪詩話·詩辨》）。[61]如今的語言、社會、文化環境已改變，傳統價值觀的理解混亂薄弱，用古典詩去論道說理的「以議論為詩」已不算常見的弊病；但堆砌文字、雕琢辭句的「以文字為詩」，以及炫耀學問、賣弄典故的「以才學為詩」等習慣，仍每見於當代詩詞作品。此節先探討一些遺留下來的美學觀念和寫作習慣；具體作品的分析將留待第五節處理。

5.4.1 語辭雕琢：以文字為詩？

人工與自然，並不意味着絕對或簡單的對立。生命源於自然運化，因此人類的美感、創造文字與韻律的藝術潛能，亦是「道」的天授之「德」。不過自然生物的形態及變化，各按生理本質、本能反應和生存需要等因素運作；人類卻由自我意識膨脹為自傲與自詡，不斷衍生出各種「巧奪天工」的意念、慾望和行為，更造成內外分裂，扭曲失衡。就自然生命之道而言，內外協同，知行合一，應該是不言而喻的根本道理。試想文字的制定，源於現實生活的物質與心靈需要；精確流暢而內涵豐富的文字，不但可以指事達意，更有感染和

---

61 見吳文治主編：《宋詩話全編》，10冊（南京：江蘇古籍出版社，1998），9: 8720，第5條。

啟迪之效，引起共鳴和聯想。所謂「信言不美，美言不信」（《老子》81章），聽來有點極端，然而縱觀中國美學觀念和實踐，斧鑿文辭、堆砌典故、濃妝艷抹地追求外象美，畢竟有些本末倒置。《論語》問「天何言哉」，肯定「辭達而已」、「繪事後素」、「文質彬彬」（〈陽貨〉、〈衛靈公〉、〈八佾〉、〈雍也〉）；《孟子》謂「不以辭害志」（〈萬章上〉）。《老子》認為「道可道，非常道」、「道法自然」（1章、25章）；《莊子》則點出「得魚忘筌」、「得意忘言」（〈外物〉）之理。儒、道兩家的哲理方向固然有別，此處的引文亦以倫理或哲學為依歸，然而同樣指向「見素抱樸」、意在言外的美學基礎。這樣的審美觀不但具有文化特性，同時亦具有邏輯和藝術真理的普遍性，因為宇宙無限、想像有限而語言更有限，最終的客觀現實乃必然是「辭不達意」，需要借助「無言之言」及「留白」之功暗示；「以少總多」的詩歌，豈非最終入於「世尊拈花，迦葉微笑」？

當然，詩歌的觀念和實踐，必然呈現出不同態勢，例如辭賦、駢文、「宮體」、「西崑」等均富艷精工；還有李賀（790-816）讚韓愈文章「筆補造化天無功」的見解（〈高軒過〉）。其實，「天無功」與物不齊本就是大道之旨；為了稍「補造化」而多少用巧，亦無不可，惟須虛心明白，絕不可能巧「奪」天工。誤解誤為而過分弄巧，容易適得其反，更難「復得返自然」。因此，文字提煉只合以提高言情達意的效果為宗旨，不應以淺層的形貌「美」為斧鑿雕飾的目標。古人對本末終始早已明瞭。所謂「詩言志」（《尚書·堯典》）、「在心為志，發言為詩，情動於中而形於言」（〈毛詩序〉）；「氣之動物，物之感人，故搖蕩性情，形於舞詠」、「古今勝語，多非補假，皆由直尋」（〈詩品序〉）；「外師造化，中得心

源」，或者「憐渠直道當時語，不著心源傍古人」[62]等等，都反映橫跨兩千載的核心詩學理念，強調源於真實體驗和自然靈感的藝術表達。就是到了二十世紀，王國維仍然重申「詞忌用替代字。……蓋意足則不暇代，語妙則不必代」，即「語語都在目前，便是不隔」；而如此直連真意的詩學大原則，「詩詞皆然」（《人間詞話》第34、40、56條）。這些引文的涵蓋面，從詩歌的源起直到詩歌的表達，而最終的共同基礎及依歸，是搖蕩性情的造化自然。抒情言志的詩詞，始終以「直尋心源」為語言的審美基礎，用人工媒介去輔助自然抒發。故語言媒介樸素清雅、深摯達意即可，就像真正的美無待濃妝艷抹。

然而學子仍可質問：若能運用豐富的詞彙寫詩，豈非明顯的優勢？運用樸素清雅的詞彙，會否增加表達的限制和重複的風險？這個看似簡單、實則複雜的詩學問題，最少可以從兩個層面闡明。就具體作品而言，可試看陶淵明〈歸園田居〉、〈歸去來辭〉、〈桃花源記并詩〉；孟浩然〈臨洞庭湖上張丞相〉、王維〈輞川集〉、〈山居秋暝〉、〈終南別業〉；王昌齡〈從軍行〉、〈閨怨〉；李白〈靜夜思〉、〈將進酒〉、〈月下獨酌〉、〈三五七言〉、〈早發白帝城〉、〈宣州謝朓樓餞別校書叔雲〉；杜甫〈蜀相〉、〈春望〉、〈旅夜書懷〉；劉禹錫〈烏衣巷〉、〈竹枝詞〉；杜牧〈金谷園〉、〈題宣州開元寺水閣〉、〈齊安郡晚秋〉、〈赤壁〉；歐陽修〈夢中作〉、〈晚泊岳陽〉、〈春日西湖寄謝法曹歌〉、詞作〈采桑子〉、〈玉樓春〉、〈蝶戀花〉；蘇軾〈六月二十日夜渡海〉、〈題西林壁〉、〈和子由澠池懷舊〉、詞作〈江城子〉、〈定

62　分別見張彥遠（815–875）《歷代名畫記》卷十記張璪語，及元稹〈酬孝甫見贈十首〉；後者可參看《元氏長慶集》。

風波〉、〈念奴嬌〉；李煜和李清照的詞作……等等不朽佳篇，主題和意境涵蓋陽剛到陰柔、出世到入世、個人到歷史到自然，何曾需要艱澀冷僻的語辭，又何曾見其內涵重複？從生命體驗的本質來看，縱使物質文明的表象變遷，人類感思的大範圍卻始終未改；賽馬和戰爭、意外和謀算、瘟疫和山水等等外物，皆有可能讓詩人提煉出殊途同歸的生命感嘆和省思。詩人會否重複自己，關鍵並不在筆端詞彙的多寡（只需「辭達」即可），而在於生命體驗的深度、廣度、高度和純度。只要體驗真切、豐富、活潑、新鮮，就不存在樸素語辭是否限制或重複表達的藝術疑問。我們甚至可以反過來說，駕馭文字和知識的能力愈強，或許愈有可能造成自我障礙和負累，因為自我表現與向人炫耀是人性的一端；動止收放如行雲流水，比費力斧鑿雕飾更難。

因此，中國古典詩學一向有自然與精工層次的區分：張彥遠（815-875）肯定「自然者為上品之上」（《歷代名畫記·論畫體工用拓寫》）；謝榛（1495-1575）明確指出「自然妙者為上，精工者次之，此著力不著力之分」（《四溟詩話》卷四）；[63]方東樹（1772-1851）亦重申「自然妙者為上，精工者次之」（《續昭昧詹言》卷八）。這些觀點反映二千年來，從漢代到清代的主導觀念和實踐，說明抒情言志的詩歌一脈相承，源於生活體驗的累積，伴隨感觸和思考抒發，自然滿溢而流露。詩歌無疑不是「自然」的語言，不過順思情之自然，不作勉強斧鑿，應該是藝術真善美的最佳基礎。理想的文學語言或許近乎一種無阻力的「透明」，將讀者無障礙地送入作品的思情與意境中。清新深厚的樸素絕非啞淡無味：它猶如鮮美的食材，不宜過分調味而遮蓋本身的鮮味；其色調效果

63　見吳文治主編：《明詩話全編》，3: 3202，第 82 條。

猶如日光，透過賞悟的稜鏡化出光譜七色。文學的「自然」是相對層面的觀念；「自然詩學／美學」並非全不雕飾，而是指一切隨心順意，自然抒寫，本末輕重有道。何況時至今日，文言文跟日常語言的整體距離比古代遠；以文言文寫詩詞，「清新素雅」應該是不爭的基本審美基礎。

5.4.2　典故運用：以才學為詩？

　　用典的美學原則，跟一般文字運用基本相通。典故跟傳統詩學中直言事物的「賦」、索物比喻的「比」、觸物起情的「興」一樣，都是協助抒情表意的修辭工具。[64]觀念上說，典故不啻濃縮的物事和情理，最常見者可取諸歷史、文學、哲學、神話等，符合詩詞「以少總多」的凝練原則。要訣在於果能提升意境，且不能濫用而反過來成為障礙。且看舊日謝靈運，總愛「極貌寫物，窮力追新」地刻畫山水；類似「亮乏伯昏分，險過呂梁壑」、「彭薛裁知恥，貢公未遺榮」、「想像崑山姿，……始信安期術」、「蠱上貴不事，履二美貞吉；……頤阿竟何端，寂寂寄抱一；恬知既已交，繕性自此出」（〈富春渚〉、〈初去郡〉、〈登江中孤嶼〉、〈登永嘉綠嶂山〉）等均有大量典故，分別取自歷史、神話、《易》中兩卦的爻辭、《老子》、《莊子》等，[65]非但生吞活剝地塞進詩中（即使在當時亦不盡容易理解），而且多無助於詩歌的意境，不單費力而無功，更不必要地妨礙閱讀。王國維說得尖銳準確：「沈伯時〔元沈義夫〕《樂府指迷》云：『說桃不可直說破桃，

64　有關「賦」、「比」、「興」的簡要闡釋，可參看程俊英、蔣見元：《詩經注析》，2冊（北京：中華書局，1991），頁2、6、14，內引朱熹《詩集傳》及李仲蒙《困學紀聞》。

65　有關各個典故的詳釋，可參看顧紹柏校註：《謝靈運集校註》（鄭州：中洲古籍出版社，1987），茲不贅述，以免繁蕪。

須用「紅雨」、「劉郎」等字。詠柳不可直說破柳，須用「章台」、「灞岸」等字。』……果以是為工，則古今類書具在，又安用詞為耶？宜其為《〔四庫全書總目〕提要》所譏也。」（《人間詞話》第35條）

　　王國維在這裏反對的是「用替代字」，而上節論及的替代字，很多時自然包括典故。用典不能一概反對：三言兩語若能勾起聯想而豐富內涵，何樂不為？何況帝王時代的舊文人，處於相對穩定的共同語言和文化環境，較易理解傳統典故。今日的生活環境全球化，已實現「橫絕太空」，令詩詞中很多舊典故再沒有鮮活意義，使當代詩人更無法因循舊習。當代詩人臧克家亦重申這點：「今天寫舊體詩，必須有新的思想、情感，新的意境和語言。不能用僻典，使它成為大眾欣賞的障礙物。」[66]有些典故早已成為文化常識，像《四書》中的基本話語或義理（如富貴浮雲、逝者如斯等）；《莊子》中莊周夢蝶、梁上觀魚之樂等；或桃源避亂、三顧草廬等。像這些「半透明」的典故，當不會構成閱讀障礙，但仍需要跟內涵融合得貼切鮮活，以免重複陳腔濫調。只要典故具有歷久常新的生命意義，適當運用亦可以跨越時空而注入當代詩詞，不會產生隔閡。有些典故似覺熟悉，卻已無多少當代意義；設若再強用「望帝心」、「藍田玉」（李商隱〈錦瑟〉）、「灞陵傷別」（李白〈憶秦娥〉詞），恐怕容易陷入「死典」的泥潭（除非果然在西安〔古長安〕市東的灞陵或附近的灞橋作別）。生僻的典故更會直接造成閱讀障礙，沖淡詩作的即事性和感染力。一般而言，「學院派」的作者會比較容易出現這種情況，像第三、第四章中提到的例子，茲不重複。對於

66　臧克家：〈論詩遺典在──學習《毛主席給陳毅同志談詩的一封信》〉，《詩刊》，第1期（1978年），頁15。

這些僻典、死典，如今恐怕連中文本科畢業的有識之士亦會覺得無注不能理解，不但效果迂迴，而且造成閱讀障礙。總之，典故的運用和喻指，首先在於貼切與通達。

此處且借實例看看當代古典詩的典故運用。所引兩首詩的題材分別來自經濟和政治範疇，其中寫於上世紀的〈田中角榮訪華感賦〉(引其一)，幾乎全用現當代典故：

> 釣臺不乏惡漁翁，舉國如狂盡向風。
> 未見美言歸井上，空如羶蟻附田中。
> 筵前妙語稱深省，夢裏高歌唱大東。[67]
> 寄語故園周宰輔，虎狼心意古今同。[68]

1972年日相訪華，代表中國在文化大革命時期，與外界隔離之際的外交開展；這首「時事詩」是作者閱報後有感而作，主題本位特定。開首「釣臺」二字即拈出兩國深層矛盾的一端，諷刺日本長久埋沒良知的政治心態，直接清晰，語言辛辣，並無懸念。篇章有特定內容需要表達：「向風」或指東洋民族情緒盲目跟風；「大東」即美化軍國主義侵略的稱號「大東亞共榮圈」；「井上」和「田中」是對釣魚台問題立場相反的日人。這些詞彙都是典故，無法避免，讀者得靠注釋理解，理解亦限於注釋的本位範圍。末句縱觀東洋「虎狼心意」，隱

67　茲匯集原注：「日本史學權威井上靖教授因對釣魚臺問題秉持公心，遂負『日奸』之名」；「報載田中角榮演辭有云：『遺憾的是過去幾十年之間，日中關係經歷了不幸的過程。其間，我國給中國國民添了很大的麻煩，我對此再次表示深切的反省之意』」；「指所謂『大東亞共榮圈』」。

68　作者吳尚智，自注云：「比閱報章，觀日相田中角榮訪華圖照，一派躊躇滿志之狀。察言其論，尤善以無作有，權重如輕。雖秉衡者自有卓裁，中心猶有不能自釋者。遂掇蕪辭，以抒胸憶。」見何乃文等編：《香港名家近體詩選》(修訂版)(香港：中文大學出版社，2010)，上冊，頁117。

然連上倭寇搶掠的歷史——「古今同」的罪惡紀錄。這類時
事評論詩不用故實很難充實內容，多用故實則需注釋幫助閱
讀；但既是特定之作，只要表達及用典妥當即可。

再看一首以公開發售股票為題材的詩作。題材能捕捉
香港人的脈搏，因為本地市民欲不勞而獲的心態特別高漲；
〈tom.com 招股兩首〉其一正瞄準大眾財迷心竅的情緒：

> 招股多金漲熱潮，李嘉誠勝霍嫖姚。
> 舉城艷說癡癡醉，卅萬歡騰鬧一朝。[69]

世紀初香港跟隨美國的科技網絡熱潮，"tom.com" 網絡公司
上市時，曾被音、意並譯作「貪多金」；此詩首句即道出這件
高「漲熱潮」的「歡騰鬧」事。全詩的描寫皆在題目範圍內，
只有次句的典故有點莫名其妙。「霍嫖姚」是征討外族（匈奴）
的西漢大將，如今遠不如「霍去病」為人熟悉，但後者為三
仄聲，融入平仄節奏的空間較局限；「嫖姚」之用或是兼為押
韻與節奏。但霍去病是衛國猛將，李嘉誠為營商巨賈，二人
的公私事業方向相反，很難相提並論；典故在此既無審美需
要，亦不貼切。若設想題材回到 1970 年代，寫包玉剛收購牛
奶公司、李嘉誠拿下和記黃埔，或者一眾愛國港商在英資集
團支配的殖民地環境中「英勇保家」的爭氣事跡，「李嘉誠勝
霍嫖姚」的典故應用，或許會有切合當代之處。

5.4.3 酬唱之習

詩詞除了抒情言志外，昔日還有橫向與縱向的社交功

69　黃坤堯：《清懷三薰》（台北：學海出版社，2005），頁 44。

用。文言文為古代士人日常工作的書寫語言，而以詩詞酬唱作為聯誼往來或朝會應制之用，屬於歷代文士的社交傳統，在技術層面不難得心應手；連《唐詩三百首》也選進一些例子。就性質而言，社交應酬之作每有既定場合及題材範圍，一唱眾和，靈感來源多比較本位或淺層，亦多與原作同步。上面章節的詩例論述已說明，唱和篇什受性質所限，內容、情感、格調等往往中規中矩，容易顯得大同小異。唱和者每挪移變化原詩部分字句重整，增加和作與原作之間的呼應，扣合題材。但把所有和作（尤其是次韻之作）與原詩讀畢後，多半予人手法重複、內容類近之感。酬唱詩除了有文字訓練的功用外，亦是群組閒餘消遣的社交小品，偶見佳作當有可能；若由他人作品觸動靈感，與自身的經驗、體會、感思匯合而借題發揮，亦可以超越原作。像蘇軾的〈水龍吟‧次韻章質夫楊花詞〉，終究仍是自抒情懷，沒有界限可言。但就一般情況來說，酬唱不免含有程式表達、舞文弄墨，甚至誇張失實的成分。酬唱之習不能固執成見地一概否定；它可以增加暢聚之興，幫助刺激文思。今人的日常語言為白話，雖不能像古人純熟自如地運用文言文，但酬唱聚首依舊是文人之間的雅興。因此，不論作為交誼或文字練習的模式，酬唱賦詩都有值得肯定之處。在流行文化的市場取向和以利為朋的環境中，仍有憨誠者以唱和為樂，賦詩自娛，情意盎然，豈非難得？只是如前所述，今日的古典詩人亦需留意，應酬場合的詩作不應成為習慣，否則會影響藝術成長。因為從言志抒情詩學的層面來看，應酬詩篇有內在性質的限制，非關個人造詣。

　　由於題材、押韻、聯想以至語言方面的重複或類近，酬唱詩的意境一般不容易自由開展，整體的藝術效果大多比較人工化和公式化。何況自白居易、元稹以來，酬唱往往添上

和韻的窒礙，加深以辭害義的潛在陷阱。無怪嚴羽指出：「和韻最害人詩。古人酬唱不次韻，⋯⋯〔今〕乃以此而鬥工，遂至往復有八九和者。」（《滄浪詩話・詩評》）[70]文字以社交為寫作前提，多少難免為文造情，未必源自深情厚意；即使所寫屬「真」，仍然有深淺厚薄之別。當然，唱和者設若本就懷抱深情遠思而「借題發揮」，則另作別論。尤其是在天才大詩人的手中，總會有例外的情況，例如上面提到的蘇軾〈水龍吟〉詞。[71]然而整體來看，古今詩人最上乘的作品，絕少屬於應酬詩，道理不言而喻。西洋詩學觀念和術語的劃分，要比中國傳統詩學清晰：「交際詩」（society verse）和「應景詩」（occasional verse，包括為特殊場合執筆的篇什）皆配以"verse"而並非"poetry"之稱，反映「韻文」（verse）與「詩」（poetry）的層次清楚區別。今天詩詞寫作鮮能信手可為，故確立習慣更見重要。

70　見吳文治主編：《宋詩話全編》，9: 8729，第71條。

71　誠如《人間詞話》第37條所言：「東坡〈水龍吟〉詠楊花，和韻而似原唱。⋯⋯才之不可強也如是。」不可勉強者非只才華；胸襟、懷抱、氣象、風度等內在氣質更是如此。

第五節　**傳統與現代：**
古典神韻與當世詩情

5.5.1　當世詩情的靈動脈搏：「越古通今」

　　詩詞韻律是人工建構，然而確立其審美意義和存在價值並無時空定限後，就可以集中探討如何延續、更新詩詞寫作的當代藝術生命。從常理去衡量，反映當下的社會環境、生活題材、情感思想等，原屬於詩詞實踐之必然；難道今天還要仿效杜甫那樣，在書寫〈北征〉旅途的艱苦中个忘稱讚肅宗皇帝「君誠中興主，經緯固密勿」，或者像岳飛（1103-1142）那樣發誓「壯志飢餐胡虜肉，笑談渴飲匈奴血」不成？電子訊息日趨全球化的多方應用，即時就能穿越「燕草如碧絲，秦桑低綠枝」的空間距離，也將「雲山萬重隔，音信千里絕」（李白〈春思〉、〈姑蘇十詠・望夫山〉）的抒情空間削去一大半；今人更合乎情理地嗟嘆的，更可能是咫尺天涯、可望而不可即的困局。因此，除非實際情況如此，否則聚首不宜輕言秉燭，離別不應隨寫灞陵，思憶亡父哀思更不必將春夏改為寒秋⋯⋯當代詩詞作者精神上可以一脈相承，懷有古代士人的文化、哲學和藝術觸覺，但亦需要放眼、默化傳統以外更廣闊的世界。任何時空的文學都要注入鮮活的生命力，而後者當本於真切的生命體驗。時至今日，詩詞更不能依靠仿效唐宋形貌；不論是陳舊慣性的情懷、艱澀堆砌的文辭或脫節無機的典故，恐怕只會「協助製造恐龍標本」或「假古董」。[72]

72　分別見鄺龑子：《七雙河》（香港：匯智出版，2008），序，頁 xiii；詹杭倫：《天祐詩賦集》（香港：科華圖書，2011），頁 11。

不少論者曾先後指出，今人寫作詩詞，必須擺脫舊調重彈、墨守成規的弊病：

> 今人所寫古色古香、純然古雅的舊體詩，固然有其酬唱詩友、娛己娛人的價值⋯⋯今人寫今事用今語的舊體詩，在詩藝與前者相當的前提下，應該更具價值。

黃維樑既提醒今日的古典詩人「寫今事用今語」，要兼顧內容和語言的鮮活實踐，又點出今日的詩詞論者亦有責任——不要慣性地用過往的模範或風格衡量今日的詩詞：

> 今人評論同代人寫的舊體詩詞時，常有其詩似李白、近杜甫⋯⋯等說法。⋯⋯只是近似而已，並不是超越，並不是創新。⋯⋯復古或仿古⋯⋯往往只有古色古香，而沒有今色今香。因為它們完全沒有讓讀者看到這個社會這個時代的影子。[73]

手持古人的尺度評價今人，既可能造成以仿古為典雅的誤解，不意鼓勵模仿因襲的行為，更容易讓輕蔑當代詩詞的論者宣稱證據確鑿——當今詩詞屬過去式，只是「次等恐龍標本」，無法反映當代詩情和現實——從而否定詩詞在現當代文學史的合理價值和身分。如果今天的古典詩人和論者，仍然自困於舊有範圍的書寫和評論，豈非變成固有偏見的幫凶？黃維樑認為，只用「今語」勾勒出「今色今香」的「時代影子」，方能證實詩詞的「創新」。

所謂創新，並非絕對或真空的價值：像把生殖器或錯韻

73　兩段引文均見黃維樑：〈資于故實，酌於新聲——以蘇文擢作品為例論舊體詩的新生命〉，《東海中文學報》，2008年7月，頁43。

的外語強行入詩，既非創新，更無詩意。[74] 創新是在去蕪存
菁的基礎上創意開新，既破除以仿古為典雅的迷思，亦不刻
意標奇立異，譁眾取寵。整體而言，當代詩詞並無「前衛狂
態」之虞。較常見的是現代化心思尚未知行合一的積習：一
面強調體現時代精神，同時又陷於「學院派」的困局，以雕琢
詞藻及／或堆陳典故為務。這是一種「自覺而不自覺」的矛盾
寫作心態，因為才學正是學院詩詞作者的身分特徵，及肯定
其正統傳承者的憑藉之一；要自我制約才學不用，心理上並
不容易。第一節曾論述歷代文人和論者對創作必須創新的觀
點，然而時至今日，當代詩詞往往仍留有堆砌古味或陳典澀
語的痕跡，不但妨礙抒情言志，更有可能成為當代文學論者
指控詩詞的佐證。下面代表一種對承先啟後的反思，以及對
生徒的勉勵：

〈 蝶戀花‧答諸生問詩道 〉

風韻思情千代譜，薪火相傳，當世籠烟霧。
攀宋牽唐拘故土，落霞空戀西山暮。
水月雲霄詩海渡，越古通今，翰藪青天路。
今日文言歸雅素，修辭更看清心步。[75]

詩人肯定「風韻思情千代譜」的詩詞及「薪火相傳」的價值，
卻同時擔心「當世籠烟霧」——探求詩道者目標清晰而掌舵不
定。他感嘆「攀宋牽唐」是「拘〔於〕故土」，「空戀西暮」，
不僅因為過去不能限制現在，更因為「水月雲霄」本來就是無
窮無盡的靈感來源。在「詩海〔徵〕渡」多年，他希望開出一
條「越古通今」的「翰藪青天路」，更希望年青的同道與他同

74　分別參看第三章第二節，以及本章本節 5.5.3 分節的詩例。

75　鄺龑子：《東山零雨》（香港：匯智出版，2012），頁 102。

行。如今文言文跟日常語言的距離比舊日遠，因此更須「洗
盡鉛華」，「〔回〕歸雅素」，成為連接生活的素淨和雅練語
言。末尾點出修辭非僅關乎技巧，「更看清心」的內在修養。
在他的體驗中，詩詞美學從外到內都是「豪華落盡見真淳」
（元好問〈論詩三十首〉論陶淵明）的過程。

　　從題材到語言，從心思到眼界，詩詞必須注入足以感動
性靈、照亮時代的生活氣息，方能全面顯現其長健不萎的精
神和魅力。惟有親身體驗或感同身受的真切抒寫，並將鮮活
的時代語言結合悅耳的古典韻律，方能確證詩詞今天的存在
價值，更可堅穩蓬勃地開展其未來生命。換句話說，在傳統
韻律和氣象的「古典神韻」中，運用「現代語言」展現「當代
詩情」，應是新世紀詩詞傳承與革新的大方向。其實這個基
本方向，早已得到當今古典詩人和論者廣泛肯定；問題在於
「苟日新，日日新，又日新」地貫徹信念而已。當然，革新亦
無須把「當代性」指定為詩詞的絕對「要務」，因為預先設定
目標而一味理性貫徹，容易違反詩歌以情感人的特性。回顧
中唐「新樂府」詩，正是熱心書寫時代社會課題的顯例之一，
然而結果是載道有餘，韻味不足，造成「旨過其辭，淡乎寡
味」的另類短處，反而有損藝術與初衷。世界文化遺產中各
種哲學、文學、宗教、藝術等經典都證明，一切不朽的文化
結晶皆可超越時空；詩詞的意境、神韻、趣味亦然。「越古
通今」的立意，比強調時代性更高、更大。[76]

76　可參看黃坤堯編：《香港舊體文學論集》，頁1：「新文學以現代的文體為載體，……
　　舊體文學卻是以舊有的文學形式為載體，而內容則是新穎的，絕非刻意仿古之作。
　　新文學以白話為主，可以吸納若干的文言成分；而舊體文學以文言為主，但也可
　　以適當地選用一些現代詞彙。」這是一般的折衷觀點，並無錯誤，但仍然沿襲所
　　謂「新」、「舊」的觀念區別。

如果「古典」在意識中誤與「古代」重疊，仿效古人就不難被視作學習詩詞的法門。尤其是今人對文言文字和文化的運用，無法跟古人相比，於是更容易認為跟臨摹書法一樣，應該仿效先賢的楷模，甚至以仿古為典雅。這大概有兩分道理。但文字藝術比視覺和聽覺藝術多元、立體、複雜，因此長期而言，模仿的成效較小，障礙較大。仿效的潛在陷阱，首先在於畫地自限，再而是拾人牙慧，最後甚或變成剽竊綴葺。九百年前的「江西詩派」，標榜內容上「奪胎換骨」、語言上「點鐵成金」，其實只是默化先賢為己所用的自然過程，原不足以標榜宣揚。刻意出奇制勝，反而以借鑒取代創意，造成模擬相因，而黃庭堅本人的成就也落於第二乘。今人的體驗空間、文化知識、思想幅度和語言接觸等都勝於古人，原則上應該有更佳條件，孕育出更高深、更遠大的情懷、胸襟、眼界、風度。

此處且以「全港詩詞創作比賽」的得獎作品為例，看一下當代古典詩作的實踐：

> 寒宵天水碧，卜宅且南移。
> 低樹流芳暗，高窗碎影遲。
> 鄰聲侵曉夢，紗幔漾春曦。
> 偶得清心客，茶香夜雨時。
> 〈移居〉（董秀生，2011年公開組冠軍）[77]

> 電郵紛至每相邀，雁訊何愁萬里遙。
> 初學臨屏懷舊雨，老來上網趁新潮。

77　這項本地最具規模的年度公開詩詞比賽由香港公共圖書館舉辦。第二十一屆律詩有九百多份參賽作品，第二十二屆填詞亦有六百多份，某程度上反映現今香港詩詞寫作的狀況。數據資料見公共圖書館網站 http://www.hkpl.gov.hk/tc_chi/ext_act/ext_act_lac/ext_act_lac_cpwc/ext_act_lac_cpwc.html.

疏狂祇剩吟箋在，雅興翻隨按鍵饒。

唱和如今多博客，留言點擊到深宵。

〈臨屏夜坐〉（范逸民，2009年公開組冠軍）

典雅何妨古木雕，還牽詩興賦前朝。

風穿里巷驚時易，軌接天涯知路遙。

薄利不教貧遠步，疲身每載客深宵。

多情始有桑田慨，猶憶當年伴海潮。

〈詠懷電車〉（唐詩嫣，2009年學生組冠軍）[78]

　　這幾首作品的時代性不同，亦不必相同。第一首詩的時代感並不明顯；只有一句「鄰聲侵曉夢」，近於反映都市密集多於古代鄉村的味道。作品的題目和文字讓人想起陶潛〈移居〉二首其一的「昔欲居南村，非為卜其宅」，不過陶淵明的移居心念源於「聞多素心人，樂與數晨夕」，而就現代人的生活環境以及通訊、交通設施等的方便來看，已不必考慮同樣課題。陶詩同時包含價值觀念的表達，董詩的情感則比較個人化，不過所寫的情調悠閒舒泰，語言亦暢順素雅；詩中所描寫的都是日常景物，例如「低樹」、「高窗」、「鄰聲」、「茶香」、「夜雨」等，從平淡中亦可見生活情趣。就整體而言，當代古典詩人的作品需要展現時代氣息，然而個別詩篇亦不必處處特意刻畫，但隨生活體驗和真情實意即可。

　　另外兩首詩的時代性很明顯。〈臨屏夜坐〉的內容並無深意卻很生活化，語言並不清雅卻緊貼現實。第二句是客觀的科技事實；第四句是主觀的個人事實。詩中運用了大量當代電腦術語，大多數為意譯，也有兼屬音譯和意譯的情況。

78　第十九屆作品；見陳志偉編：《香港詩詞瓊玉》（香港：香港公共圖書館，2010），頁66、67。

例如「博客」音譯自 blog，一種本世紀新興的交友軟件程式，讓人透過電腦的網絡世界，自由發表文章和收發訊息；而字面上含有「博多客人」之意，頗能切合此種網絡活動的性質。重要的是，這些術語都能夠運用普通單字的組合，翻譯得準確而易懂，例如「電—郵」、「螢—屏」、「上—網」、「按—鍵」（電腦鍵盤），因此可以選擇納入古典詩歌的範圍，不會覺得突兀。至於〈詠懷電車〉，可以視為當代的詠物詩，而當中的懷舊情意，恰好與前詩書寫「新潮」的方向相映成趣。詩中沒有直接用「電車」一詞，而是透過其形貌及運作特色（例如車內的「木雕」座位和行駛路軌）以至社會功能，表達山滄海桑田的感慨。「薄利不教貧遠步，疲身每載客深宵」兩句，尤其有力地寫出電車的平民價值和貼心服務。末句回溯電車當年曾有部分路段沿海行走的情況，也間接反映香港島經歷多次填海的變遷，同時承接上句對環境變化滄桑的「多情」感慨；詩作的語言整體暢順達意，亦能緊貼現代主題。此詩第二聯稍見瑕疵：以「風穿里巷」概括龜速的電車已有誇張之嫌，「軌接天涯」更明顯言過其實，因為電車的主軌道東西只有十餘公里。饒是如此，電車見證本地發展而沒有隨波逐流；它一直緊守崗位而保守其核心價值的歷史身分，都在這首詩得到發揮，由詠物帶出人文情懷。

上述三個例子再次反映，中國古典詩歌的基本美學精神並未改變：可觀的篇章多數透過提煉生活體驗，抒寫真情實意，題材及風格或各有不同，語言文字則大多凝練暢達，不必挪用生僻或重滯典故。當代詩人無需執意書寫時代，卻必須在「讀書破萬卷」的努力中，拒絕摹仿古人，同時避免套用生硬的古代故實和沒有詩意的現代詞彙。詩歌是時空性與超時空性的交匯意境：一方面，生老病死、悲歡離合、成敗得失、哲理夢想等有關存在的內涵，是超越時空和文化的恆常

書寫課題；另一方面，藝術創作靈感的起步點，無疑是個人身處之時空的物質文明及超物質文化。如何能夠做到「越古通今」，融合古典神韻與當世詩情，寫成精練清雅而暢達感人的文字，最終提煉出一種「現代的古典詩意」，正是今日的詩詞發展面對的共同責任。發揮以少總多的獨特語言潛力；貫通題材的特殊性及人情物理的普遍性；由作品感染讀者往復於內心的思情迴盪，從而引發文字和意境以外更遠大深長的感應，浮想聯翩而回味無窮：這些都是古典詩詞固有的美學特質。

5.5.2　社會論述與詩歌美學

社會論述的詩歌美學，其實是上一分節的延伸，因為課題具獨立性，因此另段探討。誠如孔子（前 551－前 479）指出，「詩可以興，可以觀，可以群，可以怨」（《論語·陽貨》）；即詩歌除了有感發思情意志（興）、培養合群交往（群）的力量外，還可以有觀照人世得失（觀）和譏刺現實時政（怨）的社會和政治功能。孔子以學詩作為「事君」工具的實用文學觀點，不必深究；詩歌在今天物慾橫流、價值混亂的環境是否起到「怨刺上政」的作用，也實在頗成疑問。但詩歌之捕捉社會脈搏，反映時代況況，觀照政治現實，抒發文化感情等，卻是情理中的自然抒發。從《詩·秦風·碩鼠》及漢代樂府〈東門行〉到杜甫〈三吏〉、〈三別〉及白居易、元稹「新樂府」詩等篇什，都見證古典詩歌的社會功能。

事實上，對於時事性的題材，歷代詩詞作家無法也不應迴避，因為身處於大環境中，不可能沒有感應。個體無法每件事都親身經歷，然而個體可以透過人世互通的感思基礎，將真情實意以同情心和同理心結合描述的內容，透過移情代

入而感同身受。以近年震撼香港的共同經歷為例，上面第
三、四章先後論及眾多詩人對「非典型肺炎」的藝術處理，而
結論之一是，個人感情的融入和思考的深廣度，正是抒寫社
會時事性題材的靈魂所在，為主題注入生命和感染力。且再
看一首〈航機上看電影感國際戰亂〉，或有相通之處：

> 春去秋來國互侵，江山破盡夢難尋。
> 安身立命循天道，鬥恨營私禍古今。
> 塵世千年稱聖戰，沙場百代碎親心。
> 何當四海為家日，不待英雄淚滿襟。[79]

詩人沒有親歷戰場，沒有刻意詠史，而是被旅途中的電影觸
動心內的惻隱情懷。吟詠的對象並非特定戰事，而是人間戰
亂的整體，卻無抽象或疏離之弊，因為筆端能以情貫理。詩
篇蘊含一份歷史透視感：「古今」、「千年」、「百代」等，道
出戰火背後「鬥恨營私」的永恆主因，以及主事者宣「稱聖
戰」的美化口號，和對黎民死活、破「碎親心」的漠視。杜甫
〈蜀相〉末句「長使英雄淚滿襟」，意緒為對賢臣之敬和國家
之思；此處的「不待英雄淚滿襟」，已擴大為貫通中外時空的
蒼生之念。個人的相對安穩，更深化對古今天下的感慨；然
而在宏觀的傷嘆中，亦重申個人信念（「安身立命循天道」）
和希望（「何當四海為家日」）。自由聯想的抒寫方式，讓這
首詩的範圍越過本位反映和時事批評，由小及大，由近及
遠，呈現出歷史見識和人文精神。這是當代知識分子的應有
襟懷，亦是當代古典詩人不必仿效先賢而可以超越古人的地
方之一。只要主體「真體內充」，寫作由心感發，自然而運，
便可以把相對屬於客觀論述的時事或社會議題活化和深化，

79　鄺龑子：《夏木集》（香港：匯智出版，2005），頁 52。

增加藝術濃度及觸動人心的感染力。

誠如本書處處印證，二十一世紀的詩詞必須體現時代氣息，才能繼續開展出獨特而鮮活的藝術生命。然而，「時代性」的考慮不免又牽動另一個根本性的課題。因為就古典詩歌的美學來說，詩詞的凝練度特高，體式上以少總多，語短韻長，故其意境取「深遠」先於「闊大」，以抒情言志為本；要以社會或政治題材入詩而寫出超乎理性議論的感染力，從來都不易為。從中國詩歌史來看，社會及政治內容濃重之作較少成為最突出或感人的作品，首先因為古典詩歌的藝術性，自《詩經》以來皆以抒情言志的感染力為本，而社會政治性較重的作品，抒情意韻一般比較淡薄。其次是抒情詩歌的寫作總在有意無意、有為無為之間；懷着既定社會或政治目標之作，很可能因過分「有為」而違背抒情詩歌的感發美學之道，結果長於理性而短於感性。即使是被譽為「詩史」的杜甫，其詩歌創作的最高成就亦不在「三吏」、「三別」等篇什。杜甫〈兵車行〉比白居易〈買花〉感人，原因之一正在於前者較多感情投入，而後者直接以教諭為寫作宗旨之故。

詩歌從來不是刻意用作社政批評的最佳工具；這方面的效果，韻文體原不及散文體直接有力。特別是書寫社會時事題材的時候，作品不難會產生理性阻隔的藝術障礙。詩詞本是眾多文體中最個人化的抒意文學，若論鋪敘、情節和訊息的含量，誠然不及散文和小說。所以偏重客觀反映現實、理性批判時弊的藝術手法，並不適合詩詞寫作。過分強調「文章合為時而著」（白居易〈與元九書〉）的結果，正是中唐「新樂府」詩，其藝術長短有目共睹。白居易的新樂府詩不能像〈長恨歌〉等作產生深刻共鳴，原因正在於諷諭詩「載道」有餘而韻味不足的風格。藝術表達無疑應該百花齊放，然而

説到底，書寫社會及時事課題要寫得饒有「詩味」，不能過分理性、旁觀地一味「從外面寫進去」，而是要融入思情、感同身受地「從內裏寫出來」，配合和發揮古典詩歌的審美特質。這還不僅是「第一身」與「第三身」書寫的簡單分別，因為文學評價總不能只採用單一標準。可以重申的是，詩歌發自心靈而訴諸心靈（韻文體未必皆可稱詩歌），而社會或政治題材的詩作，往往屬於隔着某種距離的描述和議論。過分抽離旁觀，同情的諒解和代入不足，固然難以感動人心；然而過分投入，又可能造成藝術失真與失衡。在以情志為靈魂的古典詩詞中，社會性書寫自身就蘊含着美學課題的挑戰，因為這類題材既有可能導致固定目標的刻意和抽象概括的疏離，使情韻趣味不足，也有可能造成「過猶不及」之弊。

5.5.3　當代語言與化用外語的清雅合度

就書寫邏輯來説，詩詞的「當代性」原應屬於一種「自然的必然」，與貫通時代的天地及人情物事，在藝術表達中兼容並進。在二十一世紀，這種當代性除了題材、主題、意境等元素外，還有語言的當代性，即在保持精練清雅之餘，卸去博物館式的澀辭晦典。強調當代性是所有現世古典詩人的共識，然而直到目前，部分由於傳統學術訓練的關係，能夠在詩歌語言的實踐中達至知行合一者仍然不多；以才學或文字為詩的眾多例子，仍不時造成晦澀重滯之弊。運用現代化語言並非直用口語或潮語，而是可以透過固有漢語的重新組合，引發聯想及意象。例如辛棄疾（1140-1207）〈永遇樂·京口北固亭懷古〉詞云：「想當年，金戈鐵馬，氣吞萬里如虎」；陸游〈十一月四日風雨大作〉其二中亦有「鐵馬」一語：「僵臥孤村不自哀，尚思為國戍輪台，夜闌臥聽風吹雨，鐵馬冰河入夢來。」兩首作品中的「鐵馬」，意指配有鐵甲的戰

馬，在現今語言中已變成摩托車（鐵製之馬）的代稱，而古今的馬都是代步工具，因此以「鐵馬」稱摩托車，從形象及性質上都覺貼切。由此類推，現今社會的交通工具既然多由金屬所製造，「飛機」亦可用「鐵翼」借代。「飛機」雖然是現當代詞彙，可是只能令人聯想到「會飛行之機器」（flying machine）的物質意象，美學聯想範圍及層次有限。若以「鐵翼」借代，反而在藝術表達上擴大聯想的空間。「鐵」、「翼」二字自古已有，而兩者結合頗能貼切地形容飛機。何況「翼」字令人想到禽鳥振翅高飛的形態，比飛行的死物更能引起活潑的想像，發揮物象的美學潛能。可以留意，「飛機」用於白話散文與小說全無問題，只是文言詩詞特別講求精練及「以少連多」的聯想。

下面看兩首當代詩作的語言運用。首先再看「全港詩詞創作比賽」的得獎作品：

> 舉盞徒添遠客悲，危樓晚照悵歸期。
> 爭先疊浪趨新渚，競秀層林壓嫩枝。
> 王粲難眠知夜永，稼軒初癒覺筋疲。
> 今朝負氣千秋醉，莫為榮枯不展眉。
>
> 〈旅外登臨自遣〉（陳榮生，2011年學生組冠軍）

讀這首詩最容易注意到的，是以王粲和辛棄疾自況的典故，引起典故如何切題的疑問。「難眠知夜永」大概是指王粲〈七哀詩〉其二的「獨夜不能寐」及〈登樓賦〉的「夜參半而不寐兮」；「徒添遠客悲」、「悵歸期」亦接近當中意緒和文字：「遠身適荊蠻，親戚對我悲」、「羈旅無終極」、「情眷眷而懷歸兮，……悵盤桓以反側」（〈七哀詩〉其一、其二，〈登樓賦〉）。辛棄疾方面，「初癒覺筋疲」應是指〈鷓鴣天・鵝

湖歸，病起作〉詞的「不知筋力衰多少」，而「危樓」亦見於稼軒詞，例如「我來弔古，上危樓」、「過危樓、欲飛還斂」（〈念奴嬌〉、〈水龍吟〉）。[80] 整體來說，此詩的模仿痕跡相當明顯。表面上，它的語言頗見流暢，並無艱澀之弊，技巧掌握亦已達一定水平。但設若將此詩放到幾百年前的社會，大概亦無不可，因為它沒有半點時代特色。這倒不必是致命弱點；重要的是構思和表達是否恰當。王粲為逃避戰亂寄居他鄉，依託劉表而長期不得志；辛棄疾面對外族侵略、國破家亡而不獲重用，寫〈鷓鴣天〉時已過不惑之年，耗掉了大半生。作品的典故和文字是合切題？

　　首先，在文本層面上，此等登樓遠望、悲悵歸期、無力難眠的慣性姿態（縱然尾聯嘗試自解），已有幾分因襲陳腐的味道。若然對比作者的學生身分，模仿造作的可能就更大。此處不能單從詩題確定創作的遠近背景，或者作者整體的人生經歷。設若他是年在桑榆、歷盡滄桑的舊時代「老童生」，又或者是縱然年少卻飽嚐苦楚的「難民式」大學生，全詩讀起來會比較合乎情理。反之，假如想像一個二十多歲的年青人，經歷了一般狀況（包括未必富足）的大學生成長過程，在自願的情況下坐飛機到外地作短暫旅遊或進行學習交流，並非沒有回鄉之日，則此詩有可能是典型的假古董。王粲和辛棄疾的典故本來就並無需要，因為對詩作的意境無甚幫助；如果作者的處境、年紀以至際遇，切合二人的可能性不大，則典故不但是死典，更是為文造情的明證。滄桑遊子的口吻，是否源於相應的生活體驗？試想年青人有資源旅遊，歸

80　稼軒詞中亦見「層樓」、「高樓」、「危亭」、「危欄」（〈滿江紅〉〔家住江南〕、〈滿江紅〉〔點火櫻桃〕、〈水調歌頭〉〔落日塞塵起〕、〈祝英台近〉〔寶釵分〕、〈醜奴兒〉〔少年不識愁滋味〕；〈西河〉〔西江水〕；〈滿江紅〉〔直節堂堂〕；〈摸魚兒〉〔更能消幾番風雨〕）等等。

家有期有方，如何會「徒添遠客悲」而「恨歸期」？他的青春年華又能嘗過多少「枯榮」，使他如王粲般「難眠」、辛棄疾般「筋疲」，誇大地宣稱「千秋醉」？這首詩的警醒意義，並不在於自身的技術優劣，而在於它呈現的仿古寫作方式。將如斯作品定為冠軍，不啻肯定這種方式，更鼓勵後學模仿它去「獲獎」。詩詞未來的康莊大道，果能靠如此方式開展出來嗎？豈不知方向愈偏，技巧愈熟，練習愈多，離道愈遠？《莊子・漁父》謂「真者，精誠之至也，不精不誠，不能動人」，正是抒情詩歌的最佳指引。

其實，當代詩詞不必完全受制於文字的「時代性」：陶潛的〈歸園田居〉、李白的〈靜夜思〉、蘇軾的〈定風波〉等，所用的詩歌語言皆貫古通今。此處看另一首當代詩作：

> ……雙樓往昔參天立，卅載巍峨傲不頹。
> 敢死狂誠軍教士，橫飛直向塔中摧。
> 一層精鋼千夫力，千尺高樓一瞬灰。
> 烤架銷熔傾瀉下，無辜殞命永難回。……
>
> 〈紐約冬暮九——襲擊遺址〉[81]

這首四十八句的古體詩，描述紐約世界貿易中心兩幢高逾四百公尺的商業大樓，於 2001 年 9 月 11 日遭恐怖分子騎劫的飛機撞擊後倒塌，造成數千無辜平民罹難。此處節錄八句，直寫雙樓遭襲擊後迅速燒毀解體的情景。當中沒有搬用典故或艱深語言，而是純用白描，平白如話而不加渲染雕飾，只憑真情實感而沒有誇張賣弄。「烤架銷熔」指大樓結構框架在高溫焚燒下熔掉，跟「千尺高樓」同樣是當代詞彙入詩

81　鄺龑子：《婉雯詩草》（香港：匯智出版，2005），頁 86。

（按：王國維百載之前只能寫「百尺朱樓」〔〈蝶戀花〉詞〕），
同時將之融入流暢素雅的古典語言，及緊湊生動的具體描
述。最鮮明而震撼的描寫，無疑是「一層精鋼千夫力，千尺
高樓一瞬灰」的意念及文字對比，既形象傳神地將建設的緩
慢艱難與毀滅的快速容易連結在一起，又達到近體詩對偶的
流水對藝術效果，邏輯確切而一氣呵成，精準呈現出災難的
情況。現代語言經過藝術提煉和靈活運用，其實可以達到清
雅樸素的精純，既能保留古典神韻，又能表現當代詩情。

在詩詞邁向將來的步伐中，還有一點值得留意：古典
詩歌語言需要現代化的前提，並不等同可以隨意挪用翻譯詞
語，甚至外文詞語入詩。這並非保持語言純粹的簡單考慮；
最重要的是藝術效果的實質課題。將外語納入中文詩的模式
約有兩種：或直接插入外語，或採納翻譯詞語，包括意譯與
音譯兩大分類及其組合。其實這個詩學課題的現象和理念，
在古典詩和白話詩中都早已存在，不過眼下的討論並不包括
已圓滿「歸化」的翻譯文學，例如春秋時代的〈越人歌〉和北
朝樂府民歌〈敕勒歌〉。[82] 原則上，意譯的外語詩在氣韻和風
格上愈像原創，就愈代表它接近自由彈性的重寫，即使視為
「第二度原創」亦無妨。下面首先審視一下把音譯詞語嵌入白
話新詩的例子，因為白話詩沒有押韻、節奏、平仄、對仗等
韻律規範，形式上比較彈性，可以探討它對音譯詞的潛在包
容性會否較大。

82　〈越人歌〉為目前文獻所見的最早翻譯詩，漢語音錄（不可解）及意譯並載於劉向
　　編《說苑・善說》篇；〈敕勒歌〉本為鮮卑語，原文不存，譯本已成經典。分別
　　輯入《樂府詩集・雜歌謠辭》一、四（卷83、86）。幾乎全用漢字音錄夷語原音的
　　詩，還有《後漢書・南蠻西南夷列傳》（卷86）載白狼王等慕化歸義的三篇「四言」
　　樂詩：〈遠夷樂德歌〉、〈遠夷慕德歌〉及〈遠夷懷德歌〉。當中即使偶有直接借
　　用漢字之處，句子的整體意義亦殊不完整，必須附上意譯方可理解。

　　要看音譯詞語嵌入白話詩的效果，可以從提倡新文學最力的胡適（1891-1962）開始：

〈贈朱經農〉（1916）

……幸能勉強不喝酒，未可全斷淡巴菰。

……更喜你我都少年，「辟克匿克」來江邊。

……黃油麵包頗新鮮，家鄉茶葉不費錢。……

〈例外〉（1920）

……我把酒和茶都戒了，近來戒到淡巴菰。……[83]

　　〈贈朱經農〉可以視為「現代白話七言古體詩」：不理平仄及對仗；押韻參差而有時太密（句句押韻）；全篇34句238字皆用齊言。且不論所寫的內容對比所寫的長度是否有點單薄，只看當中的外語運用。「黃油／麵包」（butter/bread）分屬顯示顏色及形狀的意象式半意譯，文字組合淺近簡潔，容易理解，即使用於詩詞亦無不可。然而「辟克匿克」（picnic）、「淡巴菰」（西班牙語 tabaco）純屬音譯而缺乏詞義，與文氣格格不入，非已知其義者不能解，只能產生藝術異化和阻隔的負面作用，效果遠遜往後廣泛採用的意譯詞「野餐」、「煙草」傳神，而兩者皆為漢語詞彙固有。[84]〈例外〉是白話詩，句長相近而並非齊言，文辭上仍用「淡巴菰」。詩中是否採納意譯詞，當看其聯想潛能以及跟譯出語（即原語）

83　見胡適：《嘗試集（附《去國集》）》（合肥：安徽教育出版社，1999），頁 7-8、89（第一編、第三編）。「淡巴菰」源於西班牙語 "tabaco"（英語 "tobacco" 亦源於此）；清王士禎《香祖筆記》卷七：「呂宋國所產煙草，本名淡巴菰，又名金絲薰。」亦作「淡巴姑」、「淡巴苽」。

84　「野餐」見於唐詩，本指村野的飲食；後轉作現代用法，即帶食物到野外吃。例如鄭振鐸《山中雜記·塔山公園》：「每組二椅一桌，以備遊人野餐之用。」「煙草」則見清俞正燮《癸巳存稿·吃煙事述》：「煙草出於呂宋〔實原產南美〕，其地名曰淡巴姑，明時由閩海達中國，故今猶稱建煙。」

的融和性，使之發揮審美功用。音譯詞用於詩歌問題更多，用於白話詩亦很難歸化，何況古典詩詞？

用外語夾雜漢語的詩作，其實自古已有，如《樂府詩集‧雜曲歌辭》十七（卷77）所載樂府古辭〈行胡在何方〉：「行胡從何方？列國持何來？氍毹毾㲪五木香，迷迭艾蒳及都梁。」[85]另《太平廣記》卷483〈蠻夷四〉載唐代南詔蒙氏有「星迴節」，當時的清平官（詞臣）趙叔達有〈星迴節避風臺驃信命賦〉（亦見《全唐詩》卷732），將「波羅」（老虎）、「毘勇」（野馬）、「俚柔」（百姓）、「弄棟」（國名）等當地用語，融入漢語框框的詩句中。〈行胡〉總算有「毛」作部首指示詞意；〈星迴節〉的用語應為音譯，無注並不可解。

轉看兩首將契丹語嵌進漢語詩律的北宋「外交詩」。其一見於沈括（1031-1095）《夢溪筆談‧雜誌二》（卷25），記載刁約（994-1077 ／ ?-1082）出使契丹戲作的胡語詩：

> 押宴移離畢（如中國執政官），
> 看房賀跋支（如執衣防閤人）。
> 餞行三匹裂（似小木罌），
> 密賜十貔狸（形如鼠而大，邊人以為珍饌）。

詩中每句一「胡語」，皆為結構簡單的名詞，位置固定而按聯對應，合乎近體五絕平仄，然而無注亦不可解，明顯是以胡語入漢詩的格局。參看余靖（1000-1064）的同類之作：

> 夜宴設邐（厚盛也）臣拜洗（受賜），

85　「氍毹」是產於西域的花紋毛毯，「毾㲪」則為天竺國的毛席。見《後漢書‧西域傳》。

兩朝厥荷（通好）情幹勒（厚重）。
微臣雅魯（拜舞）祝若統（福佑），
聖壽鐵擺（嵩高）俱可忒（無極）。[86]

余靖兩度出使契丹，此詩應契丹主邀請而作，令胡「主大笑，遂為釂觴」（《中山詩話》），但求通好，不問藝術。詩中每句分開兩處嵌入胡語，位置固定，仍然不擾亂「古體七絕」的格局，同樣無注不能理解。相比刁約用的胡語，余靖用的胡語更多，詞性也更豐富；當中有「幹勒」／「感〔勒〕」的異文，反映此處的胡語為音譯；其他胡語之無義亦為佐證。但不論兩首詩中的胡語是音譯，還是由音譯進化為契丹語的通用漢語對等詞，譯出語和譯入語之間仍清晰分離，雖能收外交作用，卻無法融合為藝術整體，遑論蘊含詩意。

到晚清末年，梁啟超（1873-1929）等倡議「詩界革命」，又重施故技；最終旨在政治改良、「不可不求之於歐洲」（《夏威夷遊記》）的思維，展現為「捃扯新名詞以自表異」。例如譚嗣同（1865-1898）〈金陵聽説法〉詩，有一聯「綱倫慘以喀私德，法會盛於巴力門」（《飲冰室詩話》引），分別塞進了印度種姓等級 caste 及英國議院 Parliament 的三字音譯，單字生硬而組合怪異，翻譯標準不一，又破壞漢字形神，降低內容涵量，搞亂藝術和諧，復加上其他佛教術語和耶教《新約》典故等，弄得效果不倫不類。對於這些「以堆積滿紙新名詞為革命」的幼稚想法和失敗實驗，梁啟超在《飲冰室詩話》的回顧中都有深刻反省，再次見證以無意義的音譯外

86　此詩載於劉放（1023-1089）《中山詩話》、蔡居厚（約 1109 前後在世）《詩史》、阮閱（約 1130 前後在世）《詩話總龜》卷 2〈博識門〉。分別見吳文治主編：《宋詩話全編》，1：450，第 71 條；1：638，第 5 條；2：1457，第 69 條。次句末劉放作「感勤」，蔡居厚作「幹勤」，俱不押韻，故從阮閱改。

語入詩，實屬不必要的自我糾纏。很明顯，胡適的「辟克匿克／淡巴菰」音譯方法並不新鮮，亦沒有從古代以至晚清的詩歌例子汲取教訓。

以下再看一些不經音譯、直接將外語原形嵌入中文詩的例子，可謂變本加厲。譬如在郭沫若（1892-1978）的白話新詩中，〈天狗〉有「Energy 底總量」；〈上海的清晨〉有「Gasoline 毒盡」；〈地球，我的母親！〉則有「全人類的 Prometheus」；〈筆立山頭展望〉有「萬籟共鳴的 Symphony」及「Cupid 的弓弩」；〈晨安〉更是仙女散花般大灑外語，在三十八行中八度入句（Pioneer、Bengal、D'annunzio、Pantheon、Whitman、Mésamé），從專有名詞到日文單字（原意即漢字「醒」）音讀的英語拼音，堪稱眾國網羅，神人共攬。其實除了個別名字之外，起碼有部分外語不難用現成詞語翻譯，或自鑄新詞，像「先鋒」、「能量／精力」、「愛神」等，何苦生吞活剝地濫用外語，賣弄學問而弄巧反拙？又例如王獨清（1898-1940）、李金髮（1900-1976）、艾青（1910-1996）皆曾留學法國，於是王獨清寫「我從 CAFÉ 中出來」（〈我從 CAFÉ 中出來……〉）；李金髮嘆「我們之 Souvenirs〔回憶〕」（〈時之表現〉）；艾青高舉「Materialisme dialectique〔辯證唯物論〕的真理」（〈沒有彌撒〉）；王獨清更額外贈送 "Addio, mia Cara"〔再見，我親愛的〕（〈但丁墓旁〉）的整句意大利文，作為全首詩兩節的總結句。單看 "Materialisme dialectique" 為十個音節，在中文一字一音的清脆節奏中，顯得何等笨重生硬！加進外語非但沒有豐富內涵或增加詩意，反而顯得浮誇及阻隔。

現代白話散文不難把外語納入句子而不傷文氣，因為散文原就具彈性，沒有形式要求或節奏期待。詩卻是較純粹的

文體，古典韻律詩詞是更純粹的韻文體。我們可以反問：何曾見過英文商籟詩（sonnet）嵌入中文字？連白話詩嵌進外語也產生嚴重的美學問題，[87]何況是古典詩詞？若無關鍵性的表達或審美必要，外語入詩詞之舉絕不宜草率行事。每種語言在歷史進程中的挑戰之一，就是表達前所未有的事物，而古典詩人亦需靈活運用中文精練而具有高度概括性、形象性及音樂性的特質，將當代的新事物貼切鮮活地表達出來。在直接把外語插進文言詩詞之前，我們應先自問：中文是否無法表達所思所感，必須借助外語？外語詞又能否配合聲韻和韻律要求？混雜語種或標奇立異，未必代表創新。

總之，能否將外語插進詩詞，主要是語言和審美的衡量。且看一首〈昆明華亭寺〉：

> 一柱清香惹火來，華亭古剎也堪哀；
> 誠心豈盡因修繕，佛字人邊 DOLLAR SIGN ！[88]

作者從佛寺燃香失火、古剎意外受損的惋惜之情出發，指出虔誠之心不必繫於修繕外物，再轉出末句對俗世教會組織的諷刺：諷刺中國寺廟商業化，往往借修繕的名堂斂財濟私。這條抒發的思路本身合乎情理，而將佛字右半的「弗」字外形，連繫上金錢代號的「$」，聯想亦合形合意。然而由此把「$」轉化為「dollar sign」而以英文入詩，不免出現幾重困難。首先是表層的雙重格律問題：三個英文音節之音高的自然讀法近乎「平—（輕）平—去」聲調，違反格律要求的「仄

---

87 陳德錦曾引郭沫若、李金髮及艾青的雜語現代詩，點出強混外語入白話詩的弊端；見〈外語・人稱・分行：論早期新詩三病〉，載《文學散步》（香港：香港青年作者協會，1993），頁 22–24。

88 陳文岩：《陳文岩詩詞續集》（香港：問學社，2001），頁 117。

仄平」，而「sign」的尾音 /-n/ 與「來」、「哀」不押韻，必須
將之假設為「sigh」，再以普通話唸，才能夠押韻。因此，即
使理論上可以用英文，實際上也用錯了字，無法符合這首詩
的近體詩格局。其次，在韻律上第二個英文音節 /-lə/ 是輕
音（除非轉為「鄉下音」/-la:/），跟單音節語言基本上字字重
音的節奏不同。第三，近體詩在視覺和聽覺上都清脆整齊；
此處則把三個中文字位變成十個英文字母，視覺上不倫不類。
還有最為核心的第四個問題：是否真的非用英文替代不可？
設若回到中文表達，大可考慮將「進口胡言」改為「金號開」或
「銀號開」，既切合原意，又符合平仄押韻的韻律要求，達至
鏗鏘的音樂效果。另外，引起聯想的「弗」原亦有「不」之意，
故若改為「弗為財」亦合音合義。從四方八面衡量，都可以用
中文合情合理表達，找不到以英語直接入詩的審美根據。

　　再看另一首移植英語的作品〈說仁〉，意念類近，用字
則由聯想降至兜圈子贅述：

> 孔孟曰仁曰義，眾解莫衷一是；
> 吾今淺釋古人，仁即 HUMANITY。[89]

有論者稱「此詩六言，Humanity 一詞聽起來剛好四個音節，
能融入六言句而無間」。[90] 從某種意義說，六言詩可能要求寫
得更具韻味，因為「偶字句」的節奏本來就靈動不足。且不論
〈說仁〉是純理性述寫，只說最後一句惟重複了習用的翻譯
用語之一，而 "humanity" 的涵義亦不無含糊性，因此末句並

89　陳文岩：《吁餘語遇集》（香港：問學社，2004），頁 137。
90　王晉光：〈論陳文岩舊體詩〉，載黃坤堯編：《香港舊體文學論集》（香港：香港
　　中國語文學會，2008），頁 153。

無加深理解，沒有實際的內容。其次，此字四個音節的輕重先後為「次輕─重─輕─次重」，跟中文的節奏距離比上一首所見的更大。第三，最後一個音節 /-ti/ 唸出來必然最近「平聲」，與首二句的仄聲韻不合（此處非換韻格局）。第四，四個中文字位又換作八個英文字母，視覺和聽覺上都有無謂變形之弊。最後，全首內容和節奏讀來並不像詩，而更像當世流行的「饒舌唱詞」（rap words）──古典版的古體 rap，效果詭異詼諧。但若放下嚴肅標準，把兩首「混血」之作視為打油詩，當無不可。

站在思想開放、衡量公正的平台上，論者固然不能未經考究就本能排斥「外語入詩」的可能性。且看一首「英語押韻近體七絕」，描寫手提「智能電話」瘋魔全球的現象：

> 晨昏震耳千鴉語，轉眼潮流換 Smartone。
> 科技今成新教主，牧師僧侶競 iPhone。[91]

此詩可被視為合乎「外語平仄」："Smart" 作「入聲」（-t），"tone"、"i"、"Phone" 為「平聲」。押韻方面，英語語音全然合韻，但 /-əʊn/ 須作雙重音素調整（/-əʊ-/ → 粵 /-u-/，/-n/ → 粵 /-ŋ/），歸化為總體最接近的「東 / 冬」韻，然後能將 "tone"、"Phone" 分別當作「通」、「風」使用；[92] 而純以英文詞作為韻字，反倒可以避免中英語音不合之弊。兩個英文字 "Smartone" 及 "iPhone" 均為電訊業專有名詞，配合詩作的消費科技內容，即挪揄自殘聽覺、喧囂逐物、役

91　鄺龑子：〈手提電話戲作〉（未刊稿）。

92　此處按粵音歸化入平水韻，若用普通話發音或可有不同結果；何況在普通話框架中難言入聲。"Smartone"（「數碼通」）為香港電訊服務商；"iPhone" 為美國「蘋果公司」的「智能電話」名稱。

精神於機械的「潮流新教」。詩中指出，連牧師和僧侶也競購 iPhone，遑論其他俗子，諷刺傳神。如果改用音譯或意譯名詞，無疑會沖淡有力而鮮明的諷刺效果。何況 "iPhone" 屬於 "smartphone"，因此與 "Smartone" 之間的共鳴應勝於其他商號。至於 "smartphone"（「智能電話」）其實是否 "dumbphone"（「低能電話」），亦屬於合理聯想範圍內的道家式潛台詞。還有兩點可以補充：第一，此處的闡釋是在接受將外語納入古典詩的假設前提下作出的；若然傳統思維不接受此前提，自然另作別論。第二，如此用外語「押韻」純屬機緣巧合，偶爾而成，絕非（亦無法）刻意為之。其實這類混合語言之作，當中亦可蘊含嚴肅的內容，不一定是打油詩，不過大概比較適用於社會性題材，而從事較幽默或諷刺式的寫照。

目下的詩學課題並不包括翻譯文學，因為它已成為譯入語的表達內容；也不包括按照外文語音錄寫下來的譯出語文字符號，因為此等符號並非文學。在母語詩歌框架中採用的翻譯詞及外國語，卻有可能影響藝術效果，構成實質的美學課題。在潮流急速起落、資訊分秒往還的年代，嶄新的事物當然不斷湧現；隨之而來的翻譯詞及外國語，亦豐富了當代詩人的書寫素材。開放的基本態度固不待言，只是把「異類」素材嵌入古典詩詞，需要敏銳而精確的審美觸覺，因為古典語言自有它的氣質、神韻、格調，何況還有押韻、平仄的韻律因素。因此，只有在融合無間而無礙抒情表意的審美前提下，才可擇善而用。除了上面論及的「飛機」外，像「眼鏡」（eyeglasses）、「唱片」（record, "singing disc"）、「鐳射」（laser）等詞語，或意譯或音譯，準確卻意狹，少聯想潛能同時少古典詩意；至如「基因」（gene）則音與意（基本因素）俱佳，語義的幅度寬廣而具彈性，較易融入不同題材。

其實，漢語詞彙豐富，孤立單音字亦具有靈活的搭配潛力，足以處理各類題材事物，實不宜將外語強行塞進詩詞，無異自植癌毒。試看〈眼疾留醫・謝賀醫生〉的處理：

> 閃電青芒結眼檗，神刀栽扣冷霜凝。
> 躬身拜謝回春藝，還我雙瞳雪亮明。[93]

詩篇將當代西醫的專業用語「鐳射激光」（laser）及「冷凍治療」（cryotherapy），轉化為「閃電」、「青芒」、「冷霜凝」等意思準確、傳神易懂而跟古典氣韻全然接軌的語辭，讓手術過程猶似可見可感。這些提煉過的語辭，表達出文言文化範圍以外的全新事物，蒸餾了有關科技的特質而不見生硬晦澀的隔閡，反而能融入古典神韻，尤其是後兩句清澈明亮、豪放灑脫的氣象。這是當代意境的剔透玲瓏，古典詩中所無，筆調卻仍是古典神韻。

融合古典神韻與當代氣象，是詩詞語言的未來方向。如今文言文已不是日常用語，只有將雕琢矯飾的仿古囈語盡去，以雅練素淨的文字運秀，當代詩詞才有機會豁然開朗。經過轉化、活化、淨化、「造化」的文言文，自可體現古典的當代、當代的古典新意。

93　鄺龑子：《春花集》（香港：天地圖書，2002），頁30。

第六節　**修身與詩道：**
　　　　精神胸襟的美學涵義；真與自然

<u>5.6.1</u>　**精神胸襟的美學涵義**

　　相對其他文體，詩歌是最個體化的表達。西方詩歌始於
史詩，敘寫共同面對、部族存亡和集體行動的課題（如洪水、
戰爭、遷徙等）；然而今天的 *Iliad* 和 *Odyssey* 譯本絕大部分用
散文處理，因為韻文譯本很難維持讀者對冗長文本的閱讀興
趣。散文的形態彈性，足以接近口語，無待提煉語言觸覺；
它表達自由而吸收暢順，可以容納大量龐雜的內容。詩歌卻
以「行」而非以「句」為本，是特別提煉、安排以提升音樂美
的文字（亦可伸延為提升繪畫美、建築美），其特有的節奏和
形式美，把部分表達和閱讀心思聚焦於文字本身，會降低對
情節、人物、主題等的「無阻力吸收效率」。散文體容許快
閱，詩歌卻只能細讀。西方詩歌在長期發展中，呈現清晰的
個人化轉向，而十九世紀初美國作家嘗試比美祖宗，炮製史
詩而無果告終，[94]都反映詩歌的美學取向，適合個人多於集
體性質的表達。

　　中國古典詩歌的史詩、敘事詩和長篇詩傳統，並不發
達。《詩經》中《大雅》和《頌》的史詩式篇什，對比西方
作品都屬短篇，而縱觀早期的《大雅》和《頌》以及較晚
的《國風》詩之不同性質，就知道中國古典詩歌早已從集
體、民族層面的表達，完成了個人抒意的轉向，奠定了「在

94　可參看 C. Hugh Holman and William Harmon, *A Handbook to Literature*, 5th ed. (New
　　York: Macmillan, 1986), p. 178.

心為志，發言為詩，情動於中而形於言」的言志抒情觀念和實踐。或許古代詩人早就意識到，孤立、單音的漢語高度凝練，而將高度凝練的文字放置於高度凝練的文體，更不適合作篇幅冗長、包含太多細節的敘事。中國古典詩的最長篇之作，是個人抒情詩〈離騷〉而並非歷史敘事詩〈秦婦吟〉，進一步見證古典詩歌以個體言志抒情為本的性質。[95]往後的古典詩更趨向以少總多、意在言外、點睛多於畫龍的個人意境，最清楚體現於近體律絕；連古體詩亦很少長於二百字，遑論類似西洋詩的宏篇。[96]

　　然而長處亦含短處：個體化的詩作，自有其潛在限制。本於共通思情及體驗的抒發，固然可以讓詩人和讀者交感相通，上下千年。但假如所書寫的限於小我範圍，就不免導致題材狹隘，共鳴單薄，意境本位而難以超越時空，反而容易造成內容及情調的重複。〈離騷〉被班固（32-92）批評為「露才揚己」（〈離騷序〉），正因為詩中有不少重複自身高潔、世間污濁之語，無法超越自我冤屈，造成冗長、囉嗦的負面藝術效果。同樣地，孟浩然（689-740）的〈望洞庭湖上張丞相〉亦由前面「氣蒸雲夢澤，波撼岳陽城」的壯潤景象和浩瀚氣勢，縮小到以「坐觀垂釣者，徒有羨魚情」的際遇之嘆作結，致令全詩格調頓降，氣象全消。如斯藝術降格限於胸襟氣度，非關技巧。李白、蘇軾、莎士比亞（1564-1616）、華斯華茲（1770-1850）等大家至今感染讀者，正因其生命感受和思考有超越小我、貫通人性的共鳴。莎士比亞可以透

95　〈離騷〉373句，近 2500字；〈秦婦吟〉為七言歌行體，238句，一千六百多字。五言樂府詩〈孔雀東南飛〉353句，一千七百多字；四言作品〈天問〉則約1500字。

96　例如在《唐詩三百首》中，只有 13首（約 4%）的篇幅長於 200字（皆為七言古詩及樂府）。

過時代性和超時代性的題材（如歷史悲劇、商籟中的愛情詩等），帶出人類對生命的持續思考；另一方面，蘇軾也在徐州當知州時寫出關心民生、與民憂喜的田園詞〈浣溪沙〉，於貶謫黃州之際升上「也無風雨也無晴」（〈定風波〉）的精神超越。

　　二十世紀以前，儘管朝代更替，間或外族統治，但中華文化環境整體仍然相對穩定。因此古代詩人抒發的內涵、方式、語言、情調範圍亦相對穩定，因循的氣氛和機會較大。今天的詩人卻起碼是「地球公民」的身分，而古典詩更已屬於少數人的文化傳承，豈能沉醉於一己狹思或故步自封？要古典詩歌下延百世，無疑不能僅靠詠史懷古、感遇傷時的情懷或口吻，而更需要出入於當代人事之際，遊心於微塵大象之間，隨時隨事地自由入詩。美學邏輯很簡單：詩是「第一身」文學，但個人經歷有限；到範圍挖破、題材窮盡之時，書寫就不免自我重複，甚至最終才殫力痛，將詩歌變成文字工程。像謝靈運的對偶堆砌，時見「合掌」式的重複，正是明顯的例子。抒情言志的詩歌固然以真情實意為本，然而真情實意也有寬狹、高低的尺度和層次之別。生活環境大於古人，眼界自然應該廣於古人。

　　何況古典詩詞寫作指向較高層次之時，往往涉及精神修養的課題。從美學邏輯說，如果言志抒情源於心靈基礎，深層的心靈境界必然會影響藝術意境，因為詩詞是個人聲音而並非小說的多重聲音。非關片面技巧的內在修養，多少總體現於平常生活各個範疇；寫作和日用，是同一修養歷程中並行相輔的生命實踐。這絕非以倫理代替藝術，而是「吾道一以貫之」的常理和實踐。再以謝靈運為例，其詩中經常生吞活剝地插進老、莊、易、釋的道理和詞彙，但即使技巧和學

識再高，渾身怨憤總無法長期故作恬淡，乃造成文字與意境背向的藝術分裂。考查《宋書》本傳，亦勾勒出一個自大驕傲的貴族「輒殺門生，⋯⋯為性褊激，⋯⋯常懷憤憤，⋯⋯民間聽訟，不復關懷，⋯⋯鑿山浚湖，功役無已，⋯⋯伐木開逕，⋯⋯〔被誤〕為山賊」，最終「於廣州行棄市刑」（卷67）。其人的格局，正配合詩篇字裏行間的格局；連「性奢豪，車服鮮麗」亦體現於語言風格。即使地位高如〈離騷〉，在抒情中過分抱怨自憐，仍不免是藝術缺點。因為不管詩中的敘述者如何高尚於他們身處的環境，假如其自我表達顯得過分褒己而貶人，那麼透過文本認識他們的後世讀者，心理感應難免有點煩厭，對自敘者的疾呼和批評產生保留，從而減低作品的藝術感染力。言志抒情的詩人切忌囿於個人得失榮辱，否則就會變成困於清濁之間的酸秀才，而作品亦會陷於怨恨自憐，氣象狹小。詩歌到了上乘層次，同時是精神境界的提升和展現。

後世論者在稱頌所鍾愛的詩人時，往往讚揚他門有超乎個人的情懷。於是，李清照的愛情愁緒被演繹為愛國心；李煜（937-978）的詞不見蒼生之念，竟被說成「儼有釋迦基督擔荷人類罪惡之意」（《人間詞話》第18條）。然而，此類宣稱儘管缺乏文本證據支持，卻折射出沉默的美學前提：大詩人能夠將個人的「深」，融合超乎個人的「大」。「鬼才」詩人李賀（790-816）的想像獨特奇異，作品的氛圍迷離詭秘；單就這點獨造而論，古典詩歌傳統中無人能及。《唐詩三百首》不選李賀詩，固然反映某種偏見；但李賀的詩作最終未能升上大家正宗的最高殿堂，背後不無道理，因為其藝術不免狹窄而個人化。「人生愁恨何能免？銷魂獨我情何限」（李煜〈子夜歌〉）式的詩詞，縱使感人深刻，始終不宜沉湎過多，亦未臻上乘太極，因為這種言志抒情缺乏令人昂揚向上

的精神感染力。如何在艱難挫折的考驗中升上「參橫斗轉欲三更，苦雨終風也解晴，雲散月明誰點綴，天容海色本澄清」（蘇軾〈六月二十日夜渡海〉）的洞透和飄逸，在古典詩歌中並非哲學智慧的考慮，而是藝術啟示和感動力量的課題。要成全大詩人最上乘的詩道，必然涉及胸襟氣象的因素。

王國維無疑認為，心靈力量和藝術力量、精神境界與文學境界，是不相同卻相通的。他在《人間詞話》中推崇東坡及稼軒詞；所謂「無二人之胸襟而學其詞，猶東施之效捧心」（第44條）的論調，最能印證於〈六月二十日夜渡海〉和〈定風波〉詞。兩首作品的寫作時間相距二十多年，卻可並置一起賞讀，因為它們的精神和藝術境界是一脈相通的。藝術不能開宗明義為道德或精神修養服務，然而千古以下閱覽此類詩詞的讀者，有誰不會受到其凜然的正氣感動、超越的精神洗滌而心儀神往？又有甚麼理論可以由衷地宣稱，最崇高的作品不會代代陶冶情操，激勵意志，喚起對生命理想的嚮往和探求？在王國維看來，詩歌境界的最終源頭在於詩人的「眼界」、「性情」、「胸襟」、「品格」、「雅量高致」；若「無〔東坡稼軒〕之胸襟而學其詞」，「終不免局促轅下」，惟作徒勞無功之「齷齪小生」（第15、43、44、32、48、45條）。所謂「喜怒哀樂，亦人心中之一境界」（第6條），大概是因為王國維認為人的感情有高低清濁、深淺廣狹之別，同時蘊含着精神層次。而精神或心靈境界乃構成文學境界之基礎要素的觀念，亦清楚見於王國維的其他論述文字：

> 故無高尚偉大之人格，而有高尚偉大之文學者，殆未之有也。
> 天才者，……須濟之以學問，帥之以德性，始能產

真正之大文學。

《靜庵文集續編・文學小言》第6、7條

一個世紀後，沉浸詩詞近九十年的當代學者詩人葉嘉瑩，亦見證「有一件事情很奇妙」：

> 天下有很多事可以欺騙人，唯獨寫中國的舊詩不能騙人。有的人講話講得頭頭是道，……寫論文……〔的花樣〕使人莫測高深。可他要是寫一首詩，填一首詞，馬上就把底兒都掉出來了。……主要的是，這個人的品格、性情和修養〔案：即轉化為作品中藝術「心靈和感情的品質……高遠的境界」〕一下子就看出來了。[97]

王國維和葉嘉瑩的觀察，都並非抽象的論辯，而是經過親身實踐和印證的經驗之談。

對當世的古典詩人來說，超越個人之私的精神修養可能比古代詩人更重要；否則經驗世界大了，不相應擴大的精神就顯得更小。秀才不宜酸，詩歌不宜狹；只有透過情感、神思，出入和觀照他人的生活體驗，以至寄心蒼生江海、宇宙自然，方能不斷開拓眼界，擴展襟懷，使觸覺不鈍，靈感不窮，造就藝術成長。尤其需要留意的是，古人的修身「學識」已變成今天的專業「學術」，不應該卻已從心靈修養割裂出來。詩人不應該割裂生活：寫詩不僅是精神境界的體現，更可以成為心靈修養的提煉和淨化過程。若能具備高、深、遠、大、淳的胸懷眼光，以相應的藝術配合，就能成就高、深、遠、大、淳的詩歌意境。蘇軾的詩詞能達到「無意不可入，無事不可言」的境地，正是小我融會、貫通大我的藝術

97　葉嘉瑩：《古典詩歌吟誦九講》（桂林：廣西師範大學出版社，2014），頁177。

體現。到時就能自由駕馭形式而超越形式規限，運其長而破
其短，合寫詩、生活、修身於一道。王國維曾指出：「詩人
對宇宙人生，須入乎其內，又須出乎其外。入乎其內，故能
寫之。出乎其外，故能觀之。」（《人間詞話》第60條）後
四句應可更準確開展為：「入乎其內，故能感之；出乎其外，
故能觀之；翻思吐納，故能寫之。」能將精神境界化為詩歌
境界，就能產生導人向前向上的感發力量：「雖不能爾，至
心尚之。」（陶潛〈與子儼等疏〉）

高、深、遠、大、淳的精神境界和詩歌意境，可以視為
理想方向的框架和衡量尺度，是北斗導航的目標而非起步或
全面的要求。完美只是理念和動力：能全面開展一端之長，
或足以為名家，例如李煜和李清照詞的情「深」；典範性的大
家杜甫，其詩作主要長於「大」和「深」，關乎蒼生之念而非指
個人或男女之情。古典詩寫作的起點，在文化傳統中是「真」
與「誠」：對己、對人、對世界。以真為本的詩學原則和實踐，
是「詩言志」、「在心為志，發言為詩，情動於中而形於言」、
「氣之動物，物之感人，故搖蕩性情，形於舞詠」、「外師造
化，中得心源」等觀念的邏輯必然。應該留意，真並不包括自
私以及自我中心主義，即任何低層次的肉身任性和物質縱欲、
損人利己的藉口，因為自我塵微，不可能成為生命的中心點；
真以誠為平衡，而誠關乎對小我以外之大世界的態度。真與
誠是一體兩面，是將心比己、「己欲立而立人」的生命實踐。
真正出類拔萃的大詩人不必是聖賢，卻應該具有高尚的心靈
素質。王國維說「能寫真景物、真性情者，謂之有境界；否則
謂之無境界」（《人間詞話》第6條），觀其前文後理，亦有這
層精神修養的含義。這也是藝術不以服務道德為旨、卻含有
道德感應的道理所在：人格和生命不應該分裂，而是「行道一
以貫之」。由真誠的詩歌美學，古典詩歌又開展到「自然」的

抒發原則，因為道法自然，毫不勉強，而人立於道中，隨心而發的藝術雖經人力，仍以「自然者為上品之上」、「自然妙者為上，精工者次之」。無怪王國維説，「大詩人所造之境，必合乎自然」，「其材料必求之於自然，而其構造，亦必從自然之法則」（《人間詞話》第 2、5 條）。（亦可參看本章 5.4.1 節）

5.6.2 真與自然：造景與寫景

　　源於生活體驗、情動於中而發、懷思自然流露的「真」，是古典詩言志抒情的基礎。這個詩歌抒寫和理解的藝術綱領帶有文化特色，因為它跟西洋藝術中強調想像力與創造力的取向不盡相同。文化誤解是常有之事，尤其是現代思維傾向懷疑及挑戰遠多於信任；若放在精神分析學、解構主義等架構籠罩下的西方文論中觀照，真的理念尤其顯得可疑。不過，古人固然不能干涉現代，現代思維也無法否定古人或他國文化的藝術取向。真並非現代思維懷疑的幼稚美學觀念，因為它既不意味每首古典詩作都真，亦不否定文字提煉，更承認後者可以提升美與善的感應。點出以真為本的詩歌美學，是在原則上「先立其大」。

　　與其抽象質疑或論辯藝術真實的理念，更具實際意義的課題可能是：如何理解和衡量古典詩詞有關情真、景真、事真、意真、寫真的説法？如果真的藝術效果是逼真和具體，它的核心內涵是甚麼？倘若詩詞貴乎真摯感人，真的最佳定義應否界定於親身經驗，以避免建構於自由想像的領域？還有，書寫既然無法與經驗同步，是否代表有違真實？真的表達是否甚至邏輯上不可能？這些問題都沒有終極的定論，因為心靈現實和藝術表達，本質上有別於實驗室中的數據紀錄，無法採用機械式衡量。不過，我們至少可以透過常理認

知，把真看得像生命一樣流動而彈性。真無疑本於親身經歷，但亦可包含切實的情意、代入的共鳴、深邃的思考和高遠的理想；小則為自我、大則遍宇宙，而不同範疇的連接脈絡是真情實意。譬如長懷內心而沒有實現的願望和理想，牽動的思情豈非比重複的感官經驗深切，更富有藝術真實意義？像〈大學〉所說的格致誠正、修齊治平，不正是層層開展而反求諸身的心念嗎？何況過去與未來相會於現在，三者觀念分立而一脈相連，因此不同卻相關的人物、思情、往事、憧憬，就更容易隨心念流動而重疊交錯，會聚於詩作中。

　　這就回到詩中造景與寫景的美學課題。王國維曾謂「此理想與寫實二派之所由分」，並補充解釋：「大詩人所造之境，必合乎自然，所寫之境，亦必鄰於理想」（《人間詞話》第 2 條）。此語背後涉及西方「現實主義」（realism）和「浪漫主義」（romanticism）的聯想，跟出現於《人間詞話》的某些觀念一樣（如第 4 條的「優美／宏壯」），源於王國維早年對西方美學的不完全理解，如今不必全盤接受或逐項辯論。不過詩中確有造景與寫景之別，而比「寫實／理想」更貼切的一對觀念，可能是「虛／實」：實固然指實寫，虛卻不必指虛構，可以是不涉寫實範圍的比喻式書寫。譬如說，沒有讀者會用現實主義標準批評李白的「一日傾千觴」、「一日須傾三百杯」）（〈贈劉都使〉、〈襄陽歌〉）「虛構」，因為即使每杯每觴十毫升，也非人體所能承受；何況李白一貫習慣了「白髮三千丈」、「天台四萬八千丈」（〈秋浦歌十七首〉其十五、〈夢遊天姥吟留別〉）的感思和書寫尺度？這些詩句所展現的，當然是詩人主觀的感思氣象和表達尺度，客觀上可以稱為虛寫的「造境」，卻不必涉及理想或虛構。又例如王昌齡寫到自己「一片冰心在玉壺」（〈芙蓉樓送辛漸〉），表述心地冰清玉潔；或者辛棄疾形容自己「一片歸心擬亂雲」（〈鷓鴣天〉

詞）等等，都是喻象式的造境。至於像杜牧的「天澹雲閒今古同」（〈題宣州開元寺水閣〉），則可視為是先寫境而後步入造境，因為詩人雖然無法在科學層面上鑒證「今古同」，「天澹雲閒」卻是眼前的實景，而「今古同」的感思亦合情合理。問題是：甚麼情況適合，或不適宜「造境」？

美學課題很難提供定義式答案。但回看上段詩詞引句，讀者應是用情感、精神的「心眼」理解，而非用感官「肉眼」衡量；文本既啟動超感官的心眼，造境自不受寫實所限，縱然不必涉及甚麼理想（如「一片歸心擬亂雲」）。但假如詩歌的文本是從現實層面展開（大部分情況均如此），就應當記住王國維有關「所造之境，必合乎自然」的提醒，不宜違反寫實層面的合理性，亦即感官接受層面的可信性。就像書中提到，若在南方中元節盛夏抒寫拜祭之情，不必亦不宜用「寒風」造境；若故鄉在數百公里外，不宜慣性用「萬里」形容；假如電車軌道長約十餘公里，不宜誇張為「軌接天涯」，造成自我折扣的藝術效果。何況詩歌的意境，根本未必需要倚賴失真的「造」：例如汗滴墳墓，同樣感人；千里故鄉，懷思豈遜於「萬里」？又譬如說，何苦為了凸顯思念，強造違反天文邏輯的「夜夜望滿月」？其實很多時候，造境可以是寫境的自然開展和提煉：像「一蓑烟雨任平生……也無風雨也無晴」、「飛花亂絮飄飄舉，浮生本是雲烟旅」，都見造境合乎自然，無需鑿空另造。也就是說，在合乎自然的「大通」中，造境與寫境並非分離觀念，而是重心移動的連貫體。

《老子》曾經提到，「道之為物，惟恍惟惚，……其中有象，……其精甚真」（21章），其實「形於言」的情意何嘗不是往往恍惚而真實？詩歌發自心靈而訴諸心靈，因此任何觸動真摯思情的景物人事，從日常細節到胸懷意念，都可以屬

於藝術真實的經驗範圍，可以透過提煉表達出來。語言的速度無法追上體驗，語言也無法可以像複雜多重的內心體驗，維持在混沌不清的狀態，而必須組織整理以作表達（撇開意識流的文字濫用不論）。因此，滯後的思緒及語言重整，不必損害人間尺度的真實。另一方面，個人經驗亦須具有共通性，否則一己之真不容易產生藝術感染力。上面提到，從推己及人而由人返己的體會，本來就是真摯經驗的一部分。事實上，沒有胸襟超越一己樊籬而代入他人、放眼世界的詩人，也很難成就博大高遠的藝術。沒有人能替藝術真實界下分明的定義，然而可以肯定的是，真在古典詩詞寫作及批評中，不僅屬於情感和精神的範疇，也屬於美學的範疇，直接影響藝術感染力。總之，中國哲學和美學中對於道、自然、真實、因緣等概念的心靈感悟，都是一種由情而發、循理而推、隨神而往，半探索半湊泊於有意無意之間的體會。

5.6.3　結　語

　　古典詩詞以言志抒情為主，而言志抒情以生活體驗為本。生活體驗在詩化過程中需要提煉，但既然無需虛構或裝飾，則不論就邏輯或實際而言，真樸自然仍然是最正確的寫作態度和最穩妥的寫作基礎。若能理解真的恆常性質、彈性理解和通變實踐，就更能明白真樸自然的寫作並無精神上的限制。反過來說，即便是想落天外、神遊八極的精神，高遠出塵、空靈飄渺的意境，仍須要扎根、建立於生活的土壤中。修辭打磨是詩化過程的必經階段，並不違反真情實意的原則，然而過分的形式雕琢和文字堆砌，容易造成本末倒置的自障。歸根結柢，真樸自然並非技術層面的策略選擇，而是全方位的生活態度。今日的藝術已愈趨技巧化，然而古典詩詞的妙境，仍然是日常修身和藝術實踐的結合。

第六章

總結

　　隨着皇朝制度的終結、日常語言的白話轉向、思想的現代化與生活的複雜化、資訊與潮流的全球化等等，「天子」時代的傳統格局文士已不復存在，而傳統格局的詩詞亦無法像活化石那樣持續下去。這並非青黃不接的課題，而是理所當然的邏輯，卻不是五四口號式的偏激否定。回顧二十世紀的白話詩，處處要求詩歌革命：驅逐文言、拆毀韻律，因為它們被視為腐朽「封建」文化的一部分。一個世紀的迷惘探索早已說明，去蕪而不存菁，導致今天仍無法自信地取詩詞而代之。探其根本原因，倒不在於三千年傳統的時間長度，而更在於古典詩歌的韻律，畢竟從漢語特質的優點累世錘鍊出來，正如文言文簡潔凝練、意在言外的審美長處，不可能全盤否定。當世詩詞固然無需像白話詩從事革命，但其面對的文化和藝術課題亦不僅在於「傳承」，而更在於去蕪存菁、「轉化」與「開新」。

　　這當然是一個世紀以來有待解決的核心課題，只是今天的需要相比五四時代更大。新世紀的詩詞無需焦慮「弱勢」而跟白話詩競爭，因為白話文保證白話詩成為今日詩歌的主流，而白話詩透迤百載，仍未建構出一條康莊大道，自有其本身的美學困局要解開。古典詩詞有堅穩彈性的美學基礎、獨立開闊的實踐天地，而它需要完善處理的，是如何活化、更新、延續、開展自身的藝術和文化生命——亦即「當代性」的課題，包括主題、文辭、風格、意境等元素。既然體式與韻律不會大變，其他元素的鮮活性就顯得更重要。這並非任何個體的喜好或選擇，而是古典詩詞的整體存活與開展的需要。作為粵音語區，也作為中西匯聚而文化兼容的國際鄉土，香港的詩詞發展倒蘊含某種獨特的潛力。

　　要充分發揮這種潛力，二十一世紀詩詞的首要主導方

向，是朝向中外古今的協同融合，但不能勉強斧鑿。所謂
「中」與「古」，指的是文化與藝術傳統中值得保留的詩歌、
美學、思想的基石，像韻律體式、抒情言志及真情實意的態
度、修身立世的精神價值等。譬如說，縱觀今古詩詞，若無
老莊（尤其是後者）的超逸境界和氣韻，讓俗人在生活中超越
塵世的齷齪，作品的魅力和趣味就會消失大半。莊子於先秦
時代就被譏為無用，[1] 卻成為中國藝術的主體精神，[2] 在今天
的詩詞寫作中依然是鮮活、釋懷的靈感。同樣地，詩詞韻律
無需替自己道歉，因為上面闡釋過，它原是具有彈性的美學
兌換。至於「今」與「外」，指的是寫作不能脫離生活環境事
物的基本現實，而如今的全球化環境，要求更宏大的視野襟
懷。今天的詩詞，應致力融合「古典」的內在精神氣韻與「當
代」的內涵情趣。

　　本書中曾反覆強調，古典詩歌要具備當代氣息。這卻只
因為直到目前為止，仿古思維及／或表達的慣性仍然固執，
並非表示書寫當代課題的作品，在美學價值上高出一等。就
寫作邏輯來說，詩詞的「當代性」原屬「自然的必然」，與貫
通時代的天地及人情物事，在藝術表達中兼容並進。如果詩
作是植根於生活體驗的抒情言志，根本無需特別憂慮「貫徹
當代性」的抽象藝術課題，因為真情實意的自然流露，已足
以保證當代詩作的當代性，無需竭力首首當代。何況偉大的
文學，必然是交織着時空特性和超時空通性，故其通變開新

1　儒家的荀子晚於莊子約半個世紀，批評他「蔽於天而不知人」（《荀子‧解蔽》）。
　　同樣地，司馬遷認為莊子所言「皆空語無事實，……其言洸洋自恣以適己，故
　　自王公大人不能器之」；見《史記》，10冊（北京：中華書局，1982），卷63，
　　7:2143-44。

2　可參看徐復觀：《中國藝術精神》（台北：學生書局，1974），尤其是第二章〈中
　　國藝術精神主體之呈現——莊子的再發現〉。此章為有系統分析莊子藝術精神的
　　先導性論著之一，至今仍具價值。

自不必全依賴對當代的抒寫。人類的悲歡離合、理想希望、恐懼傷感等思情，都具有貫通文化地域時空的人性基礎，因此我們可以「寂然凝慮，思接千載，悄焉動容，視通萬里」（《文心雕龍‧神思》），或「觀古今於須臾，撫四海於一瞬」（陸機〈文賦〉）。社會形態、文化環境和人間歷史或許世代起伏變異，但自然景象中的清風明月、藍天白雲，難道也有古今之分？刻意設定一項貫徹當代性的「要務」，可能會重蹈中唐「新樂府」的覆轍。

二十一世紀詩詞的第二個主導方向，是如何貫通文言文與白話文之間局部相連、局部隔閡的語言距離。文言文精練而部分文字及典故艱深，因此必須走往清淨素雅的方向；白話文相對舒緩而顯露，必須提煉才可廣泛納入文言書寫。[3] 精練的文言絕非仿唐效宋，雕塑假古董，甚至不意重複抄襲；因為即使是唐宋先賢的語言，也必須濾去博物館式的晦澀文辭和重滯典故，才適合當世的文化和文字環境。今天以才學或文字為詩，弊處比舊時更大，因為文言的距離已隨日而遠。當代的詩詞作品不必都像陶淵明的〈歸園田居〉、李白的〈早發白帝城〉、杜牧的〈題宣州開元寺水閣〉或蘇軾的〈定風波〉詞，然而這些清澈的例子無疑證明，簡潔樸素的文言非但不會「淡乎寡味」，而且深刻婉轉、飄逸清麗，能使載體本身的阻力減至最低，從而更完滿發揮抒情、哲思、描寫、敘事的作用。

另一方面，現當代物質文明的詞彙、術語以至翻譯外語等，部分在詩詞的語境中或會顯得突兀生硬，未必能夠直接

3　「白話詩詞」並非絕不可能；古代亦有民間之作。不過，詩詞的美學畢竟以體式精簡、內涵凝練、節奏清脆為主，無疑更配合文言文的特質。

採用，需要經聯想、轉化與連接，方能納入其中。以現當代
語言書寫現當代事物，不等於毫無提煉地直接用白話或口語
入詩，更不等同可以在「創新」的旗號下，以音質不準、節奏
不合的外語塞進詩詞體式；如此只會破壞詩意和美感，不倫
不類，詩不成詩。總之，不論語言所屬之時空為何，一切過
分堆砌或賣弄花巧的文字斧鑿，最終都落於下乘。說到底，
語言是內涵的載體，而真情實感是活化兩者的血脈。不論詩
詞的內涵是超越時空的思情，還是有關社會時事、異國請調
的課題，只要以自然流暢的語言寫出真情實意的生命體驗，
就能立足當下而貫接時空。如此不但更貼近讀者，比較容易
引起共鳴，而且能體現鮮活清新的時代氣息和特色，使作品
更耐人賞味。

　　其實詩詞的未來發展，還牽涉到一個「無形」的範疇。詩
詞並不是技巧，也不是「純」藝術；它還體現某種精神風骨和
氣象。單以幅度而言，任何傳統文化都比不上當代的全球性
文化環境，但傳統文化卻有一種價值本末清晰的生命魅力。
中華價值觀念源自哲學而不是宗教；文化基礎主要是入世事
人、出世飄逸、出入儒道的士人文化。當然，並非多數士人
都達到如斯標準，但價值觀的取向和本末卻非常清晰，而詩
詞亦體現傳統精神的風骨和氣象。這份精神的核心本質是超
越時空的；[4]如今它雖逐漸消失，我們仍可以問：當代詩詞能
否真情實意地重新散發這種生命魅力？十九世紀晚期以來，
世界如果不是整片「荒原」，至少是經歷了前所未有的血腥鬥
爭和暴力毀滅：帝國主義欺凌、兩次世界大戰、核子軍備競
賽、民族宗教戰鬥、社會抗爭撕裂、恐怖主義襲擊等等。傳

4　　像智仁勇、真樸、逍遙、齊物等精神及倫理價值，並沒有特定的時空性。不消
　　說，某些價值觀念則已明顯過時，像「忠君」及男尊女卑等。

統文化價值以精神滿足為依歸；現當代生存觀是金錢掛帥，感官縱樂，自利為宗，投機為業，追逐物質，爭先恐後⋯⋯這些因素表面看來，似乎無涉古典詩詞的未來發展；但試問在自私自利、價值扭曲顛倒的大氛圍下，還能有多少雄渾豪放、飄逸淡靜、纏綿深情的當世詩詞？

如此想法並非希望當世複製古代的精神氣象；反之，現今詩詞應在體現傳統價值精粹之餘，展現出更遠、更大的胸懷氣度。正因為呈現遠大胸懷氣度的當今中華詩詞不多，修身與修藝之並行才顯得特別重要。與此同時，當世的古典詩人亦不應以反映時代為由，一味理性寫實敘事而忽略詩歌言志抒情的本質，以致造成無意的本末失衡。只要貫注真情實感，配合神思及語言的提煉，任何「客觀」題材都可以寫得深具感染力，避免平板、疏離或說教。說到底，今昔互補與轉化開新，是每一代傳人就其時空變數所作出的感應，以維持平衡而靈動的藝術「太極」，真正升上「無意不可入，無事不可言」的境地。藝術注重原創性，但言志抒情的創意可以理解為「萬花筒」式的重新組合。因為書寫的元素，總離不開凡人與世界互動之際的思情、限制和感觸，像生死得失、悲歡離合、七情六慾、風霜雨痕、天容海色等生存範圍；故此孔子才有「述而不作」（《論語・述而》）的說法。只是每一個個體的生活經歷，都自有獨特的元素組合和個人化的感受，相近卻不會相同。體會、融合、表達生命經驗的普遍性和獨特性，就是詩歌的價值和玄妙創意所在。

古典詩詞不只是個人獨唱式的言志抒情，也是體現思情的交流和藝術文化的開拓。發展到今天，詩詞的生命雖然實在，卻也愈來愈少後學參與及弘揚這個已歷三千年的「少數人大傳統」。其實，詩歌寫作從來是「精英」的藝業；即就各

種文體相對而言，詩歌寫作仍屬於少數事業。何況詩詞是文言韻律詩歌，有雙重的基本功夫需打穩，卻沒有名成利就的練習引力，必須源自興趣與耐心，持之以恆地實踐和學習。今天要提升後學的興趣和親切感，多一點抒發當代的題材，配合樸素的語言寫作，既為情理之內的通變實踐，亦屬於協助詩詞持續發展的合適策略。至於能否同時連通先賢的藝術意境和精神境界，則繫於詩人的修身功夫。這都是當代的詩詞傳承者需要共同肩負的藝術和文化責任。

跟現代白話詩一樣，現當代古典詩詞探索了一百載，也過渡了一百載，整體仍然有待突破。白話詩自障於嘗試由零重新開始，詩詞卻障於傳統太深厚，不易超越「集體書寫無意識」的傳承慣性。二十世紀的詩詞名家，由晚清的「亡國士人」過渡到民國後出生卻仍接受傳統教育、展現傳統風格的文士；在人口南遷及影響之下，連最國際化的香港亦復如是。這或許因為在他們的本能思維中，詩詞是「舊體」文學，或是摒棄，或是「照舊」練習。這正是為何不少現當代詩詞作品，在向前開放的共識之中，呈現出題材現世、文辭及風格守舊的張力矛盾。直到今天，在語言實踐的抒意中，能做到知行合一的詩人仍屬少數。本書縱觀新世紀的香港詩詞，重點不在個人評價，而在於透過具體實踐的駁雜例證，直面審視傳承的長短得失，探討詩詞發展的美學路向，使之更豐盛地開花結果於未來。

今天的詩詞，沒有也不應標舉類似「詩必盛唐、詞效北宋」的旗幟；這卻不代表詩詞已捨棄清雅的標準，可以隨便加插粗鄙的文辭或不合韻律的「胡言」（打油詩不在討論範圍）。這無關所謂「衛道」情懷，而是詩意和美感的判斷。詩意和美感無法用實驗室的量化方式訂出絕對標準，然而偉大

的詩篇對千古讀者的感染和啟發，都是有力的經驗見證。對希望多點運筆空間的詩人來說，古體詩的存在有特別的美學重要性，因為它比近體詩更具韻律的自由度。總之，二十一世紀的古典詩詞需要植根於當代時空，同時貫通今古，不斷實踐、提煉和更新，既要避免語言和風格僵化，更可將真切的生命體驗轉化為鮮活的藝術，為詩詞注入新血液。要證明詩詞永不過期，反而能繼續開展飽滿活潑的生命力，須秉持中正平衡之道，既非泥規仿古，亦非標奇立異，而是融合「古典神韻、今日詩情」的精髓。藝術生命從來是圓融而靈活的，今天弘揚詩詞尤需如此。這卻不是技術性策略，因為藝術與人生修養之道，原是一以貫之。這點體認，對培養下一代詩人至關重要。

新世紀詩詞的發展與盛衰，目前很難準確預計，因為無法掌握的外在變數很多。詩詞體式和韻律的保留無大問題，詩詞健康開展的主方向亦清晰，然而寫作畢竟需要有心有力者的參與。今天的普及文化是視像主導的潮流，語言水平日漸下降是全球性的趨勢；而文言文的身分，大概介於第一語言和第二語言之間，能吐納自如的運用者將愈來愈少。何況詩詞已非傳遞訊息的技術工具：詩詞寫作還需要思想、情感、精神的修養基礎，而新世紀卻是愈趨價值顛倒、社會撕裂、變本加厲的時代，使人捨溫柔敦厚而取偏激極端，追求物質時尚、片面刺激和片刻快感。此外還有微觀層面的負面因素——營生幹活、同輩壓力不饒人：多少才情與熱誠，都在生計形役、慾望追逐和沉重負擔中消磨殆盡。

大詩人的成長，並非一時半刻的靈感，而是恆久不斷的修煉。隨着處處加劇的競爭，當代的生活節奏愈趨緊張急促，而真正詩人的心境卻必須保持一份悠閒清靜、淡泊空

靈。不論是表達情感之深、神思之遠、胸襟之大、意境之高、意念之淳，詩詞都需要虛靜出塵的心靈去孕育，很難成就於烏煙瘴氣之中。時至今天，成就大詩人的另一個條件，是保存樸素平和的生活面，以配合淡泊明志、寧靜致遠的修身，以及入世出世的往復調節。新世紀多方面的生活壓力、社會戾氣和價值扭曲，並非孕育詩人和哲者的氛圍；新世紀的語言學習，更面對着多媒體的視聽轟炸，也並非培養古典詩人的理想環境。正因如此，當代古典詩人更需要知行合一，以身作則，透過出版示範和教育培養去弘揚詩詞，實踐承先啟後的文化責任。當中固然沒有個體的英雄主義，然而新世紀的古典詩人能否以事實證明，「數風流人物，還看今朝」？

　　本書脫稿付梓了。有同道勉勵，謂直面燙手課題的踏實探討，開創意義之一在於「直」和「勇」的膽量；自己但感卸下擔子，不問收穫已覺解放舒鬆。年青學者陳子康付千日青春於塵積，辛勞自知。吃力未必討好，但有一點是清晰的：詩詞評論早該進化了。

　　詩詞評論慣性避開當世作者，部分可視為傳統文化尊師敬老的反面應用，部分沉默的原因恐怕亦在避免開罪他人，不論是師輩、前輩或同輩。「開罪」倒不必涉及直接批評；有時贊同或選錄某甲已足以開罪某乙，特別是涉及門戶、派別、交誼、身分等因素糾結的時候。如今詩詞已是少數人的寫作活動，而圈子愈小，排斥性有可能愈強，好惡情緒、面子壓力和差錯憂慮也可能愈大，衝破枷鎖的難度亦隨之愈高。中國的舊學傳統無疑存有內在障礙，即人情、輩分、規矩以至其他外緣因素干擾就事論事、直話直說的老問題；而詩詞界的部分地域，恐怕仍存在舊學思維的堡壘。不消說，開罪的課題無法完全避免：當代詩詞的選擇性介紹亦包括若干輯錄功夫，而任何取捨的行為都涉及主觀判斷。於是，問題有時又可以降格為「誰可以開罪得起？」的非藝術性「政治」或「族群」考慮。

　　求真問道，原不必計算得那麼複雜，弄得言行畏首畏尾。亞里士多德早就說過：「吾愛吾師，吾更愛真理。」故遇到跟柏拉圖立異之處，只是按理論事，不必尷尬道歉。當然，沒有人可以宣稱自己絕對客觀，遑論掌握真理的全部；主體可以而必須避免的，是囿於個人好惡、門派之別或其他偏狹情緒而罔顧事實，無法克己自控地歪曲判斷，損害公平公正。詩詞行家如果自身不能據實論斷，又豈得百尺竿頭，更進一步，或者期望本已懷有偏見

的香港文學史論者，公平看待詩詞？再者，我們何必假設寫作詩詞的「老先生」心胸狹隘，不願看見青出於藍，不能接受後學批評？千多年前的禪宗已有言：「見與師齊，減師半德，見過於師，方堪傳授。」難道廿一世紀的文人學者，不能具有同樣開朗豁達的胸襟嗎？

理雖如此，評論當下的本地詩詞，嘗試去蕪存菁以確立導向性的寫作原則，畢竟不容易得到共識。即使臨床式判斷無涉私人關係，沒有情緒或利益扭曲視線，然而香港地小，交際圈子也小，以事論事亦變得特別敏感。試想往日的詩社雅集，不時聚首於杯盤之間，各連人脈往來交織，加上輩分、門派、面子等等因素，要相互客觀評論，恐怕難上加難。這是舊傳統的現實和無形阻力。如今開墾工作在他人卻步的情況下，不意落在寄身中原外的「西域隱士」身上，或可算作一點浮世因緣。臧否得失非本書的執筆宗旨，然而平板式介紹亦並非評論的原則；尤其是今日的年青一代為詩，每多墮入概念和實踐的迷惘，或反覆踟躕於兩者之間的落差。美學大道的本末先後，須透過分析和評價作品具體展現。就事論事是真理，客套含糊是保險，溫柔敦厚是心願，啟迪後輩是目標。中庸難掌握。

除了有善心人認為應考慮放棄計劃，或者建議多作介紹而少作評論外，亦曾有同道提出反方向的意見，即不作廣泛評介，只集中選取數人詳論；二十多人的名單似乎太「民主」。今日的詩詞難免水平參差，但本書的重心畢竟在美學探討，參差往往帶出更多課題，未必要堅持高度集中的取捨。既然旨在透過縱觀概論，協助確立詩詞健康發展的大方向，或許可以寬廣多於專精；何況對學子來說，不同例子或各有示範、感發和教育作用。

　　文化傳承的綱目，說大不大，說小不小。人類的總和是宇宙的微粒，然而非物質文化無疑是人類的特性。輕視和自矜會變成浮淺；過分嚴肅則會化為重滯。回到微觀層面，詩詞的生命和文化的發展，皆非一心可以導向，亦非個體足以承擔。令人感到欣慰的是，新世紀的詩詞傳人雖然少於往日，卻都是自願而積極的有志者，因為他們多生長於第二次世界大戰後，所接受的教育已並非那種「理所當然」地包括詩詞寫作訓練的傳統方式。何況在當代香港，教育是以英文為先、專業科目及經濟金融為重的模式；詩詞的實踐者，必然是有心人。不過如今年青一代的作者，絕大部分源自大學的中文系，反映傳承發展的基礎比較狹窄；推動詩詞的工作需要進一步開展，方能提升持續寫作的內在動力。

　　成事無疑在天，謀事多少在人。粵音區的古典詩人尤應努力。本書曾獲嶺南大學研究基金資助部分研究，如今更有幸得到藝術發展局資助出版，心存感激，謹此致謝。

2018年春月於南溟窗畔

基本參考資料

（作者按普通話拼音排序，著作按年份排序）

一、詩詞文集

蔡麗雙：《芙蓉軒詩詞》（香港：成達出版社，2004）

蔡麗雙：《愛蓮吟草》（香港：香港文學報，2004）

蔡麗雙：《古韻新聲》（香港：香港文學報，2005）

蔡麗雙：《澄懷觀道》（香港：香港文學報，2005）

蔡麗雙：《靜照忘求》（香港：香港文學報，2006）

蔡麗雙：《馳騁古今》（香港：風采出版社，2006）

蔡麗雙：《縱橫乾坤》（香港：香港文學報，2006）

蔡麗雙：《劍龍鳴籟》（香港：風采出版社，2007）

蔡麗雙：《蘭蕙清音》（香港：妙韻出版社，2009）

蔡麗雙：《織錦年華》（香港：風采出版社，2009）

蔡麗雙：《草原風韻》（香港：妙韻出版社，2011）

蔡麗雙：《魚水情深》（香港：妙韻出版社，2012）

陳文岩：《陳文岩詩詞選》（香港：問學社，1999）

陳文岩：《陳文岩詩詞續集》（香港：問學社，2001）

陳文岩：《吘餘語遇集》（香港：問學社，2004）

陳文岩：《吹水集》（香港：問學社，2007）

陳文岩：《吹水續集》（香港：問學社，2009）

陳文岩：《澆心集》（香港：〔出版社不詳〕，2011）

陳文岩：《洗硯集》（香港：中國藝術家出版社，2015）

陳永正主編，黃坤堯、張海鷗、蕭麗華副編：《餘事集：中華當代教授詩詞選》（廣州：中山大學出版社，2011）

陳志清：《鑒塘詩草》（香港：藏用樓，2009）

陳志偉編：《香港詩詞瓊玉》（香港：香港公共圖書館，2010）

城市大學中文、翻譯及語言學系編：《墨樂——香港城市大學中文、翻譯及語言學系校友、學生文集》（香港：香港城市大學中文、翻譯及語言學系，2010）

程中山編：《香港竹枝詞初編》（香港：匯智出版，2010）

董就雄：《聽車廬詩艸》（香港：匯智出版，2008）

董就雄：《聽車廬詩艸二集》（香港：天地圖書，2011）

董就雄編：《荊山玉屑‧三編》（香港：匯智出版，2006）

董就雄、張為群編：《新松詩集》（香港：香港城市大學中國文化中心，2008）

董就雄編：《城大校園題咏集》（香港：香港城市大學中國文化中心，
2012）

方富永：《晚晴集》（香港：自刊，2001）

方富永：《晚晴閣詩詞選》（香港：匯智出版，2007）

方寬烈：《漣漪詩詞》（香港：文壇出版社，2000）

方寬烈：《二十世紀詞鈔》（香港：香港東西文化事業公司，2010）

國際中華文化藝術協會：《詩情畫意話香江——香港文藝創作賽得獎作
品集》（香港：自刊，2004、2006）

郭沫若：《郭沫若全集》（北京：人民文學出版社，1992），文學編第
18卷

何乃文：《窩山集》（香港：自刊，2010）

何乃文、何文匯、洪肇平：《香港詩情》（香港：博益出版，1998）

何乃文、洪肇平、黃坤堯、劉衛林編：《香港名家近體詩選》，2冊（香
港：中文大學出版社，2007）；修訂版2010年

何文匯編：《香港詩詞拔萃》（香港：香港中文大學中國文化研究所吳多
泰中國語文研究中心，1995）

何祥榮：《逐雲軒詩詞鈔》（晉州：天馬圖書，2002）

何祥榮：《懷蓀室詩詞集》（香港：匯智出版，2003）

何祥榮：《逐雲軒詩詞二集》（北京：中國廣播電視出版社，2004）

黃坤堯：《清懷詩詞稿》（台北：學海出版社，1989）

黃坤堯：《沙田集》（台北：學海出版社，1995）

黃坤堯：《清懷詞藁和蘇樂府》（台北：文史哲出版社，1999）

黃坤堯：《清懷三藁》（台北：學海出版社，2005）

黃啟深：《咿啞吟草》（香港：匯智出版，2014）

蔣英豪編：《近代詩人詠香江》（北京：中華書局，1997）

鄺健行：《光希晚拾稿》（香港：匯智出版，2009）

鄺健行編：《剖璞浮光集——諸家評議璞社大專社員歌詩選》（香港：天
地圖書，2010）

鄺龑子：《水雲詩草》（香港：天地圖書，2000）

鄺龑子：《春花集》（香港：天地圖書，2002）

鄺龑子：《秋月集》（香港：天地圖書，2002）

鄺龑子：《默絃詩草》（香港：天地圖書，2003）

鄺龑子：《夏木集》（香港：匯智出版，2005）

鄺龑子：《婉雯詩草》（香港：匯智出版，2005）

鄺龑子：《曉嵐詩草》（香港：匯智出版，2005）

鄺龑子：《冬青集》（香港：匯智出版，2005）

鄺龑子：《九思林》（香港：匯智出版，2006）

鄺龑子：《小千界》（香港：匯智出版，2006）

鄺龑子：《伯仲之間》（香港：匯智出版，2007）

鄺龑子：《十二霞峰》（香港：匯智出版，2007）

鄺龑子：《一日三秋》（香港：匯智出版，2008）

鄺龑子：《七雙河》（香港：匯智出版，2008）

鄺龑子：《淡影乾坤》（香港：匯智出版，2009）

鄺龑子：《莫愁湖畔》（香港：匯智出版，2009）

鄺龑子：《烟雨閒燈》（香港：匯智出版，2010）

鄺龑子：《清風嶺》（香港：匯智出版，2011）

鄺龑子：《瀟湘月》（香港：匯智出版，2011）

鄺龑子：《東山零雨》（香港：匯智出版，2012）

鄺龑子：《翠韻芊芊》（香港：匯智出版，2012）

鄺龑子：《隔岸留痕》（香港：匯智出版，2012）

鄺龑子：《滄海浪迹》（香港：匯智出版，2014）

鄺龑子：《千里晨芳》（香港：匯智出版，2014）

鄺龑子：《雲溪蝶舞》（香港：匯智出版，2016）

鄺龑子：《白鶴清江》（香港：匯智出版，2016）

鄺龑子：《師生之間》（香港：匯智出版，2016）

李汝倫編：《當代詩詞》（廣州：花城出版社，1981–1985）

李耀章、張志豪、余龍傑編：《荊山玉屑·五編》（香港：匯智出版，
　　2014）

李漁：《李漁全集》（杭州：浙江古籍出版社，1991）

梁偉民：《溯蘭軒詩賦選》（香港：溯蘭文社，2010）

廖一謹：《臺灣古典詩選、詩集、詩社與詩人》（台北：文津，2013）

林大魁：《青山禪院大觀》（香港：〔出版社不詳〕，1927）

林峰：《峰迴園詩稿》（香港：晚晴出版社，1999）

林峰：《峰迴園吟草》（香港：開益出版社，2002）

林峰：《峰迴園詩詞壹千首》（香港：龍冠出版社，2005）

林峰：《峰迴園詩詞後壹千首》（香港：香港文藝出版社，2013）

林律光：《花間新詠》（香港：科華圖書，2005）

林律光：《維摩集·山居詩畫篇》（香港：科華圖書，2010）

林律光：《維摩集·茂峰（一）篇》（香港：香港佛教文化基金會，2009）

林律光：《維摩集·茂峰（二）篇》（香港：香港佛教文化基金會，2010）

林律光：《維摩集·茂峰（三）篇》（香港：香港佛教文化基金會，2010）

林律光：《維摩集·茂峰（四）篇》（香港：香港佛教文化基金會，2012）

林律光：《維摩詩草佰首》（香港：科華圖書，2013）

林律光：《雲南詩草》（新北：花木蘭文化，2014）

林律光:《藏遊吟箋》(新北:花木蘭文化,2014)

林律光、張志豪:《壺中山月集》(香港:科華圖書,2012)

林翼勳:《揾梅齋詩稿》(香港:中港語文教育學會,2007)

林翼勳:《揾梅齋詩稿二集》(香港:駿程顧問有限公司,2010)

林翼勳:《揾梅齋詩稿三集》(香港:駿程顧問有限公司,2013)

林翼勳:《松月集》(香港:駿程顧問有限公司,2016)

劉惠恕編:《中華當代詩詞風賦二百家》(上海:學林出版社,1998)

劉衛林:《致遠軒吟草》(香港:藏用樓出版社,2010)

劉奕航編:《荊山玉屑‧六編》(香港:匯智出版,2016)

盧湘父、林薰中、陳應編校:《香海千歲宴耆年錄》(香港:香港千歲宴耆年錄編印委員會,1965)

魯迅:《魯迅全集》(北京:人民文學出版社,2005),卷六

毛大風、王斯琴編:《近百年詩鈔》(長沙:岳麓書社,1999)

鳴社:《鳴社詩輯》(香港:〔出版社不詳〕,1992)

潘新安、程中山合編:《愉社詩輯錄》(香港:匯智出版,2011)

潘兆賢:《采薇廎吟草》(香港:科華圖書,2005)

〔清〕彭定求編:《全唐詩》,25冊(北京:中華書局,1999),卷728

璞社:《韓城集》(香港:自刊,2007)

蘇文擢:《邃加室詩文集》(香港:自刊,1979)

蘇文擢:《邃加室叢稿》(香港:自刊,1987)

蘇文擢:《邃加室遺稿》(香港:鳴社,1998)

蘇澤東:《宋臺秋唱》(東莞:聚德堂叢書本,1977)

唐弢:《唐弢文集》,10卷(北京:社會科學文獻出版社,1995),第9卷

王惠屏編:《全港詩詞創作比賽獲獎作品(1991-2003)》(香港,香港公共圖書館,2003)

韋金滿:《希真詩存》(香港:科華圖書,2006)

吳慕瑜:《紫靖詩鈔》(香港:香港德教紫靖閣叢書流通處,2002)

香港長青詩社:《長青韻響第二集》(香港:妙韻出版社,2013)

香港貿易發展局:《香港書展92徵文比賽得獎作品文集》(香港:自刊,1992)

香港樹仁大學中國語言文學系編:《仁聲》,1999-2009(每年一冊)、2000-2012、2014、2015-2016。

新市鎮文化教育協會:《懷玉集:全港學界律詩及對聯創作比賽作品集》(香港:自刊,2012)

許連進:《辛巳壬午半年吟》(香港:風采出版社,2002)

許連進:《興翠簃詞稿》(香港:中華詩詞出版社,2004)

許連進：《興翠簃律草》（香港：中華詩詞出版社，2005）

許連進：《興翠簃古風集》（香港：中華詩詞出版社，2006）

許連進：《香港回歸情結》（香港：香港妙韻出版社，2008）

許連進：《興翠簃絕句續》（香港：香港妙韻出版社，2009）

許連進：《興翠簃絕句再續》（香港：香港妙韻出版社，2010）

許連進：《興翠簃律續》（香港：香港文學報社，2011）

許連進：《興翠簃古風續》（香港：香港妙韻出版社，2014）

許連進：《興翠簃律再續》（香港：香港妙韻出版社，2015）

嚴偉：《未濟詩草》（香港：紅出版，2011）

嚴偉：《未濟詩草·乙編》（北京：自刊，2015）

楊利成編：《荊山玉屑·四編》（香港：藍出版，2012）

楊永漢主編：《孔聖堂詩詞集》（台北：萬卷樓圖書，2013）

葉嘉瑩：《迦陵詩詞稿》（北京：中華書局，2007）

余劍龍：《寒窗月》（香港：清平詩社，2003）

余祖明：《近代粵詞蒐逸補編續編》（香港：〔出版社不詳〕，1972）

曾敏之：《望雲樓詩詞》（香港：香港作家出版社，1998）

曾敏之：《望雲樓詩話》（香港：香港文藝出版社，2010）

詹杭倫：《天祐詩賦集》（香港：科華圖書，2011）

張志豪：《三癡堂詩草》（香港：匯智出版，2013）

招祥麒：《風蔚樓叢稿》（香港：獲益出版，2003）

招祥麒：《風蔚樓叢稿續編》（香港：新民主出版社，2013）

中華詩詞年鑒編輯部：《中華詩詞年鑒》（上海：學林出版社，1988-　 ）

中華詩詞年鑒編輯部：《中華詩詞年鑒》（北京：中國民間文藝出版社，1988-　 ）

中華詩詞年鑒編委會、中華詩詞學會、中華詩詞文化研究所：《中華詩詞年鑒》（香港：中華詩詞出版社，2004-　 ）

中文大學中文系編：《吐露滋蘭》（香港：中文大學出版社，2009；2014）

朱少璋：《琴影樓詩》（香港：匯智出版，2008）

朱少璋：《燈前說劍：任劍輝劇藝八十詠》（香港：匯智出版，2009）

朱少璋編：《荊山玉屑》（香港：匯智出版，2004）

朱少璋編：《荊山玉屑·續篇》（香港：匯智出版，2006）

朱少璋編：《天衣集——璞社序跋存錄》（香港：匯智出版，2011）

鄒穎文編：《李景康先生百壺山館藏故舊書畫函牘》（香港：中文大學出版社，2009）

阿英（錢杏邨）：《晚清文藝報刊述略》（上海：古典文學出版社，1958）

鮑紹霖、黃兆強、區志堅：《北學南移：港台文史哲溯源》，3卷（台北：秀威資訊科技，2015）

曹旭箋注：《詩品箋注》（北京：人民文學出版社，2009）

陳德錦：《文學散步》（香港：香港青年作者協會，1993）

陳國球：《香港的抒情史》（香港：中文大學出版社，2016）

程俊英、蔣見元：《詩經注析》，2冊（北京：中華書局，1991）

董就雄：《聽車廬點評璞社詩》（香港：中華書局，2016）

方寬烈：《香港文壇往事》（香港：香港文學研究社，2010）

顧紹柏校註：《謝靈運集校註》（鄭州：中洲古籍出版社，1987）

顧炎武著，黃汝成集釋：《日知錄集釋（全校本）》（上海：上海古籍出版社，2006）

《漢語大詞典》3冊（縮印本）（上海：漢語大詞典出版社，1997）

〔清〕何文煥輯：《歷代詩話》，2冊（北京：中華書局，1981）

何祥榮：《閬風樓辭賦駢文研究論集》（北京：中國文化出版社，2009）

胡適：《文學改良芻議》（台北：遠流出版事業，1988）

黃葆樹等編：《黃仲則研究資料》（上海：上海古籍出版社，1986）

黃伯思：《宋本東觀餘論》（北京：中華書局，1988）

黃港生編：《商務新詞典》（香港：商務印書館，1990）

黃康顯：《香港文學的發展與評價》（香港：秋海棠文化企業，1996）

黃坤堯：《香港詩詞論稿》（香港：當代文藝出版社，2004）

黃坤堯編：《中華文學的現在和未來：兩岸暨港澳文學交流研討會論文集》（香港：鑪峯學會，1994）

黃坤堯主編：《香港舊體文學論集》（香港：香港中國語文學會，2008）

黃維樑：《香港文學初探》（香港：華漢文化事業公司，1985）

黃維樑：《怎樣讀新詩》（香港：學津書店，2002）

黃維樑編：《中華文學的現在和未來：兩岸暨港澳文學交流研討會論文集》（香港：鑪峯學會，1994）

黃維樑主編：《活潑紛繁的香港文學——一九九九年香港文學國際研討會論文集》，2冊（香港：中文大學出版社，2000）

黃錫凌：《粵音韻彙》（香港：中華書局，1957）

黃仲鳴：《香港三及第文體流變史》（香港：香港作家協會，2002）

〔台灣〕教育部國語推行委員會編：《中華新韻》（台北：正中書局，1963）

〔宋〕李昉等編：《太平廣記》，4冊（上海：上海古籍出版社，1990）

黎晉偉主編：《香港百年史》（香港：南中編譯出版社，1948）

劉大杰：《中國文學發展史》，3冊（上海：上海古籍出版社，1982）

劉登翰編：《香港文學史》（香港：香港作家出版社，1997〔正體字本〕；
　　北京：人民文學出版社，1999〔簡體字本〕）

劉麟生：《中國駢文史》（北京：東方出版社，1996）

〔清〕劉熙載著，袁津琥校注：《藝概注稿》，2冊（北京：中華書局，
　　2009）

劉以鬯編：《香港文學作家傳略》（香港：市政局公共圖書館，1996）

盧瑋鑾編：《香港的憂鬱》（香港：華風書局，1983）

洛蝕文編：《抗戰文藝論集》（上海：上海書店，1986）

羅香林：《香港與中西文化之交流》（香港：中國學社，1961）

侶倫：《向水屋筆語》（香港：三聯書店，1985）

馬通伯校注：《韓昌黎文集校注》（香港：中華書局，1972）

慕容羽軍：《為文學作證——親歷的香港文學史》（香港：普文社，
　　2005）

潘亞暾、汪義生：《香港文學史》（廈門：鷺江出版社，1997）

上海古籍出版社編：《詩韻新編》（新二版）（上海：上海古籍出版社，
　　1989）

沈德潛選注：《唐詩別裁集》（上海：上海古籍出版社，1979）

沈括著，胡道靜校注：《夢溪筆談校注》2冊（上海：上海古籍出版社，
　　1957）

十四院校編寫組：《中國現代文學史》（昆明：雲南人民出版社，1981）

司馬遷：《史記》，10冊（北京：中華書局，1982）

蘇慧霜：《騷體的發展與衍變——從漢到唐的觀察》（台北：文津出版社，
　　2007）

〔清〕孫梅：《四六叢話》（台北：世界書局，1962）

唐作藩：《音韻學教程》（第三版）（北京：北京大學出版社，2002）

王國維：《宋元戲曲史》（北京：商務印書館，1925）

王國維：《海寧王靜安先生遺書》，14冊（台北：台灣商務印書館，
　　1979）

王宏志：《本土香港》（香港：天地圖書，2007）

王宏志、李小良、陳清橋：《否想香港——歷史‧文化‧未來》（台北：
　　城邦文化事業，1997）

王劍叢：《香港文學史》（南昌：百花洲文藝出版社，1995）

王晉光：《香港文學鼻祖王韜》（詩香港：田疇文獻坊，2010）

王力：《漢語詩律學》（新二版）（上海：上海教育出版社，1979）

王力：《王力文集》（濟南：山東教育出版社，1989）

王韶生：《懷冰室文學論集》（香港：志文出版社，1985）

王叔岷：《鍾嶸詩品箋證稿》（台北：中央研究院中國文哲研究所，1992）

鄔國平、王鎮遠：《清代文學批評史》（上海：上海古籍出版社，1995）

吳文治主編：《明詩話全編》，10冊（南京：鳳凰出版社，1997）

吳文治主編：《宋詩話全編》，10冊（南京：江蘇古籍出版社，1998）

香港市政局公共圖書館編：《市政局中文文學週十周年誌慶紀念論文集》（香港：市政局公共圖書館，1988）

香港市政局公共圖書館編：《香港文學節研討會講稿匯編》（香港：市政局公共圖書館，1997）

謝常青：《香港新文學簡史》（廣州：暨南大學出版社，1990）

謝桃坊：《詩詞格律教程》（成都：巴蜀書社，2006）

忻平：《王韜評傳》（上海：華東師範大學出版社，1990）

徐復觀：《中國藝術精神》（台北：學生書局，1974）

楊玉峰主編：《騰飛歲月——1949年以後的香港文學》（香港：香港大學中文學院「騰飛歲月」編輯委員會，2008）

葉嘉瑩：《葉嘉瑩說漢魏六朝詩》（北京：中華書局，2007）

葉嘉瑩：《古典詩歌吟誦九講》（桂林：廣西師範大學出版社，2014）

葉燮著，孫之梅、周芳編注：《原詩・說詩晬語》（南京：鳳凰出版社，2010）

于景祥：《中國駢文通史》（長春：吉林人民出版社，2002）

元稹：《元氏長慶集》（上海：上海古籍出版社，1994）

詹杭倫、張向榮編著：《楚辭解讀》（北京：中國人民大學出版社，2008）

張仁青：《中國駢文發展史》（杭州：浙江大學出版社，2009）

張詩劍編：《香港作家作品研究》（第五卷——蔡麗雙卷）（香港：香港文學報社，2005）

張彥遠：《歷代名畫記》（南京：江蘇美術出版社，2007）

張詠梅：《邊緣與中心——論香港左翼小說中的「香港」》（香港：天地圖書，2003）

周振甫：《文心雕龍今譯》（北京：中華書局，1986）

鄒穎文編：《香港古典詩文集經眼錄》（香港：中華書局，2011）

三、期刊／論文

貝茜：〈香港新文壇的演進與展望〉，《香港文學》，第13期（1986年
　　1月5日），頁46-49。

陳子康：〈簡評《香港古典詩文集經眼錄》〉，《人文中國學報》，第25
　　期（2018年6月），頁287-293。

程中山：〈開島百年無此會：二十年代香港北山詩社研究〉，《中國文
　　化研究所學報》，第53期（2011年7月），頁279-310。

鄧昭祺：〈論舊體詩在香港文學史應有的地位〉，《文學研究》，第4期
　　（2006年12月30日），頁80-89。

胡菊人等：〈香港有沒有文學？（筆談會）〉，《八方文藝叢刊》，第1輯
　　（1979年9月），頁30-36。

黃坤堯：〈碩果社簡述〉，《文學論衡》，總第5期（2004年12月），頁
　　57-64。

黃坤堯：〈香港詩詞中的人文景觀〉，《香港詩詞》，2011年第4期（2011
　　年5月），頁89-98。

黃偉豪：〈香港舊體文學史的建構方法芻議——以饒宗頤的交遊圈為
　　例〉，《文學論衡》，第18、19期（2011年6月），頁59-75。

黃維樑：〈香港絕非文化沙漠〉，《當代文藝》，第164期（1982年11
　　月），頁7-11。

黃維樑：〈資于故實，酌於新聲——以蘇文擢作品為例論舊體詩的新生
　　命〉，《東海中文學報》（2008年7月），頁41-54。

李汝倫：〈在中華詩詞學會成立大會上的發言〉，《桂海詩刊》，第8期
　　（1988年）；載李汝倫主編：《舊瓶·新酒·辯護詞：當代詩詞研討
　　文集》（廣州：廣東人民出版社，1992），頁122-135。

林峰：〈中華韻遠氣崢嶸——流覽在香港當代詩詞走廊中〉，《香港詩
　　詞》，第13期（2015年10月），頁109-120。

羅孚：〈當代舊體詩和文學史——從《追跡香港文學》談起〉，《明報
　　月刊》，1998年9月號，頁96-97。

錢理群：〈論現代新詩與現代舊體詩的關係〉，《詩探索》，第2期
　　（1999），頁97-108。

詩網絡有限公司：《詩網絡》，第22期（2005年8月）至最終刊第30期
　　（2006年12月）。

王富仁：〈當前中國現代文學研究中的若干問題〉，《中國現代文學研
　　究叢刊》，第二期（1996），頁55-78。

香港文化學術社：《香江藝林》，第 7 期（2015 年 6 月）。

葉嘉瑩：〈《臺靜農先生詩稿》序言〉，《中國文化》，第 13 期（1996 年 1 月）。

圓桌詩社：《圓桌》詩刊，2003－2012。

臧克家：〈論詩遺典在——學習《毛主席給陳毅同志談詩的一封信》〉，《詩刊》，第 1 期（1978），頁 12-16。

四、英文學術專著

Abrams, M. H. *A Glossary of Literary Terms*, 7th ed. (New York: Holt, Rinehart & Winston, 1999)

Hawkes, David, trans. *The Songs of the South: An Anthology of Ancient Chinese Poems by Qu Yuan and Other Poets* (Harmondsworth: Penguin Books, 1985)

Holman, C. Hugh and Harmon, William. *A Handbook to Literature*, 5th ed. (New York: Macmillan, 1986)

五、網絡參考文獻

程中山：〈歷史與空間：潘飛聲與香港〉，《文匯報》，2006 年 1 月 14 日，http://paper.wenweipo.com/2006/01/14/OT0601140001.htm

程中山：〈香江詩話〉，《文匯報》，2006 年 1 月 17 日，http://paper.wenweipo.com/2006/01/17/WH0601170001.htm

邱卓賢：〈溯蘭文社——弘揚中國傳統的國學雜誌〉，2007 年 11 月 4 日，新浪博客「寶月松風」：http://martinycy.mysinablog.com/index.php?op=ViewArticle&articleId=846170

「全港青年學藝比賽大會」網站，「比賽項目：中國古典詩詞朗誦」介紹：http://www.hkycac.org/competitions?a=browse& ciid=11

部分新世紀香港詩詞集

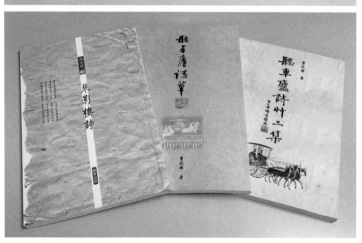

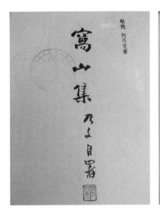

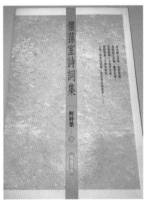

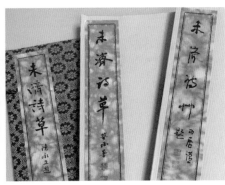

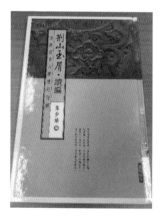

廿一世紀香港詩詞
古典詩詞美學的前瞻與透視

鄺龑子　陳子康　陳德錦　　著

責任編輯　｜　張佩兒
裝幀設計　｜　綠色人
排　　版　｜　陳先英
印　　務　｜　劉漢舉

香港藝術發展局
Hong Kong Arts Development Council 資助
香港藝術發展局全力支持藝術表達自由，
本計劃內容並不反映本局意見。

出版　｜　**中華書局 (香港) 有限公司**
香港北角英皇道 499 號北角工業大廈 1 樓 B
電話：(852)2137 2338　傳真：(852)2713 8202
電子郵件：info@chunghwabook.com.hk
網址：http://www.chunghwabook.com.hk

發行　｜　**香港聯合書刊物流有限公司**
香港新界大埔汀麗路 36 號
中華商務印刷大廈 3 字樓
電話：(852)2150 2100　傳真：(852)2407 3062
電子郵件：info@suplogistics.com.hk

印刷　｜　**美雅印刷製本有限公司**
香港觀塘榮業街 6 號海濱工業大廈 4 樓 A 室

版次　｜　2019 年 3 月初版
© 2019 中華書局（香港）有限公司

規格　｜　32 開
(210mm X 140mm)

ISBN　｜　978-988-8572-63-2